PETER WEBER · PORTUGAL

WISSENSCHAFTLICHE LÄNDERKUNDEN

HERAUSGEGEBEN
VON
WERNER STORKEBAUM

BAND 19

1980
WISSENSCHAFTLICHE BUCHGESELLSCHAFT
DARMSTADT

PORTUGAL

RÄUMLICHE DIMENSION UND ABHÄNGIGKEIT

VON

PETER WEBER

Mit 53 Abbildungen, davon 5 farbig,
96 Tabellen und 8 Bildtafeln

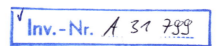

1980

WISSENSCHAFTLICHE BUCHGESELLSCHAFT

DARMSTADT

CIP-Kurztitelaufnahme der Deutschen Bibliothek

Weber, Peter:
Portugal: räuml. Dimension u. Abhängigkeit / von
Peter Weber. — Darmstadt: Wissenschaftliche
Buchgesellschaft, 1980.
(Wissenschaftliche Länderkunden; Bd. 19)
ISBN 3-534-07819-5

2345

Ⓦ Bestellnummer 7819-5

© 1980 by Wissenschaftliche Buchgesellschaft, Darmstadt
Satz: Maschinensetzerei Janß, Pfungstadt
Druck und Einband: Wissenschaftliche Buchgesellschaft, Darmstadt
Printed in Germany
Schrift: Linotype Garamond, 9/11

ISBN 3-534-07819-5

INHALTSVERZEICHNIS

VERZEICHNIS DER ABBILDUNGEN

VERZEICHNIS DER TABELLEN IM TEXT

VERZEICHNIS DER LUFTBILDER IM ANHANG*

Bild 1: Dourotal (Alto Douro) — Portwein-Anbaugebiet.

Bild 2: Gafanha. Südarm der Ria de Aveiro — Straßensiedlung mit planmäßig aufgeforsteten Dünen.

Bild 3: Serra da Estrela — Unbewaldetes Granitgebirge.

Bild 4: Lissabon — Industriegasse am Tejo und moderne Wohnsiedlungen von Olivais.

Bild 5: Lissabon — Altstadt und Avenidas Novas.

Bild 6: Almada — Südufer: Tejobrücke nach Lissabon und Fährhafen.

Bild 7: Évora — Distrikthauptstadt mit agrarem Umland.

Bild 8: Portimão — Fischereihafen in der Algarve.

---

* Luftbilder, genehmigt durch die Portugiesische Botschaft, Nr. 492, Proc. 6,2.

VORWORT DES HERAUSGEBERS

Länderkundliche Forschung und Darstellung bedürfen nicht nur im Hinblick auf geographische Fakten, die teilweise schnell veralten, sondern auch im konzeptionellen Sinne einer ständigen Fortschreibung. Die gültige, in sich schlüssige und vorbildhafte Länderkunde der Iberischen Halbinsel von H. LAUTENSACH (1964) stellte den geglückten Versuch dar, die Anwendbarkeit der Methode des geographischen Formenwandels an einem umfangreichen räumlichen Beispiel zu demonstrieren. Entsprechend diesem theoretischen Ansatz kam den Lagekategorien eine ganz besondere und die Darstellung durchweg bestimmende Bedeutung zu. Portugal wurde aus dem größeren räumlichen Zusammenhang betrachtet, seine staatliche Existenz fand in konsequenter Verfolgung der Grundkonzeption nur am Rande Beachtung.

Wenn in der Reihe ›Wissenschaftliche Länderkunden‹ Portugal nun in einem eigenen Bande vertreten ist, so drückt sich darin eine Neuorientierung aus, die den staatlichen Rahmenbedingungen für raumverändernde Prozesse ein besonderes Gewicht beimißt. Diese Sichtweise, die neueren wissenschaftlichen Entwicklungen innerhalb der Geographie entspricht, stellt bisherige Ergebnisse nicht in Frage, sie ergänzt sie in einer wichtigen Richtung. Der ökonomische und gesellschaftliche Prozeß der Unterentwicklung Portugals gerät so in den Mittelpunkt. Räumliche Disparitäten sind Auswirkungen dieses Prozesses, der seinen Ursprung in der kolonialen Vergangenheit und der Außenorientierung der portugiesischen Wirtschaft, in ihrer zeitweiligen Abhängigkeit von englischen Interessen besonders, hatte. Raumkategorien werden hier also nicht vornehmlich aus dem komplexen Zusammenhang der Iberischen Halbinsel, nicht primär aus dem naturräumlichen Faktorengefüge begründet, sondern aus dem historischen und sozioökonomischen Kräftefeld. Damit geraten auch räumlich zu begreifende Erscheinungen wie das Wahlverhalten der Bevölkerung in das Blickfeld, die mit dem bisherigen Instrumentarium der Geographie und mit ihren alten Zielvorstellungen kaum zu erfassen waren. Die besondere Gewichtung sozioökonomischer Prozesse und ihrer räumlichen Korrelationen führt freilich — gemessen an der Informationsfülle älterer Länderkunde — zu einer gewissen Selektivität, vermag aber die Raumprobleme eines Landes wie Portugal deutlich sichtbar zu machen.

Herrn Prof. Dr. P. WEBER sei besonders dafür gedankt, daß er mit einer solcherart konzipierten Studie über Portugal nicht nur wertvolle Informationen über dieses ›europäische Entwicklungsland‹ gibt, sondern auch die Diskussion über den Sinn und die Zielsetzung länderkundlicher Betrachtungsweise um eine konsequent durchgehaltene problemorientierte Konzeption bereichert. Die Geographie bedarf solcher Anregungen besonders in ihrem regionalgeographischen Arbeitsfeld.

Oldenburg, den 3. 2. 1980   WERNER STORKEBAUM

VORWORT DES VERFASSERS

Hermann LAUTENSACH hat Portugal — zuletzt 1964 im Rahmen der ›Iberischen Halbinsel‹ — in mehreren Arbeiten behandelt, die als klassische landeskundliche Monographien detaillierte Informationen und wissenschaftliche Tiefe in ausgewogener Darstellung miteinander verbunden haben. Wenn nun eine neue regionale Geographie über Portugal vorgelegt wird, dann soll damit der Versuch gemacht sein, die modernen Raumstrukturen dieses Landes, die sich unter veränderten politisch-ökonomischen Bedingungen seit Mitte der sechziger Jahre entwickelt haben, zu erfassen und zu erklären.

Die aktuellen Probleme Portugals als eines europäischen Entwicklungslandes weisen strukturelle Züge auf, die eine jahrhundertelange Tradition haben und mit dem Stichwort der ›Abhängigkeit von außen‹ umschrieben werden können.

Die räumlichen Konsequenzen dieser Abhängigkeit zu erfassen, ist das eigentliche Ziel dieser Studie.

Einschränkend muß darauf hingewiesen werden, daß unter Portugal nur das sogenannte Festland-Portugal verstanden wird. Die atlantischen Inseln Portugals bleiben — wenn nicht gesondert vermerkt — außerhalb der Betrachtung. Auch die ehemaligen portugiesischen Kolonien sind nicht Gegenstand der Analyse, wenngleich die koloniale Vergangenheit Portugals als wichtiger Erklärungsfaktor der portugiesischen Wirtschafts- und Gesellschaftsentwicklung einbezogen werden mußte.

Der Wissenschaftlichen Buchgesellschaft und Herrn Dr. Werner Storkebaum als Herausgeber der Reihe ›Wissenschaftliche Länderkunden‹ bin ich dankbar verbunden für ihr sehr verständnisvolles Eingehen auf meine inhaltlichen, terminlichen und drucktechnischen Wünsche.

Den Kartographen des Instituts für Geographie der Universität Münster, Frau Marianne Michelka und Herrn Bruno Riegel, danke ich für die Reinzeichnung zahlreicher Abbildungen und Frau Hildegard Schulz für die Reinschrift des Manuskriptes.

Münster, Juli 1979   PETER WEBER

1. PORTUGAL — EIN EUROPÄISCHES ENTWICKLUNGSLAND

1.1. Perspektive einer ›länderkundlichen‹ Analyse

Portugal ist ein europäisches Problemgebiet. Es gibt kaum ein sozioökonomisches Merkmal für Unterentwicklung, das nicht für Portugal zutrifft. Selbst im Vergleich zu anderen europäischen Mittelmeerländern kann Portugal nur der Türkei den vorletzten Rang streitig machen.

Die vorliegende Studie geht von der These aus, daß dem ökonomischen und gesellschaftlichen Prozeß der Unterentwicklung Portugals ein räumlicher Ordnungsprozeß entspricht; die Nutzung des Raumes wird als Resultat der Auseinandersetzung verschiedenster Interessen um Standorte und Standortvorteile angesehen. Als räumliches Korrelat sozioökonomischer Unterentwicklung gilt eine extreme Unausgewogenheit der Raumverwertung; relativ hochentwickelten Zentralräumen stehen unterentwickelte Peripherräume unvermittelt gegenüber. Solche Polarisierungen werden allerdings erst dann zum Kriterium für Unterentwicklung, wenn die Möglichkeiten einer wirksamen politischen Gegensteuerung nicht vorhanden sind. Dieser Zustand muß für Portugal als gegeben angesehen werden.

Der Raum ist in diesem Prozeß ungleichgewichtigen Wachstums nur partiell autonom. Zum einen wird er ökonomischen Interessen untergeordnet und als Kräftefeld ökonomischer Aktivitäten durch Standortbildungen genutzt. Bessere Erreichbarkeiten sichern im ungehindert wirkenden Marktmechanismus ökonomische Effizienz; diese wird um so wirksamer, je höhere Ersparnisse durch infrastrukturelle Vorteile des Wirtschaftsraumes erreicht werden können. Zum anderen wird der Raum als Entfernungsdimension wirksam, die im Prinzip als Hindernis für Ausgleichsprozesse fungiert und damit gleichsam von sich aus räumliche Disparitäten entstehen und sich verstärken läßt.

Gerade am Beispiel Portugals läßt sich zeigen, wie das räumlich ungleichgewichtige Wirtschaftswachstum Verursacher für ungleiche Verteilungen auf allen anderen Gebieten der Reproduktion — des Wohnens, der Freizeit, der Versorgung — wird und damit ergänzende regionale Wohlfahrtsunterschiede entstehen läßt. Das Besondere am portugiesischen Beispiel liegt darin, daß die räumlichen Gegensätze eine sehr lange Tradition haben: Seitdem das Land im 16. Jahrhundert unter fremde — im wesentlichen unter englische — Abhängigkeit geriet, konnten sich unter wechselnden ökonomischen Systemen immer neue Interessen verwirklichen, die bis in die jüngste Zeit aus der Benachteiligung und Unselbständigkeit der peripheren Binnenräume ihren Nutzen zogen, indem die verschiedensten Rohstoffe von dort entzogen und industrielle Fertigprodukte vorteilhaft dorthin importiert wurden. Den Küstenräumen — vor allem Lissabon und erst sekundär Porto — kam dabei zunächst nur eine Brückenkopffunktion zu, in denen der Austausch zwischen der Kolonialmacht England und der Quasikolonie Portugal stattfand, wobei nicht nur die Rohstoffe des kontinentalen Portugal, sondern auch die reicheren Erträge der Überseegebiete — bis ins 19. Jahrhundert vor allem Brasiliens — zusammenkamen.

Der Gegensatz zwischen Küste und Binnenraum wurde so grundgelegt, ohne freilich das ursprüngliche Ordnungsmuster, das aus einem deutlich an die unterschiedliche Naturausstattung angepaßten Nord-Süd-Gefälle bestand, beseitigen zu können.

Die Öffnung Portugals nach außen, die ab Ende der fünfziger Jahre eingeleitet wurde und auf eine rasche Industrialisierung unter Einsatz von ausländischem Kapital und ausländischem Know-how zielte, führte zu einer verstärkten Einseitigkeit der Raumnutzung, indem jetzt unter dem Erfolgskriterium der Wachstumspolitik die Lagevorteile der entwickelten Küstenstandorte voll ausgenutzt wurden. Räumlich anknüpfend an die bestehenden städtischen Zentren des Küstenraumes fanden beachtliche Investitionen auf dem Infrastruktursektor statt, die für die Industrieentwicklung eine ebenso günstige Produktionsvoraussetzung bildeten wie der differenzierte Arbeitsmarkt.

Im Binnenland setzte nun ein Erosionsprozeß ein, der eine bis dahin nicht gekannte extrem hohe Abwanderung zur Folge hatte, die teilweise in die Agglomerationen der Küste, zum größeren Teil jedoch ins Ausland führte und eine geschwächte Peripherie hinterließ.

Damit ist durchgängig ein raumstruktureller Kontrast entwickelt, der als das entscheidende Kennzeichen Portugals apostrophiert werden muß. Die ›landeskundliche‹ Einzigartigkeit Portugals gründet auf dieser in einem langen historischen Prozeß vermittelten regionalen Disparität. Sie zu erfassen, erfordert eine bewußte Eingrenzung der Fragestellung und auch eine spezielle Bewertung und Auswahl der Materialfülle. Diese Zielsetzung bedeutet aber zugleich eine Reduzierung der Informationen. Gerade wenn man die klassische portugiesische Landeskunde der dreißiger Jahre von LAUTENSACH (1932, 1937) zu einem Vergleich heranzieht, wird die Selektivität der hier vorgelegten Studie deutlich; ein solcher Vergleich zeigt aber auch, daß die auf eine ›universalistische Totalität‹ und die Erfassung eines Totalzusammenhangs angelegte Landeskunde auf Fragen, wie sie hier gestellt werden, keine Antwort zu geben vermag.

Der Zielsetzung, die auf die Ermittlung der räumlichen Resultate und Auswirkungen von ökonomischen und gesellschaftlichen Entwicklungsstufen ausgerichtet ist, dient das europäisch-kontinentale Portugal als Beobachtungsbasis. Die ehemaligen Kolonien sowie die atlantischen Inseln Madeira und die Azoren werden nur insoweit in die Betrachtung einbezogen, als sie für das räumliche Ordnungssystem von ›Festlandportugal‹ wirksam werden.

1.2. PORTUGALS ABSTIEG ZUR EUROPÄISCHEN PERIPHERIE

Das erstaunlichste Phänomen der portugiesischen Geschichte kann in der Tatsache gesehen werden, daß sich dieses Land im 15. Jahrhundert an die Spitze der europäischen Staaten stellen und zur Weltmacht emporsteigen konnte, um nach wenigen Jahrzehnten seine Unabhängigkeit und Zentralität wieder zu verlieren, ohne sie je wieder zu erreichen.

Dabei war der Aufstieg Portugals seit dem 13. Jahrhundert keineswegs ein weltpolitischer Zufall, sondern das Resultat einer systematischen innenpolitischen Leistung von Dynastie und Bürgertum.

Noch bevor das Staatsgebilde Portugal in bis heute bestehenden Grenzen vollendet war — dies kann spätestens mit dem Vertrag von Alcanizes (1297) angesetzt werden —, wurde ein System persönlicher Freiheiten begründet, was zu diesem Zeitpunkt als einmalig bezeichnet werden kann. Bereits seit 1254 existierte ein Ständeparlament, die Cortes, in dem das städtische Bürgertum als dritter Stand zugelassen war. Und auch im Agrarsektor wurden bereits Ende des 13. Jahrhunderts umwälzende Neuerungen eingeführt: das Rechtsinstitut der Leibeigenschaft wurde aufgehoben und durch das System der Pacht und Lohnarbeit ersetzt; in der nördlichen Hälfte und im äußersten Süden des Landes breitete sich verstärkt die (allerdings vorher schon vorhandene) Pacht aus, während im Alentejo mit seinen dem Adel, dem Klerus und der Krone gehörenden Latifundien die ›freie‹ Lohnarbeit eingeführt wurde.

Die Modernität der portugiesischen Sozialstruktur im 13. und 14. Jahrhundert lag in der engen Beziehung des kommerziellen Bürgertums und städtischen Handwerks mit der Krone.

Im Unterschied zu den parallelen Entwicklungen in Flandern oder den deutschen Hansestädten konnte sich die portugiesische Handelsbourgeoisie in einem geschlossenen territorialen Staatsgebilde, unterstützt von der monarchischen Autorität, entfalten. Das bürgerliche Selbstbewußtsein war 1383, als mit dem Aussterben der burgundischen Dynastie die Gefahr einer vom portugiesischen Adel unterstützten spanischen Annexion entstand, gefestigt genug, um in einer ›bürgerlichen Revolution‹ ihren Interessensvertreter João I. und die neue Dynastie Avis durchzusetzen. Im Kraftfeld von Bürgertum und Königtum konstituierte sich ein nationales Wirtschaftssystem, in dem konsequent frühkapitalistische Prinzipien entwickelt und perfektioniert und nicht nur im Handel und in der handwerklichen Produktion, sondern auch in den agrarischen Produktionsverhältnissen zur Anwendung gebracht wurden.

Auf dieser ökonomischen und politischen Grundlage konnte Portugal im 15. Jahrhundert aus seiner nachteiligen kontinentalen Randlage heraustreten und mit Hilfe von sorgfältig geplanten und detailliert organisierten Expeditionen über Nord- und Westafrika bis zum Hauptziel Indien vordringen. Dabei waren Heinrich der ›Seefahrer‹ und Vasco da Gama ›nur‹ bemerkenswerte Exponenten eines breitangelegten, systematischen Erschließungsprogramms neuer kommerzieller Horizonte. Der ökonomische Gewinn war so lange beträchtlich, wie die Konzentration auf wirtschaftliche Aspekte eingehalten werden konnte: im Gewürzhandel wurden mittlere Profitraten von 150—180 % im 16. Jahrhundert errechnet (vgl. OLIVEIRA MARQUES, 1972, S. 344 f.).

Diese für Portugal günstige Entwicklung änderte sich dadurch, daß sich über der ökonomischen Basis der Entdeckungen ein kolonialpolitischer Imperialismus, der selbstdarstellerische Prachtbauten produktiven Investitionen vorzog, ausbreitete. Bei der ungeheuren Ausdehnung des Kolonialsystems wurden Substrukturen der Verwaltungsorganisation erforderlich, die nun statt der bürgerlichen Technokraten zunehmend den Adel in leitende Positionen brachte. Dessen private Ansammlungen von Reichtümern wurden jedoch nicht im Mutterland und in den Handel reinvestiert, so daß sich bald eine staatliche Verschuldung einstellte, die die Krone in Abhängigkeit der europäischen Großkreditgeber (z. B. Fugger) brachte. Es kam hinzu, daß Portugal mit der Übernahme der Pionierrolle des Kolonialismus zu einem Zeitpunkt zu höchster Machtentfaltung gelangte und dabei seine wirtschaftlichen Möglichkeiten überforderte, als die wirksamsten Ausbeutungsmechanismen noch nicht entwickelt waren. Im 15. und 16. Jahrhundert war die Doppelfunktion der Kolonien, billiger Rohstofflieferant und geschützter Absatzmarkt für Manufakturprodukte zu sein, noch nicht voll realisierbar. Portugal erschien — so gesehen — zu früh auf der weltpolitischen Bühne des Kolonialismus.

Die übrigen europäischen Seefahrernationen, vor allem England und die Niederlande, waren zunächst nur ›im kolonialen Windschatten von Portugal‹ (MÜHLL, 1978, S. 23) geblieben, hatten die aufwendigen kolonialen Aufbau- und Sicherungsmaßnahmen dem portugiesischen Imperium überlassen und konnten dann schon in der zweiten Hälfte des 16. Jahrhunderts entscheidende ostasiatische Machtpositionen Portugal abnehmen.

Den entscheidenden Schlag erhielt Portugal aber erst in der von 1580 bis 1640 andauernden spanischen Okkupation. Trotz einer gewissen politischen Selbständigkeit mußte Portugal an der Seite Spaniens stehen und verlor zusammen mit der spanischen Armada in der Seeschlacht von Calais gegen die Engländer den Großteil seiner Flotte.

Ebenso wichtig für die Schwächung Portugals wurden innenpolitische Entwicklungen, die darauf hinausliefen, das portugiesische Bürgertum vollständig zu entmachten. Adel und Klerus hatten im Gegensatz zur Bourgeoisie die spanische Invasion unterstützt und wurden dafür durch die Wiedererlangung ihrer einst verlorenen Privilegien belohnt. Damit setzte eine Restaurationsentwicklung ein, die bis in die jüngste Zeit wirksam geblieben ist: der Adel zog sich auf seinen Grundbesitz zurück und sicherte sich sein Landbesitzmonopol durch ein bereitwilliges Überlassen des Produktionssektors an die ausländischen Interessenten. Es entwickelte sich jene Agrarstruktur, die zum einen im rentenkapitalistischen Sinne aus abhängigen Kleinbetrieben gebildet wurde und die zum anderen aus Großbetrieben aufgebaut wurde, die sehr extensiv mit Lohnarbeitskräften bewirtschaftet wurden.

Die äußere Wiedererlangung der politischen Selbständigkeit Portugals nach der spanischen Fremdherrschaft 1640 verdankte die Krone nicht mehr den bürgerlichen Kräften, sondern sie ging allein von den feudalen Ständen aus. Aber: >Wirksame Antriebe innerer Erneuerung gingen von dem Aufstand nicht aus: die Restauration hat die Dekadenz gewissermaßen »nationalisiert«, aber damit eher vertieft als überwunden< (ALLEMANN, 1971, S. 185). Die wirtschaftliche Autonomie vermochte Portugal nicht wirklich wiederzuerlangen; von nun an konnte England Portugal schrittweise durch machtpolitische und wirtschaftliche Maßnahmen in seine Abhängigkeit bringen. Die Bedrohung Portugals durch die kontinentalen Mächte Spanien und Frankreich nötigte ihm die Anlehnung an die >Schutzmacht< England auf; diese wiederum verstand es, politische Vormacht in ökonomische Vorteile umzusetzen.

Die verschiedensten vertraglichen Absicherungen des 17. Jahrhunderts zwischen England und Portugal gipfelten im Methuenvertrag (>Wein–Tuch-Abkommen<) von 1703, worin Portugal definitiv zum Rohstoffexportland degradiert wurde und England andererseits seine industrielle Vormachtstellung endgültig sicherte. Die portugiesischen Weinausfuhren reichten bei weitem nicht aus, um die englischen Industriegütereinfuhren auszugleichen. Die im 18. Jahrhundert reich fließenden Gold- und Diamantenströme aus Brasilien mußten zum allergrößten Teil dazu verwandt werden, die enormen Handelsdefizite gegenüber England auszugleichen. Lissabon war nicht das Ziel des brasilianischen Goldes, sondern nur der Umschlagplatz. Auch das Handelsgeschäft selbst war fest in ausländische Hände — vor allem der Engländer, teils auch der Franzosen und Hamburger — übergegangen.

Schlimmer noch waren die Konsequenzen im Agrar- und Manufaktursektor: die Konzentration auf den wichtigsten Rohstoff Wein führte einerseits zu typischen Überfremdungserscheinungen. Die englischen Handelsfirmen sicherten sich die besten Anbauflächen im Dourotal, so daß der Kleinbesitz weitgehend aus dem profitträchtigen Weingeschäft ausschied. Andererseits ging der Getreideanbau so zurück, daß die Versorgung der Städte nicht mehr gewährleistet werden konnte. Schon um die Mitte des 18. Jahrhunderts mußte das einseitig agrarisch ausgerichtete Land Portugal ein Fünftel seines Getreideverbrauchs importieren (vgl. OLIVEIRA MARQUES, 1972, S. 381 ff.). Es bedarf kaum einer besonderen Erwähnung, daß die bescheidenen portugiesischen Manufakturen fast gar keine Überlebenschance gegenüber der englischen Konkurrenz hatten.

Die Versuche einer Gegensteuerung mit den Mitteln einer merkantilistischen Wirtschaftspolitik unter dem Staatsminister Marquês de Pombal von 1750 bis 1777 erbrachten nur kurze Erfolge. Seine Anstrengungen, die unproduktiven feudalen Stände auszuschalten zugunsten einer aufgeklärten Beamtenschaft und einer unternehmerischen Handelsbourgeoisie, förderte nach seinem Rücktritt nur die Entschlossenheit von Adel und Klerus, die staatliche Abhängigkeit von England wiederherzustellen, weil sie der beste Garant für ihre interne Sicherheit und Vormachtstellung bildete — freilich ohne alles Streben nach außenwirtschaftlicher Selbstbestimmung.

Die Konsolidierung der portugiesischen Abhängigkeit als englische Halbkolonie vollzog sich zu Beginn des 19. Jahrhunderts in zweifacher Hinsicht. Erstens wirkten sich die technischen Entwicklungen in England verheerend für die portugiesischen Manufakturen aus, weil die englische Industrie so billig produzieren konnte, daß ihre Produkte konkurrenzlos waren und in Portugal einen wirtschaftlichen Zusammenbruch herbeiführten. Zweitens zerstörte die Unabhängigkeit von Brasilien (1825) den letzten Halt der portugiesischen Staatsfinanzen; denn Portugal verlor damit nicht nur diejenigen Produkte, die es als Wiederausfuhrgüter dringend benötigte, sondern es ging damit auch sein wichtigster Absatzmarkt verloren.

Die liberal-konstitutionellen Auseinandersetzungen, die ab 1826 einsetzten, wurden insofern für die zukünftige sozioökonomische Struktur Portugals wesentlich, als im Zuge der Säkularisierung des umfangreichen Ordensbesitzes neue soziale Schichtungen entstanden. Dabei kann es allerdings nicht zum Aufbau eines bäuerlichen Mittelstandes kommen, vielmehr gelang es städtischen Besitzschichten, riesige Grundbesitzflächen zu günstigen Bedingungen zu erwerben und auf dieser Besitzbasis in den folgenden Jahrzehnten zu Adelspatenten zu gelangen. Die neureiche Oberklasse von Baronen und Viscondes wurde bis in die jüngere Zeit hinein jene staatstragende Schicht, die im Rahmen der halbkolonialen Struktur des Landes sich durchaus am Aufbau der Handels-, Bank- und Industrieunternehmen beteiligen konnte, wobei sich zwei Elemente immer wieder durchsetzten: einerseits blieb das Interesse an einer Beibehaltung der Abhängigkeitsstruktur konstant, weil diese zugleich die soziale Immobilität im Lande sicherte; andererseits zeichnete sich diese Oberschicht durch die auffallende Neigung aus, Kapitalerträge in Grundbesitz anzulegen und keine Beteiligungen an durchaus gewinnversprechenden Investitionen, etwa im Eisenbahnbau, der so ganz in die Hände ausländischer Gesellschaften geriet, anzustreben.

Sehr deutlich wurde Portugal seine Abhängigkeit angesichts seiner Bemühungen demonstriert, bei der kolonialen Aufteilung Afrikas in den achtziger Jahren des 19. Jahrhunderts beteiligt zu werden. Seine Forderung auf einen breiten Verbindungsgürtel zwischen Angola und Moçambique wurde durch ein britisches Ultimatum 1890 kurzerhand abgeblockt, und Portugal mußte förmlich seinen Verzicht auf territoriale Ansprüche in Afrika erklären.

Die Abhängigkeit Portugals von außen blieb auch über die nach 1910 ausgerufene und durch politische Instabilität gekennzeichnete Republik bestehen und konzentrierte die in mehreren Jahrhunderten gewachsenen Züge der Stagnation, der sozialen Kontraste, kurz der Unterentwicklung, aus der es für die meisten nur einen traditionellen Ausweg gab: die Emigration.

Der ›Neue Staat‹ Salazars hatte in seinem vierzigjährigen Bestand von 1928—1968 in der Tat eine Menge Neuerungen gebracht, zu deren bemerkenswertesten die Tatsache zählte, daß seit den Napoleonischen Kriegen erstmalig die notorisch unsoliden Staatsfinanzen wieder geordnet waren. Auch die Durchsetzung der staatlichen Autonomie und die formale Unabhängigkeit der ›nationalen Einheit‹ gehörten zum Kern der Ideologie des ›Estado Novo‹.

Dennoch blieb das überkommene ökonomische und gesellschaftliche Gefüge im ›Neuen Staat‹ ebenso unverändert wie seine räumlichen Ordnungsmuster. Vor allem der Korporativismus übernahm eine konservierende Funktion, indem einerseits die zu ›grémios‹ vereinten Unternehmer durch hohe Zölle vor ausländischem Konkurrenzdruck geschützt wurden und andererseits die etablierten Wirtschaftsunternehmen durch staatliche Lenkungsmechanismen weitgehend eine inländische Konkurrenz ausschlossen. Dadurch konnten sich Monopole in der nationalen Privatwirtschaft stabilisieren, die um wenige reiche Familienclans organisiert waren. Dem ökonomischen Konzentrationsgrad der portugiesischen Wirtschaft entsprach ihre regionale Konzentration genau an den Standorten, die auch von den ausländischen Unternehmen bevorzugt worden waren, nämlich an den Brückenköpfen Lissabon und Porto.

Als das außerordentlich langsame Wirtschaftswachstum die steigenden Belastungen der militärischen Aktionen in den Kolonien nicht mehr tragen konnte, wurde der ›nacionalismo económico‹ zugunsten einer internationalisierten Wirtschaft aufgegeben. Der staatlich garantierte Lohnkostenvorteil wurde zum wichtigsten Instrument im internationalen Wettbewerb; aber auch eine gezielte Industrieförderungspolitik und die EFTA-Zugehörigkeit Portugals, die Industrien aus dem EG-Raum zollfreien Export in die EFTA-Länder sicherten, führten in den sechziger Jahren zu einem Boom in den fremdbürtigen Industriebranchen und gleichzeitig zu einer tiefgreifenden Krise in den überkommenen Industrien.

Und wiederum war der stark außenabhängige Wirtschaftsimpuls regional beinahe ausschließlich auf die zentralen Küstenbereiche konzentriert.

Ein politisch fundiertes Bewußtsein von der Unausgewogenheit der gesellschaftlichen, ökonomischen und räumlichen Entwicklung des Landes war auf einer breiteren Grundlage erst mit dem politischen Umsturz des Jahres 1974 aufgekommen. Der Versuch, diese strukturellen Mängel zu beheben, fiel mit einer weltweiten Wirtschaftskrise zusammen und ist zunächst einmal gescheitert. Die inneren Probleme haben sich verschärft, die Abhängigkeit von außen ist gewachsen, die Peripherisierung schreitet voran.

2. WIRTSCHAFTSRÄUMLICHE GLIEDERUNGSELEMENTE

2.1. Erwerbsstrukturen

Die sozioökonomische Entwicklung Portugals wird in entschiedenem Maße von den Gegebenheiten des Arbeitsmarktes beeinflußt. Die regionale Differenzierung von Angebot und Nachfrage an Arbeitskräften und von Lohnfaktoren haben erhebliche Auswirkungen auf alle Erwerbsbereiche und stellen deshalb wichtige übergeordnete wirtschaftsräumliche Gliederungselemente dar.

Die Verteilung der Erwerbsbevölkerung auf die Wirtschaftssektoren kann in Entwicklungsstufen aus der Tab. 1 für den Zeitraum von 1950—1974 entnommen werden.

Tab. 1: Erwerbsbevölkerung nach Wirtschaftssektoren 1950—1974 (in 1000)

Sektoren	1950 absolut	%	1960	1970	1973	1974 absolut	%
Land-, Forst- und Fischerei-wirtschaft	1453	48,4	1333	940	827	804	27,9
Bergbau, Steinbruch	25	0,8	26	12	12	12	0,4
Verarbeitende Industrie	569	19,0	666	703	713	703	24,3
Bauwirtschaft, Öffentliche Arbeiten	145	4,8	215	247	277	267	9,3
Elektrizität, Gas, Wasser	10	0,3	14	17	17	17	0,6
Transport, Kommunikation	102	3,4	117	141	150	152	5,3
Handel, Banken, Versicherungen	216	7,2	256	328	345	344	11,9
andere Dienstleistungen	485	16,1	497	601	596	586	20,3
Total	3005	100,0	3124	2989	2937	2885	100,0

Quelle: Esser u. a., 1977, S. 97.

Nach dem Anstieg der Beschäftigtenzahlen in den fünfziger Jahren wird seit 1960—1974 ein kontinuierlicher Rückgang der Erwerbspersonen ersichtlich. Dieser Entwicklungsprozeß ist sehr vielschichtig und muß vor allem im Zusammenhang mit der Emigration gesehen werden, die dem Land von 1960—1974 fast 1 492 000 Bewohner und dem Arbeitsmarkt etwa 1 Mio. Arbeitskräfte entzog (vgl. Kap. 3.1.2.1). Auch die militärischen Aktionen in den ehemaligen Kolonien

reduzierten das Angebot an Arbeitskräften um (1970) fast 135000 Erwerbspersonen.

Den stärksten Rückgang an Beschäftigten verzeichnete der primäre Wirtschaftssektor, der absolut fast 650000 Erwerbspersonen in 25 Jahren verlor und
damit auch seinen relativen Anteil von 48,4% auf 27,9% verkleinerte. Bergbau
und Steinbruchindustrie gingen prozentual zwar um mehr als die Hälfte zurück,
aber ihre absoluten Zahlen waren so gering, daß dieser Wirtschaftssektor beschäftigungspolitisch ohne große Bedeutung blieb.

Die Expansion der Bauwirtschaft setzte Ende der fünfziger Jahre ein und
konnte insgesamt die Arbeitskräftenachfrage kräftig beleben, so daß ihr Anteil an
der Gesamtheit der Beschäftigten von 4,8% (1950) auf 9,3% (1974) anwuchs. Die
Verarbeitende Industrie, die 1974 knapp ein Viertel der Arbeitskräfte beschäftigte,
läßt nur eine langsam wachsende Entwicklung erkennen, die jedoch in den verschiedenen Branchen zeitlich und räumlich recht unterschiedlich verlaufen ist (s.
Kap. 2.3.3). Die traditionellen Industriebranchen (Nahrungsmittel, Textil, Schuhe, Holz, Kork) konnten von 1950—1960 zahlreiche neue Arbeitsplätze in einer
relativ unproduktiven Klein- und Mittelindustrie schaffen, büßten aber von
1960—1974 7,2% ihres Anteils an der Gesamtbeschäftigung in der verarbeitenden
Industrie ein. In dem beschäftigungspolitisch wichtigsten Industriebereich Textil,
Bekleidung, Schuhe ging die Zahl der Beschäftigten von 1960—1974 um
18500 Personen auf 220100 zurück. Aber auch in der industriellen Bekleidungs-
branche muß noch einmal unterschieden werden zwischen den expansiven, von
ausländischen Investoren aufgebauten modernen Fertigungsbetrieben einerseits
und den einheimischen Betrieben mit veralteten Produktionsapparaten andererseits, die die erforderlichen Strukturwandlungen nicht vornehmen konnten und ab
Ende der sechziger Jahre serienweise ihre Produktion einstellen mußten.

Vor allem in den Branchen Chemie, Maschinenbau und Papier ergaben sich
seit 1960 zwar kräftige Produktionssteigerungen; diese basierten aber auf kapitalintensiven Investitionen, so daß positive Effekte auf dem Arbeitsmarkt weitgehend ausblieben; lediglich in der Grundmetallindustrie stieg die Anzahl der Beschäftigten von 1960—1974 um 34900 Personen an (vgl. ESSER u. a., 1977, S. 98).

Der tertiäre Wirtschaftssektor beschäftigte (1974) über ein Drittel der aktiven
Bevölkerung; sein gleichmäßiges Wachstum war und ist allerdings räumlich sehr
einseitig auf die Agglomerationsräume Lissabon und Porto beschränkt.

Die regionale Verteilung der Beschäftigten auf die Wirtschaftssektoren kann
auf der Distriktebene der Abb. 1 entnommen werden. Es wird deutlich, daß die
erwerbswirtschaftlichen Aktivitäten sehr ungleich verteilt sind. Zum einen zeigt
sich eine starke Orientierung der Erwerbspersonen zur Küste hin; in den sieben
Küstendistrikten Braga, Porto, Aveiro, Coimbra, Leiria, Lissabon und Setúbal
sind auf einem Flächenanteil von 26,1% Portugals genau zwei Drittel des gesamten Arbeitskräftepotentials lokalisiert. Zum anderen fällt die sektoriale Differenzierung auf: in den binnenwärtigen Distrikten dominiert klar der primäre Wirt-

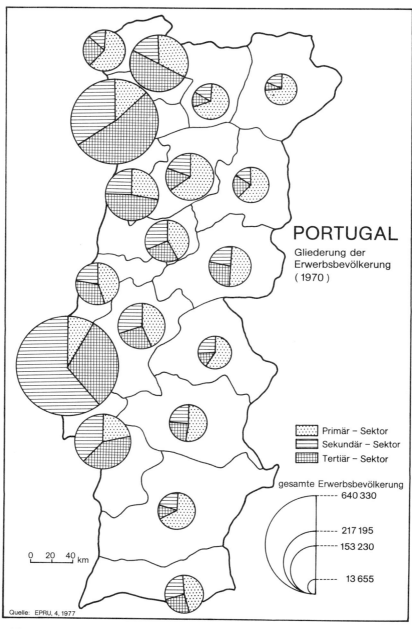

PORTUGAL

Gliederung der
Erwerbsbevölkerung
(1970)

Primär – Sektor
Sekundär – Sektor
Tertiär – Sektor

gesamte Erwerbsbevölkerung
----- 640 330

----- 217 195
----- 153 230

----- 13 655

0   20   40 km

Quelle: EPRU, 4, 1977

Abb. 1.

schaftssektor. Die kleinräumlichere Betrachtung auf der Basis der Kreise (›Concelhos‹) macht deutlich, daß (1970) noch zwei Drittel aller Kreise über 50 % landwirtschaftlicher Erwerbsbevölkerung aufwiesen, wobei allerdings auch eine größere Anzahl der Kreise in den küstennahen Distrikten überdurchschnittlich hohe Erwerbspersonenanteile in den primären Wirtschaftsbereichen hatten.

Der sekundäre Wirtschaftssektor ist auf den küstennahen Raum zwischen Viana do Castelo im Norden und Setúbal im Süden konzentriert, wobei vor allem die differenzierten verarbeitenden Industrien im Raum Porto hervortreten. Weiter im Landesinnern tritt nur im Landschaftsraum des Hauptscheidegebirges (vgl. Abb. 3) mit den traditionellen textilwirtschaftlichen Standorten um Covilhã eine sekundärwirtschaftliche Dominanz auf. Auch im unmittelbaren Küstenbereich des Algarve treten einige Standorte der Nahrungsmittelindustrie strukturbestimmend hervor.

Der Tertiärsektor läßt eine extreme Konzentration auf den Großraum Lissabon, die Städte Porto und Coimbra sowie auf einige kleinere Orte erkennen; obgleich 34 % der Aktivbevölkerung im tertiären Sektor tätig waren, wiesen kaum 5 % der portugiesischen Gemeinden eine vorherrschende tertiäre Beschäftigung auf.

Ein gravierendes Problem der portugiesischen Erwerbsverhältnisse stellen die *Lohnstrukturen* dar. Sie spiegeln die seit langem geübte Niedriglohnpolitik des portugiesischen Staates wider: Niedriglöhne sicherten zwar eine ökonomische Vorteilsbasis in der internationalen Konkurrenz, sie ging aber einerseits zu Lasten eines großen Teils der Arbeitnehmer und konservierte andererseits in zu hohem Maße veraltete Produktionsmethoden.

Die Niedriglohnpolitik geriet ins Wanken, als in den sechziger Jahren die Emigration zu viele Arbeitskräfte entzog. Die dann erfolgenden beachtlichen Lohnsteigerungen hatten jedoch bald nur nominalen Charakter, und ihr Realwert blieb bei den kräftig steigenden Lebenskosten extrem unter den vergleichbaren westeuropäischen Lohnniveaus. Die Niedriglohnpolitik wurde im ›Estado Novo‹ bis 1974 dadurch geregelt, daß — bei totalem Streikverbot — der Staat als ›neutraler Schlichter‹ zwischen Kapital und Arbeit so fungierte, daß nur alle 10 Jahre Lohnanpassungen vorgenommen werden konnten.

Die durchschnittlichen monatlichen Nominallöhne blieben trotz der deutlichen Anhebungen auf einem erschreckend niedrigen Niveau, zumal wenn man bedenkt, daß die Lebenshaltungskosten inzwischen beinahe westeuropäische Höhen erreicht haben: 1974 lag das mittlere Lohnniveau bei 4136 Esc. (= 435,— DM), 1975 bei 6080 Esc. (= 545,— DM) und 1976 bei 7214 Esc. (= 590,— DM). Die Frauenarbeit wurde deutlich schlechter entlohnt; das läßt sich besonders eindringlich aus dem Anteil der Frauen an den „Niedriglöhnen" (alle Löhne, die mehr als 30 % unter den gesamtgemittelten Lohneinkommen liegen) ersehen: Insgesamt lagen 1975 13,1 % aller männlichen Lohnempfänger über 20 Jahren in der Gruppe der Niedriglöhne; bei den Frauen betrug der entsprechende Anteil jedoch 63,8 %, wobei jedoch nur die nichtlandwirtschaftlichen Lohneinkommen berücksichtigt wurden.

Der Statistikdienst des Arbeitsministeriums hat diese Werte für die einzelnen Branchen des sekundären und tertiären Wirtschaftsbereichs ermittelt (vgl. Inquérito 1975/1976); diese weisen aus, daß gerade in den traditionellen verarbeitenden Industrien die weiblichen Lohnempfänger fast ausschließlich in die ›Niedriglohngruppe‹ eingestuft werden müssen: Nahrungsmittelindustrie 86,8 %, Bekleidung 91 %, Schuhfabrikation 97 %, Korkverarbeitung 90,9 %. Die Tageszeitung ›Diario de Notîcias‹ (4. 12. 1976) stellt als Beispielsfall den Tageslohn einer Textilarbeiterin von 44 Esc. dem des männlichen Textilarbeiters in Höhe von 88 Esc. gegenüber. Aber auch in den einzelnen Branchen des Dienstleistungssektors sind die weiblichen Arbeitskräfte weit überdurchschnittlich an den Niedriglöhnen beteiligt (z. B. Hotelgewerbe 81,9 %).

Darüber hinaus wiesen die Löhne beachtliche regionale Unterschiede auf. Aus der Tab. 2 können die regionalen Prozentabweichungen vom Gesamtmittelwert für die Jahre 1973—1975 abgelesen werden, wobei auch hier wieder die agrarischen Lohneinkommen nicht berücksichtigt sind. Das traditionelle Lohngefälle kommt in der Datenreihe von 1973 zum Ausdruck: Die beachtlichen Gegensätze zwischen den Löhnen, die im Raum Lissabon/Setúbal gezahlt wurden, und denjenigen des nördlichen Portugals waren vor allem bedingt durch die unterschiedliche Branchenstruktur, die sich wiederum besonders bei den qualifizierteren Arbeitern bemerkbar machte, deren Löhne in den traditionellen Industrien etwa 40 % unter denen der Papier-, Maschinenbau- und Chemiebranche lagen. Das Überangebot an Arbeitskräften im dichtbesiedelten Norden war ein weiterer lohndämpfender Faktor. Schließlich wirkte sich aber vor allem der erheblich höhere Anteil von Angestellten an den Lohnempfängern im Raum Lissabon aus, die durchschnittlich rund 88 % mehr verdienten als Arbeiter.

Die Lohndatenreihen von September 1974 und 1975 zeigten bereits die Effekte staatlicher Lohnleitlinien und Festsetzungen von Minimallöhnen, die offiziell keine regionalen Unterschiede mehr zuließen. Die maximalen Amplituden der Lohndifferenzen gingen stark zurück, wobei vor allem die positiven Extreme reduziert wurden und insgesamt eine deutliche Verschiebung in der Rangfolge der Distrikte stattfand.

Einen weiteren wichtigen Aspekt der Erwerbsstrukturen stellt die *Arbeitslosigkeit* in Portugal dar, die in weiten Bereichen der Landwirtschaft als eine mehr oder minder versteckte Unterbeschäftigung aufgetreten ist, in den übrigen Erwerbsbereichen jedoch zunehmend als offene Arbeitslosigkeit erkennbar wurde.

Die in der Tab. 3 zusammengestellten Daten können zwar nur eine eingeschränkte Genauigkeit beanspruchen, sie zeigen dennoch die wichtigen Entwicklungen auf. Bis 1973 wurden kaum Arbeitslose registriert, obgleich gerade in den sechziger und zu Beginn der siebziger Jahre der portugiesische Arbeitsmarkt sich als völlig außerstande erwies, der aktiven Bevölkerung in hinreichendem Maße

Tab. 2: Indizes der Lohnunterschiede in den Distrikten

	1973	1974	1975
Lissabon	153,7	143,3	126,7
Setúbal	140,2	140,0	120,0
Évora	105,4	106,7	101,3
Coimbra	104,8	93,8	97,3
Bragança	100,8	100,4	113,2
Santarém	100,4	95,5	94,4
Beja	100,1	105,4	100,6
Leiria	99,3	97,3	92,4
Porto	98,8	97,5	98,5
Castelo Branco	95,1	91,5	103,2
Viana do Castelo	94,6	98,9	98,2
Viseu	92,6	85,5	99,1
Faro	91,0	97,8	94,5
Aveiro	87,5	93,0	90,0
Portalegre	85,9	92,3	101,2
Vila Real	85,8	86,8	98,9
Guarda	84,1	94,0	86,0
Braga	79,1	80,1	84,4
Portugal	100,0	100,0	100,0

Quelle: Inquérito ›Niveis de Qualifição‹, Jan. 1973, Sept. 1974, Sept. 1975.

Arbeitsplätze anzubieten. Zwischen 1966 und 1972 mußten deshalb jährlich über 100000 Portugiesen ins Ausland abwandern, so daß 1974 etwa ein Drittel der portugiesischen Erwerbsbevölkerung im Ausland arbeitete.

Seit 1974 haben verschiedene Faktoren im Zusammenwirken einen deutlichen Anstieg der offenen Arbeitslosigkeit bewirkt, der in der Zunahme von 90000 (1970) auf 503000 (1976) Erwerbslose zum Ausdruck kam, was einem Anteil von etwa 14 % des Arbeitskräftepotentials entsprach. Im Zuge der wirtschaftlichen Rezession in Westeuropa wurde die europäische Auswanderung weitestgehend unterbunden, ferner belasteten die entlassenen Soldaten mit etwa 70000 Aktiven und die aus den ehemaligen Kolonien zurückkehrenden Siedler (Retornados) mit etwa 130000 Erwerbsfähigen den Arbeitsmarkt. Gerade diese Gruppe der Retornados erwies sich als besonders schwer in den Arbeitsmarkt integrierbar, zumal sich die Erwerbsfähigen mit höherem Qualifikationsniveau in einem raschen Ausleseprozeß nach Brasilien und Venezuela absetzen konnten und nur die schwerer vermittelbaren arbeitslosen Retornados in Portugal blieben.

Erschwerend kam hinzu, daß die neu auf den Arbeitsmarkt stoßenden Jugend-

Tab. 3: Arbeitslosigkeit 1970—1976 (in 1000)

	Total	neu auf dem Arbeitsmarkt	davon arbeitslos geworden	Flüchtlinge (Retornados)
1970	90	68	22	—
1974	180	o. A.	o. A.	4
1975	381	134	127	120
1976				
März	428,5	157,5	141,0	130,0
April	442,0	162,0	150,0	130,0
September	468,7	177,0	166,0	125,7
Dezember	503,7	200,0	178,0	125,7

Quelle: PMP 1977—1980, Grandes Opções, S. 269; ESSER u. a. 1977, S. 102.

lichen kaum die Chance hatten, einen Arbeitsplatz zu finden: etwa 40 % der Arbeitslosen im Dezember 1976 waren Jugendliche.

Zwar ist nach 1976 in einigen Branchen eine Besserung der Beschäftigungsentwicklung eingetreten — so hat beispielsweise die stark betroffene Touristikbranche ab 1977 ihre früheren Beschäftigungszahlen wieder erreicht und überschritten — aber insgesamt ist die schwierige Wirtschaftslage bisher nicht imstande gewesen, die vor allem aufgrund der Mindestlohngesetzgebung ausgelösten Entlassungen seit 1974 aufzufangen.

Die regionale Differenzierung der Erwerbsverhältnisse weist zunächst einmal beachtliche Unterschiede in den Erwerbsquoten auf. Der Landesdurchschnitt ist vom niedrigen Mittelwert von 37,5 % (1970) bis 1975 auf 34,2 % weiter abgesunken. Extrem niedrige Erwerbsquoten um 30 % traten in den ländlichen Räumen des nördlichen Portugal auf. Es wird deutlich, daß erhebliche Arbeitskräftereserven verfügbar waren, die auch längerfristig — selbst bei der zu erwartenden tendenziellen Verminderung des Bevölkerungsanteils im arbeitsfähigen Alter — ein Überangebot von unqualifizierten Arbeitskräften erzeugen werden (vgl. Tab. 4).

Die Arbeitslosenquoten haben sich von 1970 bis 1975 regional differenziert entwickelt. Die Belastung des Arbeitsmarktes durch die aus den ehemaligen Kolonien gekommenen Retornados wird besonders deutlich am Beispiel des Distrikts Faro, wo sich als Folge der hohen erwerbslosen Retornadozuzüge die 1975 höchste Arbeitslosenquote in Höhe von 17,6 % herausgebildet hatte. Die chronisch strukturschwache Algarve hatte durch ihre Ausrichtung auf den internationalen Tourismus im Gefolge des politischen Umsturzes und der allgemeinen Rezession ohnehin am stärksten gelitten und wurde darüber hinaus durch die Zuweisungen der Retornados besonders belastet.

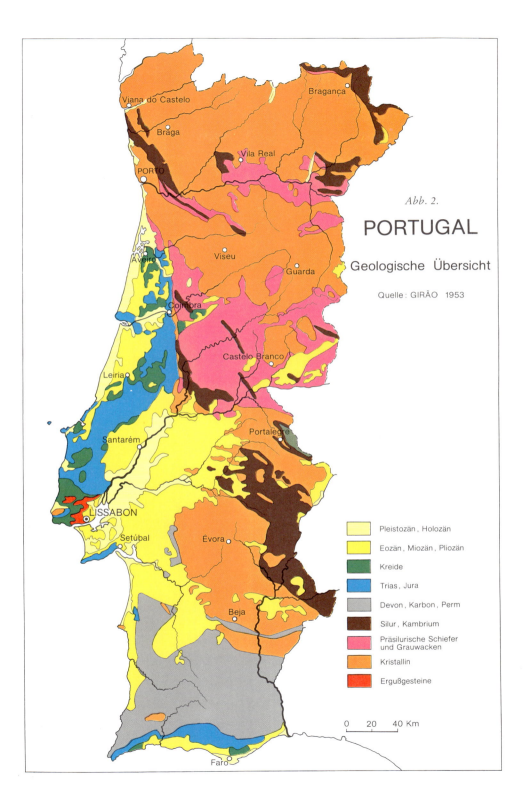

Abb. 2.

PORTUGAL

Geologische Übersicht

Quelle: GIRÃO 1953

Pleistozän, Holozän

Eozän, Miozän, Pliozän

Kreide

Trias, Jura

Devon, Karbon, Perm

Silur, Kambrium

Präsilurische Schiefer und Grauwacken

Kristallin

Ergußgesteine

0   20   40 Km

Tab. 4: *Erwerbsstrukturen nach Distrikten 1970/1975/1976*

	Erwerbsquote		Arbeitslosenquote		Arbeitslose Retornados
	1970	1975	1970	1975	in 1000 (1976)
Aveiro	36,19	33,46	2,2	8,3	7,6
Beja	38,44	39,06	5,8	6,2	0,8
Braga	36,18	34,72	3,0	7,2	4,3
Bragança	31,76	27,52	5,2	14,6	5,0
Castelo Branco	36,00	34,02	4,1	9,2	3,1
Coimbra	34,70	30,18	2,8	15,9	5,7
Évora	40,75	35,52	2,5	13,0	0,6
Faro	35,50	33,20	3,6	17,6	7,8
Guarda	32,75	31,11	4,5	10,5	4,8
Leiria	35,42	32,36	2,9	10,8	5,0
Lissabon	41,42	35,97	1,7	13,9	40,1
Portalegre	41,99	36,62	2,8	7,5	0,8
Porto	37,44	34,26	2,0	8,8	13,4
Santarém	35,90	38,88	2,8	9,1	4,7
Setúbal	41,53	34,19	2,6	13,5	7,6
Viana d. C.	39,92	36,85	2,2	7,8	2,4
Vila Real	34,16	31,52	4,6	11,2	5,3
Viseu	33,38	30,47	2,7	11,2	6,7
Total	37,51	34,23	2,7	11,2	125,600

Quelle: PMP 1977—1980, Política Regional, S. 31/207.

2.2. PRIMÄRER WIRTSCHAFTSSEKTOR

2.2.1. *Natürliche Voraussetzungen der Landnutzung*

Die Analyse der wichtigsten natürlichen Rahmenbedingungen der landwirtschaftlichen Aktivitäten ist im Zusammenhang mit der hier verfolgten Zielsetzung
insofern von Bedeutung, als die räumlichen Gliederungsprinzipien entscheidend
von der Ressourcenverteilung mitgesteuert werden.

Da es in dieser Studie darum geht, die Bedingungen des Wandels der räumlichen Ordnungsstruktur Portugals zu untersuchen, wie sie sich von einer an die
originäre Landesnatur und die ›landschaftliche‹ Umwelt angepaßten Ordnung in
eine weitgehend fremdgesteuerte ökonomische Ordnung verändert hat, müssen
die natürlichen Voraussetzungen soweit in die Betrachtung einbezogen werden,
wie die natürlichen Phänomene des Untersuchungsraumes als Einflußgrößen und

Bezugspunkte für die ökonomische und gesellschaftliche Organisation des Raumes von Belang werden.

2.2.1.1. Reliefgliederung und geologische Strukturen

Die Gliederung der Oberflächenformen Portugals ist eng mit den geologischen Grundstrukturen der Iberischen Halbinsel verknüpft (vgl. Abb. 2). Die größte Bedeutung kommt den altgefalteten und zu einem riesigen Block konsolidierten Gesteinen der ›Iberischen Masse‹ zu, die gut zwei Drittel der Oberfläche ausmachen. Sie reicht im Norden Portugals bis in Höhe der Douromündung an die Küste heran und setzt sich in gradliniger Verlängerung nach Südosten bis zum Tejo fort. Südlich des Tejo weicht die Iberische Masse buchtenartig zurück, um im südwestlichen Portugal wieder bis an die Küste vorzustoßen. Obgleich im Norden wie im Süden relativ gleichartige Gesteinsserien auftreten, die vom Präkambrium bis zum Karbonzeitalter sedimentiert wurden und im Laufe von Gebirgsbildungsprozessen von mächtigen Granit- und Dioritintrusionen durchdrungen wurden, weist die Höhenschichtenkarte (vgl. Abb. 3) deutlich aus, daß sich der morphologische Charakter der Iberischen Masse von Norden nach Süden erheblich verändert.

Diese Ungleichheiten erklären sich dadurch, daß die Iberische Masse in langen erdgeschichtlichen Perioden eine Aufwölbung erfahren hat, die als ›Iberische Hauptkulmination‹ bezeichnet wird, die vom äußersten Nordwesten der Halbinsel in südsüdöstlicher Richtung verläuft und die im Norden deutlich stärkere Hebungstendenzen aufweist.

Aus diesem Sachverhalt resultieren zwei wichtige Merkmale der Oberflächenformen Portugals: einmal die aufs Ganze gesehen gleichsinnige Abdachungsrichtung senkrecht zur Achse der Iberischen Hauptkulmination aus dem Landesinnern zur Atlantikküste, zum anderen die beträchtlich größere Durchschnittshöhe der nördlichen Landesteile gegenüber den südlichen.

Das nahe Heranreichen der Hauptkulmination im Nordwesten an den Atlantik bewirkte, daß die Iberische Masse hier frei von einer jüngeren Gesteinsbedekkung blieb. Wo dagegen die Hebungstendenzen zurückgingen, konnten in den meernahen Teilen Portugals jüngere Sedimente auf der Iberischen Masse abgelagert werden. Das trifft zum einen für das Küstendreieck Porto–Tomar–Setúbal zu, wo westlich und südwestlich einer bedeutenden Randflexur mesozoische, vor allem jurassische Deckschichten auftreten; zweitens gilt dies für ausgedehnte tertiäre, miozäne und pliozäne Ablagerungen im unteren Tejo- und Sadobecken, und drittens konnten sich auch an der Südküste der Algarve mesozoische und jüngere Schichten auf der eingerumpften Iberischen Masse bilden und erhalten.

In sich gliedert sich das Gebiet der Iberischen Masse in eine Vielzahl von unterschiedlichen Raumeinheiten:

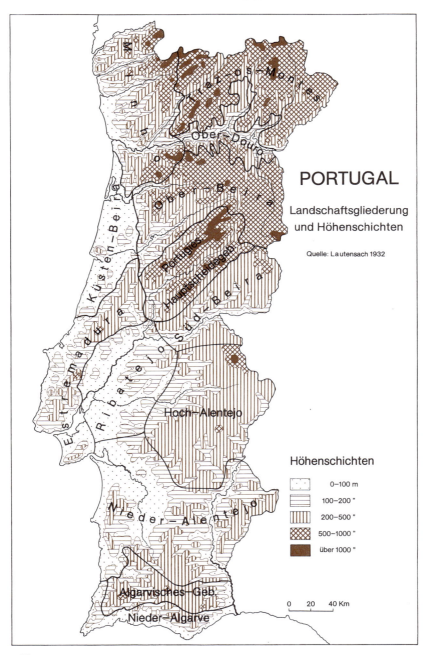

PORTUGAL

Landschaftsgliederung
und Höhenschichten

Quelle: Lautensach 1932

Höhenschichten

	0–100 m
	100–200 "
	200–500 "
	500–1000 "
	über 1000 "

0   20   40 Km

Abb. 3.

Als eigenständigster Teil hebt sich das postmiozän herausgehobene portugiesische *Hauptscheidegebirge* heraus und erstreckt sich als ein 120 km langer Gebirgshorst von Guarda nach Südwesten. Nach Nordwesten setzt an einer gradlinigen Bruchkante die schiefe Ebene von Oberbeira an, und nach Südosten leiten — deutlich abgesetzt — die Rumpfflächen der Niederbeira allmählich in das Tal des Tejo über. Das im Mittel 45 km breite Gebirge wird durch den Rio Zézere in seiner ganzen Länge durchmessen, der nordwestliche Flügel wird aus den Serren Lusã, Açor und Estrela gebildet, deren letzte bis zu einer Höhe von 1991 m aufsteigt; durch das Einbruchsbecken der Cova da Beira wird sie von der Hauptserra des südöstlichen Gebirgszuges, der Serra da Gardunha, getrennt.

Nach Norden leiten eingerumpfte Hochflächen über Oberbeira hinaus in die Erosionslandschaft *Oberdouro* über. Die Abgrenzung dieses durch den Douro, der im wesentlichen einem Band paläozoischer und präkambrischer Tonschiefer folgt, und seine Nebenflüsse eng zertalten Gebiets nimmt LAUTENSACH (1937, S. 33) nach klimatischen Gesichtspunkten vor. Das wegen seiner langen heißen Sommer als ›Terra quente‹ benannte Gebiet schließt das Becken von Mirandela im Norden ein.

In diametralem Gegensatz zu Oberdouro steht das nordöstliche Hochportugal. Beide zusammen bilden die historische Nordostprovinz *Trás-os-Montes*, das ›Land hinter den Bergen‹, die im Westen über die Strukturalung von Lamego nach Chaves hinweg das Marãogebirge und nach Norden die Terra de Barroso einschließt. Über die im Nordosten eindeutig vorherrschenden Granite und Gneise der Iberischen Masse hinweg ist eine pliozäne Rumpffläche in 600—850 m Höhe breitflächig ausgebildet und gibt diesem Raum seinen besonderen Charakter. Die zu tiefer Verwitterung neigenden Granite bilden dort, wo sie vor der Abtragung bewahrt sind, sandige und leicht zu bearbeitende Böden.

Das vordere Hochportugal greift über den unteren Dourolauf hinweg nach Süden bis zum Landschaftsraum Oberbeira aus. Im nordwestlichen *Minho* herrschen sehr grobkörnige Granite vor, die in den rückwärtigen Gebirgen zu gigantischen Felsburgen verwittert sind. Die größere Entfernung von der Hauptkulminationsachse hat in Küstennähe weitaus geringere Hebungskräfte freigemacht. Die zahlreichen, der westlichen Abdachung und den senkrecht zur Hebungsachse verlaufenden Störungen folgenden Flüsse haben langgestreckte, west-östlich verlaufende Gebirgsketten herauspräpariert, die insgesamt den Eindruck einer vielgegliederten, offenen Landschaft erzeugen.

Südlich des Hauptscheidegebirges unterscheidet sich mit zunehmender Entfernung vom Scheitel der Hauptkulmination die Iberische Masse hinsichtlich des Alters und der petrographischen Zusammensetzung deutlich von Gesteinsverhältnissen Nordportugals. Die unfruchtbaren präkambrischen Tonschiefer Hochportugals verschwinden fast vollkommen. An die Stelle der Granite treten andere Tiefengesteine wie beispielsweise die Diorite von Beja, die zu außerordentlich fruchtbaren schwarzen Lehmen verwittern. Insgesamt sind die jüngeren paläozoischen Gesteine hier erheblich stärker verbreitet als in Hochportugal. Das Devon ist zunächst in einem breiten Streifen ausgebildet, deren eingelagerte Pyrite die Kupfererze von Aljustrel und S. Domingos enthalten. Im Süden und Südwesten sind schließlich als jüngste Schichten Tonschiefer und Grauwacken des Karbon verbreitet, die bei intensiver Abspülung agrarisch kaum nutzbare Calveroböden ergeben.

Die Entfernung vom Hebungszentrum hat auch den besonderen Grundzug der Alentejolandschaft, seine morphologische Weiträumigkeit, verursacht. Die geringe absolute Höhe hat zu keiner wesentlichen Zerschneidung der jungtertiären Rumpfflächen geführt, so daß vor allem im Niederalentejo riesige Ebenheiten erhalten sind. Lediglich im äußersten Nordosten des Hochalentejo werden in der 1025 m hohen Serra de S. Mamede wieder stärkere Hebungstendenzen erkennbar, die eine markante Herauspräparierung von quarzitischen Härtlingszügen zur Folge hatten.

Als morphologische Sonderentwicklung der südportugiesischen Iberischen Masse ist einmal im Küstenbereich des Niederalentejo die Heraushebung der Serra de Grândola und der Serra do Cercal anzusehen, die als an deutlichen Bruchstufen aufgeschobene Pultschollen zu verstehen sind. Zum anderen sticht im Westen des Algarvischen Gebirges die Serra de Monchique hervor, wo ein Syenitlakkolit in den umgebenden Karbonschiefer eingedrungen ist und nach seiner Herauspräparierung mit 902 Höhenmetern deutlich die stärkste Heraushebung des Algarvischen Gebirges bildet.

Zu den Gebieten, die nicht von den Gesteinen der Iberischen Masse eingenommen werden, zählt Mittelküstenportugal. Westlich einer Flexur, die von Porto nach Tomar reicht, haben sich im ›Lusitanischen Trog‹ mesozoische Sand- und Kalksteine abgelagert, die diesem Raum in vielfacher Hinsicht individuelle Züge verleihen. Der nördliche Teil Mittelküstenportugals wird als *Küstenbeira* bezeichnet und umfaßt die am niedrigsten gelegenen Räume Nordportugals von Espinho über Coimbra bis nach Nazaré. Der von jurassischen und kreidezeitlichen Schichten aufgebaute Untergrund wird größtenteils von pliozänen Decksanden überlagert. In unmittelbarer Küstennähe — teilweise bis zu 10 km landeinwärts reichend — ist ein Streifen rezenter Küstensande ausgebildet, der durch die nördliche Meeresströmung abgelagert wird. Die daraus entstandenen, früher sehr beweglichen Dünen sind heute weitestgehend durch Aufforstungsmaßnahmen festgelegt.

Das südliche Mittelküstenportugal wird von der Landschaft *Estremadura* eingenommen. Sie greift nach Süden über die Tejomündung hinaus und schließt die Halbinsel von Setúbal mit ein. Diese ›geographische Abgrenzung‹ von LAUTENSACH (1937, S. 72) und RIBEIRO (1945) deckt sich allerdings nicht mit der des Agronomen MANIQUE E ALBUQUERQUE (1945). Die durch jüngere Auflagen unverhüllten Gesteine des vorwiegend kalkigen Mesozoikums verursachen in ihren wechselnden Beschaffenheiten sehr unterschiedliche Nutzungsmöglichkeiten, wobei die Karstgebiete der Serra de Aire und der Serra dos Candieiros ausgesprochene Ungunsträume darstellen.

In der Verlängerung des Hauptscheidegebirges zieht sich das mittelportugiesische Kalkgebirge 130 km nach Südwesten hin und schließt eine Reihe von Serren, die über die Rumpfflächen kuppelförmig aufragen, zusammen. Vorgelagert ist zur Küste hin ein etwa 25 km breiter Streifen, der von Nazaré bis zur Grenze des Distrikts Lissabon im Süden reicht. Diese ›Küstenmitte‹ stellt eine durch Erosion kleinräumig gegliederte, aus Kalkgesteinen gebildete Rumpffläche dar.

Aus dem südlich anschließenden Tejomündungsgebiet, dessen aufgebogene Kreide- und Tertiärflächen zu Stufen zerschnitten und von alttertiären Basalttuffen überdeckt sind (vgl. DAVEAU, 1967, S. 149), ragt die Serra de Sintra bis 540 m auf. Sie stellt, ähnlich der Serra de Monchique, einen Granit-Syenit-Lakkolith dar, dessen harte Gesteine Europas westlichstes Kap bilden.

Am Südrand der *Halbinsel von Setúbal* sind die Schichten des Miozän, der Kreide und vor allem des Jura zu einem eng gefalteten Komplex zusammengeschoben, nach deren Struktur im Osten ein kleines Kettengebirge entstanden ist.

Sehr viel einfacher hinsichtlich seiner Oberflächengliederung ist der *Ribatejo* gestaltet, der sich an der Achse des unteren Tejo — vom Zézere bis zum erweiterten Mündungsbereich, dem ›Strohmeer‹ — 90 km lang erstreckt. Auf der abgetauchten Iberischen Masse lagern miozäne und pliozäne Sande und Sandsteine, die aber so wenig widerständig sind, daß der Tejo eine bis zu 13 km breite Talaue — die ›Lezírias‹ — ausräumen und durch Überschwemmungen mit Tonen und Sanden auffüllen konnte.

Das *Sadobecken* stellt morphologisch und geologisch das Gegenstück des Ribatejo dar. Es bildet den nordöstlichen Teil des *Niederalentejo* und ist wie jener mit sterilen miozänen und pliozänen Sanden überzogen, durch die inselartig der paläozoische Untergrund hervorragt. Schließlich biegt auch in der *Niederalgarve* die Iberische Masse — vergleichbar dem ›Lusitanischen Trog‹ — so steil in die Tiefe ab, daß mesozoische, tertiäre und quartäre Sedimente erhalten sind, wobei hauptsächlich die kalkige Schichtfolge des Jura ausgebildet ist. Die Grenze zur nördlich anschließenden Karbonschieferserra ist überaus scharf ausgeprägt.

2.2.1.2. Klimatische Voraussetzungen der Landnutzung

Portugal weist aufgrund des jährlichen Witterungsablaufs insofern insgesamt einen mediterranen Klimacharakter auf, als alle Klimastationen von einer sehr deutlichen sommerlichen Trockenheit geprägt sind; die nördlichsten Gebirgsbereiche des Minho und sogar die höchste Klimastation auf der Serra da Estrela können im Hochsommer nacheinanderfolgend 60 regenfreie Tage nachweisen. Dennoch bewirkt die atlantische Saumlage und die Nord-Süd-Erstreckung über 560 km zwischen dem 42. und 37. Breitengrad eine beachtliche Differenzierung:

der Nord-Süd-Gegensatz und der Küste-Binnenland-Kontrast überschneiden sich vielfältig.

Wie aus der Abb. 4 ersehen werden kann, ist der Norden durch hohe Niederschläge gekennzeichnet, die über 2000 mm erreichen; zum einen kommen diese Gebiete längere Zeit in den nordatlantischen Westwindbereich zu liegen, während der Süden stärker vom Azorenhoch als atmosphärischem Hauptaktionszentrum beeinflußt wird. Zum anderen zeigt sich aber auch sehr deutlich, daß die höheren Gebirge aufgrund der Steigungsregen feuchter sind. Das gilt verstärkt für die küstennahen Gebirge im westlichen Hochportugal und im Hauptscheidegebirge, wohingegen die Binnengebirgsräume von Trás-os-Montes trotz gleicher Höhe wegen ihrer Leelage kaum die Hälfte des Jahres Niederschlag erhalten. Als markante Trockeninseln lassen sich das gesamte Gebiet Oberdouro und die in die spanische Meseta übergehenden Teile Oberbeiras charakterisieren mit Regenmengen unter 500 mm.

Die 800-mm-Isohyete führt, von wenigen Ausnahmen abgesehen, zu einer klaren Abtrennung des südlichen Portugal; nur kleinere Gebirgsinseln von der Serra de Sintra und der 1027 m aufragenden Serra de S. Mamede im östlichen Hochalentejo bis zum Algarvischen Gebirge mit der Serra de Monchique haben höhere Niederschläge. Die kontinentale Klimakomponente greift im Hochalentejo von den innerspanischen Trockeninseln um Badajos ausgehend weit nach Westen aus und läßt niederschlagsarme Räume mit deutlich weniger als 500 mm entstehen. Ebenso erstreckt sich vom südlichsten Küstenraum der Algarve über den unteren Guadiana ins östliche Niederalentejo ein Gebiet mit Niederschlägen unter 500 mm. Ein besonderer, für die landwirtschaftliche Nutzung schwerwiegender Nachteil entsteht durch die Unregelmäßigkeit der Niederschläge, die jahresweise zu erheblichen Abweichungen von den langjährigen Mittelwerten führen können.

Die Temperaturverhältnisse Portugals zeichnen sich insgesamt durch sehr geringe Temperaturunterschiede aus: mäßig heiße Sommer und milde Winter ergeben eine geringe Größe der Jahresamplitude der Temperatur. Die Gegenüberstellung der Isothermen im Juli und Januar (vgl. Abb. 5) zeigt, daß im Sommer die maritim-atlantischen Einflüsse vorherrschen, die durch annähernd küstenparallele Isolinien besonders ins Auge stechen; lediglich nördlich des Hauptscheidegebirges dringen maritime Einflüsse an dieser Leitlinie weiter ins Innere vor und wandeln damit das gleichsinnige küstenparallele Temperaturgefälle ab: die Überhitzung des zentraliberischen Raums im Sommer bringt den portugiesischen Binnenräumen eine reduzierte Juliisotherme bis zu 27°C, während an äußersten Küstenvorsprüngen die mittleren Temperaturen bis unter 18°C gehen.

Im Winter ist das Temperaturgefälle nahezu umgekehrt: von Südwesten nach Nordosten sinken die reduzierten Januartemperaturen von 12°C am Cabo São Vicente auf unter 7°C im äußersten Nordosten von Trás-os-Montes. Lediglich in der Höhenregion der Serra da Estrela wird dann ein Monatsmittel von knapp unter 0°C gemessen.

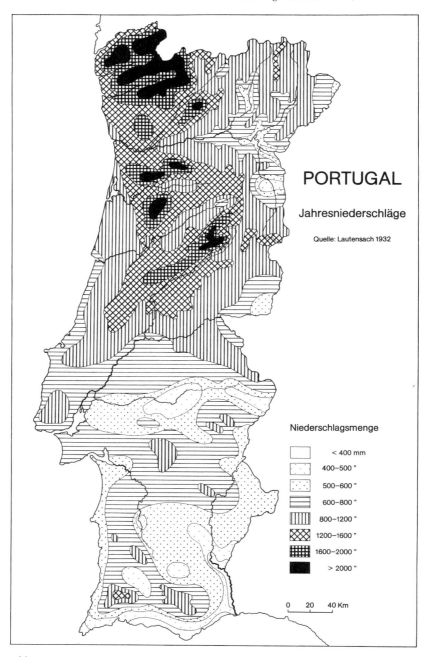

PORTUGAL

Jahresniederschläge

Quelle: Lautensach 1932

Niederschlagsmenge

	< 400 mm
	400–500 "
	500–600 "
	600–800 "
	800–1200 "
	1200–1600 "
	1600–2000 "
	> 2000 "

0   20   40 Km

Abb. 4.

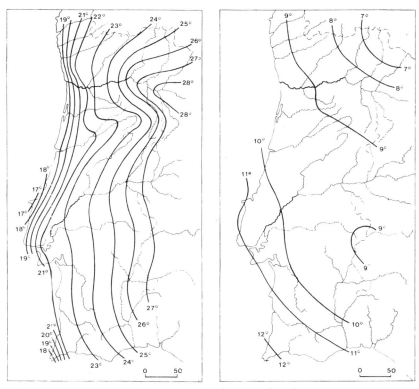

Juli - Isothermen   **Januar - Isothermen**

Abb. 5: Isothermen Juli/Januar (Quelle: GIRÃO, 1958).

Neben Niederschlag und Temperatur ist die Verdunstung in ihrer dominanten Abhängigkeit von verfügbarer Sonnenenergie für die landwirtschaftliche Nutzung ein wichtiges Klimaelement. LAUTENSACH/MAYER (1960) haben Humidität und Aridität für Gesamtiberien berechnet, und AZEVEDO (1956) hat in differenzierterer Form das Wasserdefizit errechnet. In der Tab. 5 sind die Ergebnisse auf der räumlichen Basis der Distrikte wiedergegeben, wobei die Anteilswerte der Klimatypen einer achtstufigen Skala von semiarid bis vollhumid berechnet sind.

Dabei kommt der Nord-Süd-Gegensatz sehr klar zur Geltung: in den Distrikten Beja und Faro trifft für etwa ein Fünftel der Fläche eine semiaride Situation zu. Aber auch in dem trocken-subhumid charakterisierten Verdunstungstyp tritt noch ein echtes Wasserdefizit auf, das nicht aus Speichervorräten ersetzt werden kann. Gut ein Viertel der Landesfläche ist solchen partiellen Wasserengpässen ausgesetzt, wobei insbesondere die Distrikte Beja, Lissabon und Setúbal betroffen

Tab. 5: Semiaride und humide Flächenanteile (in %) in den Distrikten

	Semiarid −40 bis −20 D	Subhumid (trocken) −20 bis 0 C 1	Subhumid 0 bis 20 C 2	Humid 20 bis 40 B 1	Humid 40 bis 60 B 2	Humid 60 bis 80 B 3	Humid 80 bis 100 B 4	Vollhumid 100 A
Aveiro	—	—	3,3	15,2	10,0	10,9	12,9	47,7
Beja	22,8	59,6	14,9	2,6	—	—	—	—
Braga	—	—	—	—	—	—	1,0	98,9
Bragança	—	16,3	34,0	16,7	4,9	5,1	8,6	14,2
Castelo Branco	—	2,9	17,3	13,9	23,6	26,0	8,6	7,6
Coimbra	—	10,1	11,6	15,5	10,9	23,0	13,1	15,8
Évora	6,7	30,3	46,8	16,1	—	—	—	—
Faro	19,9	39,7	25,7	14,7	—	—	—	—
Guarda	8,2	21,2	8,9	6,7	9,9	22,0	7,7	15,3
Leiria	—	15,6	15,0	19,8	8,9	7,7	9,7	23,2
Lissabon	1,3	55,0	30,1	10,4	3,2	—	—	—
Portalegre	—	38,7	57,8	3,5	—	—	—	—
Porto	—	—	—	—	—	18,4	18,5	63,1
Santarém	—	33,4	24,4	11,8	12,6	7,0	3,7	6,9
Setúbal	—	61,5	38,5	—	—	—	—	—
Viana do Castelo	—	—	—	—	—	—	—	100,0
Vila Real	—	0,9	6,5	8,7	11,8	27,0	8,8	36,2
Viseu	—	4,1	4,3	3,6	7,5	21,5	9,7	49,3
Total	4,9	26,1	22,1	9,2	5,9	8,9	4,9	17,9

Quelle: Castro Caldas/Santos Loureiro, 1963, S. 298 (nach: Thornthwaite, 1948).

sind. Es zeigt sich aber zugleich, daß auch die nordportugiesischen Distrikte Guarda und Bragança bei reduzierten Niederschlägen und hohen Verdunstungswerten einen defizitären Bodenwasserhaushalt aufweisen.

2.2.1.3. Pflanzengeographische Grundzüge

Die Vegetation Portugals ist sehr eng an die klimatischen Gegebenheiten angepaßt, wenn auch klare Abwandlungen durch die kleinräumig wechselnden Bodenverhältnisse erkennbar werden. Zur Charakterisierung einiger pflanzengeographischer Grundzüge soll neben der Beschreibung wichtiger Vertreter der subspontanen Pflanzenassoziationen im Sinne von GIRÃO (1958) auch die Verbreitung typischer Kulturbäume angegeben werden.

Trotz der geschilderten atlantischen Klimagegebenheiten im nördlichen Portugal fällt auch hier die ausgesprochene Trockenwüchsigkeit im Bau der Pflanzen auf. Offensichtlich stellt dies eine Anpassung an die — selbst in den höheren Gebirgen vorherrschenden — regenlosen und heißen Hochsommermonate Juli/August dar. Da die Stieleiche *(Quercus robur)* nicht mit ausgeprägten Schutzmitteln gegen die Verdunstung ausgestattet ist, bleibt ihre Verbreitung auf den küstennahen Bereich vom äußersten Norden bis etwa zum Mondego begrenzt. Die übrigen mittel- und westeuropäischen Pflanzenelemente wie Heidekraut, Stechginster, Efeu und Stechpalme können sich dagegen auch in den stärker mediterranen Klimabereichen Portugals ausbreiten. Dort aber, wo im Bereich des ›Lusitanischen Trogs‹ von Aveiro bis nach Südestremadura die kalkig-mergeligen Gesteine dominieren, tritt an die Stelle der Stieleichengemeinschaft die Lusitanische Eiche *(Quercus faginea),* die ihre braunen Blätter den ganzen Winter über festhält.

Die mediterranen Florenelemente nehmen im Einklang mit den regionalen Klimaunterschieden nicht nur von Norden nach Süden, sondern auch von Westen nach Osten zu: Während im östlichen Hochportugal die immergrüne, winterharte, filsblättrige Eiche *(Quercus pyrenaica)* bestimmend wird, rückt weiter im Süden die Korkeiche *(Quercus suber)* aus dem Alentejo nach Nordosten bis an den oberen Zézere vor (vgl. Abb. 3), wobei eine deutliche Bevorzugung von Gebieten höherer Luftfeuchtigkeit und von kristallinen Gesteinen charakteristisch wird. Im gesamten östlichen Binnenportugal, nach Norden bis in die Trockenräume im Oberdouro reichend, wird die Steineiche *(Quercus ilex)* vegetationsbestimmend, die häufig in Verbindung mit der Korkeiche nicht nur eng geschlossene Forste, sondern auch als sogenannte ›montados‹ lichte Bestände auf den weiten Feldern bildet. Wo diese Eichengemeinschaften auf unfruchtbaren Verwitterungsböden stocken und eine extensivere Feldbewirtschaftung vorherrscht, entwickelt sich eine immergrüne Strauchformation, die meist in Form einer durch Nutzung entarteten Macchie als Garrigue auftritt und vor allem aus Cistrosen, Mastixstrauch, Erdbeerbaum, Rosmarin und Lavendel zusammengesetzt ist.

Im äußersten Süden ist als eine ausgesprochen mediterrane Pflanzengesellschaft die Palmitogemeinschaft (LAUTENSACH 1964, S. 516) als Naturvegetation verbreitet. Neben diesen Zwergpalmen ist jedoch die Kulturvegetation mit dem fiederblättrigen Johannisbrotbaum *(Ceratonia siliqua)*, den Feigen- und Mandelbäumen landschaftsbestimmender.

Diese in der Zusammensetzung der portugiesischen Flora feststellbaren regionalen Veränderungen von der atlantischen zur mediterranen und von der maritimen zur kontinentalen Vegetation vollziehen sich allerdings nicht kontinuierlich, sondern werden vor allem durch die Boden- und Grundwasserverhältnisse sowie durch das Lokalklima variiert.

Vor allem in den Küstenzonen bilden sich im Bereich der Dünen und Marschen im Norden wie im Süden fast identische Florenelemente, so daß sich hier der beschriebene Vegetationswandel nicht oder nur bedingt nachvollziehen läßt. Auch in den alluvialen Talauen finden sich Sonderformen: so sind in den Talsohlen mit hohem Grundwasserstand mindestens bis zum Mondego hauptsächlich mitteleuropäische Baumarten wie Eichen, Erlen, Pappeln und Weiden verbreitet.

Ein ausgesprochen mediterranes Lokalklima ist auf der Südseite der Serra da Arrábida westlich von Setúbal und im oberen Dourobereich gegeben mit einer Kulturvegetation, die fast genau der des Algarve entspricht. Eine regelhafte Abwandlung der Klimaabhängigkeit läßt sich schließlich immer dort feststellen, wo Kalkböden auftreten: ihre Trockenheit und Wärme begünstigen eindeutig die Verbreitung der mediterranen und iberoafrikanischen Klimaelemente. LAUTENSACH (1932, S. 104) hat diesen Zusammenhang durch eine vergleichende Analyse der Kalk- und Kieselböden in Mittelküstenportugal nachgewiesen.

Insgesamt erweisen sich die Vegetationsverhältnisse in ihrer Abhängigkeit von klimatischen und edaphischen Faktoren dadurch charakterisiert, daß der nordsüdliche Gegensatz der natürlichen Produktionsräume in der Polarisierung zwischen atlantisch-feuchten und mediterran-trockenen Elementen am wirksamsten wird. Alle übrigen Einflußfaktoren — so entscheidend sie für eine Feingliederung werden können — sind von sekundärer Bedeutung.

2.2.2. Entwicklung der portugiesischen Agrarstruktur

Die Situation der heutigen portugiesischen Landwirtschaft ist nur vor dem Hintergrund der gesamtwirtschaftlichen Entwicklung verständlich.

LAUTENSACH (1932, 1964) hat das Werden der Kulturlandschaft und damit im wesentlichen auch die Entstehung der Agrarstrukturen in der vorrömischen, römischen und germanischen Zeit zusammengefaßt und hat vor allem auf die große Bedeutung des jahrhundertelangen Befreiungskampfes gegen die Mauren abgehoben. In der ›Reconquista‹ sind bereits wichtige Vorstrukturen der heutigen Agrarwirtschaft erkennbar geworden, wobei der Hauptgegensatz zwischen dem

dichtbesiedelten, kleinbetrieblich organisierten Norden und dem bevölkerungs-
schwachen, großbetrieblichen Süden — bei schon damals faßbarer kleinbetrieb-
licher Sonderstellung der Algarve — bestand.

Der entscheidende Erklärungsrahmen für die Vielzahl der gegenwärtig anstehenden agrarwirtschaftlichen Probleme ergibt sich jedoch erst aus der Analyse des
frühneuzeitlichen Entwicklungsgangs Portugals. Bis dahin hatte sich eine Agrarwirtschaft herausgebildet, die im Vergleich zu anderen europäischen Ländern
keineswegs als rückständig bezeichnet werden kann. Es finden sich schon früh
Hinweise auf modern anmutende politische Maßnahmen, die sich auch in der
Landwirtschaft positiv niederschlugen. So wurde im Jahre 1375 das Reformgesetz
›Lei da sesmarias‹ gegen den Widerstand von Adel und Klerus in Kraft gesetzt, das
von den Grundherren verlangte, ihre Ländereien zu bebauen; wenn sie dazu aber
nicht imstande waren, mußte das Land an andere Siedler abgetreten werden. Auch
zeigt sich, daß die Agrarproduktion sich nicht nur mit dem Konsum der im
14. Jahrhundert stark anwachsenden Stadtbevölkerung steigern, sondern sogar
regelmäßige Agrarüberschüsse produzieren konnte.

Seit dem 17. Jahrhundert bildeten sich dann entscheidende Strukturwandlungen aus, die Portugal in eine sich verschärfende Abhängigkeit von außen, speziell
von England, bringen sollten. Portugal wurde durch Handelsdiktate in einen
Tauschhandel hineingezwungen, der es zum Lieferanten von Rohstoffen machte,
während England die Rolle des Händlers und des Lieferanten von industriellen
Gütern übernahm. Diese gleichsam kolonialen Abhängigkeitsstrukturen erscheinen zunächst unwahrscheinlich, wenn man bedenkt, daß Portugal selber als
bedeutende Kolonialmacht fungierte. Die genauere Analyse des portugiesischen
Kolonialismus des 17. und 18. Jahrhunderts (vgl. FISHER, 1971) macht jedoch
deutlich, daß Portugal zwar aus seinen Überseekolonien, vor allem aus den brasilianischen Goldlieferungen, seinen Nutzen zog, daß diese Profite jedoch zum
allergrößten Teil dazu verwendet werden mußten, die Handelsdefizite auszugleichen.

Neben den Agrarlieferungen aus dem Mutterland, die hauptsächlich Wein und
Wolle umfaßten, waren auch die Agrarprodukte aus den portugiesischen Kolonien in den Tauschhandel mit England einbezogen. Portugal hatte so eine Zuliefe-
rerfunktion, die den englischen Einfluß enorm ausweitete. Wegen der militä-
risch-politischen und handelsorganisatorischen Schwäche Portugals konnten die
Engländer die lukrativsten Handelszweige monopolisieren und so Portugal den
Status einer Halbkolonie aufzwingen.

Die wirtschaftliche Überfremdung Portugals verstärkte sich trotz vereinzelter
Bemühungen, zu einer autonomen Entwicklung zurückzufinden. Vor allem die
Aktivitäten des Marquês de Pombal, Minister des Auswärtigen, ab 1756 Premier-
minister, richteten sich konsequent darauf, die Vormachtstellung Englands in der
portugiesischen Wirtschaft abzubauen. Seine Analyse der nationalen Ökonomie
beschreibt genau die bestehenden Schwierigkeiten: ›Im Jahr 1754 produzierte Por-

tugal kaum etwas für seinen eigenen Unterhalt; zwei Drittel seiner physischen Notwendigkeiten wurden von England geliefert. Mit ihrem Monopol auf allem gab es kein Geschäft, das nicht durch ihre Hände ging. ... Diese Ausländer aber verschwanden, nachdem sie ungeheure Vermögen gesammelt hatten, und nahmen dabei die Reichtümer des Landes mit sich‹ (Zit. nach MÜHLL, 1978, S. 59). Konsequenterweise versuchte Pombal die Abhängigkeit von der Monokultur Wein einzuschränken: 1769 legte er durch Gesetz fest, daß bestimmte landwirtschaftliche Gebiete, die eine anderweitige Nutzung ermöglichten, nicht zu Rebland gemacht werden durften. Andererseits bemühte er sich, den englischen Einfluß im Weinhandel einzuschränken. Mit der Gründung einer staatlichen Gesellschaft (Companhia Geral da Agricultura das Vinhas do Alto Douro) wurden die Weinbauern verpflichtet, ihre Weinernte direkt an sie zu verkaufen unter Ausschaltung des englischen Weinhandels. Zugleich wurden die Qualitätskontrollen nicht mehr von englischen Kommissären, sondern von der staatlichen Gesellschaft durchgeführt, die auch die Mindestpreise für Exportweine und für die inländischen Konsumweine festsetzte.

Pombal erkannte aber auch, daß die überkommenen Besitzstrukturen in der Landwirtschaft jede Modernisierung behinderten. Sowohl die großen Adelsgüter (›morgados‹) als auch der gewaltige Landbesitz der Kirche und der Klöster verhinderten eine Kapitalisierung der Landwirtschaft und konservierten das technische Zurückbleiben in der Agrarproduktion (CASTRO, 1972, S. 68 f.). Per Gesetz sollten alle Erbadelsgüter, die nicht festgelegte Mindesterträge erwirtschafteten, enteignet werden, um sie durch andere Landwirte intensiver nutzen zu lassen (CASTRO, 1972, S. 73 f.). Die Reformpläne Pombals stießen verständlicherweise auf den entschlossenen Widerstand der Großgrundbesitzer; als Pombal 1777 aus der Politik ausschied, zeigte sich bald, daß sich im Agrarsektor keine entscheidenden Veränderungen hatten durchsetzen lassen: die feudal-herrschaftliche Struktur hatte das Eindringen von Kapitalien in die Landwirtschaft verhindert. Die rentenkapitalistische Wirtschaft entzog durch ein vielfältig gestaffeltes Abgabensystem den Pächtern und Unterpächtern bedeutende Teile ihrer Erträge, ohne daß die Gewinne zur Modernisierung der Landwirtschaft eingesetzt wurden.

Die Grundstruktur der portugiesischen Landwirtschaft in ihrer Gegensätzlichkeit von einer kleinen Schicht von Großgrundbesitzern einerseits und der großen Masse landwirtschaftlicher Bevölkerung andererseits, die aus abhängigen Tagelöhnern, Pächtern und Kleinstlandwirten gebildet wurde, existierte bereits zum Ende des 18. Jahrhunderts und hat sich durch das 19. Jahrhundert, in dem die Abhängigkeit Portugals von England nur noch erweitert wurde, erhalten.

Die portugiesische Landwirtschaft hat die in diesem jahrhundertelangen historischen Prozeß übernommene Bürde bis heute nicht abzuwerfen vermocht. Obgleich das Agrarpotential ausreichen könnte, um die interne Nahrungsmittelnachfrage weitestgehend zu befriedigen, zeigt sich, daß die Abhängigkeit Portugals von Agrarimporten immer größer geworden ist: von 1960 bis 1973 stiegen sie durch-

Tab. 6: Anteile der Wirtschaftssektoren am Bruttoinlandsprodukt und an den Erwerbspersonen 1960/1970/1974 (in %)

	1960		1970		1974	
	BIP	EWP	BIP	EWP	BIP	EWP
Primärer Sektor	25,1	43,6	16,4	29,5	12,2	26,0
Sekundärer Sektor	36,5	28,7	46,5	35,0	51,7	36,7
Tertiärer Sektor	38,4	27,7	37,1	35,5	36,1	37,3

Quelle: INE. Contas Nacionais; Ministério do Trabalho: x. Recenseamento da População, 1970.

schnittlich um 13,5 % jährlich an, alle übrigen Importbereiche deutlich hinter sich lassend. Dies ist um so erstaunlicher, wenn man bedenkt, daß 1978 immer noch gut ein Viertel aller Erwerbspersonen in der Landwirtschaft tätig waren. Wie aus der Tab. 6 ersehen werden kann, nahm der Anteil des primären Sektors am Bruttoinlandsprodukt im Verhältnis zu den übrigen Wirtschaftsbereichen kontinuierlich ab und erreichte 1974 nur noch 12,2 %.

Andere problematische Aspekte der portugiesischen Landwirtschaft sind aus der Tab. 7 zu entnehmen: In den fünf Jahren von 1969 bis 1973 haben sich die Importe agrarischer Produkte erheblich schneller entwickelt als die Exporte, so daß die Handelsbilanz im Agrarbereich 1973 ein Defizit von 170,5 Mio. US-$ aufwies.

Im einzelnen weist die Tabelle aus, daß es vor allem die Grundnahrungsmittel waren, die eingeführt werden mußten, wobei die Importe von Mais und Ölfrüchten an erster Stelle standen. Bei den Exporten spielten die Getränke (vor allem Wein) sowie Obst und Gemüse die Hauptrolle. In der jüngsten Zeit haben einige Veränderungen stattgefunden, ohne die problematische Grundstruktur der portugiesischen Agrarwirtschaft zu verwandeln: Die starke Einschränkung der Emigration seit 1974 sowie die Rückkehr einiger hunderttausend Siedler und Soldaten aus den ehemaligen Kolonien seit 1975 haben verstärkte Nahrungsmitteleinfuhren erforderlich gemacht und damit die Grundsituation noch verschärft.

2.2.3. Agrarproduktion und Anbauverhältnisse

Das Hauptproblem der Nahrungsmittelerzeugung liegt in der extrem niedrigen agrarischen Produktivität Portugals: während alle übrigen europäischen Länder in den letzten 15 Jahren deutlich ansteigende Produktionsindizes aufweisen, ist die Pro-Kopf-Nahrungsgütererzeugung in Portugal seit 1963 mengenmäßig gesunken.

Die in Abb. 6 dargestellten Hektarerträge im Vergleich der Länder Portugal, Spanien, Griechenland und Bundesrepublik Deutschland zeigten für den Zeit-

Tab. 7: Außenhandel portugiesischer Agrarprodukte 1969—1973 (in Mio. US-$)

	1969	1970	1971	1972	1973
Agrarimporte	178,7	192,1	244,6	335,8	443,4
% der Gesamtimporte	13,7	12,0	13,4	15,0	15,2
Agrarexporte	144,8	149,7	163,1	201,4	272,9
% der Gesamtexporte	16,9	15,7	15,4	15,5	15,5
Bilanz des Agrarhandels	— 33,9	— 42,4	— 81,5	—134,4	—170,5

Haupteinfuhrgüter

	1969	1970	1971	1972	1973
Schlachtvieh	—	—	1,6	1,5	1,8
Fleischwaren	5,8	7,5	27,9	41,7	33,3
Milchprodukte/Eier	—	—	2,9	4,9	3,2
Weizen	21,2	26,6	11,8	14,9	28,9
Mais	27,0	24,3	35,7	53,6	80,1
Obst und Gemüse	10,9	13,0	16,6	26,2	30,4
Kaffee, Tee, Zucker, Gewürze	34,9	43,1	40,9	53,5	66,2
Tabak	7,5	8,8	9,2	10,1	12,0
Ölfrüchte	40,5	34,0	44,6	74,0	76,8

Hauptausfuhrgüter

	1969	1970	1971	1972	1973
Obst und Gemüse	47,5	50,3	51,3	74,3	99,8
Konserven-Gemüse	—	—	31,1	52,1	71,1
Getränke (Wein)	65,3	70,2	76,4	92,9	126,9
Ölfrüchte	10,3	10,8	12,0	9,3	11,2

Quelle: OECD — Agricultural Policy in Portugal, 1975, S. 13.

raum von 1960 bis 1974 die Stagnation der portugiesischen Landwirtschaft: Sowohl bei den Weizen- und Mais- als auch bei den Kartoffelerträgen nahm Portugal deutlich den niedrigsten Rang ein bei gleichbleibenden Erzeugungsmengen, während die Vergleichsländer bei meist höherem Ausgangsniveau noch leichte Steigerungen aufwiesen. Als wichtiger Indikator für die Rückständigkeit der portugiesischen Landwirtschaft kann auf die begrenzte Verwendung mineralischer Düngemittel verwiesen werden — wenngleich damit auch keineswegs eine umfassende Erklärung dieser vielschichtigen strukturellen Problematik gegeben sein kann. Zwar ist der durchschnittliche Verbrauch mineralischer Düngemittel im Jahrzehnt von 1965 bis 1974 deutlich gestiegen von 32 kg auf 47 kg je Hektar; aber erst der

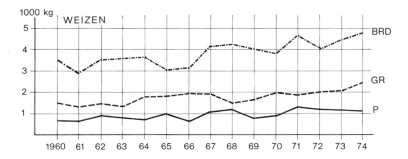

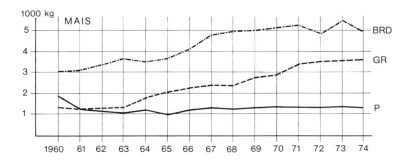

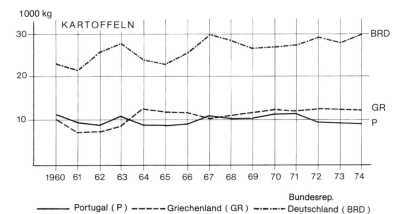

Abb. 6: Hektarerträge von Weizen, Mais und Kartoffeln in Portugal, Griechenland und der Bundesrepublik Deutschland (Quelle: FREUND, 1977).

Vergleich mit anderen europäisch-mediterranen Ländern mit ähnlichen klimatischen Gegebenheiten zeigt, wie sehr Portugal im Vergleich zurückgefallen ist:
sowohl Spanien als auch Griechenland wiesen im Jahrzehn von 1960 bis 1970
deutlich höhere Steigerungsraten des Kunstdüngerverbrauchs auf als Portugal
(vgl. Tab. 8).

*Tab. 8: Steigerungsraten des Düngemittelkonsums in ausgewählten
mediterranen Ländern 1960—1970 (in %)*

	Stickstoff	Phosphate	Pottasche
Portugal	4,4	1,3	1,7
Griechenland	9,5	5,0	2,5
Spanien	9,4	4,3	13,0

Quelle: PMP 1977—1980, Estruturas Produtivas, S. 33.

In der regionalen Differenzierung ergeben sich bezüglich der Agrarerzeugung
beträchtliche und charakteristische Unterschiede. PEREIRA (1974) hat den Versuch
gemacht, die Bruttoagrarproduktion auf der Basis von Kreisen (Concelhos) zu berechnen und in der Entwicklung von 1960 auf 1970 gegenüberzustellen bei ange-
nommenen konstanten Preisen von 1960. Das Ergebnis zeigt beträchtliche Abweichungen vom Gesamtmittel, das bei 28% des Produktionswachstums im Jahrzehnt 1960—1970 liegt. Die Küstendistrikte Viana do Castelo, Braga, Aveiro,
Leiria, Lissabon und Setúbal weisen mit Werten zwischen 40% und 50% mit Abstand die höchsten Steigerungen der Agrarproduktivität auf; lediglich Porto fällt
mit einer Zunahme von nur 24% deutlich aus dem Rahmen. Allgemein läßt sich
für die Landwirtschaft der Küstendistrikte eine schnellere Anpassung an die günstigeren lokalen und regionalen Marktverhältnisse sowie eine konsequentere Ausnutzung technischer Produktionshilfen erkennen, was sich etwa in höheren Dün-
gemittelgaben oder in stärkerer Nutzung von elektrischer Energie ausdrückt. Die
niedrigsten landwirtschaftlichen Produktionssteigerungen werden in den Distrikten Portalegre (+ 12%) und Bragança (+ 7%) erreicht, während in den Distrikten
Vila Real (− 1%) und Faro (− 8%) innerhalb des Beobachtungszeitraums sogar
eine rückläufige Entwicklung festzustellen war.
    In Erweiterung dieses Berechnungsansatzes hat PEREIRA versucht, die mone-
täre Produktivität je Hektar landwirtschaftlicher Nutzfläche auf der Kreisbasis zu
berechnen. Das Verfahren ist zwar insofern problematisch, als die verwendeten
Daten der Flächenberechnungen z. T. fünfzehn Jahre zurückliegen, man kann jedoch davon ausgehen, daß keine grundlegenden Veränderungen bis 1970 eingetreten sind, so daß das vorgelegte Bild der Verteilung der Rohrerträge je Hektar landwirtschaftlicher Nutzfläche mindestens annähernd zutreffend ist. Aus der Abb. 7
geht sehr deutlich die Kontrastsituation hervor, die sich 1970 in Portugal bezüg-

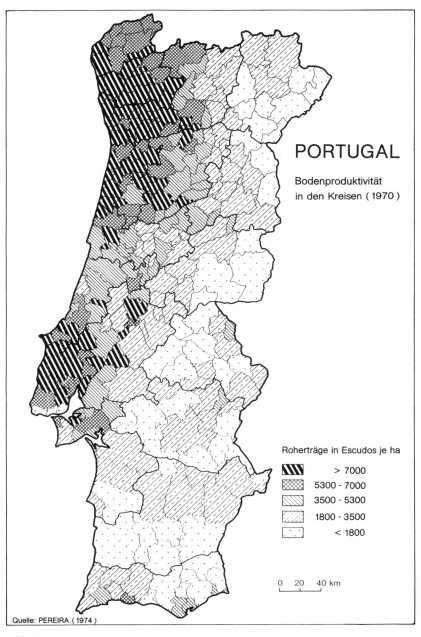

PORTUGAL

Bodenproduktivität
in den Kreisen (1970)

Roherträge in Escudos je ha

> 7000
5300 - 7000
3500 - 5300
1800 - 3500
< 1800

0   20   40 km

Quelle: PEREIRA (1974)

Abb. 7.

lich der Agrarproduktivität ausprägt: Die küstennahen Kreise des nördlichen und mittleren Portugal von Viana do Castelo bis herunter nach Setúbal weisen eine Hektarproduktivität auf, die — von nur wenigen Ausnahmen abgesehen — über dem Landesdurchschnitt von 3500 Esc. (= ca. 490,—DM)/ha liegt. Auf der anderen Seite ist der gesamte rückwärtige Saum Portugals von Bragança bis Faro durch unterdurchschnittliche Hektarerträge zusammengeschlossen.

Das Verhältnis von land- und forstwirtschaftlichen Nutzflächen in Portugal ist in der Abb. 8 dargestellt. Insgesamt gesehen wurden 1970 etwa 53 % der Fläche landwirtschaftlich und 32 % forstwirtschaftlich genutzt, der Restflächenanteil faßt Ödländereien und nichtagrarisch-forstlich genutzte Flächen zusammen und liegt bei 15 %. In den einzelnen Gemeinden ergaben sich z. T. extreme Abweichungen vom Mittelwert, aber auch die auf der Distriktbasis zusammengefaßten Werte ließen noch deutliche Differenzierungen erkennen. In den mittleren und nördlichen küstennahen Distrikten Viana do Castelo, Braga, Porto, Vila Real, Aveiro, Viseu und Coimbra liegt der Anteil der landwirtschaftlich genutzten Flächen mit knapp 40 % erheblich unter den Vergleichswerten, die im gesamten Binnenraum und im portugiesischen Süden Portugals (mit fast 70 %) erreicht werden.

Andererseits fallen für die nördlichen Distrikte die sehr hohen Anteile der Flächen auf, die außerhalb der land- und forstwirtschaftlichen Nutzung standen.

Die durchschnittliche Nutzung eines portugiesischen Landwirtschaftsbetriebes kann Tab. 9 entnommen werden. Sie ist das Resultat einer Agrarenquete des Jahres 1968 (INE: Inquérito às Explorações Agrícolas do Continente), bei der jedoch die Betriebe unter 20 ha LN nur durch eine 20 %-Repräsentativerhebung erfaßt wurden. Trotz der schon veralteten Datenreihen liegt damit eine sehr wesentliche Informationsquelle zu fast allen agrarwirtschaftlichen Fragen Portugals vor, deren Ergebnisse im wesentlichen bis heute gültig geblieben sind.

Obgleich ein solcher landwirtschaftlicher Betrieb nur als statistisches Produkt existiert, glaubt FREUND (1974, S. 158) doch zwei wesentliche Strukturelemente der traditionellen mediterranen Landwirtschaft erkennen zu können: Zum einen fällt der hohe Anteil an schwarzer und grüner Brache (›Rotationsgrünland‹) auf, die zusammen gut ein Drittel der Nutzfläche ausmachen. Hier wird ein klarer Hinweis auf die extensive Form der stark traditionsverhafteten portugiesischen Landwirtschaft gegeben. Zum anderen sticht der bedeutende Prozentsatz der baumbestandenen Landnutzungsfläche hervor; ohne den Bauernwald und die Streubestände zu berücksichtigen, sind annähernd 40 % der LN davon bedeckt, wobei sich Fruchtbäume (vor allem Oliven) sowie die Stein- und Korkeichenbestände etwa die Waage halten.

Eine synoptische Analyse der Anbauverhältnisse erweist sich als außerordentlich schwierig, da häufig auf kleinstem Raume stark wechselnde Landnutzungen auftreten. Um jedoch wenigstens im Überblick die charakteristischen Grundzüge darstellen zu können, sollen die Hauptanbaukulturen in der Einzelbetrachtung auf der Basis der Distrikte behandelt werden.

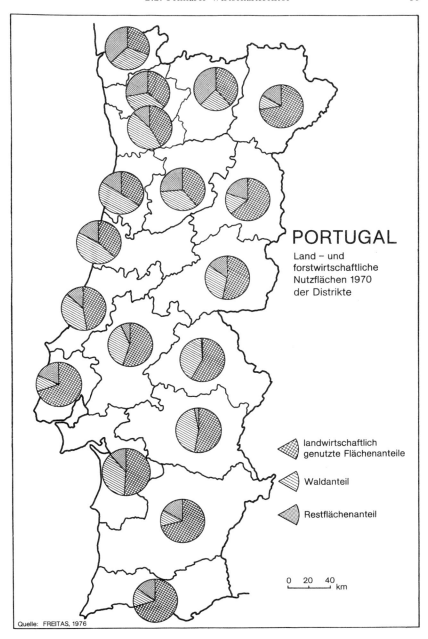

PORTUGAL

Land – und
forstwirtschaftliche
Nutzflächen 1970
der Distrikte

landwirtschaftlich
genutzte Flächenanteile

Waldanteil

Restflächenanteil

0   20   40
             km

Quelle: FREITAS, 1976

Abb. 8.

Aus der Abb. 9 kann zunächst einmal die Bedeutung des Bewässerungsfeldbaus im Verhältnis zum Trockenfeldbau in den Distrikten ersehen werden. Im portugiesischen Nordwesten, vor allem in den küstennahen Distrikten Viana do Castelo, Braga, Porto und Aveiro liegt der Anteil der Bewässerungsflächen bei 41,5 %, während in den südlichen Distrikten Portalegre, Évora, Beja, Setúbal und Faro der Bewässerungsfeldbau nur eine sehr untergeordnete Rolle spielt und kaum 5,3 % der landwirtschaftlichen Nutzfläche ausmacht. Diese Verteilung ist um so bemerkenswerter, als die Bewässerungslandwirtschaft gerade dort, wo die reichsten Niederschläge fallen, am stärksten verbreitet ist und in den schwach beregneten, semiariden Gebieten sowohl des nordöstlichen Hochportugal als auch in den mediterranen Bereichen des Südens eine untergeordnete Rolle spielt.

Tab. 9: Durchschnittliche Nutzung der landwirtschaftlichen Betriebe 1968 (in %)

Saatflächen, offen	15,0
Saatflächen, baumbestanden	6,6
Brachen, offen	14,3
Brachen, baumbestanden	7,1
Rotationsgrünland, offen	10,9
Rotationsgrünland, baumbestanden	1,8
Gartenland	2,6
Sonstiges pflügbares Land, offen	1,5
Sonstiges pflügbares Land, baumbestanden	1,3
Ölbaumbestände	5,1
Rebland	4,4
Fruchtbaumkulturen	2,0
Dauergrünland, offen	3,1
Dauergrünland, baumbestanden	1,7
Wald	19,5
Ödland (genutzt)	3,2

Quelle: INE, Inquérito, nach: FREUND, 1974, S. 158.

Obgleich in den südlichen Landesteilen, vor allem im Alentejo, in den sechziger Jahren von staatlicher Seite große Anstrengungen um die Ausweitung von Bewässerungsmöglichkeiten unternommen worden sind (vgl. WEBER, 1967), ist der Anteil des Bewässerungslandes an der landwirtschaftlichen Nutzfläche doch gering geblieben.

Der Bau von Wasserspeicheranlagen ist in Portugal entscheidend zur hydroelektrischen Energiegewinnung betrieben worden; er hat zur Feldbewässerung nur geringfügig nutzbar gemacht werden können. Der Zusammenhang zwischen Staupotential und Bewässerungsfläche kann aus der Tab. 10 ersehen werden. Die Erhebungen der Agrarenquete von 1968 haben deutlich gemacht, daß das portu-

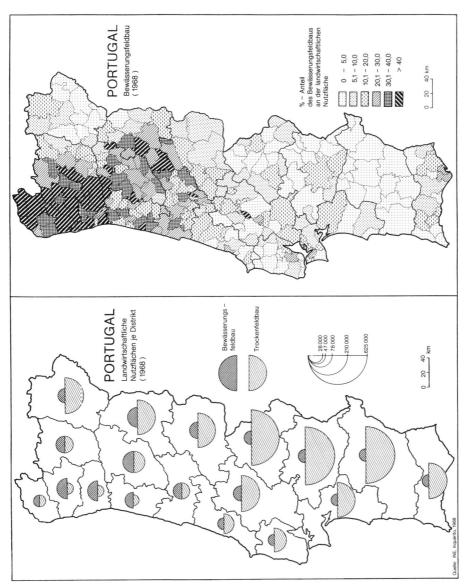

Abb. 9: Landwirtschaftliche Nutzfläche je Distrikt und Bewässerungsfeldbau 1968.

Tab. 10: Bewässerungsfeldbau in Portugal 1968

Distrikte	Betriebsgröße	Staupotential der Talsperren in Mio. m³	Anteil der Bewässerungsflächen an der LN in % differenziert nach Betriebsgröße	Bewässerungsflächenanteil an LN in % undifferenziert	Herkunft des Bewässerungswassers (n der Betriebe)		
					Talsperre	Brunnen/ Quelle	Wasserleitung
Aveiro	< 20	0,4	30,6	32,2	580	44 525	15 740
	> 20		37,8		4	303	211
Beja	< 20	781,3	3,5	1,9	120	1 640	320
	> 20		1,7		73	1 231	284
Braga	< 20	1094,2	50,0	46,6	250	38 275	16 510
	> 20		24,9		2	389	265
Bragança	< 20	219,0	5,7	5,2	130	12 950	6 285
	> 20		4,6		27	2 692	1 059
Castelo B.	< 20	781,2	18,5	10,0	990	20 465	9 870
	> 20		5,9		129	1 818	695
Coimbra	< 20	51,2	26,4	24,2	780	41 840	20 680
	> 20		13,2		10	281	185
Évora	< 20	216,5	8,6	6,3	95	2 980	245
	> 20		6,1		83	586	123
Faro	< 20	63,0	12,0	8,9	905	10 485	2 015
	> 20		6,4		80	1 285	281

Guarda	< 20	17,3	23,2	20,1	585	30 280	11 435
	> 20		14,6		28	1 851	564
Leiria	< 20	49,0	13,6	11,6	305	24 075	12 170
	> 20		5,5		8	278	182
Lissabon	< 20	—	4,5	5,8	35	4 370	890
	> 20		7,9		3	203	86
Portalegre	< 20	490,4	17,5	5,9	415	6 380	2 260
	> 20		4,6		216	1 177	382
Porto	< 20	140,0	51,2	46,1	355	40 955	10 905
	> 20		23,2		6	431	184
Santarém	< 20	1229,2	11,5	11,0	890	16 110	6 565
	> 20		10,7		141	1 156	604
Setúbal	< 20	188,1	15,5	7,8	110	4 755	935
	> 20		6,6		84	490	196
Viana d. C.	< 20	0,8	46,1	41,1	280	18 445	23 440
	> 20		16,0		7	88	77
Vila Real	< 20	187,5	23,1	21,7	595	20 215	14 585
	> 20		17,4		39	735	525
Viseu	< 20	210,0	32,7	29,2	1800	60 390	32 150
	> 20		15,6		34	705	416
Total	< 20	5719,1			9220	409 135	187 000
	> 20				974	15 699	6 319

Quelle: INE, Inquérito, 1968.

giesische Bewässerungsland, das 12,4% der gesamten landwirtschaftlichen Nutzfläche ausmachte, nur zu 1,6% aus den Talsperren, zu 30,8% aus den öffentlichen Versorgungsnetzen und zu 67,6% aus Brunnen und Quellen gespeist wurde, wobei die nordportugiesischen kleinbäuerlichen Betriebe fast ausschließlich die individuelle Brunnen- und Quellbewässerung anwendeten. FERNANDES (1975, S. 24) hebt hervor, daß die Nutzung des Stauwassers sehr ungleich auf die verschiedenen Betriebsgrößen verteilt ist. Von den Kleinbetrieben unter vier Hektar Betriebsfläche nutzen nur 2,3% das Stauwasser, während es in der Gruppe der Großbetriebe über 200 ha 19,4% sind. Zwar muß bedacht werden, daß nicht wenige der Alentejaner Großbetriebe über eigene Stauanlagen verfügen, aber auch bei der Betrachtung einzelner staatlicher Bewässerungsanlagen lassen sich ähnliche Ungleichheiten feststellen. So nutzen im Bewässerungsprojekt Roxo (vgl. Tab. 11) (Distrikt Beja) die Betriebe unter 5 ha, die zwei Drittel aller Projektbeteiligten repräsentieren, nur 7,2% der bewässerten Fläche. Umgekehrt vereinigen 18 Betriebe über 50 ha (4,7%) 62,7% der vorhandenen Bewässerungsflächen.

Hinsichtlich der Anbauprodukte kommt bei den Getreidearten dem *Weizen* die größte Bedeutung zu; er wird fast ausschließlich als Winterweizen angebaut und weist eine charakteristische Anbauverbreitung auf, die stark auf den Landschaftsraum des Alentejo konzentriert ist. In den Distrikten Portalegre, Beja und Évora sind über 67% der Anbaufläche verteilt, und 72% der Produktion werden hier (1974) erzielt. Der ausschließlich im Trockenfeldbau kultivierte Weizen erbringt sehr unterschiedliche Erträge.

Die Produktivität ist im Landschaftsraum Beira in den Distrikten Viseu, Guarda und Castelo Branco am niedrigsten, wo nur 7,3 dz je ha erwirtschaftet werden. Der Landesdurchschnitt ist zwar stetig gestiegen: von 6,5 dz (1930) auf 9,8 dz (1956) und 11,6 dz (1974); er liegt dennoch nach europäischen Maßstäben außerordentlich niedrig.

Durch staatliche Bemühungen in den 30er Jahren, die zu einer aufwendig propagierten ›Weizenschlacht‹ führten, wurden die Anbauflächen im portugiesischen Süden beträchtlich ausgeweitet, ohne daß dadurch eine langfristige Produktivitätssteigerung erreicht worden wäre. PAIS u. a. (1976) haben nachgewiesen, daß die zeitweiligen Erfolge nur recht einseitig durch staatliche Subventionen den Großgrundbesitzern Vorteile gebracht haben.

Wie stark die Abhängigkeit Portugals in der Getreideversorgung bis in jüngster Zeit geblieben ist, kann aus der Tab. 12 ersehen werden. Auch die durch günstige Witterungsbedingungen geförderte gute Weizenernte 1976 vermochte die Einfuhrmenge nicht wesentlich zu reduzieren, so daß immer noch gut 28% des Konsums importiert werden mußte.

Der *Mais* stellt, aus den sommerfeuchten Tropen stammend, besondere Ansprüche an die Landesnatur; in den mediterranen Regionen des Südens kann er nur bei künstlicher Bewässerung kultiviert werden, während er im humiden Nordwestportugal unbewässert angebaut werden kann. In Anpassung an diese natürli-

Tab. 11: Bewässerungsprojekt Roxo: Bewässerungsflächen nach Betriebsgrößen

Betriebsgrößen ha	Betriebe abs.	%	Bewässerungsfläche ha	%
0 — 1	143	39,9	55	1,2
1 — 5	114	29,4	273	6,0
5 — 10	59	15,1	390	8,6
10 — 50	54	13,9	977	21,5
50 — 200	13	3,4	1284	28,3
> 200	5	1,3	1561	34,4
Total	388	100,0	4540	100,0

Quelle: FERNANDES, 1975, S. 26.

chen Bedingungen finden sich die Hauptverbreitung in der Nordhälfte des atlantisch geprägten Portugal: die Distrikte Aveiro, Braga, Coimbra, Porto vereinen 45,4 % aller Anbauflächen auf sich. Hier kommen aber auch die höchsten Hektarerträge von 17,1 dz vor, so daß 57,7 % der Gesamternte in diesen vier Distrikten 1974 produziert werden konnten. Die Bedeutung des Mais liegt in diesen dichtbesiedelten Küstenräumen des nördlichen Portugal sowohl in seiner Funktion als Hauptbrotgetreide als auch — und das in zunehmendem Maße — als Futtermittel für die Großviehzucht. RIBEIRO (1945) nennt den schon bald nach der Entdeckung Amerikas nach Iberien gekommenen Maisanbau, der schnell den Hirseanbau verdrängte, die folgenreichste ökonomische Revolution Portugals.

In der Gesamtbetrachtung fallen auch bei dieser Feldfrucht die sehr abweichenden Ertragszahlen auf: in den Distrikten Portalegre und Setúbal werden weniger als 0,5 t/ha produziert, so daß insgesamt ein niedriger nationaler Hektarertrag von 1,35 t (1974) erreicht wird, der (vgl. Abb. 6) seit den 60er Jahren nicht gesteigert werden konnte. Wenn man in Portugal auch schon von einer traditionellen Importabhängigkeit in der Maisversorgung sprechen kann, so haben sich die Möglichkeiten der Selbstversorgung doch erst ab 1972 in besonderer Weise verschlechtert. Von 1972—1976 liegt der durchschnittliche Anteil der Eigenproduktion am Gesamtkonsum bei nur 45 %, wobei die absoluten Werte der Eigenerzeugung kontinuierlich abnehmen (vgl. Tab. 12).

Den übrigen Körnerfrüchten kommt nur eine untergeordnete Bedeutung zu. *Gerste* tritt — in der Verbreitung weiter zurückgehend — vor allem im südlichen Portugal auf, da seine Feuchtigkeitsansprüche niedrig sind; sie wird vor allem als Viehfutter angebaut.

Wie aus der Tab. 13 hervorgeht, ist in den nördlichen Distrikten der Gerstenanbau außerordentlich selten; im nördlichen feuchten Küstengebiet wird sie gar nicht kultiviert. Bei einem Rückgang der Anbauflächen sind in den Jahren

Tab. 12: Getreideversorgung Portugals 1970—1976 (in 10³ t)

	Weizen				Mais				Reis			
	Eigen-produktion	Einfuhr	Total	Import-abhängig-keit in %	Eigen-produktion	Einfuhr	Total	Import-abhängig-keit in %	Eigen-produktion	Einfuhr	Total	Import-abhängig-keit in %
1970	543	344	887	38,7	581	321	902	35,6	194	13	207	6,2
1971	793	143	936	15,2	526	305	831	36,7	161	6	167	3,5
1972	604	142	746	19,0	518	787	1305	60,2	163	35	198	17,6
1973	584	160	744	21,5	508	793	1201	66,0	167	5	172	2,9
1974	577	295	872	33,8	491	1040	1591	65,3	129	38	177	21,5
1975	600	321	921	34,8	461	1287	1649	78,0	120	74	191	38,7
1976	671	272	943	28,8	383	1344	1727	77,8	86	119	205	58,0

Quelle: PMP 1977—1980, Circuitos de Distribuição, 1977, S. 25.

Tab. 13: Getreideproduktion Portugals. Prozentanteil der Distrikte im Mittel der Jahre 1972—1974

Distrikte	Weizen	Mais	Reis	Roggen	Hafer	Futter-gerste	Brau-gerste
Aveiro	6,3	14,9	1,2	2,3	3,3	1,2	—
Beja	34,1	1,2	5,6	6,6	29,6	34,1	63,0
Braga	0,3	15,4	—	7,1	0,7	—	—
Bragança	7,7	0,3	—	20,6	—	3,3	—
Castelo Branco	2,3	3,6	—	5,8	1,8	1,5	—
Coimbra	0,7	9,6	17,2	1,5	4,0	3,0	—
Évora	20,2	0,5	6,5	0,8	24,0	19,8	11,2
Faro	3,1	1,6	1,3	0,5	4,2	6,2	—
Guarda	1,9	2,2	—	16,5	—	2,7	—
Leiria	1,5	6,3	0,9	0,3	4,1	2,4	0,6
Lissabon	5,1	1,7	4,4	0,1	3,4	4,6	11,7
Portalegre	12,4	0,7	7,0	3,3	9,7	7,1	7,2
Porto	0,5	17,1	—	6,5	0,7	0,4	—
Santarém	4,5	3,7	29,3	1,5	6,6	7,5	6,1
Setúbal	4,1	1,0	26,6	0,5	7,0	3,1	—
Viana do Castelo	0,1	7,3	—	2,6	0,4	—	—
Vila Real	0,5	3,9	—	16,5	—	0,9	—
Viseu	0,8	9,2	—	12,7	0,4	3,0	—

Quelle: PMP 1977—1980, Circuitos de Distribuição, 1977, S. 27.

1970—1974 durchschnittlich zu den selbstproduzierten 95 500 t noch jährlich 67 300 t Gerste importiert worden.

Wie die Gerste, so tritt auch der *Hafer* im Fruchtwechsel mit Weizen auf und wird wie diese vornehmlich im Alentejo angebaut. Die Erträge sind extrem niedrig und kommen nur selten über 6 dz/ha.

Der *Roggen* ist in seiner besonderen Anspruchslosigkeit vornehmlich auf die größeren Höhen des kontinentaleren Nordens und auf den ärmsten Böden verbreitet. Im Mittel der Jahre 1972—1974 wurden in den Distrikten Vila Real, Bragança, Viseu und Guarda zwei Drittel der gesamten portugiesischen Produktion erzielt, die sich auf 150000 t belief. Die Funktion des Roggens als Wintergetreide in den Maisanbaugebieten des nordwestlichen Hochportugal, die LAUTENSACH (1964, S. 205) hervorhebt, ist in jüngerer Zeit stark zurückgegangen. Bemerkenswerterweise reicht jedoch die nationale Produktion nicht aus, so daß in den Jahren 1972—1974 durchschnittlich 25000 t Roggen eingeführt werden mußten.

Der *Reisanbau* ist auf die leicht überschwemmbaren Alluvialflächen konzentriert, die sich vom Haff von Aveiro küstennah bis zur Algarve entwickelt haben. Am bedeutsamsten für den Reisanbau sind die Anbauflächen im Bereich des Tejotals (Coruche 19683 t, Benavente 14655 t) und des Sadobeckens (Alcácer do Sal 25245 t). Die Reisflächen des Mondegotals im Distrikt Coimbra sind stark rückläufig; 1970 hatten sie mit 23879 t einen Anteil von 13,9 %. In den binnenländischen Räumen ist der Reisanbau durch agrarkolonisatorische Tätigkeit in den 60er Jahren mit dem Bau von Bewässerungsanlagen erweitert worden (vgl. WEBER, 1969, S. 397 ff.), ohne allerdings die geplanten Ausmaße und die ihnen zugedachte wichtige Rolle in der Nahrungsmittelversorgung erreicht zu haben. Die Bewässerungsprojekte Caia, Divor, Roxo und Mira lieferten 1970 weniger als ein Sechstel der portugiesischen Reisproduktion. Der Anteil der Selbstversorgung Portugals mit Reis ist seit 1974 stark zurückgegangen; 1976 wurden 119000 t eingeführt, was einem Anteil von 58 % des Gesamtverbrauchs entsprach.

Eine für südeuropäische Verhältnisse große Bedeutung für die Nahrungsmittelversorgung kommt der *Kartoffel* zu; die im Mittel des Jahrfünfts 1969—1973 jährlich erzeugten 1 139000 t werden — schließt man das Saatgut ein — zu 95 % für menschliche Ernährung verwendet.

Eindeutig am stärksten ist der Kartoffelanbau im nördlichen feuchteren Portugal vertreten. In den fünf Distrikten Aveiro, Porto, Vila Real, Viseu und Guarda werden 56,6 % der Gesamternte (1969—1973) eingebracht, während aus dem mediterranen Portugal südlich des Tejo nur etwa 6 % kommen.

Die Hektarerträge liegen (vgl. Abb. 6) mit durchschnittlich knapp 10 dz (1974) auch im südeuropäischen Maßstab sehr niedrig. Lediglich in der Region Porto wurden mit 16,3 dz/ha deutlich über dem Mittel liegende Ertragswerte erreicht.

Die *Dauerkulturen* bilden für Portugal charakteristische und ernährungspolitisch wichtige Nahrungsprodukte. Am bedeutendsten ist zweifellos der *Weinbau*. Sein Anteil an der Bruttoagrarproduktion bewegte sich 1969—1973 zwischen 10—12 %; zugleich machte der Weinexport im langjährigen Mittel etwa die Hälfte der Erlöse aus dem gesamten Nahrungsmittelexport aus. Seine Bedeutung wird ferner dadurch angezeigt, daß etwa 20 % (1975) der landwirtschaftlichen Erwerbspersonen mit seiner Herstellung beschäftigt waren. Allerdings läßt sich ein deutliches Absinken der Anzahl der weinproduzierenden Betriebe feststellen: von 1964—1975 ging die Zahl der Weinbauern von 280500 auf 183200 zurück, wobei jedoch die kleinsten Nebenerwerbsbauern nicht mitberücksichtigt sind.

An der Entwicklung des portugiesischen Weinbaus — vor allem an der ökonomischen Stellung der Douroweine — wird die Problematik der portugiesischen Landwirtschaft deutlich. Im ›Wein-Tuch-Abkommen‹ von 1703, das nach dem britischen Unterhändler als ›Methuenvertrag‹ in die Geschichte eingegangen ist, konnte Portugal zwar Vergünstigungen für den Weinexport nach England erreichen, der Vertrag erwies sich jedoch aus gesamtwirtschaftlicher und gesamtgesellschaftlicher Sicht als außerordentlich nachteilig, wie dies im Abschnitt 2.2.2. weiter ausgeführt wurde. Die für die portugiesische Agrarstruktur entscheidenden Konsequenzen wirken bis heute fort und können in drei Punkten zusammengefaßt werden:

1. Der portugiesische Großgrundbesitz konnte seine Interessen gegenüber dem Staat und speziell dem Bürgertum durchsetzen. Die einheimische Oberschicht beschränkte sich bewußt darauf, ihre Latifundien auszudehnen, um landwirtschaftliche Produkte anbauen zu lassen, deren Absatz gesichert war. Eine gesunde familienbetriebliche Landwirtschaft erhielt bereits damals schwere Rückschläge, deren Folgen bis in die Gegenwart anhalten.

2. Die Fixierung auf den Weinanbau führte im Anschluß an den Methuenvertrag bereits im 18. Jahrhundert zu einer monokulturartigen Spezialisierung auf ein einziges Produkt. Schon bald zeigte sich, daß der Bedarf an wichtigen Nahrungsgütern nicht mehr selbst gedeckt werden konnte; Portugal mußte bereits im 18. Jahrhundert einen großen Teil seiner Goldreserven für Importe von Agrarprodukten aufwenden. SIDERI (1970) konnte nachweisen, daß im Zeitraum von 1743—1763 über ein Fünftel der englischen Getreideexporte im Werte von über 100 000 Pfund nach Portugal gingen. Dadurch stabilisierte sich bereits zu diesem frühen Zeitpunkt auch auf dem Agrarsektor eine starke Abhängigkeit Portugals von außen, speziell von England.

3. Über den Handel konnte sich England kurzfristig das Weingeschäft sichern. Die Anpassung des Portweins an den gleichsam modisch sich wandelnden Geschmack in England wurde von englischen Weinfirmen besorgt, die bereits in den dreißiger Jahren des 18. Jahrhunderts die Lagerung und Veredlung der Douroweine zum großen Teil in ihrer Hand hatten. Die Firmennamen der bedeutendsten Portweinfirmen weisen noch heute auf diese Zusammenhänge (z. B. Sandeman) hin. Darüber hinaus gingen die englischen Handelshäuser bald dazu über, gute Reblagen in ihren Besitz zu bringen.

Die regionale Verteilung der Weinproduktion ist auf der Distriktbasis in Tab. 14 wiedergegeben, wenngleich in der Distriktgliederung die zusammengehörenden Anbaugebiete häufig voneinander getrennt werden.

Die Weinproduktion erweist sich in Abhängigkeit von den Klimagegebenheiten insgesamt als sehr schwankend. Das Anbaugebiet im westlichen Mittelportugal, das Teile der Distrikte Lissabon, Leiria und Santarém zusammenschließt, repräsentiert das Gebiet Portugals mit den mengenmäßig bedeutendsten Rebkulturen, wo mehr als ein Drittel des Anbaus erfolgt. Der zweite Schwerpunkt liegt im Bereich des mittleren Douro im Zusammenschluß der Distrikte Porto, Vila Real und Viseu, wo die Kultur des Portweins erfolgt.

Die geringste Weinerzeugung findet in den rückwärtigen Binnendistrikten und im gesamten Süden Portugals statt. FREUND (1974, S. 160) weist darauf hin, daß im Süden nach der Reblauskrise gegen Ende des 19. Jahrhunderts eine deutliche Entmischung stattgefunden hat, da sich damals das Interesse der Großgrundbesitzer auf die Weiterentwicklung des marktorientierten Getreideanbaus ausgerichtet habe.

Die portugiesische Weinerzeugung kann differenziert werden nach der Gruppe derjenigen Weine, deren Anbaugebiete festgelegt sind, und andererseits

Tab. 14: Weinproduktion nach Distrikten 1970—1975

	1970		1971		1972		1973		1974		1975	
	hl	%	hl	%	hl	%	hl	%	hl	%	hl	%
Aveiro	605 421	5,34	434 960	4,92	362 469	4,42	602 535	5,43	723 022	5,21	339 800	3,87
Beja	24 513	0,21	25 224	0,28	20 486	0,24	31 646	0,28	28 095	0,20	16 300	0,18
Braga	1 138 036	10,04	612 317	6,93	590 251	7,20	944 424	8,51	953 100	6,87	593 200	6,76
Bragança	154 098	1,36	91 419	1,03	156 606	1,91	206 791	1,86	348 988	2,51	174 500	1,98
Castelo Branco	83 694	0,73	46 819	0,52	70 035	0,85	76 446	0,68	84 217	0,60	65 400	0,74
Coimbra	295 865	2,61	253 678	2,87	342 416	4,17	219 518	1,98	379 188	2,73	203 400	2,31
Évora	70 994	0,62	68 561	0,77	68 956	0,84	84 789	0,76	94 779	0,68	57 200	0,65
Faro	69 078	0,60	53 176	0,60	73 884	0,90	75 895	0,68	70 068	0,50	51 200	0,58
Guarda	196 221	2,61	206 182	2,33	313 856	3,82	454 460	4,09	531 853	3,83	285 400	3,25
Leiria	908 475	8,02	740 138	8,37	536 356	6,54	809 731	7,30	1 134 096	8,17	911 700	10,39
Lissabon	2 304 765	20,34	2 135 365	24,16	1 468 093	17,91	2 203 409	19,87	2 979 161	21,47	2 374 900	27,06
Portalegre	12 318	0,10	10 584	0,11	9 497	0,11	11 824	0,10	11 566	0,08	9 200	0,10
Porto	1 348 170	11,90	854 504	9,67	732 226	8,93	1 287 915	11,61	1 188 853	8,56	769 700	8,77
Santarém	1 432 737	12,64	1 264 692	14,31	1 468 511	17,91	1 500 770	13,53	2 128 883	15,34	705 800	8,04
Setúbal	515 326	4,54	423 096	4,70	406 486	4,95	543 757	4,90	590 787	4,25	271 800	3,09
Viana d. C.	485 640	4,28	298 163	3,37	235 736	2,87	412 040	3,71	477 696	3,44	318 600	3,63
Vila Real	765 116	6,75	653 643	7,39	656 070	8,00	872 620	7,87	1 110 612	8,01	902 700	10,28
Viseu	817 138	7,21	662 351	7,49	684 075	8,34	747 463	6,74	1 037 608	7,47	772 500	8,23
Total	11 347 665	100,0	8 834 872	100,0	8 196 009	100,0	11 085 987	100,0	13 872 545	100,0	8 773 296	100,0

Quelle: Junta Nacional do Vinho, 1970—75.

der nichtklassifizierten Weine, deren Produktion von der Genossenschaft der
›Junta Nacional do Vinho‹ (J.N.V.) organisiert wird.
Die erste Gruppe wird — wie aus Tab. 15 entnommen werden kann — vor
allem von den ›Vinhos verdes‹ gebildet, jenen frischen, säuerlichen Weinen, die im
nördlichen Portugal gezogen werden, gut ein Fünftel der Produktion ausmachen
und hauptsächlich auf dem nationalen Markt konsumiert werden.

Tab. 15: Weinregionen und Weinerzeugung in Portugal

	Produktion 1974		Produktion 1975		Mittlere Produktion 1966—1975	
	hl	%	hl	%	hl	%
›Westen‹	3 074 331	22,2	2 500 357	28,5	2 158 831	21,5
›Ribatejo‹	2 300 423	16,6	827 660	9,4	1 553 450	15,5
›Beirrada‹	652 049	4,7	307 629	3,5	458 849	4,6
›Leiria‹	772 150	5,6	634 175	7,2	542 723	5,4
Rest J. N. V.	1 662 909	12,0	873 878	10,0	1 107 755	11,0
Junta Nacional do Vinho	8 461 862	61,0	5 143 599	58,6	5 821 608	57,9
Vinhos verdes	2 964 368	21,4	1 899 005	21,6	2 347 280	23,4
Douro	1 469 532	10,6	1 212 519	13,8	1 105 500	11,0
Dão	547 012	4,0	323 647	3,7	455 027	4,5
Moscatel (Setúbal)	416 944	3,0	187 479	2,1	314 362	3,1
Colares	3 691	—	1 336	—	2 295	
Bucelas	8 749	0,1	5 156	0,1	6 607	0,1
Carcavelos	396	—	455	—	273	—
Qualifizierte Weine	5 410 692	39,0	3 629 597	41,4	4 231 344	42,1
Total	13 872 554	100,0	8 773 295	100,0	10 052 952	100,0

Quelle: Junta Nacional do Vinho.

Der Portwein, als bekanntestes portugiesisches Weinprodukt, wächst an den
terrassierten schieferigen Hängen des mittleren Douro und dessen tief eingeschnit-
tenen Nebentälern (vgl. Bild 1). Der Marquês de Pombal organisierte im 18. Jahrhundert eine staatlich überwachte Gesellschaft, die Anbaugrenzen und Qualitäts-
ansprüche zu überprüfen hatte. Seit den beschriebenen Entwicklungen des
18. Jahrhunderts gibt es hier den kleinbäuerlichen Weinbaubetrieb nur noch in
Resten, so daß der Großbetrieb, vielfach im Besitz von Gesellschaften, heute die
Betriebsstruktur prägt. Mit einem Anteil von etwa 11 % an der gesamtportugiesischen Weinerzeugung liefert der Portwein ein wichtiges Ausfuhrprodukt (durch-

schnittlich 400000 hl), das traditionell vorwiegend nach Großbritannien exportiert wurde, seit 1967 aber zum größeren Teil nach Frankreich verkauft wird.

Dabei ist festzustellen, daß die auf den Markt gebrachte Portweinmenge nur geringen Veränderungen unterworfen ist, obgleich die Anbauerträge stark schwanken. QUEIROZ ROSEIRA (1972, S. 123) führt aus, daß die gemittelte Jahreserzeugung des Zeitraums von 1935—1950 von 760000 hl auf 1 200000 hl im Mittel der Jahre 1961—1967 anwuchs, ohne den Portweinmarkt nennenswert zu verändern.

Zu den normalen Weinen (›Vinhos maduros‹) mit festgelegten Anbaubereichen zählen die aus dem Landschaftsraum Oberbeira kommenden Dãoweine und die aus dem nördlichen Distrikt Setúbal stammenden alkoholreichen Moscatelweine.

Die zweite Gruppe wird von den billigen Konsumweinen gebildet, die nur nach den Anbaugebieten grob zugeordnet werden können: sie repräsentieren etwa 60% der portugiesischen Weinernte. Im Wirkungsbereich der Weingenossenschaft (J.N.V.) dominieren die sehr kleinen Winzerbetriebe: 87% produzierten 1974 weniger als 100 hl und 96% weniger als 250 hl.

Die Erziehungsformen der Reben differieren in Portugal beträchtlich: im Norden, vor allem im Nordwesten, sind geschlossene größere Rebflächen — mit Ausnahme des Portweinanbaugebietes — selten: Der Wein wird vielmehr an Spalieren und lebenden Stützbäumen meist als Randbepflanzung gezogen, um so die geringen verfügbaren Ackerflächen möglichst intensiv nutzen zu können. Im übrigen Portugal herrscht die Rebhaltung im Kurzschnitt vor, wobei die Erziehung an horizontal gespannten Drähten verhältnismäßig selten ist.

Der portugiesische Weinexport hat sich bis Mitte der sechziger Jahre kontinuierlich aufwärtsentwickelt und erreichte 1967 mit über 4 Mio. hl den absoluten Rekord. Seit Beginn der siebziger Jahre ist ein deutlicher Abfall zu erkennen, der vor allem bedingt war durch den Ausfuhrrückgang in die ehemaligen Kolonien; lediglich der Portweinexport hat sich — trotz einer gewissen Fluktuation — günstig entwickeln können und betrug im Durchschnitt der Jahre 1970—1975 410125 hl.

Der portugiesische Eigenkonsum machte und macht ein Mehrfaches der Exportmenge aus. Die über einen längeren Zeitraum durchgeführte Analyse der Variablen Gesamtproduktion, Export, Vorratshaltung und Eigenkonsum zeigt, daß der portugiesische Konsum eine deutliche Ausgleichsfunktion erhält: in Jahren höherer Produktion erweist sich der interne Markt als sehr aufnahmefähig, so daß das Preisniveau relativ stabil bleibt. MONTEIRO ALVES u. a. (1972) verweisen in diesem Zusammenhang auf den portugiesischen Konsum der ›Vinhos verdes‹, für den verhältnismäßig sichere Daten vorliegen: Im Jahrfünft von 1947—1951 wurden im Mittel jährlich 1,9 Mio. hl produziert bei einem nationalen Verbrauch von 33%; im Jahrfünft von 1963—1967, als die Produktion deutlich auf 2,5 Mio. hl

anstieg, erhöhte sich gleichzeitig der Eigenkonsum auf 54% der Gesamt-
erzeugung.

Als Hauptproblem des portugiesischen Weinbaus erweisen sich die umfangreichen unqualifizierten Rebflächen, auf denen bisher die billigeren Verschnitt-
weine produziert werden. Immerhin wurden auf diesen Flächen im Mittel der
Jahre 1970—1975 knapp 57% des portugiesischen Weins erzeugt. Qualitativ
hochwertige Weine, wie sie teilweise in der Algarve und im Alentejo wachsen,
können nicht ihrem Wert entsprechend vermarktet werden. Die Abgrenzung
sinnvoller Weinregionen ist eine ebenso wichtige Zukunftsaufgabe für die Entwicklung des portugiesischen Weinbaus wie die Erneuerung und Verbesserung
der Vermarktungsstrukturen.

Unter den Fruchtbaumkulturen kommt dem *Ölbaum* die größte Bedeutung
zu, wenn auch sein Anteil im Verhältnis zu den übrigen Baumkulturen in der jüngeren Zeit zurückgeht. Praktisch ist der Olivenanbau heute im gesamten Land
verbreitet, und nur in den Höhen ab 600 m wird der Ölbaum nicht mehr kultiviert.
Sein natürliches Areal umfaßt etwa die südliche Landeshälfte; im Laufe mehrerer
Jahrhunderte ist der immergrüne Ölbaum immer weiter nach Norden ausgebreitet

Tab. 16: Produktion von Olivenöl in den Distrikten 1970—1975 (in %)

	1970	1971	1972	1973	1974	1975
Aveiro	0,30	0,39	0,78	0,41	0,65	0,68
Beja	20,76	15,94	12,79	22,01	7,80	20,46
Braga	0,27	2,06	1,21	0,84	0,95	0,57
Bragança	6,69	9,03	7,70	9,64	8,90	6,05
Castelo Branco	8,20	10,21	9,26	8,81	11,86	8,50
Coimbra	2,33	6,35	4,67	4,07	5,65	2,61
Évora	11,19	7,68	9,93	10,34	7,46	10,30
Faro	4,26	5,55	2,90	3,19	1,97	4,34
Guarda	3,36	4,06	4,76	4,65	5,21	2,78
Leiria	3,26	3,68	5,39	1,77	6,25	2,20
Lissabon	0,90	0,60	1,13	0,33	0,70	1,16
Portalegre	16,46	12,65	13,89	15,69	13,65	16,11
Porto	0,25	0,51	0,45	0,27	0,71	0,24
Santarém	16,24	8,16	15,81	7,44	17,20	14,70
Setúbal	1,11	1,21	1,34	1,55	0,92	2,33
Viana d. C.	0,30	2,09	0,77	1,21	0,69	0,81
Vila Real	2,25	3,64	3,11	3,07	4,29	2,74
Viseu	1,77	6,09	3,99	4,61	5,03	3,32
Total (hl)	734 752	455 789	588 157	461 426	525 396	538 600

Quelle: INE, Estatísticas Agrícolas e Alimentares.

worden und hat heute im Oberdourogebiet intensive Verbreitung gefunden. Regelmäßige Reihenpflanzungen auf den trockenen Hängen der Iberischen Masse verdeutlichen seine systematische Ausdehnung und zugleich seine geringen Feuchtigkeitsansprüche, die je nach Bodenbeschaffenheit zwischen 300 und 500 mm betragen. Verstreut findet sich auch der bewässerte Olivenanbau.

Der atlantisch beeinflußte Küstensaum weist die geringste Anbaudichte auf; lediglich auf dem kalkigen Boden Mittelküstenportugals tritt der Ölbaum etwas häufiger auf. Im übrigen weist Tab. 16 deutlich aus, daß die Binnendistrikte die eigentlichen Schwerpunkte des Olivenanbaus sind, an der Spitze die Distrikte Beja, Portalegre und Santarém.

Die Produktionszahlen wechseln jahresweise beträchtlich und weisen längerfristig eine fallende Tendenz auf: LAUTENSACH (1964, S. 210) gibt für 1957 noch eine Olivenölerzeugung von 1 Mio. dz an, während im Zeitabschnitt von 1970—1975 durchschnittlich nur noch 550000 hl produziert werden konnten.

Die Fruchtwälder können hier nur kurz angesprochen werden, da die ökonomische Bedeutung der Stein- und Korkeichenwälder und auch der Edelkastanienwälder zunehmend geringer wird. Lediglich die *Korkproduktion* ist für Portugal als größtem Erzeuger auch heute noch von Wichtigkeit. Im Zeitraum von 1970—1975 wurden im Durchschnitt jährlich 155450 t produziert. Sowohl die industrielle als auch die kunstgewerbliche Nutzung haben das Interesse an der Korkeiche neu belebt.

Von den extensiv bewirtschafteten Fruchtbäumen sind für Portugal Mandeln, Feigen und Johannisbrot zu nennen. Die Mandelbäume werden besonders im oberen Dourogebiet und in der Algarve kultiviert; der Johannisbrotbaum wächst fast ausschließlich im Distrikt Faro.

Der Obstbau hat sich zwar in der jüngeren Zeit deutlich weiterentwickelt, sein Gewicht in der landwirtschaftlichen Produktion ist jedoch im Verhältnis zu den mediterranen Ländern nur gering. Unvollkommene Vermarktungsorganisationen und — vor allem — qualitative Nachteile aufgrund mangelnder Spezialisierung gestatten keinen Vergleich zum Nachbarland Spanien.

In der Tab. 17 sind die wichtigsten Obstkulturflächen für das Jahr 1974 zusammengestellt. Obgleich keine sehr genauen Daten erwartet werden können, da der verstreute Obstanbau nicht erfaßt werden kann, heben sich doch die Zentren des Obstanbaus im engeren Sinne hervor. Im Norden Portugals finden sich nur vereinzelte Bestände in den beiden Küstendistrikten Braga und Porto: 9,5 % des Apfelsinenanbaus, 8,7 % der Apfelkulturen. Ein deutlicher Schwerpunkt der Apfel- und Birnenanbauflächen (jeweils etwa ein Viertel) ist im Mittelküstenportugal (Distrikt Leiria) ausgebildet. Die größten Anbauareale finden sich jedoch in den Distrikten Lissabon, wo 23 % der Birnenkulturen stehen, und Santarém mit den umfangreichsten Pfirsichkulturen (29,3 %). Die Agrumenkulturen, von denen hier nur die Apfelsinen berücksichtigt sind, konzentrieren sich auf den Raum Setúbal und auf die Algarve. Schließlich sind auch die Anbauflächen der Tafel-

Tab. 17: Anbauflächen der wichtigsten Obstkulturen nach Distrikten 1974

	Äpfel		Birnen		Pfirsiche		Apfelsinen		Tafeltrauben	
	ha	%	ha	%	ha	%	ha	%	ha	%
Aveiro	388	1,7	125	2,1	209	1,9	662	4,1	—	—
Beja	86	0,4	66	1,1	336	3,1	923	5,7	1 367	18,7
Braga	1 166	5,2	140	2,4	240	2,2	844	5,3	—	—
Bragança	683	3,1	147	2,5	250	2,3	192	1,2	17	0,2
Castelo Branco	1 547	7,0	253	4,3	751	6,9	398	2,5	50	0,9
Coimbra	515	2,3	130	2,2	350	3,2	658	4,1	5	—
Évora	192	0,9	174	3,0	589	5,4	746	4,7	2 346	32,2
Faro	120	0,5	315	5,4	633	5,8	4 222	26,3	1 094	15,0
Guarda	2 892	13,0	151	2,6	108	1,0	107	0,7	185	2,5
Leiria	5 313	24,0	1532	26,3	417	3,8	685	4,2	7	—
Lissabon	2 376	10,7	1340	23,0	813	7,5	944	5,8	508	6,9
Portalegre	171	0,8	146	2,5	958	8,8	402	2,5	408	5,6
Porto	384	3,5	199	3,4	194	1,8	677	4,2	—	—
Santarém	1 674	7,5	627	10,7	3 189	29,3	1 478	9,2	1 044	14,3
Setúbal	350	1,6	177	3,0	1 357	12,4	2 262	14,1	230	3,2
Viana d. C.	253	1,1	46	0,8	79	0,7	270	1,7	—	—
Vila Real	718	3,2	60	1,0	169	1,5	185	1,1	25	0,4
Viseu	2 982	13,4	191	3,3	257	2,4	407	2,5	10	0,1
Total	22 210	100,0	5819	100,0	10 899	100,0	16 060	100,0	7290	100,0

Quelle: PMP 1977—1980: Circuitos de Distribuição, S. 469.

Tab. 18: Herkunft der Obstanlieferungen auf den Großmärkten Lissabon und Porto
1969—1972

| | Lissabon | | Porto | |
| | ∅ 1969—1972 | | ∅ 1969—1972 | |
	kg	%	kg	%
Aveiro	18 314	0,0	282 199	1,9
Beja	1 123 896	2,3	121 609	0,8
Braga	300 986	0,6	179 831	1,2
Bragança	41 378	0,1	387 613	2,7
Castelo Branco	4 222 780	8,6	74 801	0,5
Coimbra	154 403	0,3	186 818	1,3
Évora	411 948	0,9	3 487	0,0
Faro	14 483 385	29,6	3 206 399	22,0
Guarda	393 936	0,8	211 431	1,5
Leiria	7 605 408	15,5	1 479 928	10,2
Lissabon	9 801 422	20,0	336 917	2,3
Portalegre	548 237	1,1	46 543	0,3
Porto	105 506	0,2	885 746	6,1
Santarém	5 104 201	10,4	623 273	4,3
Setúbal	3 571 269	7,3	13 117	0,1
Viana d. C.	33 088	0,1	20 135	0,1
Vila Real	128 832	0,3	2 106 208	14,5
Viseu	942 196	1,9	4 395 913	30,2

Quelle: PMP 1977—1980, Circuitos de Distribuição, S. 477.

trauben neben dem unteren Tejogebiet in den südlichsten Distrikten Évora, Beja und Faro hauptsächlich vertreten.

Insgesamt läßt sich bei der Analyse der Verbreitung der Dauerkulturen eine in aller Regel stark gegenläufige Standortwahl erkennen. Einerseits werden die Fruchtbaumkulturen in denjenigen Räumen großflächig verbreitet, in denen eingeschränkte Nutzungsmöglichkeiten vorkommen. FREUND (1974, S. 164) hebt in diesem Zusammenhang die Mandelkulturen an den Steilhängen des Oberdourogebietes, die trockenen Karstflächen des Estremadura und der Algarve mit ihren Oliven-, Feigen- und Johannisbrotbäumen sowie die Sand- und Schotterflächen des Tejogebietes hervor. Andererseits läßt sich in zunehmendem Maße die Tendenz erkennen, in der Nähe der Absatzmärkte, besonders im Raum Lissabon, intensive Obstkulturen einzurichten. Die Gegenüberstellung der Herkunftsgebiete, aus denen Lissabon und Porto mit Obst beliefert werden, zeigt deutlich die spezialisierten Versorgungsbereiche, wenngleich die Algarve für beide Großmärkte gleichermaßen einen bedeutenden Lieferanteil übernimmt (vgl. Tab. 18).

Die *Viehwirtschaft* stellt sich in Portugal in sehr gegensätzlichen Formen dar:

neben modernen Techniken der Großvieh-Massentierhaltung sind bis heute alt-
überkommene Praktiken der Kleinviehzucht erhalten geblieben, wie sie über
Jahrhunderte in allen mediterranen Ländern verbreitet gewesen sind. Zum geringen Teil haben sich sogar im portugiesischen Hauptscheidegebirge Reste des
Wanderherdenbetriebes erhalten, wobei die Schafherden von den Gebirgssom-
merweiden während des Winters in die Täler von Vouga und Mondego gebracht
werden.

In der Verallgemeinerung läßt sich feststellen, daß in den kontinentalen Räumen des gebirgen Landesinnern die traditionellen Formen der extensiven Wei-
dewirtschaft — basierend auf der Schaf- und Ziegenhaltung — Bestand gehabt haben, weil hier das Futterangebot nur für das genügsame Kleinvieh ausreicht. Während jedoch in den Jahren nach dem Zweiten Weltkrieg durch Aufforstungen die
Futterbasis für die Kleintierhaltung zunehmend eingeschränkt wurde, ist in jüngerer Zeit durch die — aufgrund der bis 1974 extrem hohen Zahl der Emigranten —
großen aus der Nutzung herausfallenden Flächen die Ernährung des Kleinviehs
mancherorts unproblematisch geworden.

Die Rinderhaltung weist stark voneinander abweichende Formen auf, entsprechend den differierenden Betriebszahlen. Im Nordwesten spielt die Zugrinderhal-
tung nach wie vor eine entscheidende Rolle. Die außerordentlich kleinen Betriebe
vermögen nicht die Mittel zu erwirtschaften, um sich allein oder zu mehreren
einen Traktor anschaffen zu können. So ist das Rind hier zunächst einmal Arbeitskraft, dann — bei meist ganzjähriger Stallhaltung — Düngerlieferant, und erst zuletzt wird seine Milchleistung von Belang. FREUND (1974, S.164) macht auf die
klare regionale Gliederung Nordportugals bezüglich der Nachzucht- und der Ar-
beitsviehgebiete aufmerksam: die Aufzucht erfolgt in den ökologisch ungünstigen
Gebirgsräumen, um so widerstandsfähige und anspruchslose Tiere zu entwickeln.
Auf den großen regionalen Viehmärkten der Klein- und Mittelzentren vollzieht
sich bis heute der Austausch und Handel. Vorherrschend sind immer noch die
alten Landrassen. Die Milchproduktion wird tendenziell verstärkt in modernen
Abmelkbetrieben in der Nähe der Metropole Lissabon und — in jüngerer Zeit verstärkt — in genossenschaftlich organisierten Betrieben im Raum Aveiro/Porto
betrieben, wobei das schwarzweiße Niederungsvieh Verwendung findet (vgl.
MOORE, 1978). Allerdings läßt sich aus der Tab. 19 entnehmen, daß das Haupt-
produktionsgebiet im küstennahen Nordportugal liegt. 1973 wurden in den
Distrikten Viana do Castelo, Braga, Porto und Aveiro 45 % der gesamten Milchproduktion erzeugt.

Die Schweinehaltung hat die wohl stärksten Veränderungen durchgemacht;
statt der einst so verbreiteten Haltung der schwarzen Schweine im Freien auf
Stoppelfeldern, Brachen und vor allem in den Stein- und Korkeichenwäldern wird
die Stallhaltung heute durchgehend praktiziert. Entsprechend den besseren Möglichkeiten einer Integration von Viehhaltung und Ackerbau hat sich die Schweine-
zucht mehr und mehr in den Maisanbaugebieten konzentriert.

Tab. 19: Milchproduktion in den Distrikten 1973

	Milchproduktion	
	in 1000 Esc.	in %
Aveiro	483 788	14,4
Beja	196 667	5,9
Braga	394 060	11,7
Bragança	81 966	2,4
Castelo Branco	57 601	1,7
Coimbra	191 036	5,7
Évora	165 710	4,9
Faro	87 479	2,6
Guarda	137 472	4,1
Leiria	102 870	3,1
Lissabon	238 346	7,1
Portalegre	140 804	4,2
Porto	313 453	9,3
Santarém	109 241	3,2
Setúbal	119 348	3,6
Viana do Castelo	316 657	9,4
Vila Real	87 953	2,6
Viseu	137 549	4,1
Total	3 362 000	100,0

Quelle: CARAMONA u. a., 1975.

In der Tab. 20 werden die Tierzahlen des Jahres 1972 wiedergegeben. Am auffallendsten ist der relative Rückgang der Kleinviehhaltung. LAUTENSACH konnte 1964 noch feststellen, daß die Zahl der Schafe alle übrigen Tierarten zusammengenommen übertraf; 1972 lag ihre Anzahl nur noch um 22 % über der Schweinezahl.

Sehr deutlich werden durch die Relativzahlen die regionalen Schwerpunkte herausgehoben: in den vier nordwestlichen Distrikten Viana do Castelo, Braga, Porto und Aveiro wurden 1972 38 % aller Rinder gehalten, aber nur 7 % der Schafe und 9 % der Ziegen. Umgekehrt liegt der Anteil der drei südlichen Binnendistrikte Portalegre, Évora und Beja in der Rinderhaltung nur bei 17 %, in der Schaf- und Ziegenhaltung jedoch bei 41 % bzw. 24 %.

Insgesamt trägt die Agrarproduktion Portugals in den meisten Produktionsbereichen noch stark traditionelle Züge, wobei die nicht durchgängige Ausrichtung auf den Markt ein großes Hindernis darstellt. Es zeigt sich, daß die polarisierte Raumstruktur die Entwicklung der Landwirtschaft eher negativ beeinflußt, weil die Entfernung vom Markt deutliche Nachteile bringt. Die Verbraucher der

Tab. 20: Tierhaltung in den Distrikten 1972

	Rinder		Schweine		Schafe		Ziegen	
	abs.	%	abs.	%	abs.	%	abs.	%
Aveiro	103 967	9,7	147 695	7,5	36 034	1,5	11 180	1,5
Beja	66 375	6,2	103 827	5,3	373 560	15,4	69 697	9,4
Braga	114 860	10,7	119 615	6,0	33 881	1,4	22 535	3,0
Bragança	40 881	3,8	58 330	7,0	178 356	7,2	52 882	7,1
Castelo Branco	21 572	2,0	82 284	4,2	253 177	10,4	117 369	15,0
Coimbra	55 484	5,2	113 774	5,8	78 496	3,2	48 765	6,6
Évora	65 436	6,1	95 137	17,4	343 218	14,2	41 999	5,7
Faro	29 088	2,7	75 125	3,8	46 008	1,9	21 886	3,0
Guarda	32 323	3,0	44 901	2,3	156 802	6,5	45 130	6,1
Leiria	42 606	4,0	289 499	14,6	50 402	2,1	32 844	4,4
Lissabon	53 901	5,0	65 786	3,3	64 808	2,7	11 182	1,5
Portalegre	48 965	4,6	73 782	3,7	280 232	11,6	64 949	8,8
Porto	109 400	10,2	110 006	5,6	43 004	1,8	8 360	1,1
Santarém	49 580	4,5	155 421	7,9	139 653	5,8	66 805	9,0
Setúbal	45 578	4,3	172 082	8,7	120 628	5,0	16 069	2,2
Viana d. C.	78 519	7,3	56 819	2,9	55 043	2,3	24 007	3,2
Vila Real	51 686	4,8	83 319	4,2	61 416	2,5	35 225	4,8
Viseu	61 395	5,7	129 854	6,6	110 476	4,6	50 153	6,8
Total	1 071 617	100,0	1 977 256	100,0	2 425 194	100,0	741 037	100,0

Quelle: PMP 1977—1980, Politica Regional, S. 240 f.

Agrarproduktion konzentrieren sich in den beiden Ballungsgebieten Lissabon und Porto, während aus dem Landesinnern keine größere Nachfrage kommt. Für die peripheren Räume ergeben sich so durch die Transportkostenbelastungen der Agrarproduktion deutliche Nachteile. Sie haben mit dazu beigetragen, daß der Anteil der Selbstversorgungswirtschaft bis heute ungewöhnlich hoch geblieben ist. Die Tab. 21 führt den Anteil des überwiegenden Eigenkonsums der Agrarproduktion nach Distrikten und nach Betriebsgrößenklassen auf: Es wird dabei allerdings deutlich, daß nicht nur die Distanzen zum Markt, sondern die gesamte — unten weiter differenzierte — Agrarstruktur über die Verwertung der Produktion entscheidet. Denn in den Distrikten des nördlichen Verdichtungsraumes (Porto, Aveiro) bleibt der Anteil der Selbstversorgungslandwirtschaft extrem hoch, wird kaum beeinflußt von der günstigen Marktlage und ist offenbar gesteuert durch die vorherrschende ungünstige kleinstbetriebliche Besitzstruktur.

In dem Gebiet des dominierenden Großgrundbesitzes im Alentejo reduziert sich dagegen die Subsistenzlandwirtschaft auf relativ kleine Anteile. Das gilt auch schon für die kleineren Betriebsgrößenklassen: So ist der Anteil der vorwiegenden Subsistenzbetriebe in der Größenklasse 1—4 in den Distrikten Beja, Évora und Portalegre nur etwa ein Drittel, während in den Minhodistrikten Viana do Castelo, Braga und Porto ihr Anteil bei über drei Vierteln liegt. Zum anderen wird aber auch der Faktor Marktnähe deutlich, da der Distrikt Lissabon mit Abstand den geringsten Selbstkonsum der Agrarproduktion aufweist.

2.2.4. Besitzstrukturen, agrarsoziale und agrartechnologische Verhältnisse

Die Produktions- und Anbauverhältnisse stehen in engem Zusammenhang mit den landwirtschaftlichen Besitzverhältnissen. Diese haben sich in einem langen historischen Prozeß zu regional außerordentlich differenzierten Strukturen entwickelt. LAUTENSACH (1932, S. 128 ff.) verweist bei der Erklärung des nordportugiesischen zersplitterten Kleinbesitzes auf die Auswirkungen der westgotischen Erbteilungsregeln; er stellt den Zusammenhang her zwischen dem charakteristischen Großgrundbesitz des Alentejo und der schnellen Besitzergreifung dieses nur sehr dünn besiedelten Raumes durch die portugiesische Krone im 12. Jahrhundert, in dessen Verlauf das Land in große Besitzeinheiten aufgeteilt wurde; er bringt den Klein- und Mittelbesitz des algarvischen Küstenraums in Verbindung mit der intensiven und kleingegliederten Nutzung dieses Raumes durch die hier annähernd 500 Jahre wirkenden Mauren.

Trotz vielfältiger Abwandlungen haben sich diese Gegensätze bis heute erhalten. In der Tab. 22 sind die mittleren Betriebsgrößen je Distrikt für die beiden letzten Agrarbefragungsjahre 1952/54 und 1968 verzeichnet, aus denen zu ersehen ist, daß sich in diesen 15 Jahren zwar Verschiebungen ergeben haben, daß auf der anderen Seite aber die Grundstruktur gleichgeblieben ist. Die mittlere Betriebs-

Tab. 21: Subsistenzbetriebe nach Betriebsgrößenklassen in den Distrikten 1968

Distrikte	< 1 ha abs.	%	1—4 ha abs.	%	4—20 ha abs.	%	20—50 ha abs.	%	50—100 ha abs.	%	> 100 ha abs.	%
Aveiro	35 585	90,2	16 295	70,8	3 380	56,1	182	52,8	32	42,7	9	20,5
Beja	1 410	57,9	2 730	42,5	3 130	40,4	866	39,9	261	30,5	134	11,1
Braga	28 190	94,8	17 175	80,8	6 355	66,3	166	27,6	17	27,9	3	18,8
Bragança	2 240	87,2	7 900	80,6	9 430	98,4	796	30,3	65	15,5	15	7,6
Castelo Branco	10 340	91,5	15 625	81,6	7 650	67,3	753	48,8	171	38,4	90	19,9
Coimbra	31 450	94,9	24 125	81,9	4 570	61,5	143	45,1	24	38,7	16	36,4
Évora	1 880	64,2	990	27,7	435	13,1	37	5,4	14	5,9	21	3,2
Faro	3 755	60,2	6 355	43,7	4 880	44,4	527	29,1	94	19,9	38	14,2
Guarda	7 595	90,4	13 260	72,8	7 470	50,2	700	37,8	43	15,6	20	16,3
Leiria	23 665	90,6	20 275	75,2	3 710	53,7	130	31,5	29	33,3	9	19,2
Lissabon	6 815	48,8	4 025	20,1	565	8,2	31	6,5	11	7,6	3	2,7
Portalegre	3 735	78,6	2 585	46,8	825	21,0	95	10,6	28	7,5	22	3,1
Porto	31 585	89,1	13 080	69,7	3 975	54,0	168	33,5	17	21,3	4	18,2
Santarém	15 025	85,2	15 935	64,1	5 405	47,9	375	33,9	45	12,9	25	7,7
Setúbal	4 075	58,8	2 205	37,5	920	29,4	132	17,6	16	6,3	24	6,4
Viana d. C.	25 820	98,5	13 920	96,2	2 670	88,3	69	61,6	15	62,5	4	40,4
Vila Real	9 305	68,9	12 230	68,3	5 615	50,5	177	19,0	24	22,9	16	33,3
Viseu	29 490	89,3	28 770	82,1	8 015	64,9	302	41,7	56	32,6	26	36,6
Total	271 960	86,7	217 480	69,1	79 000	51,6	5649	31,9	962	21,4	479	10,1

Quelle: INE, Inquérito 1968.

größe, die von 5,1 auf 6,1 ha angestiegen ist, resultiert aus zwei gegenläufigen Tendenzen: die ›mittleren‹ Betriebsgrößen zwischen 3,5 und 6 ha, wie sie vor allem in den nördlichen Binnenräumen von Trás-os-Montes und Oberbeira verbreitet waren, wiesen beträchtliche Steigerungen auf, was vor allem auf einen deutlichen Rückgang der Kleinstbetriebe unter 1 ha Fläche zurückgeführt werden kann (vgl. FREITAS u.a., 1976, S. 83). Andererseits gingen die mittleren Betriebsgrößen in den südlichen Distrikten des Alentejo, in denen der Großgrundbesitz bestimmendes Strukturelement war, deutlich zurück, was freilich nicht durch eine Aufteilung der Latifundien, sondern durch zunehmende Zersplitterung der auch hier zahlenmäßig stark vertretenen Klein- und Mittelbetriebe hervorgerufen wurde.

Tab. 22: Mittlere Betriebsgrößen 1952/54 und 1968
(in ha)

	1952/54	1968
Aveiro	1,712	1,919
Beja	45,912	36,188
Braga	2,039	2,221
Bragança	5,823	9,982
Castelo Branco	4,278	9,243
Coimbra	1,724	2,086
Évora	66,383	50,113
Faro	5,292	8,043
Guarda	3,614	5,934
Leiria	1,284	2,465
Lissabon	2,178	3,625
Portalegre	31,004	29,004
Porto	2,050	1,941
Santarém	3,549	6,356
Setúbal	18,654	16,964
Viana d. C.	1,086	1,527
Vila Real	2,033	3,781
Viseu	1,558	2,618
Total	5,131	6,161

Quelle: INE, Inquérito 1952/54 u. 1968.

Die geringsten Wandlungen der Betriebsgrößen erfolgten in den küstennahen Räumen des nördlichen und mittleren Portugal, wo ungewöhnlich kleine Betriebseinheiten vorherrschten und bis heute — auch über 1968 hinausgehend — typisch geblieben sind: im Raum Porto nahm die mittlere Betriebsgröße sogar geringfügig bis auf 1,94 ha ab.

Die kleinräumlichere Betrachtung auf der Basis der Kreise läßt (vgl. Abb. 10) die Betriebsgrößensituation genauer erfassen. So zeigten sich innerhalb der Distrikte charakteristische Differenzierungen: Im südlichen Landschaftsraum der Algarve heben sich die kleinen Betriebe unter 5 ha Landnutzungsfläche auf den mesozoischen Terra-rossa-Böden im Küstenbereich deutlich von den größeren und extensiver bewirtschafteten Betrieben der Schieferserra ab. Im Distrikt Santarém waren die kleineren und mittleren Betriebe auf die fruchtbaren Alluvialböden der Tejo-Aue konzentriert, während der extensiv genutzte Übergangsraum zum südlichen Alentejo schon dessen charakteristische großbetriebliche Besitzstruktur aufwies. Auch der Distrikt Vila Real mag als Beispiel für sehr gegensätzliche Betriebsgrößenstrukturen gelten: den mittelgroßen viehwirtschaftlich orientierten Betrieben des nördlichen Barrosoberglandes standen die extrem kleinen Betriebseinheiten im Übergangsgebiet des Dourotalraums zum westlichen Minhogebiet gegenüber.

Einen Hinweis auf die agrarsozialen Probleme Portugals gibt die Abb. 11, in der auf der Distriktsebene die den mittleren Betriebsgrößenklassen entsprechenden Anteile an der landwirtschaftlichen Nutzfläche auf der Basis der durch die Agrarenquete von 1968 ermittelten Daten gegenübergestellt sind. Sehr deutlich wird der hohe Flächenanteil der Besitzgrößenklasse über 100 ha im südlichen Portugal mit Ausnahme der Algarve. In den alentejaner Distrikten Beja, Évora und Portalegre verfügten 1968 5,2 % der Betriebe über 100 ha Größe über 78,9 % des Bodens; die Betriebe unter 4 ha Landnutzungsfläche umfaßten dagegen 52,9 % aller agrarischen Betriebe und nutzten nur 2,0 % der Fläche. In den nördlichen Küstendistrikten Viana do Castelo, Braga, Porto und Aveiro spielte der Grundbesitz über 100 ha so gut wie keine Rolle; die Klein- und Kleinstbesitzungen unter 4 ha Größe repräsentierten aber 88,3 % aller Betriebe und verfügten über 42,6 % der Nutzflächen.

Die innerbetriebliche Problematik des Kleinbetriebes wird verschärft durch eine hohe Zersplitterung des Besitzes. In der gesamtportugiesischen Betrachtung ergab sich für 1968 folgendes Bild: Zu den Kleinstbetrieben unter 1 ha gehören im Mittel 3,1 Parzellen mit einer durchschnittlichen Parzellengröße von 0,13 ha; der durchschnittliche Betrieb von 1—4 ha Größe weist 6,6 Parzellenblöcke auf mit einer mittleren Größe von 0,3 ha. Wesentlich günstiger sind die Bewirtschaftungsbedingungen bei den größeren Betrieben: Schon die Größenklasse von 20—50 ha verfügt über 16,7 Nutzungsparzellen mit einer mittleren Größe von 1,8 ha. Bei den Großbetrieben über 100 ha verringert sich die Zahl der Parzellen im Durchschnitt auf 11,5 bei einer Blockgröße von 41,5 ha.

Wie aus der Tab. 23 entnommen werden kann, führten diese allgemeinen Gegensätze zu klaren räumlichen Polarisierungen, die von geringfügigen Detailverschiebungen abgesehen auch zehn Jahre später noch in der gleichen Schärfe existierten. Die mittlere Parzellengröße liegt im nördlichen und westlichen Portugal mit seiner Realerbteilung deutlich unter 0,5 ha, am niedrigsten in Viana do Castelo

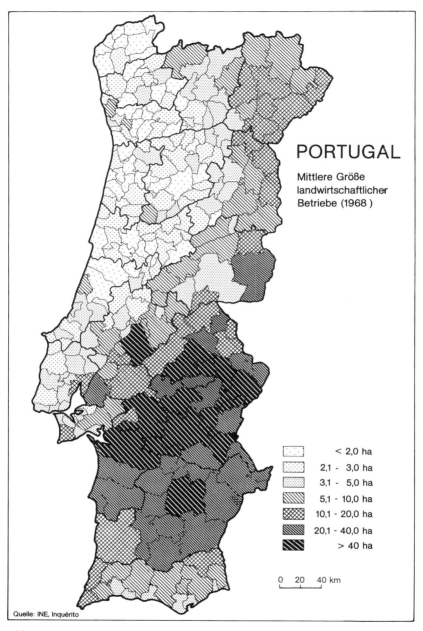

PORTUGAL

Mittlere Größe
landwirtschaftlicher
Betriebe (1968)

	< 2,0 ha
	2,1 - 3,0 ha
	3,1 - 5,0 ha
	5,1 - 10,0 ha
	10,1 - 20,0 ha
	20,1 - 40,0 ha
	> 40 ha

0   20   40 km

Quelle: INE, Inquérito

Abb. 10.

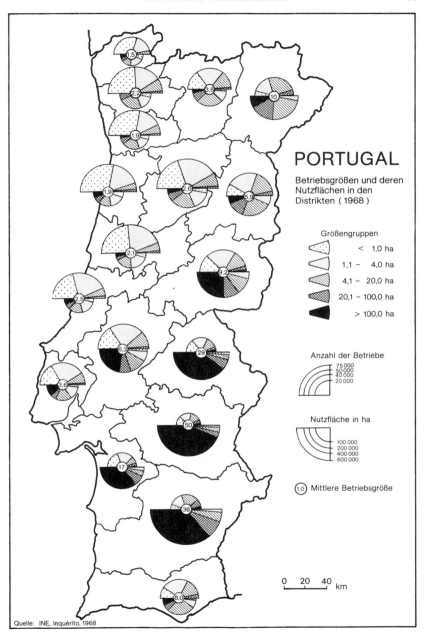

PORTUGAL

Betriebsgrößen und deren
Nutzflächen in den
Distrikten (1968)

Größengruppen

< 1,0 ha

1,1 – 4,0 ha

4,1 – 20,0 ha

20,1 – 100,0 ha

> 100,0 ha

Anzahl der Betriebe

75 000
50 000
40 000
20 000

Nutzfläche in ha

100 000
200 000
400 000
600 000

(1.0) Mittlere Betriebsgröße

0   20   40 km

Quelle: INE, Inquérito, 1968

Abb. 11.

(0,202 ha), Coimbra (0,253 ha) und Aveiro (0,258 ha), wobei hier zu jedem Betrieb ein gestreuter Besitz von acht Parzellen gehört. In den Distrikten des Alentejo umfaßt die normale Besitzparzelle über 10 ha Fläche. Am extremsten stellt sich die Situation im Distrikt Évora dar, wo der Durchschnittsbesitz von 49,6 ha in 2,4 Parzellen aufgegliedert ist, deren jeweilige Größe im Mittel 20,3 ha umfaßt.

Tab. 23: Mittlere Größe und Anzahl der Besitzparzellen 1968

Distrikte	Parzellen-größe (ha)	Anzahl der Parzellen/ Betrieb
Aveiro	0,258	8,24
Beja	12,152	2,94
Braga	0,575	3,80
Bragança	0,520	13,08
Castelo Branco	1,487	6,19
Coimbra	0,253	8,26
Évora	20,314	2,44
Faro	1,635	4,75
Guarda	0,884	6,69
Leiria	0,314	7,75
Lissabon	1,100	3,29
Portalegre	9,816	2,90
Porto	0,685	2,83
Santarém	1,155	5,49
Setúbal	11,312	1,48
Viana d. C.	0,202	7,57
Vila Real	0,470	8,06
Viseu	0,282	9,29
Total	0,965	6,38

Quelle: INE, Inquérito 1968.

Die sehr gegensätzlichen Betriebsgrößenstrukturen Portugals schließen zugleich außerordentlich polarisierte *agrarsoziale Verhältnisse* ein. Das Hauptproblem liegt in der Tatsache begründet, daß es eine breite mittelbäuerliche Schicht mit Einkommen, wie sie durchschnittlich in anderen nichtagrarischen Aktivitäten erworben werden, kaum gibt. Denn die weitaus größte Zahl der kleinen bäuerlichen Familienbetriebe erreicht nur Haushaltseinkommen, die nur bei zusätzlichem außerlandwirtschaftlichem Erwerb, wie dies meist im gewerblicheren Norden der Fall ist, oder durch ergänzende Lohnarbeit auf agrarischen Großbetrieben das Existenzminimum sichern. Eine moderne Entwicklung dieses großen Anteils Selbständiger, der — wie Tab. 24 ausweist — 1970 etwa 37% ausmachte, ist wegen der geringen Besitzgrößen, die trotz hoher Arbeitsintensität eine strukturelle Unterbeschäftigung und damit eine sehr niedrige Produktivität und unzureichende Einkommen nach sich ziehen, nicht möglich.

Dies wird eindrucksvoll ersichtlich aus der Verteilung der Neben-, Zu- und Vollerwerbsbetriebe auf die Betriebsgrößenklassen, wie sie in der Tab. 25 aufgeführt sind. Es zeigt sich, daß (1968) 29,3% der Kleinstbetriebe unter 1 ha sowie ein Drittel der Betriebe von 1—4 ha Größe als ›Vollerwerbsbetriebe‹ geführt wurden. Das heißt, daß 1974 12 Betriebe (= 24,4%) unter den allerschwierigsten Existenzbedingungen wirtschaften müssen.

Am auffallendsten ist der große Anteil der bezahlten Arbeitskräfte in der Landwirtschaft. Obwohl ihre Zahl von 1950—1970 fast auf die Hälfte zurückgegangen ist, blieb mit 444750 Lohnarbeitern fast die Hälfte aller im Agrarsektor Arbeitenden in dieser Gruppe der Unselbständigen. Die Lebensbedingungen gerade dieser Erwerbstätigengruppe sind insofern besonders schwierig, als es sich dabei einerseits um Arbeitskräfte handelt, die nicht in einem festen Arbeitsverhältnis stehen und häufig nur einen saisonalen Arbeitsplatz finden; zum anderen haben sich in der jüngeren Zeit trotz Anhebung der Mindestlöhne die Lebenshaltungskosten so sehr verteuert, daß ein durchschnittliches Monatseinkommen von unter 500,— DM (1977) den Familienunterhalt nicht sichern kann.

Die Gliederung der landwirtschaftlichen Erwerbsbevölkerung nach Distrikten macht wieder auf starke regionale Ungleichgewichte aufmerksam (vgl. Abb. 12). Der Anteil der Lohnarbeiter erreicht in Gebieten mit vorherrschendem Großgrundbesitz extrem hohe Mittelwerte, die für die Distrikte Beja, Évora und Portalegre noch 1970 über drei Viertel aller agrarischen Erwerbspersonen ausmachten. Der Vergleich mit den Jahren 1950 und 1960 zeigt aber, daß auch in diesem Raum die Zahl der Lohnarbeiter absolut ganz erheblich zurückgegangen ist von 172257 (1950) über 158849 (1960) auf 98390 (1970) Erwerbspersonen. Darüber hinaus wird ersichtlich, daß auch in anderen Räumen Portugals der Anteil der Lohnarbeiter eine große Rolle spielt: in den nördlichen Distrikten Vila Real und Bragança mit größeren Betriebsstrukturen, die häufig mit marktorientierter Produktion verknüpft sind, erreichen die Lohnarbeiter einen Anteil von zwei Drittel aller in der Landwirtschaft Tätigen. Ähnliches Gewicht erhält die Lohnarbeit auch in den Küstengebieten der Algarve mit intensivem Anbau. Aber sogar in den nördlichen Minhogebieten, in denen die kleinbetrieblich organisierte Landwirtschaft absolut dominiert, erreichen die Landarbeiter noch ein Viertel der Beschäftigten in der Landwirtschaft. Wenn man allerdings die Betrachtung von der Distriktsebene auf kleinere Verwaltungseinheiten (Concelhos) verlegt, dann zeigen sich Kreise, die so mit Lohnarbeitsbetrieben durchsetzt sind, daß über die Hälfte der agrarisch Tätigen lohnabhängige Arbeitnehmer sind.

Tab. 24: Berufliche Stellung der Beschäftigten in der Landwirtschaft 1950/1960/1970

	Jahr	Total abs.	Arbeitgeber %	Leiter von Familien- betrieben %	Mithelfende Familien- angehörige %	Landarbeiter %	Sonstige Arbeits- kräfte %
Portugal	1950	1 413 200	9,7	19,1	11,5	59,7	—
	1960	1 297 283	5,9	21,2	13,5	59,4	0,1
	1970	895 260	1,9	36,7	11,1	49,7	0,5
Aveiro	1950	76 372	15,3	27,8	18,5	38,4	—
	1960	64 985	10,9	32,0	19,7	37,4	—
	1970	47 785	2,3	56,4	14,1	27,4	0,6
Beja	1950	83 497	4,9	7,5	4,2	83,4	—
	1960	77 503	3,4	6,5	4,0	86,1	—
	1970	50 025	1,6	17,0	3,3	77,7	0,4
Braga	1950	95 978	15,7	20,4	22,6	41,3	—
	1960	85 549	7,2	30,0	27,2	35,6	0,1
	1970	68 350	1,4	41,0	26,3	22,4	8,7
Bragança	1950	54 761	11,5	21,5	13,7	53,3	—
	1960	62 021	4,5	25,6	20,1	49,7	0,4
	1970	39 260	1,6	44,4	13,6	39,0	1,4
Castelo Branco	1950	65 560	7,2	15,9	5,0	71,9	—
	1960	64 678	6,4	15,3	8,2	70,1	—
	1970	43 190	2,2	31,8	6,3	59,4	0,3
Coimbra	1950	86 841	9,5	26,7	11,4	52,4	—
	1960	71 280	5,1	27,1	10,8	57,4	0,1
	1970	53 960	1,8	45,1	6,9	45,2	0,4
Évora	1950	59 289	4,0	4,6	1,9	89,5	—
	1960	53 376	2,6	4,2	1,0	92,1	0,1
	1970	35 990	1,0	10,6	0,6	87,6	0,2
Faro	1950	61 638	7,7	21,2	9,0	62,1	—
	1960	63 042	6,3	22,8	9,5	61,4	—
	1970	37 745	2,2	38,6	6,2	52,7	0,3

Guarda	1950	70 066	10,6	24,6	11,6	53,2	—
	1960	64 670	5,4	22,6	11,8	60,1	0,1
	1970	41 195	1,9	49,2	7,7	40,8	0,3
Leiria	1950	80 972	9,6	23,1	9,1	58,2	—
	1960	80 014	6,5	24,7	12,3	56,4	—
	1970	52 020	2,2	46,6	8,5	42,0	0,5
Lissabon	1950	90 550	10,4	11,9	7,2	70,5	—
	1960	77 139	6,3	25,8	6,8	72,7	0,1
	1970	46 820	3,2	32,8	2,8	60,8	0,3
Portalegre	1950	56 620	5,0	5,8	1,7	87,5	—
	1960	48 855	3,6	5,6	1,9	87,9	—
	1970	43 745	1,2	10,8	0,8	64,2	0,1
Porto	1950	88 742	13,9	20,9	19,3	45,9	—
	1960	73 235	9,9	27,1	20,4	42,5	0,1
	1970	48 400	1,8	45,8	19,2	31,5	1,8
Santarém	1950	113 762	7,5	13,5	5,5	73,5	—
	1960	95 366	6,1	12,7	4,3	76,8	—
	1970	63 975	1,9	22,1	3,1	72,8	0,1
Setúbal	1950	51 824	5,9	7,1	4,5	82,5	—
	1960	45 786	5,1	5,6	3,0	86,1	0,1
	1970	32 940	1,4	15,4	1,8	81,2	0,2
Viana do Castelo	1950	63 272	9,1	38,1	26,1	26,7	—
	1960	60 120	2,4	42,9	33,7	20,5	0,1
	1970	60 780	0,6	50,2	27,1	21,4	0,7
Vila Real	1950	81 524	11,0	19,8	12,3	56,9	—
	1960	86 549	6,7	21,9	19,1	52,2	0,1
	1970	54 000	3,5	37,6	13,9	44,4	0,6
Viseu	1950	119 981	10,5	25,8	16,2	47,5	—
	1960	117 115	5,2	28,5	18,5	47,7	0,1
	1970	85 350	2,0	41,3	16,2	40,1	0,4

Quelle: FREITAS u. a., 1976, S. 46f.

Tab. 25: Landwirtschaftliche Betriebstypen nach Größenklassen 1968

Betriebsgrößen			Sozioökonomische Betriebstypen (in %)					
			Betriebe ohne Lohnarbeiter			Betriebe mit Lohnarbeitskräften bei		
in ha	abs.	%	Nebenerwerb	Zuerwerb	Vollerwerb	mehr Familien-kräften	mehr Lohnkräften	nur Lohnkräften
< 1	313 775	38,8	26,9	16,0	29,3	18,1	7,2	2,5
1— 4	314 855	38,9	12,6	13,0	33,5	27,4	11,2	2,8
4— 20	153 225	19,0	5,7	7,6	30,6	33,9	18,0	4,2
20— 50	17 515	2,2	2,7	3,3	19,8	34,9	30,7	8,6
50—100	4 749	0,6	1,4	2,1	13,1	30,9	38,6	13,9
100—200	2 079	0,3	0,6	6,7	5,5	23,6	50,1	19,5
>200	2 636	0,3	1,3	0,5	1,8	10,3	55,8	31,7
Total	808 834	100,0	16,3	12,8	30,9	25,2	11,5	3,3

Quelle: FREUND, 1977, S. 214.

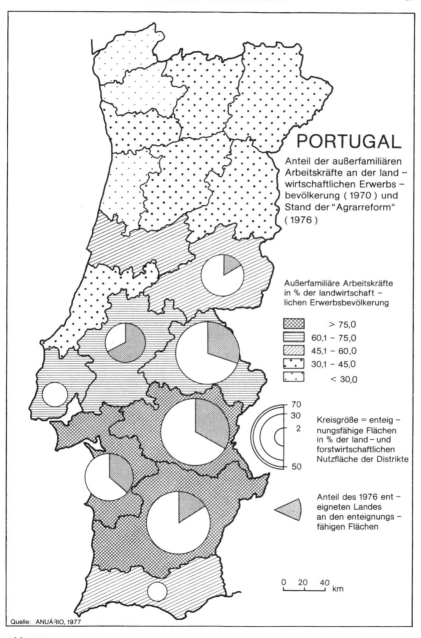

PORTUGAL

Anteil der außerfamiliären
Arbeitskräfte an der land –
wirtschaftlichen Erwerbs –
bevölkerung (1970) und
Stand der "Agrarreform"
(1976)

Außerfamiliäre Arbeitskräfte
in % der landwirtschaft –
lichen Erwerbsbevölkerung

> 75,0
60,1 – 75,0
45,1 – 60,0
30,1 – 45,0
< 30,0

70
30
2

Kreisgröße = enteig –
nungsfähige Flächen
in % der land – und
forstwirtschaftlichen
Nutzfläche der Distrikte

50

Anteil des 1976 ent –
eigneten Landes
an den enteignungs –
fähigen Flächen

0   20   40
km

Quelle: ANUÁRIO, 1977

Abb. 12.

Die Rubrik der Arbeitgeber (›Patrões‹) weist solche Betriebsleiter aus, die überwiegend ohne familiäre Arbeitskräfte wirtschaften. Ihre Zahl ist von 1950—1970 von 136541 auf 17100 in Portugal zurückgegangen. Der ungewöhnlich deutliche Rückgang muß wohl im Zusammenhang gesehen werden mit der absoluten und relativen Zunahme der Familienbetriebe, deren Besitzer von 1960—1970 sich etwa um die Anzahl vermehren konnten, die die Gruppe der Patrões verloren hat.

Der Anteil der Leiter von Familienbetrieben ist verständlicherweise in den Regionen mit vorherrschend klein- und mittelbäuerlicher Struktur am höchsten; in den nordwestlichen Distrikten Viana do Castelo, Braga, Porto und Aveiro erreichen sie 47,7 % aller in der Landwirtschaft Beschäftigten. Von geringer Bedeutung ist dagegen ihr Anteil in den Gebieten mit vorherrschendem Großgrundbesitz: in den drei alentejaner Distrikten Beja, Évora und Portalegre wurden (1970) nur 13,2 % aller agrarisch Tätigen als Leiter von Familienbetrieben gezählt.

Vergleichbar im regionalen Verteilungsmuster sind auch die Anteile der mithelfenden Familienangehörigen, die in den typischen Kleinbetriebsgebieten bis zu einem Viertel der Arbeitskräfte stellen und in den Großgrundbesitzgebieten fast gar keine Rolle spielen. Die Bedeutung dieser assoziativ-familialen Arbeitsorganisationen basiert jedoch nicht auf innerbetrieblichen Bedürfnissen, weil die Klein- und Kleinstbetriebe ohnehin unter der Unterbeschäftigung leiden, ihre ökonomische Bedeutung kann nur außerbetrieblich verstanden werden, insofern durch das zusätzliche Arbeitskraftangebot sowohl die agrarischen Lohnarbeitsbetriebe als auch die nichtagrarischen Wirtschaftssektoren von den überzähligen Arbeitskräften durch Niedrighaltung des Lohnniveaus profitieren konnten.

Ein wichtiger Teil der sozialen Gliederung in der portugiesischen Landwirtschaft wird bestimmt durch die *Besitzverfassung*; sie charakterisiert Strukturen der Abhängigkeit, die innerhalb der Agrarproduktion bestehen. Die portugiesische Statistik hat in den Agrarenqueten von 1952/54 und 1968 differenzierte Daten erhoben, die in den Tab. 26 und 27 gegenübergestellt sind in der vereinfachten Dreiergliederung: Pachtland, Eigenland, Eigen-/Pachtland.

Die Gliederung nach der Anzahl der Betriebe zeigt, daß sich in den 15 Jahren zwischen den beiden Erhebungen keine strukturellen Veränderungen ergeben haben, und es kann davon ausgegangen werden, daß auch in der Folgezeit diese Zusammensetzung bestehen geblieben ist: Der Anteil der Eigenlandbetriebe nahm absolut geringfügig ab und stieg in der relativen Bewertung von 61,5 % auf 63,8 % an; die reinen Pachtbetriebe verloren an Bedeutung und fielen von 19,2 % auf 17,0 % zurück, während die Mischformen mit einem knappen Fünftel einen konstanten Anteil bewahrten. In der flächenmäßigen Verteilung (vgl. Tab. 26) ergeben sich bei der regionalen Betrachtung erhebliche Abweichungen von den Mittelwerten. Das Eigenland (Mittelwert 56,7 %) ist in den Regionen mit vorherrschendem Kleinbesitz am stärksten vertreten und nimmt dort zwei Drittel bis drei Viertel der Gesamtflächen ein. Umgekehrt reduziert sich der Eigenlandanteil in Regionen, die durch den Großgrundbesitz gekennzeichnet sind, auf etwa 40 % der Gesamtfläche. Die Tab. 27, die den Zusammenhang zwischen dem Pachtland und den Betriebsgrößenklassen wiedergibt, verdeutlicht jedoch, daß auch und gerade die Kleinbetriebe Portugals auf der Pacht von Wirtschaftsflächen basieren, denn von den Kleinstbetrieben unter 1 ha wirtschaftete die Hälfte auf reinem Pachtland, und von den Betrieben der Größenklasse 1—4 ha waren es gut ein Drittel, die als Pachtbetriebe existieren. Dabei zeigt sich sogar, daß gerade in den Gebieten vorherrschenden Kleinbesitzes die abhängigen Pachtbetriebe am stärksten verbreitet sind.

Als ›reines‹ Pachtland ergab sich (1968) ein Anteil von nur 13,9 % der gesamten landwirtschaftlichen Nutzfläche. Diese Ländereien sind am stärksten im Alentejo verbreitet, wo in den Distrikten Beja, Évora und Portalegre zusammen 48,7 % aller ›reinen‹ Pachtflächen ermittelt wurden. Aber auch im Umgebungsraum von Porto ist die Landwirtschaft auf Pachtbasis sehr stark verbreitet; weite Flächen, die in den Besitz der städtischen Bourgeoisie gekommen sind, werden mehrheitlich klein parzelliert verpachtet, so daß im Distrikt Porto insgesamt ein sehr hoher Anteil von ›reinem‹ Pachtland (36,1 %) entstanden ist.

Eine Analyse der Besitzformen in der Gliederung nach Betriebsgrößen unter und über 20 ha zeigt hinsichtlich des Pachtlandes fast keine Unterschiede; Betriebe, die kleiner als 20 ha sind, befinden sich deutlich häufiger im Eigenbesitz (65,4 %) als Betriebe über 20 ha (50,7 %). Klare Unterschiede treten auch bei den Mischformen des Besitzes auf: Die größeren Betriebe über 20 ha Landnutzungsfläche setzen sich zu 34,0 % aus beiden Besitzformen zusammen, während bei kleineren Betrieben diese Mischformen seltener (22,1 %) sind. Das bedeutet in der regionalen Betrachtung, daß in den stärker großbetrieblich strukturierten Landesteilen die Betriebe mit Zupacht vorherrschen: im Alentejo zum Beispiel werden in den Distrikten Beja, Évora und Portalegre 71,7 % des Bodens von Betrieben mit Mischbesitz bewirtschaftet.

Diese die Besitzverfassung Portugals beschreibenden Daten beleuchten von verschiedenen Seiten die außerordentlich problematische soziale Situation der portugiesischen Landwirtschaft. Weder für die kleinen Landbesitzer noch für die Landarbeiter haben sich grundsätzliche Veränderungen ihrer Arbeitsbedingungen ergeben. Die von MEDEIROS (1976) für die Zwischenkriegszeit geschilderten agrarsozialen Probleme Portugals sind fast unverändert bis heute gültig. Es hat den Anschein, daß auch über den politischen Umsturz des Jahres 1974 hinaus die Schwierigkeiten der unterbäuerlichen Schichten sich erhalten, weil die großen agrarsozialen Gegensätze nicht kurzfristig entschärft werden können. FREUND (1977, S. 215) hat den Versuch gemacht, den Prozeß der Güterakkumulation in Portugal zu erfassen. Er weist auf die Besonderheit hin, daß sich die Bildung von Großgrundbesitz bis 1974 unvermindert fortgesetzt hat, obgleich das portugiesische Agrarbürgertum mit der Entwicklung der Industrie seit Beginn der sechziger Jahre seine führende Rolle eingebüßt hat. Es zeigt sich aber, daß der Prozeß des Ankaufs von landwirtschaftlicher Nutzfläche sowohl von den traditionellen

Tab. 26: Betriebsflächen nach Besitzformen 1968

Distrikte	Total ha	Eigenland ha	%	Eigen- und Pachtland ha	%	Pachtland ha	%
Aveiro	132 444,07	95 591,16	72,9	27 773,96	21,0	8 078,95	6,1
Beja	753 984,45	248 365,53	32,9	350 017,98	46,4	155 600,94	20,6
Braga	135 741,78	84 147,96	62,0	16 082,35	11,8	35 511,47	26,2
Bragança	314 662,98	227 860,57	72,4	75 919,09	24,1	10 883,32	3,5
Castelo Branco	409 071,72	258 561,81	63,2	88 725,94	21,7	61 783,97	15,1
Coimbra	146 920,51	105 934,64	72,1	32 296,02	22,0	8 690,85	5,9
Évora	572 001,47	231 798,80	40,5	260 972,65	45,6	79 230,02	13,9
Faro	267 088,37	186 381,51	69,8	57 595,72	21,6	23 111,09	8,7
Guarda	159 588,36	169 178,37	65,2	68 447,38	26,4	21 962,51	8,4
Leiria	149 249,26	117 657,96	78,8	25 629,90	17,2	5 961,40	4,0
Lissabon	150 744,76	83 056,38	55,1	44 728,27	29,7	22 960,11	15,2
Portalegre	469 958,81	194 551,18	41,4	173 632,18	36,9	101 775,45	21,7
Porto	120 685,92	65 356,48	54,2	11 715,43	9,7	43 614,01	36,1
Santarém	352 940,38	257 377,91	72,9	62 851,06	17,8	32 711,41	9,3
Setúbal	293 911,31	186 843,34	63,6	60 728,68	20,6	46 340,24	15,8
Viana d. C.	67 013,20	43 493,79	64,9	16 886,80	25,2	6 632,61	9,9
Vila Real	164 975,01	122 621,19	74,3	34 754,62	21,1	7 599,20	4,6
Viseu	213 174,63	141 527,24	66,4	52 863,58	24,8	18 783,81	8,8
Total	4 974 156,80	2 821 305,80	56,7	1 461 621,50	29,4	691 229,41	13,9

Quelle: INE, Inquérito, 1968.

Tab. 27: Pachtbetriebe (N) und Pachtflächen (F) nach Größenklassen 1968

Distrikte	Total N ha	Total F ha	< 1 ha N %	< 1 ha F %	1—4 ha N %	1—4 ha F %	4—20 ha N %	4—20 ha F %	20—50 ha N %	20—50 ha F %	50—100 ha N %	50—100 ha F %	> 100 ha N %	> 100 ha F %
Aveiro	12 738	8 079	80,4	37,6	18,4	47,2	1,2	11,4	—	0,7	—	—	—	3,2
Beja	6 686	155 602	10,6	0,2	36,3	3,2	37,2	13,4	8,1	10,2	3,5	9,9	4,4	63,2
Braga	15 889	35 512	41,3	5,0	39,5	36,5	19,0	54,1	0,2	2,7	—	0,8	—	0,8
Bragança	1 695	10 883	15,0	1,1	40,1	14,0	38,6	47,3	5,3	23,3	0,5	5,3	0,4	8,9
Castelo Branco	4 472	61 783	36,2	1,1	40,7	5,2	15,9	9,3	3,7	7,5	1,5	6,9	2,0	69,9
Coimbra	10 210	8 689	75,5	32,5	21,6	42,2	2,8	20,2	0,1	2,1	—	2,9	—	—
Évora	1 948	79 230	17,7	0,2	32,9	1,5	35,4	7,4	5,9	4,3	2,7	4,8	5,3	81,7
Faro	2 971	23 113	27,1	1,5	37,7	9,3	26,1	30,4	6,5	23,7	1,9	16,1	0,7	19,0
Guarda	5 886	21 962	35,0	3,9	45,4	22,3	16,4	33,1	2,4	18,3	0,5	8,1	0,3	14,3
Leiria	5 754	5 962	64,5	23,2	32,6	55,0	2,9	18,4	0,1	1,4	—	—	—	2,0
Lissabon	11 310	22 962	49,3	10,0	43,2	38,6	6,8	22,8	0,4	6,6	0,1	3,3	0,1	18,7
Portalegre	4 248	101 775	28,5	0,4	34,7	2,7	25,8	8,6	5,3	6,5	1,8	5,2	3,9	76,7
Porto	24 368	43 616	51,8	8,0	35,6	39,9	12,4	46,0	0,3	4,4	—	0,5	—	1,2
Santarém	4 859	32 712	48,4	2,4	36,3	10,0	12,7	12,8	1,4	6,0	0,6	5,8	0,6	63,1
Setúbal	3 126	46 341	38,5	0,8	37,9	4,9	15,4	8,1	4,2	8,3	1,8	8,3	2,2	69,5
Viana d. C.	5 671	6 632	68,2	18,6	26,5	39,1	4,9	26,5	0,3	6,7	—	2,7	—	6,4
Vila Real	3 789	7 599	50,0	9,3	35,6	33,7	13,7	45,7	0,5	7,0	0,1	2,7	—	1,6
Viseu	12 630	18 784	58,0	15,3	34,2	41,4	7,3	32,4	0,4	6,5	0,1	2,8	—	1,6
Total	138 255	691 232	50,7	3,4	34,2	12,9	12,7	18,5	1,4	8,0	0,5	6,2	0,6	50,9

Quelle: INE, Inquérito, 1968.

Großgrundbesitzern als auch von großen Firmen und Gesellschaften fortgeführt worden ist und damit die Besitzstruktur weiter polarisiert wurde.

Die Möglichkeiten des Einsatzes der *Agrartechnik* bei der Entwicklung der portugiesischen Landwirtschaft sind abhängig von einem vielschichtigen Geflecht agrarstruktureller Voraussetzungen. Die Hauptschwierigkeit liegt in der vergleichsweise niedrigen Produktivität und den damit verbundenen geringen landwirtschaftlichen Einkommen eines Großteils der Landbewirtschafter. Da aber die niedrige Arbeitsproduktivität nur durch eine Mengensteigerung verbessert werden kann, ist der Einsatz moderner technischer Produktionsmittel unausweichlich. Allein, ungünstige Besitzstrukturen, hohe Subsistenzanteile, ungenügende Infrastrukturen, mangelhafte Marktorganisation, räumliche Abgelegenheit der Produktionsgebiete und andere Nachteile mehr haben einen weitgehenden Immobilismus erzeugt, der die durchaus vorhandenen Absatzmöglichkeiten agrarischer Produkte auf dem Binnenmarkt nicht genutzt hat. Die oben aufgezeigte Notwendigkeit der zunehmenden Importe auch von Grundnahrungsmitteln verweist auf den ungenutzten Eigenmarkt.

Allzu lang haben es auch die Großbetriebe versäumt, kapitalintensive Bewirtschaftungstechniken einzuführen; statt dessen wurden — solange die billigen Arbeitskräfte reichlich vorhanden waren — sehr arbeitsextensive Wirtschaftsformen praktiziert. Erst als die extreme Arbeitskräfteerosion seit Mitte der sechziger Jahre einsetzte, die in Form der Emigration der Landwirtschaft viele hunderttausend Arbeitskräfte entzog, wurde die Arbeitskraft deutlich teurer, so daß sich für viele Lohnarbeitsbetriebe seit 1970 die Notwendigkeit einer höheren Mechanisierung ergab. Bis dahin war von den verschiedenen Produktionsfaktoren die Nutzfläche von so großer Bedeutung, daß durch den Einsatz vieler Arbeitskräfte je Flächeneinheit unter den gegebenen Verhältnissen betriebswirtschaftlich optimale Ergebnisse erreicht werden konnten.

Mit den gesamtwirtschaftlichen und gesamtgesellschaftlichen Veränderungen seit Ende der sechziger Jahre wird die Tendenz erkennbar, die Mechanisierung der Landwirtschaft zu verstärken. Dies gilt jedoch nur in einem eingeschränkten Sinne, insofern diese Innovationen relativ eng an die großbetriebliche und marktbezogene Landwirtschaft geknüpft blieb, während die kleinbetriebliche portugiesische Landwirtschaft davon nicht berührt wurde.

Von daher versteht es sich, daß die Datenreihen, wie sie in diesem Zusammenhang von der Agrarenquete 1968 erhoben worden sind, für die größeren Betriebsgrößengruppen heute nicht mehr gültig sind. Dennoch stellen die in Tab. 28 aufgeführten Daten bezüglich der in der Landwirtschaft benutzten Energiequellen wichtige Informationen dar. Über 40 % der Kleinstbetriebe unter 1 ha und noch 18,5 % der Betriebe von 1—4 ha Größe arbeiteten ausschließlich mit menschlicher Muskelkraft; ein weiteres Drittel beider Betriebsgrößengruppen verfügte über tierische Arbeitskraft. In hohem Maße erstaunlich bleibt aber auch die Tatsache, daß die größeren Betriebsgrößenklassen im Jahr 1968 noch weitgehend von nicht-

Tab. 28: Energienutzung in den Betriebsgrößenklassen 1968

| Betriebsgrößenklassen | | Benutzte Energie in % | | | |
in ha	abs.	Mechanische Kraft	Tierische Kraft	Mechanische u. tierische Kraft	nur menschliche Kraft
< 1	313 775	9,2	28,6	21,9	40,1
1— 4	314 855	8,4	33,3	39,6	18,5
4— 20	153 225	5,9	30,8	53,9	9,2
20— 50	17 515	5,6	29,6	57,9	6,1
50—100	4 749	7,0	25,4	62,5	4,9
100—200	2 079	8,2	18,3	69,8	3,5
>200	2 636	8,7	8,4	79,7	3,1

Quelle: INE, Inquérito 1968.

mechanischen Energieträgern abhängig waren; nur ein kleiner Teil von 7,7 % aller Betriebe über 50 ha waren zu diesem Zeitpunkt voll mechanisiert.

Die technologische Rückständigkeit der portugiesischen Landwirtschaft wird besonders deutlich, wenn man den Maschineneinsatz in den Betriebsgrößengruppen analysiert. Bei den Betrieben unter 20 ha — und dies sind 96,7 % aller Agrarbetriebe — verfügten 1968 nur 0,7 % über einen mechanisch, d. h. durch Traktoren gezogenen Pflug. Selbst wenn man berücksichtigt, daß hierbei auch alle nichtackerbäuerlichen Betriebe eingeschlossen sind, so wird an diesen Zahlen doch — an westeuropäischen Maßstäben gemessen — der enorme Rückstand der Landwirtschaft Portugals deutlich.

Die jüngere Entwicklung kann im Ansatz aus der Tab. 29 entnommen werden. Es wird deutlich, daß sich in dem relativ kurzen Zeitraum von 1968—1972 die Anzahl der Traktoren von 17 163 auf 34 475 erhöhte. Im einzelnen zeigen sich erwartungsgemäß sehr ungleiche Verteilungen: die großbetrieblich strukturierten Gebiete des Alentejo und die Gebiete der stärker marktbezogenen Erzeugerbereiche im Großraum Lissabon/Setúbal wiesen mit Abstand die stärksten Konzentrationen auf. In der kleinräumlicheren Betrachtung auf der Basis der Concelhos hebt sich ferner der Küstenraum der Algarve heraus. Die zunehmende Produktion für den Lissaboner Markt wie auch für den durch den Tourismus entwickelten lokalen Absatzmarkt, verbunden mit einem besonders starken Mangel an Arbeitskräften, hat hier die Mechanisierung der Landwirtschaft gefördert und zu den höchsten Zuwachsraten geführt. Bemerkenswert ist ferner die geringe Mechanisierung der Landwirtschaft des Verdichtungsraumes Porto. Die traditionellen und kleingegliederten Agrarverhältnisse scheinen eine entscheidende strukturelle Behinderung für eine schnellere Mechanisierung zu sein.

Tab. 29: *Anzahl der Traktoren und der Betriebe mit Traktoren in den Distrikten 1952/54, 1968, 1972*

| Distrikte | 1952/54 | | 1968 | | 1972 |
	Anzahl d. Traktoren	Anzahl d. Betriebe mit Traktoren	Anzahl d. Traktoren	Anzahl d. Betriebe mit Traktoren	Anzahl d. Traktoren
Aveiro	16	69	785	712	886
Beja	937	374	1 886	1 891	4 566
Braga	26	21	685	700	1 190
Bragança	24	25	623	634	1 263
Castelo Branco	119	90	484	523	1 118
Coimbra	46	41	618	583	1 143
Évora	585	268	1 730	1 693	3 154
Faro	138	47	567	561	1 822
Guarda	15	20	445	444	892
Leiria	71	66	803	816	1 492
Lissabon	565	235	2 033	2 087	4 429
Portalegre	354	136	1 010	1 025	2 319
Porto	36	34	1 035	1 090	1 373
Santarém	623	281	2 343	2 346	4 682
Setúbal	376	147	1 210	1 222	2 368
Viana do Castelo	10	5	246	252	574
Vila Real	10	8	332	346	722
Viseu	12	39	204	238	522
Total	3963	1906	17 039	17 163	34 475

Quelle: Estatísticas Agrícolas 1954, 1968, 1972; INE, Inquérito, 1968.

Insgesamt zeigt sich, daß die Modernisierungsmöglichkeiten der portugiesischen Landwirtschaft von sehr unterschiedlichen Faktoren beeinflußt werden. Abschließend soll noch auf zwei Aspekte hingewiesen werden, die noch einmal die Komplexität dieser entscheidenden agrarökonomischen Frage unterstreichen. Zum einen muß zu den infrastrukturellen Voraussetzungen die Problematik der Wegeerschließung gerechnet werden. Obgleich Portugal insgesamt über ein relativ gut ausgebautes Straßenverkehrsnetz verfügt, darf doch nicht übersehen werden, daß in dieser Hinsicht extreme räumliche Disparitäten auftreten. Vor allem die nördlichen Binnenräume, in denen die lockere Einzelhofsiedlung vorherrscht, sind so schlecht erschlossen, daß ein großer Teil der landwirtschaftlichen Betriebe nicht mit normalen Lastkraftwagen erreichbar ist. Die Tab. 30 belegt für das Jahr 1968 — und durchgreifende Änderungen sind seitdem nicht erfolgt —, daß es gerade die Kleinbetriebe sind, die hier benachteiligt werden.

Tab. 30: Erreichbarkeit landwirtschaftlicher
Betriebe durch Lastkraftwagen 1968

Betriebs- größenklassen (ha)	Anteil der Betriebe mit Wegeanschluß (%)
< 1	36,9
1— 4	39,3
4— 20	45,3
20— 50	58,7
50—200	74,2
>200	92,3

Quelle: INE, Inquérito, 1968.

Bei den Größenklassen unter 4 ha sind 62 % der Betriebe nicht mit schweren Fahrzeugen zu erreichen; erst die großen Betriebe über 50 ha sind zu mehr als drei Vierteln mit dem Lkw anzufahren. Damit ist weder der innerbetriebliche Einsatz von schwereren Transportgeräten möglich, noch kann — was für eine moderne Landwirtschaft ebenso wichtig ist — der An- und Abtransport von Massengütern erfolgen, so daß ein Marktanschluß schon von daher nur für weniger als die Hälfte aller Betriebe möglich ist. Zum anderen erweist sich die Innovationsbereitschaft gegenüber agrartechnischen Neuerungen als sehr begrenzt. Die lange Isolierung des portugiesischen Marktes, vor allem aber der niedrige Stand an formaler Bildung schränkt die Bereitschaft zur Übernahme von modernen Techniken erheblich ein.

Verständlicherweise sind wieder bei einer Spezialisierung nach Betriebsgrößengruppen die Kleinlandwirte besonders benachteiligt, da der Anteil der Analphabeten unter den Betriebsleitern in der Gruppe der Betriebe unter 4 ha mit 45 % ungleich höher liegt (1968) als bei den Leitern der Betriebe über 50 ha, wo er ›nur‹ 19 % ausmacht.

2.2.5. Agrarstrukturpolitik

Die Hauptproblematik der portugiesischen Agrarstruktur liegt in ihrer ungewöhnlich niedrigen Produktivität. Im Zeitraum von 1961—1972 wuchs die Agrarproduktion durchschnittlich nur um 0,6 % jährlich und nahm damit den untersten Rang aller europäischen Länder ein. Diese Stagnation in der Produktivität macht auf die zuvor dargestellten Strukturprobleme der Agrarwirtschaft Portugals deutlich genug aufmerksam; um so mehr muß es erstaunen, daß von staatlicher Seite keine durchgreifenden Anstrengungen unternommen wurden, um strukturelle Verbesserungen im Agrarsektor durchzusetzen. Die Zurückhaltung staat-

lich-politischer Institutionen bei der notwendigen Neuorientierung der Agrarwirtschaft wird um so unverständlicher, als zum einen mittelfristig die Nahrungsmittelversorgung durch die Inlandsprodukt:on nicht ausreichte und so eine
ungünstige Abhängigkeit von Agrareinfuhren entstehen mußte. Zum anderen
wurden durch die Vernachlässigung des Agrarsektors die Erfolge der aufwendigen
Industrialisierungspolitik vereitelt, da die Landwirtschaft nicht die erwartete
Nachfrage nach industriellen Investitionsgütern stellen konnte, und schließlich
fehlte der portugiesischen Wirtschaft wegen der geringen Produktivität und der
staatlichen Niedriglohnpolitik im Agrarsektor eine nennenswerte Massenkauf-
kraft für einfache Konsumgüter.

Alle diese gesamtwirtschaftlichen Gegebenheiten hätten eine regional
differenzierte Förderung der portugiesischen Landwirtschaft notwendig gemacht.
Die öffentlichen Investitionspläne weisen aber schon aus, daß die Landwirtschaft
die erforderliche Förderung nicht erfuhr (vgl. Tab. 31).

Tab. 31: Öffentliche Investitionspläne Portugals 1953—1973

Wirtschaftszweige	1953—1958 1. Sechs-jahresplan (%)	1959—1964 2. Sechs-jahresplan (%)	1965—1967 Übergangs-plan (%)	1968—1973 3. Sechs-jahresplan (%)
Land- und Forstwirtschaft	10,8	17,3	8,1	13,6
Fischerei	—	—	0,9	1,5
Industrie	18,5	27,5	42,5	25,2
Energieerzeugung	41,2	21,4	16,3	14,7
Verkehr	26,8	30,8	18,0	22,2
Fremdenverkehr	—	—	4,3	9,7
Erziehung und Forschung	2,7	3,0	3,0	4,6
Wohnungs- und Städtewesen	—	—	5,8	6,6
Gesundheit	—	—	1,1	1,9
Total (in Mio. Esc.)	11 471	21 000	34 789	122 177

Quelle: MATOS (1977, S. 228).

Im Zeitraum von 1953—1973 sollten 12,8 % der öffentlichen Investitionen zur
Strukturverbesserung der Landwirtschaft aufgewendet werden. Allerdings lief die
Realisierung dieser Investitionspläne zuungunsten des Agrarsektors ab, da die
Wirtschaftsbereiche Industrie, Energieerzeugung und Transportwesen mit Fi-
nanzmitteln, die im Voranschlag für die Agrarwirtschaft angesetzt worden waren,
aufgewertet wurden (vgl. MATOS, 1977, S. 226) und damit die Realzuweisungen im
Agrarbereich noch weiter eingeengt wurden.

Beispielhaft für die schwierige Lage und für die kaum berücksichtigte Bedürftigkeit der portugiesischen Landwirtschaft kann die Elektrifizierung angeführt werden. Während der sechs Jahre von 1968—1973 wurden für den Anschluß landwirtschaftlicher Betriebe an das öffentliche Stromnetz 453 Mio. Esc. ausgegeben. Das entspricht einer mittleren Aufwendung von etwa 7,5 Mio. DM jährlich (vgl. OECD, 1975, S. 43). Wenn man jedoch bedenkt, daß 1968 von den ca. 819 600 landwirtschaftlichen Betrieben in Portugal nur 12,2 % an die öffentliche Stromversorgung angeschlossen waren, dann wird deutlich, daß der staatliche Mitteleinsatz entschieden zu gering blieb, um strukturelle Veränderungen bewirken zu können.

Die ›Benachteiligung‹ der Landwirtschaft durch staatliche Investitionsplanung wird darüber hinaus auch insofern auf den ersten Blick unverständlich, als die Staatsführung seit Salazar immer von neuem die besondere Bedeutung und den Vorrang der Agrarwirtschaft gegenüber allen anderen Wirtschaftsbereichen in Portugal betont hatte. Die Agrarwirtschaft sollte sich jedoch nach Salazars Verständnis allmählich aus sich selbst entwickeln, er hielt jede künstliche Modernisierung für schädlich und der bäuerlichen Tradition des Landes für unangemessen.

Bei genauerem Hinsehen wird der ideologische Charakter dieser Politik deutlich: die sich selbst überlassene traditionelle Agrarstruktur stabilisierte nicht nur ihre eigene Entwicklungsunfähigkeit und Strukturschwäche, sondern sie konservierte zugleich eine traditionelle paternalistische Gesellschaftsstruktur. Die Sicherung des Bestandes der subsistenzökonomischen Agrargesellschaft war nicht zuletzt deshalb erforderlich, um im ›entwickelten‹ Sektor der Großbetriebe ein möglichst niedriges Lohnniveau zu erhalten.

Daß die frühere Agrarpolitik an den Interessen des Großgrundbesitzes orientiert war, läßt sich auch daran erkennen, daß die sehr technokratische Ausrichtung auf die Bewässerungsprojekte deutlich zugunsten der großbetrieblichen Landwirtschaft organisiert war. Obgleich die rechtlichen Voraussetzungen schon seit den dreißiger Jahren mit einem Landesentwicklungsplan (Plano da Hidráulica Agrícola) geschaffen waren, um mit Hilfe von Enteignungen sozioökonomische Verbesserungen der kleinbetrieblichen Bewässerungslandwirtschaft zu schaffen, blieben diese Möglichkeiten fast vollkommen ungenutzt, weil die staatlichen Meliorations- und Infrastrukturmaßnahmen zum größten Teil auf solchen Böden durchgeführt wurden, die dem Großgrundbesitz gehörten. Dieser konnte die ihm vom Staat geschaffenen Bewässerungsflächen vorteilhaft durch Verpachtung nutzen. Eine mögliche Nutzungsintensivierung auf der Basis privater Maßnahmen in Richtung auf einen marktbezogenen Anbau fand kaum statt (vgl. WEBER, 1969).

Ähnlich nachteilig für die Landbevölkerung verliefen auch die strukturpolitischen Programme der Binnenkolonisation der dreißiger Jahre, der die Aufgabe gestellt war, die agrarstrukturellen Ungleichgewichte durch Siedlungs- und Kolonisationsmaßnahmen abzubauen. Da dies ohne einen Eingriff in die Besitzstrukturen nicht möglich gewesen wäre, reduzierten sich die Aktionen des Kolonisationsamtes im Norden Portugals auf die Ausweisung von solchen Allmenden (baldios), die sich nicht für eine landwirtschaftliche Nutzung eigneten. Nach der Feststellung dieser Flächen hatte sie der Staat durch seine Forstdienste zur Eigenbewirtschaftung übernommen. Die Aufforstung dieses ehemaligen Gemeindebesitzes entzog jedoch der strukturschwachen Landwirtschaft des Nordens wichtige Weideareale, so daß die ausgleichspolitischen Absichten dieses Binnenkolonisationsprogramms mindestens teilweise in ihr Gegenteil verkehrt wurden.

Die beiden jüngeren staatlichen Entwicklungspläne (Übergangsplan 1965 bis 1967, 3. Sechsjahresplan 1968—1973) haben sich in ihren Zielsetzungen erkennbar der allgemeinen Wirtschaftsentwicklung angepaßt, indem nicht mehr allgemeine strukturverändernde Konzepte verfolgt werden, sondern Landwirtschaftsförderung als Instrument der Entwicklung des Industriesektors eingesetzt wurde. Die staatlichen Subventionen der Agrarwirtschaft sollten den Ankauf von Industrieprodukten, vor allem von Maschinen, erleichtern und fördern.

Bis zum Jahr 1974 haben die verschiedenen sektoralen Förderungsprogramme in der Landwirtschaft Portugals nicht dazu beitragen können, agrarsoziale Strukturveränderungen in Gang zu setzen. Im Gegenteil, eine Reihe von Maßnahmen hat sichtbar die Konservierung traditioneller Lebens- und Arbeitsverhältnisse unterstützt und damit die Probleme extrem niedriger Arbeitsproduktivität und unvollkommener Nutzung der Produktionsreserven ungelöst gelassen. Die von CUTILEIRO (1971) für eine Landgemeinde des Distrikts Évora getroffene Feststellung, daß alle staatlichen Verbesserungsbemühungen deshalb nicht effektiv sein konnten, weil sie das Kernproblem der extrem ungleichen Verteilung des Reichtums nicht berühren wollten, kann fast einschränkungslos für die gesamte portugiesische Agrarpolitik generalisiert werden.

Mit dem Sturz des alten Regimes 1974 setzte eine politische Neuorientierung ein, die eine entschlossene neue Agrarpolitik möglich gemacht hätte. Die politische Diskussion hat in den darauffolgenden Jahren zwar eine Vielzahl von Strategien zur Lösung der brennenden Agrarfrage mit immer neuen Reformvorstellungen hervorgebracht, ohne dabei aber ein klares Leitbild entwickelt haben zu können. Die staatlichen Institutionen ihrerseits haben im Spannungsfeld zwischen revolutionärem Eifer und rechtsstaatlicher Ordnung und mit dem raschen Wechsel politischer Mehrheiten fünf Jahre nach der ›Revolution‹ nur ansatzweise und partiell neue Strukturen im Agrarsektor ermöglicht, um deren definitive Durchsetzung noch immer gerungen wird.

Durchaus wichtige Reformmaßnahmen, die im Norden des Landes das Pachtwesen, die Förderung genossenschaftlicher Zusammenschlüsse, die Individualisierung der Allmenden und anderes mehr betreffen, haben bisher in großen Teilen der betroffenen Subsistenzlandwirtschaft noch nicht einmal ein breites Bewußtsein von den veränderten Möglichkeiten geschaffen und haben noch nicht entfernt dazu geführt, daß strukturverändernde Ergebnisse im Agrarsektor erreicht worden wären.

Effektive Strukturveränderungen entwickelten sich dagegen seit 1975 im Alentejo im Rahmen der ›Agrarreform‹, die allerdings weniger von der staatlichen Reformpolitik als vielmehr von den durch die kommunistische Partei (PC) getragenen Syndikaten gesteuert wurde. Diese schufen zunächst durch organisatorische Umformungsmaßnahmen der staatlichen Dienststellen der Binnenkolonisation in ›Regionale Zentren der Agrarreform‹ (›Centros Regionais de Reforma Agrária‹, CRRA), die ihrerseits zum ›Institut der Agrarneuordnung‹ (›Instituto de Reorganisação Agrária‹, IRA) zusammengeschlossen wurden, die strategisch wichtigen Voraussetzungen für revolutionäre Aktivitäten. Die von diesen ›Reforminstitutionen‹ geförderten und gelenkten Betriebsbesetzungen schufen — jenseits einer gesetzlichen Grundlage — immer erneut für die staatlichen Dienststellen die Notwendigkeit, entweder gegen das revolutionäre Geschehen vorzugehen oder deren Aktionen nachträglich durch ministerielle Erlasse zu sanktionieren. Vor allem die Entwicklung nach dem vereitelten Rechtsputsch im März 1975 lief verstärkt darauf hinaus, die illegalen Aktionen der Betriebsbesetzungen zum Prinzip des politischen Handelns der Regierung zu machen. Das Agrarreformgesetz vom 29. 7. 1975 betont daher in der Präambel, daß die staatliche Lenkungsfunktion hinter dem revolutionären Geschehen zurückzustehen habe. Erst die veränderte Fassung des ›Agrarreformgesetzes‹ vom 5. 4. 1976 rückte die Verantwortlichkeit des Staats für die Rechtsdurchsetzung und für die Agrarpolitik in den Mittelpunkt. Danach sollte die Enteignung solche Betriebe erfassen, die entweder völlig ungenutzt waren oder aber eine regional gestaffelte minimale Intensität der Bodennutzung nicht erreichten, sowie alle diejenigen Betriebe, die mehr als 700 ha Landnutzungsfläche überschritten. Ferner wurde die Enteignung von Betrieben über 30 ha von einem regional differenzierten Katastralreinertrag abhängig gemacht, sofern dieser über einem Höchstwert von 100 000 Esc. (= 7680 DM — Ende 1976) lag. Nicht betroffen von der Enteignung sollten alle reinen Familienbetriebe bleiben.

In der Abb. 12 ist der Stand der Enteignungen Ende 1976 festgehalten. Es zeigt sich, daß über die Alentejoregion hinaus auch in den Distrikten Lissabon, Santarém, Portalegre und Faro enteignungsfähige Flächen festgelegt wurden. Allerdings war bis zu diesem Zeitpunkt von den etwa 1,6 Mio. ha enteignungsfähiger Landnutzungsfläche nur ein geringer Anteil von etwa 28 % enteignet. Unter den gegebenen Umständen dürfte dieser Anteil aber ansteigen, da nur wenige Eigentümer die Selbstbewirtschaftung beibehalten möchten und es vorziehen, ihr Eigentum an Genossenschaften zu verpachten.

Am weitesten fortgeschritten war die Agrarreform Ende 1976 im Distrikt Évora; hier waren zuerst die Betriebsbesetzungen erfolgt, und hier war auch die rechtskräftige Enteignung am konsequentesten vorangetrieben worden. Bis zum Jahresende 1976 hatte sich ein Drittel (171 Betriebe) aller portugiesischen Produktionsgenossenschaften (Unidades Colectivas de Produção, UCP) gebildet, die eine mittlere Betriebsgröße von 2546 ha erreichten (vgl. Tab. 32). In der Regel waren

die UCP durch Zusammenschluß von mehreren Gütern auf Gemeindebasis entstanden; in Einzelfällen griffen die UCP aber auch über die Gemeindegrenzen
hinweg. Die betriebliche Verwaltungsorganisation wurde nicht grundsätzlich geregelt, so daß sehr abweichende Organisationsstrukturen aufkamen: im Prinzip
wurde versucht, ohne die ehemaligen Führungskräfte auszukommen. Die wichtigen Entscheidungen wurden auf Arbeiterversammlungen getroffen; sogenannte
Leitungskommissionen hatten die innerbetrieblichen Teilbereiche zu organisieren. Die finanziellen Regelungen waren und sind recht uneinheitlich: im Bereich
des Distrikts Évora, wo die Syndikate weitestgehend die Agrarreform beeinfluß-
ten, wurde fast immer durchgesetzt, daß die nach Zahlung gleicher und garantier-
ter Löhne erwirtschafteten Überschüsse an die überbetriebliche Organisations-
ebene des Kreisverbandes weitergeleitet wurde, von wo aus die Mittelzuweisung
erfolgte. Dort aber, wo die Produktionsbetriebe aus einem einzigen Großbetrieb
hervorgegangen waren, hatten sich stärker einzelgenossenschaftliche Betriebsstrukturen ergeben (›Cooperativas independentes‹), die ihre Gewinne innerhalb
der Betriebe differenziert nach Arbeitsleistung der Genossenschaftsmitglieder
aufteilten.

Bei der Darstellung der portugiesischen Agrarreform muß jedoch beachtet

Tab. 32: Betriebsstrukturelle Daten (1976) der Produktionsgenossenschaften (UCP) in den
Kreisen des Distrikts Évora

Kreise	Zahl der UCP	Flächen der UCP (ha)	Zahl der Arbeitskräfte der UCP	Mittlere Betriebsgröße je UCP (ha)
Alandroal	10	13 624,5	353	1362,5
Arraiolos	20	47 263,5	1 847	2363,2
Borba	4	3 760,8	85	940,2
Estremos	7	11 649,8	710	1664,3
Évora	29	80 948,0	3 144	2791,3
Montemor-o-Novo	25	80 968,1	4 171	3238,7
Mora	24	35 494,5	1 607	1478,9
Mourão	8	11 288,6	231	1411,1
Portel	10	45 264,9	1 952	4526,5
Redondo	8	27 759,1	1 174	3469,9
Reguengos	5	18 139,5	669	3627,9
Vendas Novas	9	21 156,7	911	2350,7
Viana do Alentejo	9	32 880,6	1 207	3653,4
Vila Viçosa	3	5 223,8	174	1741,3
Total	171	435 422,5	18 235	2546,3

Quelle: Análise Social, 1977, S. 494.

werden, daß die Bildung von Produktionsgenossenschaften bei weitem nicht die gesamte Gruppe der abhängigen Lohnarbeiter im Agrarsektor erfaßt hat. Selbst im Distrikt Évora, wo die Entwicklungen am weitesten vorangeschritten sind, waren 1976 nur 47% der Lohnarbeiter, die 1970 gezählt worden waren, als Mitglieder von Kooperativen ausgewiesen, wobei auffällt, daß 1976 der Anteil der weiblichen Arbeitskräfte in den Produktionsgenossenschaften mit 32,6% deutlich größer ist als ihr Anteil an den Lohnarbeitern im Jahr 1970 (22,7%).

Eine besondere landwirtschaftliche Problemgruppe stellen die Kleinbauern dar. Da sie sich an den Besetzungsaktionen der Großbetriebe nur selten beteiligt haben, wurden ihre Bemühungen um Betriebsvergrößerungen von den Produktionsgenossenschaften unterlaufen. Da auch Zwischenlösungen, die neben der kleinbäuerlichen Eigenbewirtschaftung die Mitarbeit in den Genossenschaften anstrebten, abgelehnt wurden, sind agrarstrukturelle Verbesserungen in Richtung auf konkurrenzfähige Privatbetriebe der kleinbäuerlichen Besitzschicht nicht erfolgt.

Insgesamt gesehen liefert die Analyse der bisherigen Entwicklung der portugiesischen Agrarreform ein durchaus widerspruchsvolles und uneinheitliches Bild. Als positive Effekte sind zweifellos agrarsoziale Entwicklungen erkennbar: Neben der Anhebung des Lebensstandards ist vor allem die soziale Sicherung des ehemaligen Landarbeiterproletariats hervorzuheben. Der erheblichen Steigerung der Arbeitsplätze mit ganzjähriger Beschäftigung, was vor allem auch für die weiblichen Arbeitskräfte gilt, steht zwar eine fragliche wirtschaftliche Effizienz gegenüber, aber auch bei sinkender Produktivität je Arbeitskraft muß die Minderung der Arbeitslosigkeit und die Erhöhung der Selbstversorgung mindestens kurzfristig als Vorteil betrachtet werden.

Zum anderen muß aber auch gesehen werden, daß die seit dem politischen Umsturz 1974 praktizierte Förderung der Landwirtschaft eine recht einseitige Bevorzugung der Produktionsgenossenschaften darstellt. Ein ausgeglichener staatlicher Mitteleinsatz, der die Individualbetriebe gleichermaßen fördert, liegt wegen der äußerst schwierigen Finanzlage Portugals weit außerhalb der Realität. Die unmittelbare Folge dieser jüngeren Agrarpolitik ist jedoch eine Verschärfung des Nord-Süd-Gegensatzes, da der Aufbau von Produktionsgenossenschaften im nördlichen Landesteil nur ganz begrenzt durchzusetzen ist. FREUND (1977, S. 233) macht darauf aufmerksam, daß im Norden nicht einmal die besonders benachteiligte Schicht der Kleinpächter und Teilbauern ein Interesse an einer Verstaatlichung des Bodens zeigt.

Bei den gegebenen geringen Möglichkeiten einer durchgreifenden staatlichen Agrarplanung ist der ›mittelfristige Entwicklungsplan‹ (PMP, 1977—1980) sehr zurückhaltend in seinen agrarökonomischen Zielsetzungen. Im Rahmen dieses Vierjahresplans werden keine strukturellen Verbesserungen im Agrarsektor erwartet. Vielmehr beschränkt sich der Plan auf kleine anbau- und betriebstechnische Förderungsmaßnahmen, die vor allem über staatliche Beratungs- und Versorgungsdienste die durchschnittlichen Flächenerträge steigern sollen. Deutlich zeichnet sich aber schon 1978 ab, daß die angezielten Produktivitätssteigerungen (z. B. Weizen 1800 kg/ha, Mais 3000 kg/ha) mit Sicherheit ebensowenig zu verwirklichen sind wie der mäßige Plananstieg der Wachstumsraten der Agrarproduktion am Bruttoinlandsprodukt von 0,9 % im Mittel der Jahre 1968—1974 auf jährlich 2,5 % innerhalb des Vierjahresplans von 1977—1980 (vgl. PMP, Grandes Opções, S. 315).

2.2.6. Waldwirtschaft

Die portugiesische Binnenkolonisation hat sich vor allem um die Wiederbewaldung des Landes bemüht. Mit der Durchführung des ›Plano de Povoamento Florestal‹ seit Ende der dreißiger Jahre des 20. Jahrhunderts ist schwerpunktartig auf die forstliche Nutzung der degenerierten Gebirgseinöden vor allem des Nordens, der Küstendünen Mittelportugals und der sterilen Böden des Alentejo ausgerichtet gewesen. Hier sind im Laufe der Jahre durch die staatlich gelenkten Aufforstungen bedeutende Landschaftsveränderungen realisiert worden. Als besonders problematisch haben sich die Aufforstungen auf ehemaligem Allmendeland vor allem mit Rotkiefern in den Gebirgen Nordportugals durch den staatlichen Forstdienst vom Standpunkt der bäuerlichen Kleinbetriebe erwiesen, denen dadurch viehwirtschaftlich wichtige Ergänzungsflächen entzogen wurden.

Im Küstenbereich Mittelportugals haben die Maßnahmen zur Befestigung der Dünen ausgedehnte Bestände von Akazien und vor allem von extrem schnellwüchsigen Eukalypten entstehen lassen (vgl. Bild 2). Im südlichen Portugal haben die staatlichen Forstdienste im Zusammenhang mit den Bewässerungsprojekten weite, für die landwirtschaftliche Nutzung ungeeignete Flächen aufgeforstet, wobei hier neben den Eukalypten vor allem die Seestrandkiefer verbreitet wurde.

Die ökonomische Bedeutung des Waldes in Portugal ist schwer zu erfassen. Zum einen kommt ihm im Rahmen der landwirtschaftlichen Nutzung vor allem in den nördlichen Landesteilen bis heute eine traditionelle Ergänzungsfunktion als Lieferant von Futter, Streu- und Düngegut zu, zum anderen ist die Erfassung der Baumbestände nur bedingt möglich, da vielfach eine sehr lockere Streuung charakteristisch ist. Die Ermittlungen der Agrarenquete von 1968 beschränken sich daher bei der Erfassung der Baumarten auf die Festlegung der geschlossenen Bestandsflächen. Es zeigt sich, daß 34,8 % der landwirtschaftlichen Betriebsflächen durch Wald bestanden waren. Von dieser Waldfläche wurden 30,3 % durch die Rotkiefer (pinheiro bravo) eingenommen, die damit die verbreiteteste Baumart darstellt. Der Eukalyptus hatte dagegen 1968 trotz seiner Bedeutung im Zusammenhang mit den staatlichen Aufforstungsbemühungen erst einen Anteil von 5,3 % der geschlossenen Waldbestände erreicht.

Die forstliche Produktion der Rohmaterialien Holz, Kork und Harz stellt deshalb nur einen Teil der Bedeutung des Waldes dar. Dabei kommt der Holzproduktion eine zunehmend größere Bedeutung zu; die systematische Aufforstung in den letzten 40 Jahren wirkte sich durch regelmäßig wachsende Erträge aus. Die auf den Markt gelangte Holzerzeugung hatte im Mittel der Jahre 1950—1959 noch 8,0 Mio. m³ betragen und konnte bis 1970 stetig auf 10,7 Mio. m³ gesteigert werden.

Eine vergleichbare Entwicklung hat auch die Harzproduktion genommen. Da die Harzgewinnung vor allem an die Verbreitung der Seestrandkiefer *(Pinus pinaster)* gebunden ist, machen sich auch hier die großen Aufforstungsflächen mit dieser Pinusart bemerkbar. Betrug die Harzerzeugung im Jahrzehnt 1950—1959 noch durchschnittlich 58 643 t, so stieg sie bis 1970 auf 106 625 t an und erhöhte sich auch in der ersten Hälfte der siebziger Jahre regelhaft weiter auf (1974) 147 372 t. Die regionale Verteilung ist aus der Tab. 33 ersichtlich. Im wesentlichen ist es der mittelportugiesische Raum, wo die Harzproduktion hauptsächlich verbreitet ist. In den vier Distrikten Coimbra, Leiria, Viseu und Castelo Branco erfolgen drei Viertel der portugiesischen Harzgewinnung. Da die Seestrandkiefer höhere Luftfeuchtigkeit und Kieselböden bevorzugt, ist sie in den südlichen Binnenräumen weniger vertreten.

Portugal ist nach wie vor der erste Korkerzeuger der Welt, wenngleich die Produktion sehr unregelmäßig bei fallender Tendenz ist. Betrug die durchschnittliche Erzeugung in den Jahren von 1950—1959 noch 201 718 t, so ist sie von 1970—1975 auf 155 450 t im Mittel gesunken. Hinsichtlich der regionalen Verteilung macht LAUTENSACH (1933, S. 120 f.) auf die besonders hohen Wärmeansprüche der Korkeiche vor allem im Sommer sowie auf den ansehnlichen Niederschlagsbedarf aufmerksam. Entsprechend ist das Hauptverbreitungsgebiet der Korkeiche *(Quercus suber)* auf den Schiefer-, Granit- und Gneisböden, aber auch auf den tertiären Sanden des Südens zu finden, wobei die feuchtere Westhälfte besonders bevorzugt wird. Im Jahr 1975 wurden allein in den vier Distrikten Santarém, Portalegre, Setúbal und Évora 101 363 t Kork produziert, was einem Anteil von gut 87 % der gesamtportugiesischen Erzeugung entspricht. Die erste Schälung der Korkeiche ist stark abhängig von den wechselnden Wachstumsbedingungen: in den hauptsächlichen südlichen Verbreitungsgebieten, etwa in den großen geschlossenen Beständen der Serra de Grândola im Distrikt Setúbal, beginnt die Nutzung bereits nach 15 Jahren, während im Oberdourogebiet Nordportugals die Korkeichen mindestens 20 Jahre brauchen, um eine genügend starke Korkschicht aufzubauen. Obgleich die Verarbeitungsbetriebe großenteils paläotechnische Verfahren konserviert haben, ist im Raum zwischen Lissabon und Setúbal eine moderne Korkindustrie entstanden, die ausgesprochen exportorientiert arbeitet. Hauptabnehmerländer sind seit langem die USA, Frankreich und die Bundesrepublik. Im Zuge der jüngeren Modernisierung ist die Zahl der Verarbeitungsbetriebe ebenso zurückgegangen (von etwa 1000 im Jahr 1960 auf knapp 200 im Jahr 1975) wie die Zahl der in dieser Branche Beschäftigten.

Das Interesse des Staates an der Forstwirtschaft ist jedoch weniger an der

Tab. 33: Produktion von Kork und Harz (in %) in den Distrikten 1970—1975

| | 1970 | | 1971 | | 1972 | | 1973 | | 1974 | | 1975 |
	Kork	Harz	Kork	Harz	Kork	Harz	Kork	Harz	Kork	Harz	Kork
Aveiro	0,14	1,84	0,08	2,27	0,13	2,14	0,08	2,17	0,23	2,25	0,03
Beja	10,27	0,05	9,92	0,03	9,93	0,03	10,71	6,05	8,33	0,03	8,91
Braga	0,15	0,13	0,12	0,18	0,27	0,18	0,42	0,11	0,36	0,13	0,07
Bragança	1,23	0,26	1,71	0,25	1,45	0,27	1,61	0,23	1,34	0,26	0,54
Castelo Branco	1,90	17,18	2,43	15,86	3,10	16,25	3,08	15,30	1,55	17,35	1,04
Coimbra	0,20	18,26	0,16	19,87	0,28	18,10	0,41	18,15	0,40	17,60	0,07
Évora	23,61	0,28	21,34	0,35	24,62	0,42	19,90	0,45	22,44	0,29	23,82
Faro	2,89	—	2,75	—	3,05	—	3,20	—	1,91	—	0,94
Guarda	0,25	4,32	0,32	4,79	0,21	5,00	0,16	5,27	0,07	5,14	0,01
Leiria	0,22	21,52	0,14	21,83	0,35	21,34	0,54	21,11	0,33	20,32	0,01
Lissabon	0,53	0,33	0,55	0,34	0,81	0,35	0,64	0,47	0,53	0,45	0,11
Portalegre	15,62	0,25	17,77	0,32	15,18	0,36	17,31	0,38	18,29	0,41	15,74
Porto	0,20	0,22	0,13	0,25	0,16	0,26	0,14	0,3	0,13	0,37	0,08
Santarém	19,74	8,20	21,25	8,02	17,57	8,15	17,96	9,04	22,92	8,10	24,21
Setúbal	22,59	4,91	20,62	5,07	21,95	4,58	22,21	4,46	20,48	4,20	23,61
Viano d. C.	0,02	0,53	0,06	0,58	0,04	0,72	0,09	0,72	0,11	0,70	0,01
Vila Real	0,17	1,64	0,19	1,55	0,49	1,99	0,99	1,91	0,19	2,36	0,07
Viseu	0,18	20,01	0,37	20,36	0,26	19,78	0,47	19,80	0,26	19,96	0,01
Total (in t)	132 355	106 625	151 299	111 209	192 182	120 660	188 474	137 682	149 614	147 372	118 476

Quelle: PMP 1977—1980, Politica Regional, S. 227/228.

Kork- und Harzproduktion, als vielmehr an der Ausweitung der Zellstoffindustrie orientiert. Neue Festlegungen im Agrarreformgesetz von 1976 sollen den Aufbau einer Papierindustrie fördern. Die erforderlichen Rohstoffe sollen über eine forcierte Aufforstung vor allem mit Eukalyptusbäumen beschafft werden, deren Schnellwüchsigkeit einen jährlichen Holzgewinn von durchschnittlich 10 m³/ha liefert. Das Reformgesetz erleichtert den staatlichen Zugriff auf Flächen, die für eine landwirtschaftliche Nutzung ungeeignet, für Aufforstungsmaßnahmen aber zweckmäßig sind (vgl. Frankfurter Zeitung, 2. 5. 1977, S. 2).

Schon 1976 rückte der Zellulose- und Papierexport in der portugiesischen Ausfuhrstatistik an die fünfte Stelle vor und erbrachte immerhin 9,1 % der Devisen, wobei Großbritannien vor Frankreich und Italien die Hauptabnehmer der Zellulosepasten waren. Der Vierjahresplan von 1977—1980 sieht zur weiteren Entwicklung der portugiesischen Holzwirtschaft folgende Maßnahmen vor:

1. Forstwirtschaftliche Verbesserungsmaßnahmen von 300 000 ha Waldflächen, die bereits den staatlichen Forstdiensten unterstellt sind;
2. Aufbau eines staatlichen Hilfsprogramms, das den privaten Waldbesitz durch beratende und technische Dienstleistungen modernisieren soll und etwa 600 000 ha umfassen soll;
3. Erweiterung der Aufforstungsflächen um 150 000 ha.

2.2.7. Fischwirtschaft

Es mag erstaunen, daß dem Fischfang innerhalb der portugiesischen Wirtschaft nur eine verhältnismäßig geringe Bedeutung zukommt. Der Anteil der Fischfänge am Bruttosozialprodukt hat zwar relativ von 1,75 % (1970) auf 2,3 % (1975) zugenommen, aber dieser Zuwachs ergibt sich nur durch noch stärkere Rückgänge in anderen Wirtschaftsbereichen. Der Anteil der im Fischereigewerbe Beschäftigten ist im Laufe der letzten Jahre erheblich zurückgegangen, von 47 245 (1960) auf 25 509 (1975). Gleichzeitig verminderten sich die Erträge von 340 044 t (1960) auf 269 837 t (1975).

Zwar konnte durch technische Veränderungen die Produktivität je Arbeitskraft erhöht werden, aber die Entwicklung kann doch nur als äußerst zögernd bezeichnet werden, wenn man einen internationalen Maßstab anlegt. Im Jahr 1960 waren von 15 563 Fahrzeugen erst 15,6 % motorisiert, 1970 betrug der Motorbootanteil 21 %, und 1975 waren erst ein Viertel aller Fischerboote motorangetrieben. Zwar gehen zusehends typische Elemente des traditionellen portugiesischen Fischfangs verloren, ohne daß zugleich durchgreifende moderne Strukturen aufgebaut werden.

Die alten halbmondförmigen Fischerboote mit hohem, zurückgebogenem Bug und bunten Anstrichen werden immer seltener; die Anlandung der Schleppnetze in der Sardinenfischerei mit Hilfe von Ochsengespannen gehört — von Ausnah-

men abgesehen — der Vergangenheit an. Der Einsatz von Schwimm- und Ring-
netzen jenseits des Schelfbereichs erfordert größere Schiffe und hat zu einer deutlichen Entmischung der Hafenstandorte geführt. Die Fischereihäfen ohne größere
künstliche Anlagen wie Póvoa de Varzim und Nazaré verlieren mehr und mehr an
Bedeutung.

Wie schwierig die Situation der portugiesischen Fischerei ist, kann daran er-
messen werden, daß Portugal immer weniger imstande ist, den nationalen Bedarf
aus eigenen Fängen zu decken. Lediglich die Sardinenfänge reichen noch für den
Eigenbedarf aus, wenn auch die Fangmengen beträchtlich zurückgegangen sind.
Die küstennah in Stell- und Schleppnetzen gefangenen Sardinen stehen zwar immer noch an der Spitze der Fangliste, die Erträge gingen aber schon im Jahrfünft
von 1961—1965 von jährlich 138 700 t auf durchschnittlich 90 000 t in den Jahren
von 1966—1970 zurück.

Ein verschärfter Mangel hat sich aber bei den Hochseefischen in den letzten
Jahren eingestellt. Dies wird besonders an den Fangquoten des Klippfisches (Kabeljau) deutlich (vgl. Tab. 34), der für die Ernährung der Portugiesen, vor allem
um die Weihnachts- und Fastenzeit, eine besondere Rolle spielt und der volkstüm-
lich als ›fiel amigo‹ (›treuer Freund‹) bezeichnet wird. Seit Jahrhunderten wurde
die Kabeljaufischerei erfolgreich auf der Neufundlandbank, in jüngerer Zeit auch
an der grönländischen Südwestküste betrieben, an Bord der Schiffe eingesalzen
und in Portugal getrocknet. Zwar machten unregelmäßige Fänge häufiger den
Zukauf von Kabeljau erforderlich, aber erst in den sechziger Jahren stellte sich ein
regelmäßiger und immer bedeutender werdender Mangel an Klippfisch ein.

Seit 1970 sind die Importe durchschnittlich größer als die eigenen Fänge. 1976
mußten für den Kabeljauimport 2360 Mio. Esc., was einem Wert von etwa
177 Mio. DM entsprach, aufgewendet werden.

Tab. 34: Klippfischversorgung Portugals (in t) 1970—1976

Jahr	Eigene Fänge	Import	Abhängig-keitsgrad vom Import (%)
1970	41 441	32 226	43,7
1971	35 396	39 955	53,0
1972	30 265	40 077	56,9
1973	29 009	28 856	49,9
1974	30 827	24 916	44,7
1975	23 585	35 885	60,3
1976	21 956	32 930	60,0

Quelle: INE, Estatística do Comércio Externo, 1970—1976.

Tab. 35: Fischanlandungen in den portugiesischen Häfen 1975

	t	%	Mio. Esc.	%
Nordzone	133 275	49,4	1745,4	42,9
Viana do Castelo	5 187	1,9	147,1	3,6
Póvoa de Varzim	3 786	1,4	88,7	2,2
Leixões	62 958	23,3	517,6	12,7
Aveiro	34 544	12,8	778,5	19,1
Figueira da Foz	24 520	9,1	180,7	4,4
Andere Häfen	2 280	0,8	32,8	0,8
Mittelzone	93 030	34,5	1679,1	41,3
Nazaré	1 883	0,7	53,5	1,3
Peniche	24 779	9,2	284,9	7,0
Cascais	2 353	2,9	67,6	1,7
Lissabon	42 723	15,8	882,9	21,7
Sesimbra	6 518	2,4	145,5	3,6
Setúbal	10 263	3,8	156,4	3,8
Sines	3 808	1,4	65,9	1,6
Andere Häfen	703	0,3	22,4	0,6
Südzone	43 532	16,1	641,9	15,8
Lagos	2 622	1,0	39,8	1,0
Portimão	18 723	6,9	156,0	3,8
Olhão	10 865	4,0	208,6	5,1
Vila Real S. António	3 101	1,1	23,6	0,6
Andere Häfen	8 221	3,0	213,9	5,3
Total	269 837	100,0	4066,4	100,0

Quelle: PMP, 1977—1980; Circuitos, S. 143.

Die regionale Verteilung der Fischerei ist in der Tab. 35 in einer dreifachen Zonierung aufgegliedert.

Im Jahr 1975 lagen die in den Häfen des Nordbereichs angelandeten Fänge nach Gewicht mit 49,4 % deutlich vor den Mittelküstenhäfen (34,5 %). Der Südbereich, der nur die Fischereistandorte der Algarve umfaßt, blieb dagegen mit 16,1 % deutlich zurück. Der Hafen Aveiro war ganz vorherrschend auf den Kabeljaufang orientiert; er machte 89,5 % aller Fänge aus, die von hier aus getätigt wurden. Zugleich werden in Aveiro genau zwei Drittel aller portugiesischen Kabeljaufänge gelandet.

Der Distrikt Porto umfaßt den kleinen Hafen Póvoa de Varzim und den vor allem für die transatlantische Schiffahrt bedeutenden Kunsthafen Leixões. Hier wurde 1975 ein Drittel des gesamten portugiesischen Sardinenfangs angelandet im Wert von 205,7 Mio. Esc. Die Fischerei des kleinen Hafens von Viana do Castelo war über die Hälfte auf den Klippfischfang ausgerichtet, während Figueira da Foz, an der Mündung des Mondego gelegen, fast ausschließlich auf den küstennahen Sardinenfang orientiert war.

In der Mittelzone nimmt Lissabon eine sehr dominierende Rolle ein; 1975 wurde hier eine sehr vielseitige Fangliste erreicht. Aufgrund der spezialisierten Hafenanlagen dominiert eindeutig die Hochseefischerei, die etwa 90 % der gesamtportugiesischen Fänge ausmachte. Die beiden Häfen im Distrikt Leiria, Peniche und Nazaré, sind sehr unterschiedlich organisiert: während Peniche eine positive Entwicklung aufweist, wobei auch der Fernfang eine wichtige Rolle spielt, ist im traditionellen Fischerort Nazaré die Fangleistung stark rückläufig. Ein großangelegtes Projekt ist inzwischen im fortgeschrittenen Planungsstadium, das hier einen modernen Fischereihafen vorsieht mit zwei (300 m bzw. 140 m langen) Entladekais und einem Hafenbecken von 6 ha Fläche. Verbunden mit der Errichtung des Fischereihafens soll — entsprechend der touristischen Funktion des Orts — ein Yachthafen ausgebaut werden.

Die Häfen an der Sadomündung, Setúbal und Sesimbra, sind fast ausschließlich auf die Küstenfischerei und auf den Sardinenfang ausgerichtet; innerhalb von vier Jahren sind ihre Fangquoten um ein Sechstel zurückgegangen. Mit dem Ausbau des Industriezentrums Sines (vgl. WEBER, 1977) ist auch ein Fischereihafen eingerichtet worden, so daß der 1975 noch sehr bescheidene Fanganteil von 1,4 % in den nächsten Jahren deutlich gesteigert werden kann. Die Entwicklung des Fischfangs in der südlichen Algarve stagnierte bis zum Jahr 1970 in den Fangquoten bei stark rückläufigen Zahlen der Beschäftigten im Fischereigewerbe. Seit Beginn der siebziger Jahre war jedoch ein klarer Aufwärtstrend in der hier vor allem betriebenen Küstenfischerei bemerkbar. Die Fangleistungen verdoppelten sich in vier Jahren, und sogar die sonst zurückgehende Thun- und Sardinenfischerei konnte um 39,5 % gesteigert werden.

Analog zu den allgemeinen weltwirtschaftlichen Fischereiproblemen ergibt sich auch für Portugal die Schwierigkeit der Sicherung günstiger Fanggründe. Im Vierjahresplan 1977—1980 wird daher die Notwendigkeit betont, die Fangquoten im Schelfgebiet, das bereits als überfischt gilt, zu reduzieren von 45000 t 1977 auf 36000 t im Jahr 1980. Zugleich soll durch bessere Fangausrüstungen die Zone zwischen Schelf und der 200-Meilen-Grenze verstärkt befischt werden, um damit zu höheren Fangleistungen zu kommen, die von 100000 t (1970) auf 125000 t im Jahr 1980 gesteigert werden sollen.

2.2.8. Agrar- und forstwirtschaftliche Gliederung

Wichtigstes Ergebnis der agrar- und forstwirtschaftlichen Analyse Portugals ist die Vielgestaltigkeit und Differenziertheit der Bodennutzung. Es kann hier nicht der Versuch unternommen werden, die gegebene Vielfalt realitätsnah wiederzugeben. Verschiedene Ansätze einer agrarräumlichen Gliederung, wie sie von den besten Landeskennern Portugals RIBEIRO (1957, 1963) und LAUTENSACH (1932, 1937, 1964) erarbeitet worden sind, zeigen in ihren gegenseitigen Abweichungen, wie durch veränderte Gliederungskriterien der gleiche Sachverhalt höchst unterschiedlich zur Darstellung gebracht werden kann.

Gerade der Vergleich mit den älteren Regionalgliederungen der Bodennutzung zeigt auf der anderen Seite aber auch, welche außerordentlich hohe Konstanz der portugiesischen Agrarlandschaft seit Jahrzehnten eigen ist. Wesentliche Strukturelemente, wie die von LAUTENSACH (1932) in seiner Karte der ›wirtschaftlichen Grundlagen‹ zum Gliederungsprinzip erhobenen landwirtschaftlichen Besitzverhältnisse, sind bis in die Mitte der siebziger Jahre unverändert geblieben. Vor allem der Kleinbesitz des nördlichen Portugals hat sich gerade in seiner Strukturschwäche als konservierende Kraft erwiesen, aber auch der Großgrundbesitz des Südens basierte seit Generationen auf der Beibehaltung einer überkommenen Agrarverfassung. Erst die seit dem politischen Umbruch 1974 durchgesetzte Agrarreform hat hier Veränderungen in Gang gesetzt, über deren endgültige Wirksamkeit jedoch noch nicht befunden werden kann.

In Anlehnung an die von FREUND (1974, S. 164 ff.) vorgenommene regionale Differenzierung der Bodennutzung lassen sich sechs Struktureinheiten herausstellen:

1. Der portugiesische Nordwesten, identisch mit der traditionellen Landschaftsbezeichnung des Minho, ist jener hochindividualisierte Agrarraum, dessen Hauptkennzeichen die extreme Besitzzersplitterung ist. Die Subsistenz ist überhaupt nur möglich bei intensiver Bodennutzung, die durch starke künstliche Bewässerung bedingt ist und die immer noch sehr traditionelle Züge aufweist: der unveränderte Fruchtwechsel Mais/Schminkbohnen im Sommer und Gras/Futtergetreide im Winter basiert bis heute weniger auf Kunstdüngergaben — die bei den niedrigen Roherträgen betrieblich gar nicht zu erwirtschaften sind —, als vielmehr auf einer engen Einbeziehung der Wald- und Heideflächen, die für die Streugewinnung unentbehrlich sind und darüber hinaus als Weideflächen dienen. Bei den kleinen Betriebsflächen bleibt für den Weinbau nur wenig Rebfläche übrig; vielmehr werden die Reben an Bäumen, Spalieren und in Lauben gezogen. In den nördlichsten, niederschlagsreichen Granitgebirgsräumen nehmen die Vielgestaltigkeit und auch die Intensität des Anbaus ab. Der Kartoffelanbau tritt stärker hervor; die ehemals bedeutende Schaf- und Ziegenhaltung geht deutlich zurück.

2. Der östliche Teil Hochportugals wird geprägt durch den stärker trockenkontinentalen Charakter des Binnenlandes. Der Maisanbau wird durch Roggen

ersetzt, die Schafhaltung gewinnt mit der Höhe zunehmende Bedeutung, und im
gleichen Sinne treten die mediterranen Elemente wie Wein- und Olivenanbau zurück. Die Sonderstellung der Landschaft Trás-os-Montes wird in der Siedlungsstruktur und in der Agrarverfassung deutlich: an die Stelle der Einzelsiedlungen
treten Haufendörfer mit Gewannfluren, die teilweise heute noch alte dorfgemein-
schaftliche Nutzungsstrukturen mit zelgengebundener Zweifelderwirtschaft und
Allmendenutzung aufweisen. Die Betriebe sind deutlich größer als im Nordwesten, aber die agrarwirtschaftlichen Probleme sind wegen den begrenzteren
Möglichkeiten keineswegs geringer.

Eine Sonderposition des nordportugiesischen Agrarraums nimmt das Gebiet
intensivster Portweinerzeugung im mittleren Dourotal ein, wo die Lohnarbeitsbetriebe großer Handelsfirmen an die Stelle der Familienbetriebe treten.

3. Das nördliche Mittelportugal, Beira, umgreift sehr verschiedenartige Land-
schaftsräume und weist dementsprechend eine starke Differenzierung auf. Der
Übergangscharakter zwischen nördlichen (atlantischen) und südlichen (mediterranen) Nutzungselementen ist hervorstechend. Nach Norden weisen der vorherrschende Kleinbesitz mit seinem Individualcharakter und der dominierende Maisanbau; nach Süden tendieren agrarwirtschaftliche Elemente, die durch die Kombination der Reb- und Baumkulturen mit dem Trockenfeldbau des Weizens
bestimmt werden.

Der Waldwirtschaft kommt in diesem Teilraum eine besondere Bedeutung zu:
Neben den weiten Aufforstungsflächen, die fast die ganze Küste bis Nazaré be-
gleiten, treten im Landesinnern die großen Bauernwaldflächen, die vor allem aus
Kiefernbeständen aufgebaut sind und die für die portugiesische Harzgewinnung
die wichtigste Grundlage bilden. Im Bereich des portugiesischen Hauptscheidegebirges werden die Möglichkeiten der Landnutzung immer bescheidener. Der
Berieselungsmaisbau geht in der Höhe in spärlichen Winterroggenanbau über,
ergänzt durch Wanderschafhaltung, deren einstmals große Bedeutung jedoch in
jüngerer Zeit sehr zurückgegangen ist.

4. Das südliche Mittelküstenportugal, Estremadura, wird von RIBEIRO (1963)
voll zum mediterranen Portugal gerechnet, und in der Tat werden hier die klas-
sisch mediterranen Kulturpflanzen Oliven, Wein und Weizen vorherrschend.
Ziemlich regelhaft sind die Olivenkulturen auf den Kalkhängen verbreitet, während der Weizen an die Verbreitung der lehmigen Roterden gebunden ist. Im ganzen ist der Anteil der Bewässerungsflächen gering; vor allem in den Alluvialebenen
hat sich aber ein intensiver Bewässerungsfeldbau entwickelt, der für den Markt der
Agglomeration Lissabon hauptsächlich Gemüse und Kartoffeln erzeugt. Auch der
stärker aufkommende Obstbau ist von der günstigen Marktlage angeregt und hat
zu einer arbeitsintensiven und relativ ertragreichen Nutzung geführt. Wie in den
nördlichen küstennahen Räumen ist auch hier die kleinbäuerliche Betriebsstruktur
im Rahmen einer aufgelockerten Siedlungsweise charakteristisch.

5. Der portugiesische Süden beginnt nicht nur in der agrargeographischen Be-

trachtung südlich des Hauptscheidegebirges. Der Landschaftsraum Südbeira kann zusammen mit dem Ribatejo, dem Alentejo und dem Algarvischen Gebirge als agrargeographische Einheit zusammengefaßt werden, wenn man die extensive Bodenbewirtschaftung und die Dominanz des Großgrundbesitzes als die entscheidenden Gliederungskriterien anerkennt und wenn auch der Minifundienbesitz in Erbpacht (sog. foros) stellenweise (etwa in der Tejoalluvialebene) subsumiert wird. Dennoch lassen sich vielfältige Differenzierungen erkennen: Die Landwirtschaft der Südbeira hat schon die charakteristische Bodennutzung in der Kombination von Weizen-, Kork- und Ölerzeugung vollständig ausgebildet, wie sie auf allen schlechteren Böden des Alentejo verbreitet ist. Diese in Portugal als ›Montado‹-Wirtschaft bezeichnete Nutzung verknüpft die Beweidung lichter Eichenhaine durch die Eichelmast der Schweine im Herbst und durch Wanderherden von Schafen und Ziegen im Winter mit der Ackernutzung, indem im Abstand von 10—12 Jahren Getreide eingesät wird (vgl. LAUTENSACH, 1964, S.191). Auf den fruchtbaren Verwitterungsböden der Iberischen Masse, wie sie die schwarzen Lehme von Beja darstellen, finden sich dagegen beste Anbaubedingungen mit vorherrschendem Anbau von Weizen, Hafer, Kichererbsen und Pferdebohnen, verbunden mit Rinder-, Schweine- und Schafzucht. Die Siedlungsstruktur wird durch die vorherrschende großbetriebliche Agrarverfassung bestimmt: neben isolierten Großbetrieben (›Monte‹) bestehen größere, uniforme Dorfsiedlungen, in denen die Lohnarbeiter und Kleinbauern wohnen.

Ein dritter Agrarlandschaftstyp ist in den Schiefergebirgsräumen des südlichen Alentejo und nördlichen Algarve ausgebildet, wo extrem extensiver Getreidebau betrieben wird und wo auf langjährigen Brachen weite Macchienbestände hochkommen.

6. Deutlich von dem nördlichen Tonschiefergebirge abgehoben, bildet die küstennahe Niederalgarve einen Landschaftsraum von sehr eigener Prägung. Hauptcharakteristikum ist die starke Verbreitung der Fruchtbäume, vor allem Mandeln, Feigen und Johannisbrot. Die kleinbetrieblich organisierte Landwirtschaft ist daneben durch eine intensive, gartenbauähnliche Nutzung gekennzeichnet. Wo immer Bewässerungsmöglichkeiten bestehen, werden in schneller Rotation Kartoffeln und Gemüse angebaut; gleichzeitig breiten sich die Anbauareale von Obstbäumen und Agrumen (vgl. WEBER, 1970, S.30) schnell aus.

Die bis hierher angeführten regionalen Differenzierungselemente der portugiesischen Agrar- und Forstwirtschaft ergeben einen deutlichen Nord-Süd-Gegensatz. Dieses Gliederungsprinzip basiert zum einen auf der Wirksamkeit naturräumlicher Faktoren und zum anderen auf der an diese Naturausstattung in einem langen historischen Prozeß angepaßten sozioökonomischen Struktur.

Entscheidend ist dabei eindeutig die ›ökologische Vorgabe‹: sie hat durch den dominierenden nord-südlichen Formenwandel im Klimaregime im Kontrast zwischen atlantischem Norden und mediterranem Süden der menschlichen Nutzung des Raumes wirksame Grenzen gesetzt. Die Anpassung an diese natürlichen Vorgaben ist in einem Jahrhunderte dauernden Prozeß erfolgt, der allerdings ganz wesentlich durch besondere historische Ereignisse unterstützt worden ist; vor allem die Tatsache, daß die Ausbildung des selbständigen portugiesischen Königtums von der Auseinandersetzung mit der maurischen Besetzung Iberiens in wechselvollen Kämpfen sich auch von Norden nach Süden organisierte, unterstützte den Anpassungsprozeß an die natürlichen Raumgegebenheiten. RIBEIRO (1963) hat diese Anpassung des Menschen an die Landesnatur als so vollkommen gesehen, daß er von einer spezifischen mediterranen und atlantischen ›Harmonie‹ zwischen Gesellschaft und Natur spricht.

In diametralem Kontrast zu diesem nord-südlichen agrarräumlichen Gliederungsprinzip sind in der jüngeren Zeit jedoch auch andere räumliche Ordnungskräfte in der portugiesischen Landwirtschaft deutlich geworden. Diese stehen im Zusammenhang mit modernen gesamtökonomischen Entwicklungen des Landes, die auf dem Gegensatz zwischen Zentrum und Peripherie beruhen, wobei von den Küstenzentren Lissabon und Porto — als den einzigen größeren Binnenmarktzentren — wichtige agrarwirtschaftliche Impulse auf das weitere Umland ausgehen. Die peripheren Binnenräume bleiben dagegen nicht nur auf sich selbst gestellt, sondern sie sind einem differenzierten sozioökonomischen Erosionsprozeß ausgesetzt, der besonders deutlich an dem Bevölkerungsrückgang dieser Gebiete, wie er seit den sechziger Jahren sichtbar wurde, abzulesen ist.

Dieser Abwanderungsprozeß hat, soweit sich dies übersehen läßt, ausschließlich negative Folgen für die ländlichen Entleerungsgebiete. In den geringer besiedelten Räumen, zumal denen des Großgrundbesitzes, entstehen durch die Bevölkerungsverluste Nachteile, da die Aufwendungen für die infrastrukturellen Einrichtungen relativ steigen und als Konsequenz aufgelöst werden. In den überbesiedelten Landesteilen des Nordens führen die Bevölkerungsverluste vor allem durch Emigranten nicht zu der dringend erforderlichen Vergrößerung der Betriebe, da entweder zurückbleibende Familienangehörige die Minibetriebe notdürftig weiterführen oder aber der Besitz als Sicherheit für eine ungewisse Zukunft beibehalten wird.

Die gegenläufige Entwicklung in Zentrum und Peripherie ist vor allem durch die unterschiedliche infrastrukturelle Raumerschließung Portugals begründet. Es konnte gezeigt werden, daß in den ländlichen Binnenräumen ohne Anbindung an ein leistungsfähiges Verkehrssystem und ohne Anschluß an die öffentliche Energieversorgung eine moderne Landwirtschaft unmöglich bleiben muß. Als wichtiger infrastruktureller Mangel erweisen sich auch die ungenügenden Ausbildungsmöglichkeiten: je geringer die Alphabetenquote, um so schwächer ist die Innovationsbereitschaft.

Auf der anderen Seite profitiert die Landwirtschaft in Nähe der Verdichtungsräume nicht nur von den günstigen Absatzmöglichkeiten, auch durch die häufige gewerbliche Durchmischung entstehen infrastrukturelle Vorteile. Darüber hinaus hat sich durch die Vergabepraxis von landwirtschaftlichen Förderungsmitteln, die an Rentabilitätsvoraussetzungen geknüpft wurden, eine einseitige Bevorzugung der ohnehin begünstigten großstadtnahen Landwirtschaft ergeben.

Als Resultat dieser ungleichen Wirtschaftsbedingungen weisen diejenigen regionalen Ordnungsmuster, die auf ökonomischen, produktivitätsbezogenen und innovationsorientierten Kriterien beruhen, das Grundprinzip der disproportionalen Entwicklung auf: Gebiete moderner Landwirtschaft, die kurzfristig auf Bedürfnisse der nahen Märkte in den Verdichtungsräumen reagieren können, stehen den peripheren Beharrungsräumen gegenüber, in denen die Strukturmängel so konzentriert auftreten, daß zukünftig noch mit einer weiteren Verschlechterung der agrarwirtschaftlichen Arbeitsbedingungen gerechnet werden muß.

2.3. SEKUNDÄRER WIRTSCHAFTSSEKTOR

2.3.1. Natürliche Ressourcen

Dem Bergbau als Ressourcenbasis des sekundären Wirtschaftssektors kommt nur eine untergeordnete Bedeutung zu: 1970 wurden in diesem Sektor nur 0,6 % des Bruttoinlandsproduktes erarbeitet, und nur 0,4 % der Erwerbstätigen (1975 = 15 600) waren in diesem Bereich beschäftigt. Dennoch wird es für die wirtschaftliche Entwicklung Portugals darauf ankommen, die beschränkten Möglichkeiten beim Abbau und bei der Weiterverarbeitung der Bergbauprodukte zu nutzen und damit vor allem die Kostenvorteilsbasis für seinen industriellen Aufbau auszubauen. Darüber hinaus ist die Nutzung dieses Wirtschaftssektors insofern von Bedeutung, als seine Standorte vor allem in den unterentwickelten peripheren Regionen lokalisiert sind und dort eine wichtige Funktion für die Bereitstellung von Arbeitsplätzen haben (Tab. 1).

Die für die Zukunft wohl wichtigsten Rohstoffe stellen die *Pyrite* dar. Nachdem der Abbau von S. Domingos im südöstlichen Alentejo 1976 wegen Erschöpfung eingestellt worden ist, bleiben nur die Minen von Aljustrel unweit von Sines bestehen. Sie gehören zu den Schwefelkieslagern, die in einem langgestreckten Streifen devonischer und unterkarboner Tonschiefer und Grauwacken entwickelt sind, der sich aus dem südwestlichsten Alentejo in nordwestlicher Richtung bis in die Serra de Grândola erstreckt. Wie aus Tab. 36 ersehen werden kann, schwanken die Fördermengen um 500000 t in den Jahren 1970—1975. Obgleich seit 1973 eine absteigende Produktionstendenz erkennbar ist, soll in Zusammenhang mit den Verarbeitungsindustrien im südlichen Industrieschwerpunkt Sines die Förderung auf 1,5 bis 2,0 Mio. t gesteigert werden, was freilich nur unter Einsatz moderner Technologien möglich sein wird.

Die Exportquoten weisen große Schwankungen auf: 1970 wurden 49,6 %, 1973 nur 14,6 % und im Jahr 1974 wieder 18,6 % exportiert. In Zukunft wird die Förderung des Erzes vollständig in die eigene Verarbeitung gehen, da die

Tab. 36: Entwicklung der bergbaulichen Produktion (in t) 1970 — 1975

	1970	1973	1974	1975
Kohle (Anthrazit)	278 890	220 808	230 209	221 621
Wolfram	2 531	2 641	2 488	2 411
Gold-, Eisensulfate	2 714	2 414	2 266	2 150
Kupfer	1 453	2 477	2 460	2 064
Eisen	125 849	56 738	52 948	56 078
Marmor	232 573	284 163	308 534	279 192
Kalk	4 807 857	6 609 281	8 089 557	6 567 523
Granit	2 101 302	4 732 502	4 576 232	4 123 833
Sand	1 401 218	4 937 500	4 148 607	5 193 660
Pyrit	475 824	532 402	510 573	461 923
Steinsalz	194 490	605 439	309 797	294 523
Quarz	143 962	163 325	141 288	101 404

Quelle: INE, Estatísticas Industriais.

Tab. 37: Pyriterzreserven im Raum Aljustrel (in 1000 t)

	Gesicherte Reserven	Wahrscheinl. Reserven	Mögliche Reserven	Total
Moinho-S. João (a)	31 821	28 729	15 000	75 450
Feitais (a)	—	52 016	26 000	78 016
Gavião (b)	—	17 700	—	17 700
Estação (b)	—	—	60 000	60 000
Total	31 821	98 345	101 000	231 166

(a) — Sociedade Pirites Alentejanas.
(b) — Sociedade Fomento Mineiro.

Quelle: Plano de Médio Prazo 1977—1980, Necessidades, S. 91.

erste Ausbaustufe in Sines schon auf die industrielle Nutzung von 1 Mio. t ausgelegt ist.

Tab. 37 weist aus, daß nach dem Stand von 1977 nur die Erze am Standort Moinho–S. João im Umfang von gut 30 Mio. t gesichert sind, die wahrscheinlichen Reserven belaufen sich ebenso wie die möglichen auf jeweils etwa 100 Mio. t, so daß Portugal mit den Lagerstätten im Raum Aljustrel im günstigsten Fall über die reichsten Pyritlagerstätten verfügen würde. Auch wenn zu Beginn der achtziger Jahre die hochgespannten Pläne der Pyritindustrie in Sines realisiert werden könnten (mit der Errichtung von 4 Schwefelsäureanlagen mit einer Kapazität von 1500 t/Tag), würden diese Vorräte auf einen langen Zeitraum ausreichend sein. Bei Verwirklichung dieser Planung würde Portugal seinen Bedarf an Kupfer, Blei und Zink vollständig aus den eigenen Rohstofflagern abdecken können, und auch hinsichtlich des Verbrauchs an Eisen würde die Abhängigkeit von den Importen wesentlich verringert werden.

Die Förderung von Wolframerzen erreicht (vgl. Tab. 36) eine Jahresmenge von etwa 2500 t. Die Verbreitung der Wolframvorkommen bildet ein langgestrecktes Band, das vom Eintritt des Guadiana in Portugal entlang dem Verlauf des altgefalteten Randgebirges nach Nordwesten verläuft. Die Vorkommen lassen, wie LAUTENSACH (1932, S. 37) betont, eine enge Verknüpfung mit den Hauptverbreitungsgebieten der granitischen Gesteine erkennen. Die in der nordöstlichen Region Trás-os-Montes gelegenen Minen Borralha und Panasqueira beschäftigen 2300 Personen. Die vorhandenen Reserven werden auf 41 000 t geschätzt, so daß bei der derzeitigen Ausbeutung mit einem etwa 15 Jahre fortdauernden Abbau gerechnet werden kann. Die Wolframerze werden als Rohmaterialien exportiert.

Die Eisenvorkommen sind weiter gestreut und finden sich sowohl im südlichen Distrikt Bragança (Torre de Moncorro) als auch in den Distrikten Setúbal (Cercal) und Beja (Alvito/Cuba-Vidigueira). Allerdings sind die Hämatitlagerstätten von Moncorro in einem geschätzten Umfang von 500 Mio. t die mit Abstand bedeutendsten.

Die Produktion ist seit 1970 stark zurückgegangen und erreichte 1975 nur noch 56 000 t. Hauptprobleme sind neben den ungenügenden Abbautechniken erstens die schlechten mineralischen Qualitäten (die Erze aus Moncorro zeichnen sich durch einen hohen Phosphorgehalt aus, dessen Verarbeitung aufwendige Bearbeitungsprozesse erforderlich macht) und zweitens die ungünstige Lage im südlichen Distrikt Bragança mit mangelhaften Infrastrukturen, die den Abtransport der Erze außerordentlich erschweren.

Die mittelfristigen Planungen sehen vor, daß diese Mängel einmal durch Reinigung und Konzentration der Erze, zum anderen durch den Bau einer Eisenbahnlinie gemindert werden. Der Entwicklungsplan (Plano Siderúrgico Nacional) beabsichtigt, den erhöhten Inlandsbedarf an Stahl, der noch in der ersten Hälfte der achtziger Jahre 3,0 Mio. t erreichen soll, durch Erweiterung der integrierten Stahlwerke in Maia (bei Porto) und Seixal (bei Lissabon) sowie durch den Aufbau einer Produktionsanlage in Sines zu ermöglichen. 80 % der dazu erforderlichen Erze sollen in Moncorro abgebaut werden.

Die Entwicklung des Kohleabbaus weist in den letzten zehn Jahren deutlich eine fallende Tendenz auf, ohne freilich jemals von größerer Bedeutung gewesen zu sein. Zwar enthalten sowohl die oberkarbonischen als auch die permischen und mesozoischen Gesteine Portugals Kohlenbestände; da aber das produktive Karbon nur im Westsaum Hochportugals erhalten ist, bleiben die Kohlereserven Portugals sehr unbedeutend.

Eine Vielzahl kleiner Abbaustellen sind in der jüngeren Zeit aufgegeben worden. Seit 1967 ist auch die Nutzung der jurassischen Lagerstätten (in den Sandsteinen und Mergeln des oberen Jura) am Cabo Mondego aufgegeben worden; obgleich hier noch beträchtliche Vorräte von über 500 Mio. t festgestellt werden konnten, erschien der Firma ›Companhia de Carvões e Cimentos do Cabo Mondego‹ (die 1975 nationalisiert und in die staatliche Firma CIMPOR integriert wurde) der Abbau unter dem Druck ausländischer Konkurrenz nicht mehr rentabel.

Auch die Gruben von S. Pedro da Cova in der Nähe von Porto mit ihren Anthraziten konnten sich nur bis 1972 halten und mußten dann auch unter dem Druck ausländischer Konkurrenz geschlossen werden. Sehr ungünstige Lagerstättenverhältnisse, die durch die intensive Faltung bedingt sind mit starker Entbitumisierung und Pulverisierung, charakterisieren die Entwicklungsmöglichkeiten im Kohlenbecken des Douro ebenso wie die völlig veralteten Abbautechniken.

Die Kohlenutzung bleibt somit auf die Standorte Pejão und Rio Maior beschränkt. Aber die Anthrazitkohlevorräte in Pejão sind mit nur wenig über 10 Mio. t ebenso begrenzt wie die Braunkohlenbestände in Rio Maior, die sich auf ca. 25 Mio. t belaufen sollen, so daß die eigenen Kohlevorräte als Energieträger in Portugal weder in der Vergangenheit (das einzige größere Kraftwerk auf Kohlebasis ist in Outeiro) noch in der Zukunft eine Rolle spielen kann.

Die Ausbeutung und Herstellung von Uran wird seit einigen Jahren verfolgt und führt zu langsam steigender Produktion: 1974 waren es 85 t, 1978 130 t Uran (= 180 t U_3O_8). Eine systematische Prospektierung wurde durchgeführt von der Junta de Energia Nuclear. Danach ergaben sich abbauwürdige Vorräte in folgenden Regionen: einmal im Raum Beira (Urgeiriça 35 % und Guarda 17,8 %) und im Raum Hochalentejo (Nisa 47,2 %).

Die in Tab. 36 aufgeführten nichtmetallischen Minerale finden sich relativ weit gestreut und in enger Bindung an das geologische Substrat. Die *Granite* werden im Norden, aber auch im Hochalentejo abgebaut, mit den bedeutendsten Standorten in den Distrikten Porto, Braga, Viseu und Évora. Die Tonminerale sind einmal im Mittelküstenportugal verbreitet (Leiria, Coimbra), und zum anderen treten sie als Kaoline im Raum zwischen Braga und Aveiro hervor.

Marmor wird zwar auch in den zentralen Küstenbereichen gewonnen, wird aber besonders für das Gebiet um Évora bedeutsam (Borba, Vila Viçosa, Estremos); bei den nichtkristallinen Kalken treten dagegen die küstennahen Bereiche der Distrikte Lissabon, Setúbal und Faro hervor.

Aus der Tab. 38 kann ersehen werden, daß der Abbau und die Nutzung der nichtmetallischen Minerale breit über alle Distrikte gestreut ist; dennoch muß festgestellt werden, daß von den peripheren Regionen Portugals nur der Distrikt Évora nennenswerte Beschäftigungsvorteile aus diesem Wirtschaftssektor zieht; im übrigen partizipieren auch hier wieder die ohnehin strukturstärkeren Küstenräume mit Lissabon, Porto und Aveiro hauptsächlich an diesem Arbeitsplatzbereich.

Tab. 38: Abbau nichtmetallischer Minerale in den Distrikten 1975

	Anzahl der Beschäftigten	Produktionswert in Mio. Esc.	Minerale
Aveiro	452	32,5	Granit, Sand, Ton, Quarz
Beja	190	22,2	Marmor
Braga	222	23,3	Granit
Bragança	—	2,7	Granit
Castelo Branco	70	2,7	Granit
Coimbra	237	29,7	Kalk
Évora	2695	358,5	Marmor, Granit
Faro	—	44,8	Kalk, Sand, Syenit
Guarda	—	6,5	Granit
Leiria	333	43,9	Kalk, Ton, Marmor, Sand
Lissabon	767	112,8	Kalk, Marmor
Portalegre	—	20,5	Granit
Porto	1814	103,7	Granit, Kaolin
Santarém	237	69,6	Sand, Kalk, Marmor
Viana do Castelo	110	7,9	Granit, Sand
Vila Real	111	3,5	Granit
Viseu	448	46,8	Granit
Total	8955	931,6	

Quelle: MPM, 1977—1980.

Freilich zeichnet sich der Wirtschaftssektor der ›extraktiven Industrien‹ durch strukturelle Nachteile und Probleme aus, die seine wirtschaftliche Bedeutung weiter reduzieren: Einmal zählt er zusammen mit den übrigen traditionellen portugiesischen Industrien (Holz/Kork, Nahrungsmittel, Textil) zu den lohnschwächsten Beschäftigungsbereichen, dann bleibt er bis heute bestimmt durch relativ ungünstige soziale Verhältnisse mit dem besonderen Nachteil, daß für Frauen überhaupt keine Arbeitsplatzmöglichkeiten gegeben sind.

Es darf ferner nicht übersehen werden, daß die schwache Entwicklung dieses Wirtschaftssektors auch entscheidend durch wirtschaftshistorische Momente geprägt worden ist. Es sind vor allem zwei Ursachenkomplexe, die — neben den natürlichen Ressourcengrenzen — den Bergbau Portugals in seiner Entwicklung gehemmt haben: Zum einen hatte sich mit den portugiesischen Entdeckungen die ›koloniale‹ Auffassung ausgebreitet, die Rohstoffe aus den überseeischen Besitzungen zu beziehen; zum anderen — aber unmittelbar mit dieser Wirtschaftshaltung verknüpft — hatte die Vergabe von Minenkonzessionen an ausländische Gesellschaften seit 1850 einen weitgehend fremdgesteuerten Rohstoffsektor ergeben, wodurch verständlicherweise bis in die jüngste Zeit die an nationalen Interessen orientierte Industrialisierungspolitik eingeengt wurde.

2.3.2. Historisch gewachsene Gewerbe- und Industriestrukturen

Für die Entwicklung der verarbeitenden Industrie in Portugal haben die inländischen Rohstoffe zweifellos eine wichtige, keineswegs aber entscheidende Rolle gespielt. Andere, nicht weniger ungünstige Rahmenbedingungen sind wirksamer geworden. Die entscheidende Bedeutung muß wohl — ähnlich wie in der Entwicklung der Agrarökonomie — der Abhängigkeit Portugals vom Ausland, speziell von England, zuerkannt werden. Gerade in der Phase der frühindustriellen Entwicklung des 18. Jahrhunderts wurde Portugal in einem solchen Maße abhängig von der englischen Handels- und Weltmacht, daß ein eigenständiger, ausgewogener Wirtschaftsaufbau nicht möglich wurde. Seit dem 18. Jahrhundert ist die portugiesische Wirtschaft allgemein — und die verarbeitende Industrie insbesondere — durch ihre Unterentwicklung charakterisierbar, so daß zu Recht von der Kolonialmacht Portugal als von einer ›Halbkolonie Englands‹ (MÜHLL, 1978) gesprochen werden konnte.

Dieser Unterentwicklungsprozeß hat allerdings eine längere Geschichte, als häufig angenommen wird. Nach dem im Vergleich zum übrigen Europa fortschrittlichen Aufschwung Portugals im Spätmittelalter entwickelten sich in den bürgerlichen Städten die ökonomischen Voraussetzungen für die Expansion Portugals. Die Entdeckung und die Eroberung der afrikanischen und indischen Küsten, der Atlantikinseln und Brasiliens brachten Portugal immense Reichtümer und sicherten ihm strategische und ökonomische Vorteile.

Dieses ›goldene Zeitalter‹, in dem Portugal den modernen Kolonialsystemen Pionierdienste leistete, dauerte nur kurz. Schon seit der Mitte des 16. Jahrhunderts zeigte sich, daß der ›Kulminationspunkt‹ der portugiesischen Geschichte (CORREIA, 1929, I, S. 194) bereits überschritten war. Das weltweite Imperium überforderte Portugal, das zu seinem eigenen Nachteil die politische Herrschaft über die ökonomische Herrschaft gestellt hat. Die Verschuldung Portugals auf dem europäischen Kapitalmarkt sicherte den konkurrierenden europäischen Seemächten immer neue Handelsprivilegien gegenüber der portugiesischen Krone.

Die finanziellen Abhängigkeiten gipfelten schließlich in einer von 1580—1640 andauernden Okkupation Portugals durch Spanien, die zum fast vollständigen Niedergang des portugiesischen Handels und der portugiesischen Wirtschaft führte.

Die besondere, für die frühindustrielle Entwicklung entscheidende Benachteiligung Portugals ergab sich jedoch erst in der anschließenden merkantilistischen Phase, die wie kaum eine andere der Geschichte den direkten Zusammenhang zwischen Handelspolitik und Machtpolitik demonstrierte (vgl. SIDERI, 1970,

S. 70 ff.). Gestützt auf seine militärische Überlegenheit, vermochte England seine Wirtschaftsinteressen zuungunsten Portugals in allen Belangen durchzusetzen und nicht nur das europäische Portugal, sondern auch seine Kolonien, vor allem auch Brasilien, unter seine Abhängigkeit zu bringen.

Nur in kurzen Zwischenphasen, in denen Englands Machtradius — etwa durch kriegerische Auseinandersetzungen mit anderen europäischen Mächten — eingeschränkt war, konnte Portugal Ansätze einer eigenständigen Wirtschaftspolitik entwickeln. So gelang es dem portugiesischen Königreich in den sechziger und achtziger Jahren des 17. Jahrhunderts zeitweilig, die merkantilistische Theorie in seinem eigenen Sinne zu nutzen. Sowohl durch steuerpolitische Maßnahmen und durch gezielte Anwerbungen des technologischen Know-how als auch durch eine effiziente öffentliche Administration gelang es, neue Manufakturbetriebe einzurichten und diese mit protektionistischen Schutzmauern gegen ausländische Importe zu sichern. Allerdings war die frühindustriell entscheidende Industriebranche, die Textilmanufaktur, zunächst durch eine solche Merkantilpolitik nicht zu schützen, da sich Portugal in verschiedenen Verträgen verpflichtet hatte, englische Textilerzeugnisse ungehindert auf den portugiesischen Markt gelangen zu lassen.

Diese Verträge wurden schließlich dadurch umgangen, daß durch Gesetze (›Pragmática‹ 1677) ein ›Trageverbot‹ ausländischer Textilien erlassen wurde und so unter formaler Beibehaltung der anglo-portugiesischen Verträge eine protektionistische Förderung der Textilindustrie Portugals möglich wurde. Durch eine Reihe weiterer Dekrete wurde von staatlicher Seite versucht, die Wettbewerbsvorteile der ausländischen Textilindustrien, die vor allem in der qualitativ besseren Produktion lagen, aufzuheben (vgl. CASTRO, 1972, S. 192 ff.).

Diese merkantilistische Politik blieb zunächst nicht ohne Wirkungen auf die portugiesische Industrieentwicklung. AZEVEDO (1973, S. 412) beschreibt, wie sich zum Ende des 17. Jahrhunderts erstmals in Portugal moderne industrielle Organisationstechniken in Form von Manufakturen ausbilden konnten.

Die regionale Struktur dieser frühen Industrialisierungsansätze ist nur bedingt nachzuvollziehen. Die Textilindustrie war in den südlichen Landesteilen (Estremoz, Lissabon), aber auch schon im Raum Porto und Braga vertreten; eisenverarbeitende Betriebe basierten auf den oberflächennah gelagerten Erzen im Raum Tomar. Allerdings gelang es Portugal auch in der zweiten Hälfte des 17. Jahrhunderts nicht, sich mit seinen Produkten auf den ausländischen Märkten, noch nicht einmal in seinen eigenen Kolonien, durchzusetzen. Dadurch blieb der Markt so begrenzt, daß sich nur geringe Investitionsanreize ergaben. Dies wurde für Portugal deshalb besonders nachteilig, da es nicht über eine Schicht von Industrieunternehmern verfügte; die feudale Schicht der Großgrundbesitzer und des Klerus war aber bei den gegebenen begrenzten Profiten nur gering an einer merkantilistischen Industrialisierungspolitik interessiert; für sie waren die Exportgeschäfte mit Wein und brasilianischen Rohstoffen weitaus lukrativer als der Aufbau der frühen Industrie.

Gestützt auf die Interessen der Handelsfirmen und des rentenkapitalistischen Großgrundbesitzes gelang es England nach wenigen Jahrzehnten, die portugiesischen Versuche einer eigenen Industrialisierung zu ersticken. Im Methuenvertrag von 1703 muß Portugal zugestehen, ›ab jetzt und für immer die Wollstoffe und Wollprodukte aus England aufzunehmen, wie dies der Fall war bis zum Zeitpunkt, da sie durch Gesetz verboten wurden‹ (SODRÉ, 1957).

Der Methuenvertrag signalisiert das schnelle Ende der portugiesischen Manufakturen; zuerst wirkte er sich verständlicherweise auf die Textilindustrie aus. SIDERI (1970, S. 56) zitiert einen Brief von Methuen an seine Regierung nach England, in dem die Absicht des Vertrages mit aller Deutlichkeit herausgestellt ist: ›Dieser Vertrag wird zur Folge haben, daß in Portugal alle die eigenen Manufakturen, die heute eine große Menge schlechter und teurer Kleider herstellen, sofort am Boden liegen und auseinanderbrechen werden.‹

Der Vertrag beeinflußte aber darüber hinaus die gesamtindustrielle Entwicklung und ließ auch alle anderen Gewerbebranchen verkümmern, wobei zu betonen ist, daß die Nachteile sich nicht nur im Bekleidungsgewerbe, wie in der Hutmacherei und der in Ansätzen vorhandenen industriellen Schuhherstellung, auswirkten, sondern auch in Produktionsbereiche, wie das Papier- und Glasgewerbe, ausstrahlten.

Die Bedeutung der Textilindustrie für die industriewirtschaftliche Entwicklung im 18. Jahrhundert kann kaum hoch genug angesetzt werden; sie wies nicht nur sichere Wachstumsraten auf, sondern innerhalb der Textilindustrie vollzogen sich auch die entscheidenden Wandlungen der industriellen Produktionstechnik. Da Portugal von der Beteiligung an diesen Prozessen ausgeschlossen war, konnte es weder an der kapitalistischen Entwicklung der europäischen Länder teilnehmen, noch war der Rahmen für die industrielle Revolution gegeben.

So ist es nur konsequent, wenn in der Folgezeit selbst umfassende Reformmaßnahmen die industrielle Grundstruktur Portugals nicht verändern konnten. Die aufwendigen Bemühungen Pombals im dritten Viertel des 18. Jahrhunderts ermöglichten zwar erweiterte industrielle Ansätze, waren aber zeitlich und räumlich nur begrenzt wirksam. Die Autonomiepolitik brachte nur binnenstaatliche Wettbewerbsvorteile, die jedoch an enge Grenzen stießen.

Die Errichtung von Staatsmanufakturen, wie etwa die 1757 gegründete ›Königliche Seidenmanufaktur‹, die nach zwanzigjährigem Bestehen in 30 Zweigbetrieben etwa 3500 Beschäftigte zählte, bedeutete zwar eine wichtige Erweiterung des industriellen Arbeitsplatzangebots, sie funktionierte jedoch nur so lange, wie sie eine direkte und indirekte staatliche Förderung genoß. Die staatliche Industrialisierungspolitik regte jedoch auch auf dem privaten Sektor zu industriellgewerblichen Aktivitäten an. AZEVEDO (1973, S. 432) und SIDERI (1970, S. 100 ff.) können belegen, daß außer einigen glas- und eisenverarbeitenden Betrieben auch die Wollmanufaktur wieder an Boden gewann. MOURA (1974, S. 104) gibt folgende Zusammenstellung der zwischen 1750 und 1788 neu entstandenen Industrie- und Gewerbebetriebe: 18 Kattunbetriebe, 38 Kleider- und 52 Strumpfmanufakturen, 52 Knopffabriken, 25 Hutmachereien, 16 Töpferbetriebe, 21 Gerbereien, 18 Färbereibetriebe, 25 metallverarbeitende Betriebe und 41 Verhüttungsanlagen.

Daß die Autonomiebestrebungen Pombals auf dem Industriesektor wenigstens teilweise erfolgreich waren, geht daraus hervor, daß die Anzahl der englischen Handelsfaktoreien in Portugal deutlich zurückging und Portugal sogar durch erhöhte Exportleistungen zwischen 1796 und 1809 fortgesetzt eine positive Handelsbilanz erreichen konnte.

MÜHLL (1978, S. 62) weist aber zu Recht darauf hin, daß die industriellen Erfolge Portugals vor allem auf Gewinnen in marginalen Spezialbereichen beruhten, daß aber die englische Vorherrschaft auch in dieser Phase kaum bei den Massenprodukten aufgehalten werden konnte. Wichtigste Erfolge konnte Portugal in der Auseinandersetzung mit der englischen Konkurrenz auf dem brasilianischen Markt erreichen. Dem fast vollständigen Verlust dieses Marktes in der ersten Hälfte des 18. Jahrhunderts konnte in der Ära Pombals eine sukzessive Rückgewinnung entgegengestellt werden: zu Beginn des 19. Jahrhunderts ging ein Fünftel der portugiesischen Exporte nach Brasilien (vgl. CASTRO, 1947, S. 17 ff.).

Wie empfindlich jedoch die frühe portugiesische Industrie war, wie sehr sie von den staatlichen Förderungsmaßnahmen abhängig geblieben war und wie wenig sie aus sich selbst heraus bestehen konnte, wurde im Anschluß an die Wirren der Napoleonischen Kriege allzu deutlich. SIDERI (1970, S. 130) belegt den schnellen Verfall der Industrie für das Jahr 1813: von den 518 Gewerbe- und Industriebetrieben in Portugal zu Beginn des 19. Jahrhunderts gaben 183 ihre Produktion auf; von den 44 Textilmanufakturen blieben nur 3 bestehen.

Dem nun einsetzenden Druck der englischen Industrieproduktion hatte Portugal seit der Periode der Verfassungskämpfe im liberalen Aufbruch ab 1820 nichts mehr entgegenzusetzen. Die schnelle Folge technologischer Entwicklungen vollzog sich außerhalb Portugals und ließ in wenigen Jahren eine derartige Rückständigkeit in den Manufakturen deutlich werden, daß der Zeitgenosse NEVES (1820, S. 111 f.) folgenden Situationsbericht von der portugiesischen Industrieentwicklung geben konnte. „Der Zustand, in dem wir uns in Sachen Maschinen befinden, ist kläglich. Alles leisten wir mit der Kraft der Arme und Tiere, während in den anderen Ländern die Kraft der Elemente die Hand der Menschen von den schwersten Arbeiten praktisch befreit... und bei uns hat sich in unseren Fabriken noch nicht einmal eine einzige Dampfmaschine etabliert."

Unter solchen Bedingungen geriet die portugiesische Wirtschaft in eine Rückständigkeit, die keiner Konkurrenz von außen standhalten konnte. Die rein portugiesischen Unternehmen entwickelten sich zu kleinsten Gewerbebetrieben zurück, die mit veralteten Technologien hauptsächlich den lokalen und regionalen Binnenbedarf notdürftig versorgen konnten, während die größeren Industrie- und Handelsfirmen fast ausschließlich in den Händen von Ausländern, zum größten

Teil von Engländern, lagen. Damit stabilisierte sich in der ersten Hälfte des 19. Jahrhunderts eine Abhängigkeit der portugiesischen Ökonomie von außen, wie sie sich schon seit der 2. Hälfte des 16. Jahrhunderts herausgebildet hatte. Die „alte" Arbeitsteilung zwischen den entwickelten europäischen Industrienationen — allen weit voran: England — und Portugal baute auf den Bedingungen der Ungleichheit auf: sie zwang Portugal trotz seiner politischen Unabhängigkeit einen wirtschaftlichen Austausch auf, der es nötigte, Rohstoffe und Primärgüter gegen Industrieerzeugnisse zu liefern.

Eine graduelle, keineswegs jedoch strukturelle Änderung und Verbesserung ergab sich für die portugiesische Wirtschaft erst zum Ausgang des 19. Jahrhunderts, als Portugal die kolonialen Besitzungen in Afrika flächenmäßig sichern, politisch fest anbinden und damit neue ökonomische Absatzmärkte schaffen konnte. Da Portugal in diesen überseeischen Besitzungen die ausländische Konkurrenz durch entsprechende Einfuhrbestimmungen ausschalten konnte, ergaben sich besonders für die Bekleidungsindustrie wichtige neue Impulse: 1914 wies die Textilindustrie bereits 40000 Beschäftigte auf; diese Beschäftigtenzahl konnte bis 1930 auf rund 60000 gesteigert werden. Aber gerade diese abgeschlossenen „Binnenmärkte" verhinderten mögliche technologische Innovationen; der handwerkliche Kleinbetrieb mit seiner traditionellen technischen Schwäche blieb auch für die erste Hälfte des 20. Jahrhunderts strukturbestimmend.

Die Tab. 39 läßt aus der Zahl der Erwerbstätigen in den Wirtschaftsbereichen ablesen, wie geringfügig die industrielle Entwicklung Portugals in den ersten 20 Jahren dieses Jahrhunderts geblieben ist.

Tab. 39: Verteilung der Erwerbsbevölkerung auf die Wirtschaftssektoren (in %) 1900—1920

	Sektor I	Sektor II	Sektor III
1900	66	21	13
1910	62	22	16
1920	57	24	19

Quelle: FERRAZ, 1975, S. 462.

Der Verarbeitende Industriesektor (unter Einschluß der Extraktiven Industrie) steigert sich in diesem Zeitraum nur um knapp 3 %. Es wird deutlich, daß Portugal ein Land mit stark dominierendem Agrarsektor blieb. In Anbetracht der strukturellen Schwäche aller drei Wirtschaftssektoren und unter besonderer Berücksichtigung des unproduktiven und innovationsschwachen verarbeitenden Sektors kommt FERRAZ (1975, S. 462) zu der resümierenden Feststellung, daß Portugal nur als ein „unterentwickeltes Land" bezeichnet werden kann.

2.3.3. Die jüngere Industrieentwicklung bis 1974

Zum Verständnis der heutigen industriellen Situation Portugals erscheint es erforderlich, die allgemeine wirtschaftliche Entwicklung des Landes seit den fünfziger Jahren kurz zu verfolgen.

Wenn Portugal auch bis in die siebziger Jahre ein „Agrarland" mit einem Anteil der Erwerbspersonen im Landwirtschaftssektor von (1970) 29,5 % geblieben ist, so deutet sich doch bereits durch die frühen staatlichen Investitionspläne (1. Sechsjahresplan 1953—58, 2. Sechsjahresplan 1959—64) an, daß die Industrie sowohl durch direkte Förderung als auch durch die industriebezogene Entwicklung der Infrastruktur (mit den mit Abstand höchsten Investitionszuwendungen) forciert entwickelt werden sollte. Die damals propagierten Industrialisierungsprojekte gaben deutlich den Basisindustrien den Vorrang und führten zum Ausbau der Eisen- und Stahlindustrie (Seixal), der Erschließung der Bodenschätze und der Einrichtung einer Großwerft (Lisnave) am südlichen Tejoufer.

Noch beherrschender wird die Rolle der Industrie im Übergangsplan (1965—67), der für die direkte Industrieentwicklung 42,5 % der öffentlichen Investitionen brachte, und auch der 3. Sechsjahresplan (1968—73) wies mit 25,2 % immer noch die höchsten staatlichen Zuwendungen für die Entwicklung der Industrie aus.

Die einseitige Bevorzugung des industriellen Sektors führte zunächst zu erheblichen wirtschaftlichen Schwierigkeiten; die Konservierung einer — an europäischen Maßstäben gemessen — „primitiven" Agrarwirtschaft vermochte die Belastungen des Staatshaushalts nur sehr bedingt zu verkraften und führte in den Jahren 1961—1963 zu einer ökonomischen Krise, wobei damals schon die hohen Ausgaberaten für das koloniale Engagement Portugals negativ durchschlugen.

Erst um die Mitte der sechziger Jahre konnten sich die Vorleistungen staatlicher Investitionspläne positiv auswirken und führten über eine langsam steigende Inlandsnachfrage, vor allem aber über die externe Nachfrage nach einfachen Industrieprodukten zu einem markanten Anstieg der industriellen Produktion: 1968—1973 jährlich um 10 %. Allerdings war diese Entwicklung nur möglich durch die Aufgabe von bis dahin grundlegenden portugiesischen Wirtschaftsmaximen. Und zwar beinhaltete dies die Abkehr von der national-autonomen und staatsdirigistischen Wirtschaftspolitik. Das Prinzip des „ausgeglichenen Staatshaushalts" frei von jeder größeren Kreditaufnahme im Ausland, die Bildung starker Devisenreserven und die eigenstaatliche Autonomie konnten angesichts der immer größer werdenden kolonialen Kriegslasten nicht aufrechterhalten bleiben.

Zur Sicherung des Investitionszwischenplans (1965—1967) war die portugiesische Regierung gezwungen, fast ein Drittel der Aufwendungen mit Krediten aus dem Ausland zu finanzieren (vgl. Handelsblatt, 17.5.1965). Erklärlicherweise mußten damit wichtige ökonomische Konsequenzen gezogen werden: zum einen mußten die Zölle für industrielle Erzeugnisse rascher gelockert werden, als es die

Verbindlichkeiten, die im Rahmen des EFTA-Anschlusses von Portugal eingegangen waren, erforderten; zum anderen stiegen die Investitionen des Auslandes
kontinuierlich an: allein zwischen 1959 und 1963 von 1 % auf 12,5 % der privaten
Investitionen. Die damalige politische Stabilität war ebenso wichtig für die Inve-
stitionsbereitschaft der europäischen Industrieländer wie die Rentabilitätsvorteile,
die vor allem auf dem extrem niedrigen Lohnniveau basierten. Insgesamt kann die
Zeit von 1964—1974 als die Phase beschrieben werden, in der die portugiesische
Wirtschaft durch die relativ gute Entwicklung des Verarbeitenden Industriesektors einen begrenzten Fortschritt verzeichnen kann.

Wie aus Tab. 40 entnommen werden kann, stieg das Bruttosozialprodukt
in dieser Periode regelmäßig an und wurde vor allem von den Branchen Textil/
Bekleidung/Schuhe und Metallverarbeitung getragen.

Dessenungeachtet müssen folgende Rahmenbedingungen der industriellen
Entwicklung Portugals mit langfristig negativen Wirkungen berücksichtigt
werden:
1. Wachsende militärische Ausgaben konnten nur noch durch Auslandskredite
   bestritten werden, deren Tilgungsverpflichtungen den portugiesischen Staat an
   durchgreifenden, dynamischen Entwicklungsmaßnahmen hinderten.
2. Die Massenemigration der Portugiesen ins westeuropäische Ausland verursachte vielfältige Nachteile, zumal nicht nur die in der Landwirtschaft überflüs-
   sigen Arbeitskräfte das Land verließen, sondern gerade auch die qualifizierten
   Industriearbeiter in den Prozeß der Erosion gerieten und damit die weitere
   Industrieentwicklung vor bemerkenswerte Schwierigkeiten stellte. Immerhin
   arbeiteten 1974 über 1 Mio. Portugiesen im Ausland, wovon mehr als ein Drittel ihr Heimatland illegal verlassen hatten. Zwar profitierte das Land auch
   durch die steigenden Geldüberweisungen der Emigranten, wodurch — wenigstens teilweise — die chronisch schwache Zahlungsbilanz ausgeglichener gestaltet werden konnte; entscheidender blieb jedoch der negative Effekt durch
   den Mangel an Arbeitskräften auf den industriellen Wirtschaftssektor. Auch
   durch die damalige Verlängerung der Militärdienstzeit (durchschnittlich auf
   vier Jahre) wurden wichtigen industriellen Produktionsbereichen die Facharbeiter entzogen.
3. Die beschränkte Aufnahmefähigkeit des Binnenmarktes setzte einer weiteren
   industriellen Entwicklung Grenzen. Die Bildung eines konsumfähigen Mittelstandes blieb auf die ökonomischen Zentren Porto und vor allem Lissabon beschränkt, während die große Masse der ländlichen Bevölkerung kaum in das
   marktwirtschaftliche Geschehen einbezogen werden konnte. Der Export portugiesischer Waren gestaltete sich auf der anderen Seite auch in dieser Phase
   deshalb so schwierig, weil die Konservierung hoffnungslos veralteter Produktionsmethoden in den traditionellen Industriebranchen (Textil, Lebensmittel,
   Kleineisen) zu durchschnittlich überhohen Produktionskosten führte, die das
   Warenangebot Portugals auf dem internationalen Markt schwierig absetzbar

Tab. 40: Bruttosozialprodukt der Verarbeitenden Industrie
zu Faktorkosten in Preisen von 1963

	1965 Mrd. Esc.	%	1970 Mrd. Esc.	%	1974 Mrd. Esc.	%	∅ jährl. Wachstumsraten 1964—1974
Nahrungsmittel, Getränke, Tabak	3,6	3,8	5,1	4,1	7,2	4,3	7,8
Textil, Bekleidung, Schuhe	6,9	7,4	10,0	8,1	16,8	9,9	10,1
Holz, Kork, Möbelindustrie	2,6	2,8	3,2	2,6	3,7	2,2	3,6
Papier, Druck	1,7	1,8	2,7	2,2	3,8	2,3	10,5
Chemie	3,3	3,5	5,9	4,8	7,8	4,6	10,0
nichtmetallische Mineralien	2,2	2,4	3,3	2,7	4,7	2,8	8,9
Basismetall- industrie	1,4	1,5	1,5	1,2	2,0	1,2	6,2
Metallverarbeitung	7,7	8,2	13,0	10,5	18,5	10,9	10,4
andere	1,5	1,6	2,2	1,8	2,3	1,3	5,9
Total	31,5	33,7	46,8	37,9	66,7	39,4	8,8

Quelle: Instituto Nacional de Estatística.

machten. Den einzigen sicheren Absatzmarkt bildeten die Kolonien, die von den Warenexporten 1964 gut 27 % und — stetig abnehmend — 1973 gerade noch 19 % aufnahmen (vgl. ROCHA, 1977, S. 604 ff.).

4. Als langfristig nachteilig für die Industrialisierung erwies sich ferner der Korporativismus. Dieses von Salazar entwickelte System schloß die portugiesischen Unternehmer zu ›gremios‹ zusammen und organisierte einmal den Schutz nach außen durch hohe Zollmauern und sicherte zum anderen einigen wenigen inländischen Industrieunternehmen Monopole in der nationalen Privatwirtschaft, was im Ergebnis zu einem außerordentlich hohen Konzentrationsgrad führte, der über dem vieler Industrieländer lag (vgl. ESSER u. a., 1977, S. 28).

5. Bezüglich der Infrastruktureinrichtungen ergaben sich zwar schon frühzeitig wichtige Verbesserungen, indem schon während des zweiten Sechsjahresplans (1958—1964) die Energieproduktion durch Ausnutzung der Wasserkraft in den nördlichen und mittleren Landesteilen annähernd verdoppelt werden konnte. Auf der anderen Seite überstiegen die Anforderungen an den portugiesischen Staat schnell die gegebenen Möglichkeiten. So konnten wichtige und

längst fällige infrastrukturelle Maßnahmen nicht weiterentwickelt werden: der Autobahnausbau blieb in den ersten Anfängen stecken, so daß 1. die Verbindung zwischen den isolierten Entwicklungsschwerpunkten Lissabon und Porto, 2. der Anschluß des Binnenlandes an die Küstenregion und 3. der Zugang zu Spanien und Europa sehr schwierig blieben.

In der Gesamtverteilung der Beschäftigten auf die Wirtschaftssektoren blieb die Verarbeitende Industrie bis 1973 hinter der Land-, Forst- und Fischereiwirtschaft an zweiter Stelle zurück.

Wie der Tab. 41 entnommen werden kann, hat die traditionelle Textil- und Bekleidungsindustrie in Portugal seit 1960 kontinuierlich an Beschäftigten verloren und blieb doch mit 32,16 % die mit Abstand bedeutendste Beschäftigungsbranche. Daß es sich bei der Textilindustrie jedoch vielfach um relativ unproduktive Mittel- und Kleinbetriebe handelt, geht daraus hervor, daß (1970) ein Drittel der Erwerbstätigen im verarbeitenden Gewerbe nur 21 % des Bruttosozialprodukts erzeugten.

Die regionale Struktur der portugiesischen Verarbeitenden Industrie soll im folgenden für die Zeit bis 1974 an den Tab. 42, 43 und 44 kurz dargestellt werden.

Tab. 42 gibt den Anteil der Industriesektoren am Bruttoinlandsprodukt (1970) wieder und läßt damit überblickartig die relative Bedeutung der industriellen Aktivitäten in den Distrikten erkennen.

Die Nahrungsmittelindustrie hat eine auffallend geringe Bedeutung für ein Land, das einen ungewöhnlich hohen Anteil seiner Erwerbspersonen in der Landwirtschaft beschäftigt. Hier wird erkenntlich, daß der agrare Sektor stark vernachlässigt geblieben ist und so sehr traditionelle, subsistenzwirtschaftliche Formen erhalten sind. Am wichtigsten ist die Nahrungsmittelindustrie für die peripheren Distrikte: Beja, Faro, Bragança und Vila Real.

Die Textil- und Bekleidungsindustrie weist zwei traditionelle Schwerpunkte auf; den Raum um Porto (mit Braga und Aveiro) sowie das Gebiet des Hauptscheidegebirges der Serra da Estrela mit den Distrikten Guarda und Castelo Branco. Im Raum Braga/Porto waren 1973 gut 70 % dieses Sektors konzentriert mit etwas über 50 000 Beschäftigten. Hier dominiert eindeutig die Baumwollverarbeitung mit bedeutendem Akzent auf der Oberbekleidungsindustrie mit einem Umsatz von (1973) 3,5 Mrd. Esc..

Im Distrikt Aveiro ist die Produktion (mit gerade 10 000 Arbeitskräften) auf die Tuchherstellung und Schuhindustrie ausgerichtet. Castelo Branco (Covilhã) ist ebenso wie der Distrikt Guarda auf die Wollverarbeitung (Strickwaren) spezialisiert, wobei die Textilindustrie in Castelo Branco mit 10 000 Industriebeschäftigten fast viermal so bedeutend ist wie in Guarda. Sehr vielseitig stellt sich der Raum Lissabon dar, wo alle Branchen vertreten sind und etwa 18 000 Erwerbspersonen in diesem Industriebereich tätig sind.

Die Holz(Kork-)verarbeitung bildet einen weiteren traditionellen portugiesischen Wirtschaftsbereich, in welchem mit abnehmender Tendenz 1974 noch

Tab. 41: Beschäftigung in der Verarbeitenden Industrie nach Branchen 1960—1973

	1960		1963		1970		1971		1972		1973	
	Tsd.	%	Tsd.	%	Tsd.	%	Tsd	%	Tsd.	%	Tsd.	%
Nahrungs-, Genußmittel	68,8	9,6	64,9	9,5	56,9	8,1	54,6	7,7	53,1	7,5	49,8	7,0
Textil, Bekleidung, Schuhe	238,6	35,8	236,5	34,6	235,4	33,5	232,3	33,0	229,9	32,5	220,1	31,3
Holz, Kork	96,6	14,5	101,4	14,8	103,5	14,7	101,9	14,5	102,0	14,4	101,7	14,4
Chemie	36,8	5,5	37,2	5,4	38,9	5,5	38,8	5,5	38,8	5,4	39,7	5,6
nichtmetallische mineralische Produkte	38,4	5,7	40,5	5,9	46,4	6,6	46,4	6,6	46,8	6,6	46,7	6,6
Grundmetallindustrie	8,6	1,2	14,8	2,1	35,9	5,1	39,2	5,5	41,0	5,7	43,5	6,1
Metallprodukte, Transportmittel	129,7	19,4	131,3	19,2	123,6	17,5	127,1	18,1	133,3	18,8	138,5	19,7
Papier-, Druckerzeugnisse	26,7	4,0	31,3	4,5	31,2	4,4	30,3	4,3	30,2	4,2	29,8	4,2
Verschiedenes	21,2	3,1	25,1	3,6	31,1	4,4	31,5	4,4	32,4	4,5	32,8	4,6
Total	665,4	21,3	682,8	21,8	702,4	23,5	702,1	—	707,5	—	702,6	24,3

Quelle: Instituto Nacional de Estatística.

Tab. 42: Anteil der Industriebranchen am Bruttoinlandsprodukt nach Distrikten (in %) 1970

Distrikte	Nahrungs-, Genußmittel	Textil, Bekleidung, Schuhe	Holz, Kork	Papier	Chemie	nicht-metallische mineral. Produkte	Metall-produkte	Ver-schiedenes
Viana do Castelo	6,57	14,19	2,90	1,48	4,51	11,14	57,45	1,76
Braga	2,15	74,11	2,08	0,57	5,77	0,42	11,43	3,47
Porto	7,37	37,49	6,28	4,19	12,65	4,20	19,87	7,75
Aveiro	8,91	19,24	18,14	11,09	7,78	7,96	22,48	4,40
Vila Real	38,95	—	15,77	2,42	5,39	37,20	0,27	—
Bragança	45,70	—	25,62	4,13	5,37	18,18	—	—
Viseu	9,99	5,10	26,20	8,73	5,92	4,17	39,44	0,45
Guarda	3,04	70,29	2,54	0,50	0,76	0,03	21,30	1,49
Coimbra	75,55	17,03	10,07	23,42	4,03	16,47	8,49	4,34
Leiria	4,43	12,59	6,70	0,73	4,95	43,63	13,34	13,53
Santarém	13,40	24,99	12,05	10,89	1,83	7,51	16,21	13,12
Castelo Branco	4,04	80,16	5,90	6,21	2,07	0,46	1,16	—
Lissabon	16,77	5,24	3,51	5,86	20,06	6,19	28,02	4,35
Setúbal	7,95	2,78	5,28	4,81	13,06	4,58	61,43	0,11
Portalegre	22,27	13,27	6,11	0,75	50,50	0,65	0,15	6,29
Évora	12,82	6,26	15,39	4,93	0,69	7,78	51,93	0,20
Beja	74,44	—	10,07	1,46	2,91	5,16	3,97	1,99
Faro	46,15	0,56	27,04	2,91	3,34	13,52	4,60	1,89
Total	10,85	21,32	6,74	5,84	12,61	7,09	30,76	4,77

Quelle: Instituto Nacional de Estatística: Repartição Regional do Produto, 1970.

55 800 Personen tätig waren, der aber doch nur zu einem kleinen Teil (1970: 6,74 %) am Bruttoinlandsprodukt beteiligt war. Aus Tab. 43 kann ersehen werden, daß die Distrikte Porto und Aveiro bevorzugte Standorte vor allem für die Möbelindustrie bilden; allein im Distrikt Porto wird (1974) über die Hälfte des Produktionswertes in dieser Branche von Portugal erarbeitet. Der Vergleich der Tabellen 43 und 44 macht deutlich, daß es sich bei den holz- und korkverarbeitenden Industrien zumeist um sehr kleine, gewerbliche Produktionsstätten handelt; nur 21 % aller Betriebe verfügen 1974 über mehr als 20 Arbeitskräfte.

Eine Sonderstellung nimmt die Korkverarbeitung ein: sie ist sehr eindeutig auf die Gebiete Aveiro und den südlichen Küstenstandort Setúbal konzentriert. Hier werden mehr als vier Fünftel der Bruttoproduktion erarbeitet.

Was die Standorte der Papierherstellung und Verarbeitung betrifft, so zeigt sich eine auffallend breite Streuung über den ganzen portugiesischen Wirtschaftsraum. Die Zelluloseherstellung ist zwar auf wenige Standorte beschränkt: Aveiro (2); Setúbal (1); Coimbra (1); Castelo Branco (1); Santarém (1); die Papierfabrikation und die Druckindustrie weisen dagegen eine Vielzahl kleiner und kleinster Betriebe auf (vgl. Tab. 43 und 44), die zu drei Viertel weniger als 20 Beschäftigte haben.

Die Herstellung chemischer Erzeugnisse ist dagegen sehr eng an die beiden Standorte Lissabon und Porto gebunden. Zwar weisen die Tab. 43 und 44 auch für die übrigen Distrikte Produktionseinrichtungen aus, was allerdings hauptsächlich durch die Zusammenfassung eines sehr breiten Produktionsspektrums verursacht wird, das sowohl die Streichholz- wie auch die Wachsherstellung umfaßt.

Vor allem der Raum Lissabon/Setúbal muß als wichtigster Standortkomplex der chemischen Industrie herausgestellt werden, wo 92 % der Waschmittel, 53 % der Farben und Harze, 85 % der pharmazeutischen Produkte und 82 % der Düngemittel hergestellt werden.

Was dagegen die Herstellung der Erdölderivate betrifft, so ist der Raum Porto (Matosinhos) 1974 etwa doppelt so produktiv wie der Raum Lissabon (Cabo Ruivo).

Die Produktionsgruppe der nichtmetallischen mineralischen Produkte weist eine doppelte Standortausrichtung auf: Ziegelherstellung und Tonverarbeitung sind über das ganze Land ausgebreitet, während die Porzellan- und Fayencenfabrikation sowie auch die Glas- und Zementherstellung in Anpassung an die Rohstoffgegebenheiten auf den Küstenbereich, vor allem im mittleren Portugal, beschränkt bleiben. Die Verarbeitung von Ton und Erde zu Baumaterialien erfolgt (1974) zu 77 % in den Distrikten Aveiro, Leiria, Santarém, Lissabon und Setúbal. Andererseits finden sich in den Küstendistrikten Aveiro, Coimbra, Leiria, Porto und Lissabon 91 % der Produktionsanlagen von Porzellan und Fayencen, die fast 99 % der Gesamtproduktion erstellen. Die Glasproduktion ist zu 78 % (1974) auf die Standorte Lissabon und Leiria konzentriert. In der Zementherstellung dominieren die Standorte Leiria und Setúbal und Alhandra (bei Lissabon), die

Tab. 43: Anzahl der Betriebe der Verarbeitenden Industrie in den Distrikten 1974

Distrikte	Nahrungs-, Genußmittel	Textil, Bekleidung, Schuhe	Holz, Kork	Papier	Chemie	nicht-metallische, mineral. Produkte	Metall-produkte	Ver-schiedenes
Viana do Castelo	48	6	58	14	18	12	5	2
Braga	133	381	161	58	51	20	102	24
Porto	485	689	784	289	184	105	385	112
Aveiro	312	373	498	124	48	94	158	31
Vila Real	83	1	30	7	8	9	3	1
Bragança	43	—	37	6	4	10	1	—
Viseu	145	14	140	30	32	22	11	1
Guarda	82	51	41	10	6	8	3	—
Coimbra	246	53	154	56	40	54	27	3
Leiria	190	80	199	29	51	176	47	44
Santarém	280	196	179	53	46	131	40	6
Castelo Branco	126	162	91	17	22	17	15	—
Lissabon	474	267	272	444	282	261	283	88
Setúbal	190	48	234	34	40	73	61	8
Portalegre	216	12	52	15	9	15	1	2
Évora	150	11	89	19	12	38	16	1
Beja	115	5	49	5	5	14	4	—
Faro	183	8	173	17	10	57	30	7
Total	3501	2337	3241	1229	868	1116	282	330

Quelle: Instituto Nacional de Estatística; Estatísticas Industriais.

Tab. 44: Anzahl der Betriebe der Verarbeitenden Industrie mit mehr als 20 Beschäftigten in den Distrikten 1974

Distrikte	Nahrungs-, Genußmittel	Textil, Bekleidung, Schuhe	Holz, Kork	Papier	Chemie	nicht-metallische, mineral. Produkte	Metall-produkte	Ver-schiedenes
Viana do Castelo	9	—	7	3	—	5	—	—
Braga	22	266	32	10	1	12	41	—
Porto	131	426	176	97	54	36	171	39
Aveiro	53	192	140	41	14	46	101	8
Vila Real	5	—	3	—	1	5	—	—
Bragança	7	—	—	—	—	4	—	—
Viseu	10	3	31	6	7	2	6	—
Guarda	4	27	4	1	—	—	—	—
Coimbra	17	30	40	11	6	31	9	2
Leiria	30	37	55	7	9	89	24	17
Santarém	47	44	30	12	2	33	18	2
Castelo Branco	7	98	13	4	2	2	3	—
Lissabon	152	117	53	716	128	83	106	33
Setúbal	89	30	50	6	11	24	28	2
Portalegre	15	4	3	—	—	—	—	—
Évora	15	1	12	1	—	4	4	—
Beja	4	—	—	—	1	3	—	—
Faro	67	4	16	1	—	18	—	—
Total	663	1276	683	317	231	406	542	116

Quelle: Instituto Nacional de Estatística; Estatísticas Industriais.

knapp drei Viertel der Produktion erzeugen und den gesamten nördlichen Landesteil mitversorgen müssen.

Die metallverarbeitende Industrie ist sehr eng an die Industriezonen im Küstenbereich geknüpft. Die Herstellung von Stahl und Blechen ist ausschließlich in Lissabon, Porto und Setúbal vertreten; dagegen finden sich die Produktionsstätten des Maschinen- und Fahrzeugbaus, der Werkzeug- und Geräteherstellung verhältnismäßig breiter gestreut über die Distrikte Aveiro, Braga, Santarém, vermindert in Castelo Branco, Coimbra, Évora und Faro und am stärksten wieder in den Ballungsräumen Lissabon und Porto. Auch in dieser Industriebranche sind die kleinen Betriebe noch deutlich in der Überzahl; nur 36% aller Unternehmen beschäftigen über 20 Arbeitskräfte. Die mittleren und größeren Betriebe stellen vor allem die Pkw-Montagebetriebe in den Distrikten Setúbal, Santarém und Lissabon dar; die vielen kleineren Werkstätten sind regional spezialisiert: in Braga auf die Messerherstellung, in Aveiro auf die Nagel- und Schraubenproduktion, in Leiria und Santarém auf die Werkzeugherstellung.

Die zusammenfassende Betrachtung der Standortstrukturen der portugiesischen Verarbeitenden Industrie läßt sich an der Abb. 13 vornehmen: Die dort für das Jahr 1973 dargestellten fünf wichtigsten Sektoren machen auf ein spezielles Verteilungsproblem aufmerksam, das in der außerordentlich ungleichen Verteilung der portugiesischen Industrie liegt. Deutlich hebt sich der Küstenraum als industrialisierte Zone von dem beinahe industriefreien Hinterland ab: in den sechs Küstendistrikten (Setúbal, Lissabon, Leiria, Aveiro, Porto, Braga), die einen Flächenanteil von 21,6% einnehmen, arbeiteten (1973) 81,5% aller Industriebeschäftigten.

Innerhalb des entwickelteren Küstensaums heben sich die Ballungsräume Lissabon und Porto noch einmal besonders hervor: hier waren 1974 zwei Drittel aller Industriebetriebe mit über 500 Arbeitskräften konzentriert, und von den Betrieben mit über 1000 Beschäftigten hatten sogar drei Viertel hier ihren Standort.

Die Problematik einer zunehmenden disparitären räumlichen Entwicklung wird durch zwei weitere Aspekte verschärft:

1. Die im Landesinneren vertretenen industriellen Ansätze sind einmal gekennzeichnet durch weit unterdurchschnittlich kleine Betriebseinheiten und zum anderen durch eine sehr ungünstige Monostruktur. In den Binnendistrikten Castelo Branco und Guarda sind 88,5% der im Industriesektor Beschäftigten in der Textilindustrie tätig.

2. Das industriewirtschaftliche Gefälle zwischen den Küstenzentren und dem Hinterland wird durch die parallelen Strukturen, die sich in anderen Wirtschaftsbereichen ausgeprägt haben, noch verschärft. Die in Abb. 14 wiedergegebene Karte von GASPAR (1977) stellt die Standorte der Hauptwirtschaftsunternehmen Portugals dar und läßt erkennen, daß auch die ökonomischen Schwerpunkte im Bereich des Handels, des Transportes und der übrigen Wirtschaftssektoren eindeutig auf den Küstenbereich konzentriert sind.

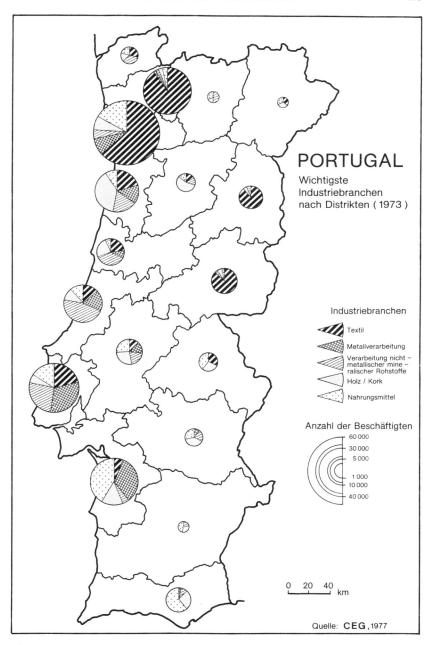

PORTUGAL

Wichtigste
Industriebranchen
nach Distrikten (1973)

Industriebranchen

Textil

Metallverarbeitung

Verarbeitung nicht –
metallischer mine –
ralischer Rohstoffe

Holz / Kork

Nahrungsmittel

Anzahl der Beschäftigten

60 000
30 000
5 000

1 000
10 000
40 000

0   20   40
km

Quelle: CEG, 1977

Abb. 13.

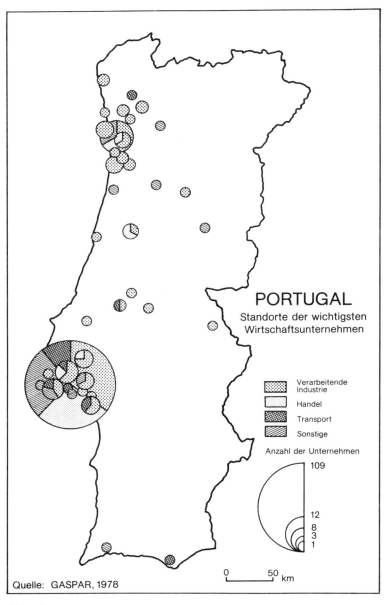

Abb. 14.

Somit läßt sich die Industriestruktur Portugals am Ende der Entwicklungsphase, die durch die drei Sechsjahrespläne (1953—1973) begrenzt ist, insgesamt dadurch charakterisieren, daß durch die Öffnung des Marktes nach außen ein mo-
dernisierter (häufig vom ausländischen Kapital entscheidend getragener) Sektor
verstärkt zu den günstigeren Küstenstandorten zieht, während die traditionellen
Wirtschaftsbereiche isoliert (und häufig hoffnungslos veraltet) im portugiesischen
Hinterland zurückbleiben. Damit ist eine ökonomische und räumliche Disparität
entstanden, die auf praktisch allen Lebensgebieten höchst nachteilige Konsequenzen nach sich gezogen hat, und die in der Folgezeit die portugiesische Wirtschaftsplanung vor kaum zu lösende Aufgaben stellen wird.

·2.3.4. Industrielle Entwicklung in der nachrevolutionären Krise (1974—1976)

Politische Umwälzungen wie die portugiesische Revolution vom 25.4.1974
sind nur zu verstehen, wenn ihre ökonomischen Rahmenbedingungen mitgesehen
werden. ESSER u. a. (1977, S. 43) betonen zu Recht, daß für jenen Teil der wirtschaftlichen Führungskräfte, die als liberale und europaorientierte Technokraten
angesehen werden konnten, die Nachteile der weltwirtschaftlichen Isolierung
größer waren als die ökonomischen Vorteile der Kolonien.

Die Erkenntnis dieses Zusammenhangs hatte mit der Öffnung nach außen am
Ende der fünfziger Jahre zu einem partiellen Abrücken von der Ideologie des
›Estado Novo‹ geführt, ohne allerdings einen konsequenten Versuch der Ab-
lösung von den traditionellen Strukturmängeln der Wirtschaft zu unternehmen.
Diese basierten auf zwei grundsätzlichen Nachteilen: der eine ergab sich durch die
einseitige Ausrichtung auf den kurzfristigen Lohnkostenanteil, der andere durch
die einseitige Entwicklung eines außerordentlich begrenzten Wirtschaftsraumes.
Die mangelnde materielle Infrastruktur im weitaus größten Teil des Landes und
der dadurch verursachte ›Ausschluß‹ dieses Teils aus der ökonomischen Gesamt-
entwicklung wurde gerade im Anschluß an die Revolution von 1974 erst recht
deutlich.

Die ungleiche ökonomische Entwicklung kann anhand der Steueraufkommen
der Distrikte (1974) aus der Tab. 45 ersehen werden. Dabei bestätigt sich auch nach
diesem Merkmal die extreme Polarisierung der portugiesischen Wirtschaft: über
zwei Drittel der Gewerbeeinkommensteuer wurden 1974 in den Distrikten der
Agglomerationen Lissabon und Porto erhoben, während in neun binnenländischen Distrikten zusammen nicht einmal der zehnte Teil des Steueraufkommens
der beiden Agglomerationsdistrikte errreicht wurde.

Der Vergleich des relativen Anteils der Steuerpflichtigen mit deren Anteil am
Steueraufkommen (Gewerbeeinkommensteuer und Nebensteuern) macht deut-
lich, daß nur in den Distrikten Lissabon und Porto überdurchschnittlich hohe
Steuerbeträge aufgebracht wurden.

Tab. 45: Gewerbeeinkommensteuer nach Distrikten 1974

	Steuerpflichtige		Steueraufkommen	
	abs.	%	Mio. Esc.	%
Aveiro	23 032	7,23	283,56	5,62
Beja	7 423	2,33	28,16	0,56
Braga	15 607	4,90	167,20	3,31
Bragança	5 941	1,86	14,51	0,29
Castelo Branco	9 176	2,88	74,10	1,47
Coimbra	16 162	5,07	145,55	2,88
Évora	6 952	2,18	41,58	0,82
Faro	15 852	4,97	131,12	2,60
Guarda	6 327	1,99	32,05	0,64
Leiria	13 195	4,14	126,88	2,51
Lissabon	76 782	24,09	2386,93	47,31
Portalegre	5 906	1,85	32,10	0,64
Porto	54 003	16,94	1127,64	22,35
Santarem	17 401	5,46	139,59	2,77
Setúbal	20 185	6,33	195,33	3,87
Viana do Castelo	6 553	2,06	36,91	0,73
Vila Real	6 228	1,95	31,46	0,62
Viseu	11 982	3,76	50,67	1,00
Total	318 717	100,00	5045,39	100,00

Quelle: Deutsch-Portugiesische Industrie- und Handelskammer, Informationen 1975, 4.

Die seit dem 25.4.1974 propagierte Wirtschaftspolitik blieb in ihren planungspolitischen Zielsetzungen außerordentlich diffus. Als Hauptziel wurde die Aufhebung der monopolistischen Struktur der portugiesischen Wirtschaft angesehen, was vor allem durch umfangreiche Verstaatlichungen erreicht werden sollte mit der Absicht, 1. die geringen privaten Investitionen durch staatliche Maßnahmen der Investitionslenkung auszugleichen, 2. die strategisch wichtigen Industriebranchen in staatlicher Regie zu haben, um sowohl nationale Monopolbildungen als auch internationale Überfremdungen auszuschließen, und 3. eine Umstrukturierung der Einkommensverteilung in die Wege leiten zu können.

Seit Februar 1975 wurden zuerst private Banken und Versicherungen enteignet, sodann wurden die Elektrizitäts- und Transportgesellschaften und schließlich die ›Basisindustrien‹ mit einem Teil der Unternehmen der Verarbeitenden Industrie verstaatlicht.

Dabei waren weder die nationalen Klein- und Mittelbetriebe in privater Hand noch die ausländischen Unternehmen betroffen. Dagegen sollten besonders die „Schlüsselindustrien" erfaßt werden, wie z. B. die Companhia Nacional de Petroquîmica (CNP), die großen Schiffswerften (SETENAVE in Setúbal) und die Companhia União Fabril (CUF) als größtes nationales Unternehmen in privater Hand mit über 100 Einzelfirmen aller Branchen. Im Bereich der Verarbeitenden Industrie wurden insgesamt 32 Unternehmen direkt verstaatlicht. Bei 73 Betrieben verfügte der Staat über Mehrheitsbeteiligungen am Gesellschaftskapital, und in 28 Unternehmen ergaben sich mittelbare Verstaatlichungen, die über die Verstaatlichung von Banken und Versicherungen in Staatshand kamen und zu staatlichen Minderheitsbeteiligungen führten. Diese verhältnismäßig kleine Zahl an staatlich gelenkten Betrieben war jedoch (1976) zu einem Viertel an der Bruttowertschöpfung des industriellen Sektors beteiligt und in ihnen wurden ungefähr ein Achtel der in der Verarbeitenden Industrie Tätigen beschäftigt.

Obgleich Portugal mit seinem Verstaatlichungsprogramm keineswegs aus dem Rahmen westeuropäischer Länder fällt (in Frankreich und Italien ist der Anteil der Beschäftigten in staatlichen Unternehmen mit gut 11 % [1975] auf dem gleichen Niveau, in der Bundesrepublik mit 8,7 % nur wenig darunter), so sind doch deutlich ökonomische Konsequenzen mit dem staatlichen Nationalisierungsprogramm von 1975 verbunden:

1. Die allgemeine politische Ungewißheit bewirkte eine weitgehende Zurückhaltung ausländischer Investoren; es läßt sich eine auffallende Schwerpunktverlagerung feststellen: Die Neuinvestitionen, die die Gründung neuer Unternehmen oder Niederlassungen, Erwerb oder Teilerwerb von Betrieben und Beteiligungen am Gesellschaftskapital bestehender Firmen umfassen, fallen ab 1975 entscheidend zurück.

Statt der Neuinvestitionen waren die ausländischen Unternehmen daran interessiert, durch Nachschüsse an ihre portugiesischen Niederlassungen die zuvor getätigten Investitionen abzusichern und sich so den veränderten Produktionsbedingungen anzupassen. Die Quartalsdaten weisen dann jedoch deutlich aus, daß die Verstaatlichungsmaßnahmen im Frühjahr 1975 auch diese Entwicklung abstoppten. Insgesamt betrugen die direkten Auslandsinvestitionen, die im Zeitraum von 1973—1975 um 5 % abfallen, in den beiden Jahren 1974 und 1975 5,3 Mrd. Esc.; etwa die Hälfte dieser Direktinvestitionen kam aus dem Gemeinsamen Markt, davon 30 % aus der Bundesrepublik Deutschland, und ein Viertel aus den USA.

Etwas anders liegen die Dinge hinsichtlich der Bereitstellung von staatlichen und überstaatlichen Finanzhilfen für Portugal. Nach den Wahlen von 1975 konnte Portugal bis Ende 1976 etwa 5 Mrd. DM Auslandshilfe erhalten. Damit war allerdings eine beträchtliche Verschuldung verknüpft, die sich Ende 1977 auf 281,9 Mrd. Esc. belief, was einem Anteil der Gesamtverschuldung am Bruttoinlandsprodukt zu Marktpreisen von 44,5 % entsprach (vgl. Handelsblatt, 153, 21. 8. 1978).

Soweit es sich dabei allerdings um nichtprojektgebundene Darlehen handelte, blieb die Frage, inwieweit diese Auslandsgelder nur zur künstlichen Erhaltung

von (sozialisierten) Unternehmen benutzt wurden, die längerfristig keine Ent-
wicklungschance haben. Diese Frage muß schon deshalb unbeantwortet bleiben,
weil keine ausländischen Bankfilialen eröffnet werden durften. 2. Die Kapitalbildung in Portugal selbst kennzeichnet ebenso die schwierige
ökonomische Situation seit 1974. Die Spartätigkeit im Inland und auch die Kapi-
talbildung wiesen bis 1972/73 seit den sechziger Jahren gleichbleibende Steigungs-
tendenzen auf. 1974 begann ein deutlicher Rückgang, der im Jahr 1975 besonders
durchgreifend wirksam wurde (vgl. Tab. 46).

*Tab. 46: Spartätigkeit und Kapitalbildung in Portugal
(in % der Verwendung des Sozialprodukts) 1970—1975*

Jahr	Interne Brutto- spartätig- keit	Interne Brutto- kapital- bildung	Saldo der privaten Über- weisungen
1970	18,8	17,4	8,2
1971	21,3	19,1	9,7
1972	24,0	20,1	10,3
1973	22,9	20,2	9,7
1974	15,0	21,5	8,3
1975	4,5	10,2	6,3

Quelle: Bank von Portugal, Jahresbericht 1975; nach:
Deutsch-Portugiesische Industrie- und Handelskammer,
76135.

Wie reduziert das Vertrauen der Portugiesen in ihre eigene Wirtschaft war,
wird schließlich auch aus dem beträchtlichen Rückgang der privaten Überweisungen deutlich, die vor allem auf den Geldsendungen der Emigranten beruhten.
    Die Entwicklung der Verarbeitenden Industrie sollte in der Umbruchphase der
VI. Provisorischen Regierung Portugals vor allem durch eine Einfuhrsubstitution
erreicht werden. Der Ministerrat setzte (1975) eine ›Gruppe zur Förderung der
Einfuhrsubstitution‹ ein, die
1. eine systematische Analyse der portugiesischen Einfuhren durchführen sollte
   zur Auffindung nationaler Substitute;
2. die nicht ausgelasteten Produktionskapazitäten industrieller Betriebe ermitteln
   sollte;
3. die Möglichkeiten zur Schaffung neuer Betriebe in den Fabrikationsbereichen
   unternehmen sollte, für deren Errichtung öffentliche und private Investitionen
   erforderlich waren;
4. Vorschläge zur Unterstützung innovativer Ansätze erarbeiten sollte, durch
   welche bisher importierte Erzeugnisse ersetzt werden könnten;

5. die Kontakte mit dem portugiesischen Unternehmertum intensivieren sollte, um die oben angegebenen Ziele zu erreichen.

Dem gleichen Ziel dienten auch Maßnahmen, welche auf fiskalischer Basis die Einfuhren einschränken sollten. Am 31.5.1975 wurde per Gesetz-Dekret (271-A/75) die Erhöhung der Einfuhrsondersteuer festgesetzt von 20 auf 30 %. Alle diejenigen Fertigwaren und Rohstoffe, die in Portugal selbst hergestellt werden konnten, wurden von dieser Sondersteuer betroffen; darüber hinaus war die Einfuhr auch solcher Waren betroffen, die nicht als notwendig für die nationale Wirtschaft angesehen werden mußten; diese wurden im gleichen Dekret mit einer Sondersteuer in Höhe von 60 % belegt. Zugleich wurde den Ministern für Planung und wirtschaftliche Koordination, für Finanzen, für Außenhandel und für Fremdenverkehr die Berechtigung erteilt, die Importe von Gütern, die als nicht wesentlich angesehen werden konnten, einer Kontingentierung zu unterwerfen. Wie begründet diese Maßnahmen waren, läßt sich aus der Tab. 47 entnehmen.

Tab. 47: Außenhandelsvolumen Portugals 1973—1977
(Prozentveränderungen gegenüber dem Vorjahr)

	1973	1974	1975	1976	1977 (Jan.—Sept.)
Importe: Total	14,7	5,6	—26,3	15,0	14,6
Agrarprodukte	— 3,9	18,8	—12,3	6,2	8,0
Mineralprodukte	2,7	19,8	—10,1	6,4	5,3
Chemische Produkte	30,9	— 6,3	—26,5	62,0	29,5
Bekleidung	25,5	—14,3	—29,6	34,2	0,0
Metallprodukte	15,3	28,4	—33,0	23,2	36,3
Maschinen, Apparate	7,6	20,0	—31,5	20,2	7,7
Exporte: Total	14,9	— 2,5	—13,2	— 5,4	2,5
Agrarprodukte	6,9	—23,0	9,6	22,1	6,9
Holz, Korkprodukte	13,6	— 7,4	—17,7	26,6	— 2,0
Bekleidung	18,2	— 6,0	—14,3	— 7,9	— 1,5
Maschinen, Transp. Ausrüstung	25,0	27,0	—19,7	— 8,1	18,0

Quelle: OECD, 1977, S. 20.

Es zeigt sich deutlich, daß alle Importsubstitionsbemühungen der Regierung keine langfristigen und durchgreifenden Lösungen ermöglichten. Zwar reduzierten sich alle Importbereiche im Jahr 1975, bei einem durchschnittlichen Absinken um gut ein Viertel des Vorjahreswertes, aber schon 1976 stiegen die Einfuhren in allen Sparten, sogar im Textil- und Bekleidungssektor. Die Regierung sah sich deshalb im Februar 1977 gezwungen, neue Importrestriktionen zu erlassen, die insbesondere auf technische Geräte und Pkw (bzw. Autoersatzteile) sowie auf Kaffee und Bananen ausgedehnt wurden. Dadurch hat sich immerhin eine Verschiebung innerhalb der Importe ergeben, insofern seit 1976 die industriellen Rohstoffe und die sog. ›intermediate goods‹ (wobei hier die Erdölimporte eingeschlossen sind) mit 70 % den weitaus größten Teil der Importe ausmachten.

Was die Exporte betrifft, so läßt sich für die Jahre 1974/75 ein deutlicher Rückgang feststellen, der erst 1976 (5,4 %) teilweise wieder aufgefangen werden konnte und auch in den ersten neun Monaten 1977 eine ganz leichte Verbesserung anzeigte.

Folgende spezifische Nachteile charakterisieren die portugiesische Ausfuhr:
1. eine zu geringe Exportdiversifikation; nach wie vor stellen Wein, Konserven, Zellstoffe, Kork und Textilien die ausschlaggebenden Exportgüter dar;
2. der Verlust der ehemaligen Escudozone: diese nahm 1973 noch über 15 % der Ausfuhren auf und schrumpfte infolge der politischen Ereignisse auf unter 5 % im Jahr 1977;
3. zunehmende Importrestriktionen anderer Länder: protektionistische Maßnahmen von Großbritannien und den skandinavischen Ländern behinderten vor allem die Ausfuhr von Textilgütern;
4. die Unterrepräsentiertheit der portugiesischen Wirtschaft auf wachsenden Märkten; dies gilt insbesondere für den Handel mit den Ölländern, die nur 2 % der portugiesischen Exporte aufnehmen (vgl. OECD, 1977, S. 19).

Die ersten Auswirkungen der nachrevolutionären Wirtschaftspolitik erwiesen sich auf fast allen Gebieten als nachteilig; es gab kaum einen Wirtschaftsbereich, der nicht im ersten Halbjahr 1975 erhebliche Schwierigkeiten und rückläufige Produktionsziffern aufgewiesen hätte.

Im Überblick gibt Abb. 15 die Entwicklung der portugiesischen Verarbeitenden Industrie für den Zeitraum von 1974 bis September 1977 wieder.

Es wird deutlich, daß nach der rückläufigen Phase, die sich im Gefolge der Verstaatlichung im Frühjahr 1975 ergeben hatte, eine allgemeine Aufwärtsbewegung zustande kam, die bis 1977 andauerte.

Für 1976 errechnet sich eine Produktionssteigerung von 6 % und für 1977 eine Wachstumsrate von leicht über 7 % (vgl. OECD, 1977, S. 16). Dabei ergab sich für fast alle Branchen eine deutliche Wachstumstendenz, wobei die Kapitalgüterindustrien die höchsten und die extraktiven Industrien die niedrigsten Zuwächse aufwiesen. Auffällig waren die starken Fluktuationen in der Nahrungsmittelindustrie, wobei die Produktion im ersten Halbjahr 1977 um fünf Prozent unter dem Vorjahr blieb. Die Textilindustrie konnte nach den starken Rückfällen bis zum Frühjahr 1975 seit 1976 ein relativ niedriges Niveau halten.

Dieser Entwicklung der Verarbeitenden Industrien liegen wichtige allgemein-

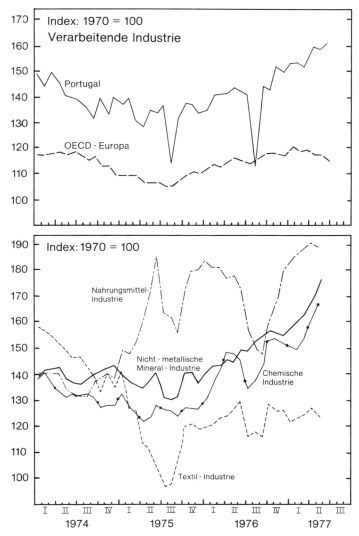

Abb. 15: Industrieproduktion 1974—1977 (Quelle: OECD, Economic Surveys, Portugal, 1977).

wirtschaftliche Faktoren zugrunde, die im folgenden für den hier behandelten
Zeitraum von 1974—1976 kurz charakterisiert werden sollen.

Die Grundproblematik der *Unterbeschäftigung* war für Portugal kein Phänomen, das sich erst mit dem gesellschaftlichen Umbruch seit 1974 ergeben hatte.
Wie sehr dieses Problem das Land belastet hatte, läßt sich daraus entnehmen, daß
im Zeitraum von 1964—1974 über 700 000 Personen im aktiven Alter emigrierten,
wobei das Bruttoinlandsprodukt in diesem Zeitraum jährlich um 6 % stieg.

Durch die seit 1973/74 aus den ehemaligen Kolonien ins Land kommenden
Flüchtlinge (Retornados) verschärfte sich die Arbeitslosigkeit beträchtlich.

Wie Tab. 48 ausweist, stieg die offizielle Arbeitslosigkeit von (1974) 180 000
auf (1976) 452 000 an. Die angegebenen Zahlen schwanken erheblich; in Wirklichkeit dürften sie nicht unerheblich über den hier angegebenen liegen. Diese Zahl ist
z. T. dadurch künstlich niedrig gehalten worden, daß durch die Gesetzgebung von
1975 die Möglichkeiten der Entlassung von Arbeitskräften den Betrieben vollkommen genommen wurden. Erst seit August 1977 sind diesbezügliche staatliche
Vorschriften gelockert, so daß seitdem Arbeitsverträge aufgelöst werden konnten,
wenn von einem Betrieb unlösbare ökonomische Schwierigkeiten nachgewiesen
werden konnten. Die Konsequenz ist, daß inzwischen die Arbeitslosigkeit wieder
stärker angestiegen ist.

Tab. 48: Beschäftigungsstrukturen 1974—1976

	1974	1975	1976
Wohnbevölkerung (in 1000)	8731	9003	9134
Erwerbstätigkeit (in %)	37,6	38,5	38,9
Primärer Sektor (%)	26,1	27,6	27,1
Sekundärer Sektor (in %)	36,7	36,5	36,3
Arbeitslosigkeit (in 1000)	180	381	452
Arbeitslosenquote (in %)	5,5	11,0	12,7
Retornados-Arbeitslose (in 1000)	4	120	126

Quelle: OECD, 1977; PMP, 77/80; Proposta, 1977, S. 269.

Extrem hoch lag die Rate der Arbeitslosigkeit bei den aus den ehemaligen Kolonien kommenden Retornados: 1975 waren von ihnen 96,1 % und 1976 immer
noch 79,8 % arbeitslos. Die Beschäftigungsproblematik wurde durch die sozial-
politischen Maßnahmen des Staates insofern noch verstärkt, als durch die stark an-
gehobenen (und in Abständen neu aktualisierten) Minimumlöhne eine bis dahin
auf dem Arbeitsmarkt erheblich unterrepräsentierte Bevölkerungsgruppe, nämm-
lich die weiblichen Erwerbsfähigen, aktiv wurden. Für 1976 wurden 69 000
weibliche Arbeitskräfte gezählt, die erstmalig eine Anstellung suchten.

Schließlich strömte in dieser Periode mit wachsender Demilitarisierung ein beträchtlicher Teil der ehemaligen Kolonialtruppen in die heimische Wirtschaft, die freilich nicht imstande war, sie zu absorbieren.

Sehr bald hatte die portugiesische Staatsführung nach der Revolution sich darum bemüht, die *Inflation* in den Griff zu bekommen, indem eine Vielzahl von Produkten einer Preiskontrolle unterstellt wurden. Tatsächlich gelang es auch, die Inflationsrate von fast 30 % im Sommer 1974 auf 15 % bis zum Ende des Jahres 1975 zu bringen, wenngleich damit auch der Nachteil verbunden war, daß die produzierenden Unternehmen beträchtlich behindert wurden, da sie ihre wachsenden Unkosten nicht an die Verbraucher weitergeben konnten. Als dann zum Ende des Jahres 1976 die Wirtschaftspolitik zugunsten der Unternehmen abgewandelt wurde und damit eine Rückkehr zu den tatsächlichen Kostenverhältnissen ermöglicht wurde, setzte ein neuer Preisanstieg ein, der sich bis 1977 und darüber hinaus fortsetzte (vgl. Tab. 49) und insgesamt 1977 eine Rate von 27 % bei den Verbraucherpreisen erreichte. Die Escudoabwertung im Februar 1977 konnte die inflationären Tendenzen nicht wesentlich beeinflussen: bei den Verbraucherpreisen stellten sich vor allem bei den Nahrungsgütern ungewöhnlich hohe Wachstumsraten ein, die im Mai 1970 sogar bei über 50 % gegenüber dem Vorjahr lagen. Die ungünstige Witterung 1976/77 hatte die Lage noch verschärft. Für die industrielle Produktion wirkten sich nicht zuletzt die enormen Preisanstiege bei den Brennstoffen aus, die im zweiten Viertel 1977 um fast 43 % kletterten, sowie die gleichmäßig steigenden Raten im gesamten Bereich der Dienstleistungen.

Tab. 49: Preisentwicklung 1974—1977 (Prozentveränderungen gegenüber dem Vorjahr)

	Dez. 75 Dez. 74	Dez. 76 Dez. 75	1977 1. Viertel	1977 2. Viertel	1. Halbj. 77 1. Halbj. 76
Verbraucherpreise Total	15,0	27,2	24,4	36,2	25,4
Nahrungsmittel	22,4	29,4	29,0	45,0	31,1
Kleidung, Schuhe	2,0	3,4	6,9	12,4	8,4
Brennstoffe	12,9	18,9	29,5	42,8	24,8
Großhandelspreise Total	11,6	26,0	24,7	34,6	24,2
Inlandsprodukte	12,7	28,2	24,2	35,6	24,3
Importgüter	6,8	27,0	38,7	46,6	34,1
Tauschwert gegenüber US-$	— 9,2	—13,8	—19,7	—21,8	—17,6

Quelle: OECD, 1977, S. 14.

Entscheidend für den produzierenden Sektor blieb die Entwicklung der Löhne. Seit Anfang 1976 hatte sich das Lohnwachstum deutlich verlangsamt und sich im industriellen Bereich bei 12 % stabilisiert. Für das Jahr 1977 wurde der Anstieg der Löhne nach oben mit 15 % festgesetzt bei gleichzeitiger Anhebung des Monatslohns auf 4500 Esc. Allerdings ist festzustellen, daß aufgrund der steilen Entwicklung der Löhne seit 1974 allenfalls noch drei von hundert Industriearbeitern über 20 Jahre zu diesem Zeitpunkt unterhalb der neu festgesetzten Minimumlöhne lagen. Gleichzeitig wurden die Monatslöhne über 50 000 Esc. zwangsweise eingefroren.

Wenn auch die relativen Lohnsteigerungen in Portugal sehr hoch liegen, so bleibt doch festzuhalten, daß die monatlichen Grundlöhne 1977 in den verschiedenen nichtlandwirtschaftlichen Sektoren durchschnittlich 900 Escudos (= 530,— DM) betrugen und damit im Vergleich zu anderen europäischen Ländern immer noch sehr niedrig geblieben sind. Das bedeutet natürlich konkret eine spürbare Verschlechterung der Lebensbedingungen von Lohnempfängern, da die Lebenshaltungskosten 1977 etwa doppelt so schnell gestiegen sind wie die Löhne. Andererseits bedeutet die Verlangsamung der Nominallöhne in Verbindung mit dem deutlichen Wachstum der Produktion eine relative Erniedrigung der Arbeitskosten für das Jahr 1977, wodurch insgesamt für die Industrie ein Wachstum der Gewinne erwartet werden konnte.

In dieser schwierigen ökonomischen Lage ist das erklärte Ziel der portugiesischen Regierung, die sozialen und regionalen Disparitäten durch eine integrierte Wirtschaftsplanung abzubauen, nahezu unmöglich zu erreichen. Statt derartiger regionalpolitischer Entwicklungsabsichten mußte es der portugiesischen Regierung, die zudem um die Aufnahme in die Europäische Gemeinschaft nachsuchte, darauf ankommen, nach marktwirtschaftlichen Konzepten wachstumsorientierte Wirtschaftspolitik zu betreiben.

2.3.5. Industrieplanung 1977—1980

Portugal hat sich bei der Aufstellung einer adäquaten Industrialisierungsstrategie nicht leicht getan: dies kann nicht verwundern, wenn man bedenkt, daß nach 1974 ein völliger Neuanfang gemacht werden mußte, der bis zur Ebene des planungstechnischen Know-how reichte. Nach zwei für die industrielle Entwicklung bedeutsamen staatlichen Investitionsprogrammen (PIAP 77 und PISEE 77) kam 1977 der Vierjahresplan 1977—1980 (Plano de Médio Prazo = PMP) als mittelfristiger Entwicklungsplan heraus, der auch entscheidende Orientierungsziele für die Industrie Portugals formulierte. Diese sollen im folgenden in ihren standörtlich-räumlichen Konsequenzen im Rahmen einer regionalen Analyse aufgezeigt werden.

Regionalpolitische Maßnahmen zur Entwicklung einer stärker dezentralisierten Industriestruktur gehörten seit 1974 zu den erklärten Zielen staatlicher Politik. Die Verfassung von 1976 hatte diese Zielsetzung aufgenommen und sehr klar ein gleichgewichtiges soziales und ökonomisches Wachstum in allen Regionen des Landes postuliert.

Der PMP 1977—1980 übernahm diesen Auftrag und stellte sich die vordringliche Aufgabe, die bestehenden regionalen Disparitäten zu korrigieren. Als Hauptorientierungslinien wurden folgende Planziele aufgeführt (PMP, Fundamentação das Grandes Opções, S. 344):

— Ausnutzung der natürlichen Ressourcen;
— Verbesserung der Lebensbedingungen und Abbau der Abwanderung aus den peripheren Regionen;
— Aufbau besserer Verkehrsverbindungen mit dem Ziel gleichwertiger intra- und interregionaler Transportstrukturen;
— Abbau der Ungleichgewichte zwischen Stadt und Land mit dem Ziel der Umkehrung der bestehenden Disparitäten;
— Stärkung der regionalen und lokalen Infrastruktur in den peripheren Räumen zur Schaffung eines breiten Angebots an technischen und finanziellen Ausstattungen.

Dieses ausgleichspolitische Programm wird allerdings nur in vereinzelten und kleinen Teilschritten als realisierbar angesehen. Soweit es darum geht, neue administrative Rahmenbedingungen der Regionalpolitik zu schaffen, sollen kurzfristige Veränderungen durchgeführt werden: sowohl auf der regionalen Planungsebene als auch im Bereich der lokalen und kommunalen Verwaltung soll den Behörden eine weitgehende Selbständigkeit mit erhöhter Entscheidungskompetenz zugewiesen werden.

Um die Schwierigkeiten der industriebezogenen Wirtschaftsplanung mit dem Leitbild einer ausgleichspolitischen Perspektive noch einmal schlaglichtartig zu verdeutlichen, sei die Tab. 50 eingeschoben, die die regionale Verteilung der industriellen Produktion für das Jahr 1970 wiedergibt. Es kann davon ausgegangen werden, daß bis zum Beginn des Vierjahresplans 1977 die Verhältnisse sich nur unwesentlich verändert hatten, wobei das disproportionale Verteilungsbild noch geringfügig verschärft worden sein dürfte. In den Distrikten der Wirtschaftsschwerpunkte Porto/Aveiro und Lissabon/Setúbal wurde von 48,2 % der Bevölkerung ein Industrieproduktanteil von 72,8 % erzeugt.

Die entscheidenden Grenzen dieser Regionalpolitik mit dem Ziel der Auflösung der einseitigen ökonomischen Konzentration auf die Küstenräume sind durch die Finanzschwäche des Staates gegeben, der seine begrenzten Mittel zwingend dort einsetzen muß, wo die größten Ersparnisse und Vorteile gegeben sind. Dies gilt um so mehr, als der private Investitionsbereich außerordentlich beschränkt ist und wohl auch noch auf längere Zeit bleiben wird.

Der Spielraum staatlicher Investitionsprogramme bleibt durch den Zwang zum betriebswirtschaftlich optimalen Mitteleinsatz und zu höchster Rentabilität sehr eng. Esser u. a. (1977, S. 205 ff.) weisen darauf hin, daß die industriellen Möglichkeiten Portugals zur Schaffung einer langfristigen internationalen Vorteilsbasis nicht sehr weitreichend sind.

Da Portugal in den arbeitsintensiven, exportorientierten Industriebranchen

Tab. 50: Industrieproduktion nach Distrikten 1970

Distrikte	Produktion (Mio. Esc.)	Anteil (in %)
Aveiro	2 067	8,8
Beja	124	0,5
Braga	1 629	7,0
Bragança	333	1,4
Castelo Branco	522	2,2
Coimbra	480	2,0
Évora	162	0,7
Faro	350	1,5
Guarda	200	0,8
Leiria	870	3,7
Lissabon	8 272	35,4
Portalegre	115	0,5
Porto	4 462	19,1
Santarém	935	4,0
Setúbal	2 412	10,3
Viana do Castelo	175	0,7
Vila Real	171	0,7
Viseu	121	0,5
Total	23 400	99,8

Angaben für Betriebe mit 21 und mehr Beschäftigten.

Quelle: INE, Estatísticas e Indicadores Regionais, Lissabon 1970.

nur noch geringe und in der Tendenz abnehmende komparative Kostenvorteile besitzt, kann eine Alternative nur im Aufbau modernster, kapital- und technologieintensiver Industrien bestehen. Eine entsprechende voll ausgebaute Industriestruktur erscheint aber für das bisher nur teilindustrialisierte Portugal auf lange Sicht unerreichbar. Deshalb käme eine Industrialisierungsstrategie in Frage, die eine Spezialisierung auf industrielle Produkte anstrebt, die eine hohe Transformationskapazität erreicht und — vertikal gegliedert — vor allem in solchen Industrien zu suchen wäre, die exportorientierten Endprodukten vorgelagert sind; dies wäre z. B. der Bereich der Produktionsmittel für Zwischenprodukte und für Konsumgüter.

In jedem Fall bewirken diese Industrialisierungsstrategien die Notwendigkeit der konsequenten Ausnutzung aller Großbetriebs-, Lokalisierungs- und Urbanisierungsersparnisse, was räumlich nichts anderes bedeutet als die konsequente Orientierung der Industrieentwicklung auf die bestehenden Ballungsräume im Küstenbereich.

Das Dilemma, in dem sich der portugiesische Staat hinsichtlich der industriellen Entwicklungskonzepte befindet, läßt sich im Vergleich der beiden Projekte ›Industrieparks‹ und ›Industriezentrum Sines‹ ausmachen.

Das Projekt der ›Industrieparks‹ datiert in seinen ersten Planüberlegungen zwar schon aus dem Jahr 1973; die entscheidenden und veränderten Planungsabsichten sind jedoch nach 1974 formuliert und entsprechen völlig den Dezentralisierungsbemühungen, wie sie im PMP 1977 aufgenommen sind.

Dieses Industrieparkprogramm (vgl. WEBER, 1977) soll mit starker staatlicher Förderung im Hinterland die organisatorischen Voraussetzungen für die Ansiedlung moderner und effizienter Klein- und Mittelbetriebe schaffen. Einmal sollen Regionen mit überwiegend traditionellen Industrien (z. B. Textilindustrien im Raum Braga und Covilhã) umstrukturiert und industriell diversifiziert werden. Zum anderen sollen rein ländliche Räume (Beja und Évora) aus ihrer monostrukturellen Situation gehoben werden. Die vielfältigen staatlichen Förderungsmaßnahmen schließen komplett vorgefertigte Industriehallen, vielseitige Dienstleistungseinrichtungen und steuerliche Vergünstigungen bis zum zollfreien Import von Investitionsgütern ein und sollen besonders solchen Unternehmern zugute kommen, die aus den peripheren Räumen kommen und die Chance für innovative Industrialisierungseffekte bieten.

Charakteristischerweise kommt dieses Programm jedoch nur sehr langsam voran: bis 1977 war nur ein Industriepark im Ausbau befindlich (Braga), während für die übrigen fünf geplanten Anlagen der Planungsprozeß eben erst angelaufen war.

Die Ursache hierfür liegt in der oben geschilderten Problematik, daß nämlich das Programm der Auflösung der regionalen Konzentration die tatsächlichen Möglichkeiten des portugiesischen Staats überschreitet. Es muß durchaus als ökonomisch konsequent angesehen werden, wenn das industrieplanerische ›Kontrastprogramm‹ Sines mit deutlicher Priorität entwickelt wird. Dabei handelt es sich um ein im 3. Sechsjahresplan (1969—1973) begonnenes Vorhaben zur Schaffung eines regionalen Industriezentrums (vgl. WEBER, 1977) südlich von Setúbal, mit folgenden Schwerpunkten:

1. Ausbau eines Tiefseehafens für größte Tanker, verbunden mit einem Industriehafen und einem Fischereihafen. Diese Anlagen sind als erste fertiggestellt. Der Tiefseehafen stellt aber wohl die umstrittenste Investition dar, da er kaum je die ihm zugedachte Bedeutung erlangen kann, die u. a. in Umladung von Groß- auf Kleintanker liegen sollte;

2. Aufbau einer Raffinerie mit einem Durchsatz an Rohöl von 10 Mio. t im Jahr. Diese Planung trägt noch die Züge ihrer Entwicklungsphase, als der Erdölkonsum weltweit in kräftigen Raten zunahm und Portugal noch fest mit dem billigen Rohstoff aus Angola-Cabinda rechnen konnte. Unter den veränderten Bedingungen hat die Regierung die Raffinerie betriebs- und verwaltungsorganisatorisch durch die Gründung eines selbständigen Unternehmens von der petrochemischen Industrie abgetrennt.

3. Aufbau eines petrochemischen Komplexes. In die Entwicklung dieses sehr forciert angegangenen Projektes werden große Hoffnungen gesetzt. Die Produktionskapazitäten sind auf eine Jahresleistung von 200000 t Äthylen, 150000 t monomeres Vinylchlorid, 120000 t Polyäthylen, 55000 t Polyvinylchlorid und 50000 t Polypropylen ausgelegt. Damit kann nicht nur der bestehende Bedarf (für Kunstfasern u. ä.) gedeckt werden, auch sollen Anreize für die Niederlassung weiterer petrochemische Produkte verarbeitender Industrien gegeben werden. Zugleich sollen die derzeitigen Importe damit überflüssig werden. Experten konnten errechnen, daß durch den Aufbau dieser inländischen Produktionsanlagen allein im Bereich der Feinchemie Devisen in Höhe von 10 Mio. DM eingespart werden können (vgl. ESSER u. a., 1977, S. 252).

4. Aufbau von Verarbeitungsanlagen für die in unmittelbarer Nähe von Sines anstehenden Pyritlager (Aljustrel). Diese auf mehr als 30 Mio. t geschätzten Rohstoffe sollten 1978 bereits in der ersten Ausbaustufe in Sines in einer Größenordnung von 1 Mio. t jährlich aufbereitet werden. Zu Beginn der achtziger Jahre soll die Düngemittelproduktion anlaufen, womit nicht nur der steigende Inlandsbedarf gedeckt werden soll, sondern auch ein wichtiger Beitrag zur Exportdiversifizierung geleistet werden könnte.

5. Aufbau eines Stahlwerkes, das — mit Anschluß an den Erzhafen — 1,8 Mio. t Rohstahl pro Jahr herstellen soll mit einem Produktionsschwerpunkt auf Blechen, vor allem für den Schiffsbau.

Beim Großprojekt Sines wird somit die Industrialisierungsstrategie deutlich, die darauf abzielt, bisherige Importe auf den verschiedensten Produktionsebenen gerade dann zu substituieren, wenn damit die Voraussetzung geschaffen werden kann, die Produktion von exportierfähigen, modernen Endprodukten zu erreichen.

Der Standort Sines bietet dafür eine annehmbare betriebsexterne Kostenvorteilsbasis sowohl durch seine Lage an der Küste in relativer Nähe zum Ballungsraum Setúbal/Lissabon, durch die natürlichen Ressourcen im unmittelbaren Hinterland und durch relativ gut entwickelte Infrastrukturen. Bei aller möglichen Kritik am Standort Sines im einzelnen wird man die komparativen Vorteile dieses regionalen Industrieschwerpunkts nicht übersehen können.

Ein entscheidender Nachteil der relativ kapitalintensiven Industrien im Projekt Sines bleibt ihr schwacher beschäftigungspolitischer Entlastungseffekt. Arbeitsintensive Produktionsverfahren sind bei den hohen technologischen Voraussetzungen weitgehend ausgeschlossen. Dennoch hat das Großprojekt Sines zumindest in kurzfristiger Hinsicht auch positive Beschäftigungseffekte durch die über 10 Jahre andauernde umfangreiche Bautätigkeit.

Die Spielräume für eine Industrialisierungspolitik Portugals sind von daher gesehen eng begrenzt. Was im PMP 77—80 konkret zur regionalen Industrieentwicklung gefordert wird, bleibt häufig unklar in bezug auf die damit intendierten Ziele. Darüber hinaus macht sich bei der regional spezifizierten Entwicklungsstrategie der Nachteil bemerkbar, daß es bis 1977 praktisch noch keine regionalen Planungsorgane gab, die aus der besonderen Bedürfnislage der sehr unterschiedlichen Regionen die adäquaten Orientierungslinien markieren könnten. Die in Tab. 51 wiedergegebenen Daten sind daher mit Vorsicht zu interpretieren, da sie hochaggregierte Werte darstellen, deren Einzelpositionen unkenntlich bleiben. Sie zeigt aber die entwicklungspolitischen Absichten, die sich in den beiden Zielen konkretisieren: 1. Verringerung der Zahlungsbilanz durch erhöhte Produktivität; 2. Lösung des Beschäftigungsproblems durch Neuschaffung von rund 215 000 neuen Arbeitsplätzen.

Tab. 51: Produktion und Beschäftigung: Wachstumsraten 1976—1980

	Produk-tion %	Beschäfti-gung %	Produk-tivität %	Arbeits-plätze 1977—1980 in 1000
Primärer Sektor	2,5	0,0	2,5	0,0
Verarbeitende Industrien	7,9	1,3	6,6	44,6
Nahrungs-, Genußmittel	3,3	0,0	3,3	0,0
Textil, Bekleidung, Schuhe	6,3	0,3	6,0	5,1
Chemie	14,5	3,1	11,4	4,5
Nichtmetallische mineral. Produktion	10,5	4,7	5,8	9,5
Metallverarbeitung, Transportmittel	8,6	2,7	5,9	25,5
Elektrizität, Gas, Wasser	8,5	0,0	8,5	0,0
Baugewerbe	13,0	7,7	5,3	79,0
Transportwesen	3,7	0,2	3,5	1,2
Dienste u. Handel	5,7	2,3	2,9	90,0
Total	5,7	1,7	4,0	214,8

Quelle: PMP, 1977—1980, Fundamentação das Grandes Opções, S. 339.

Wie aus Abb. 16 zu ersehen ist, hat man sich bei der Aufstellung des Vierjahresplans 1977—1980 nicht zu einer einheitlichen Lösung entschließen können. Der Regionalisierungsvorschlag des Planungsministeriums (Ministério do Plano e Coordenação Económica, MPCE) weicht in wesentlichen Punkten von dem des PMP 1977—1980 ab. Beide Gliederungsversuche bleiben bei der Kontrastierung zwischen den entwicklungsdynamischen Planungsräumen an der Küste und den rückständigen strukturschwachen Zonen im Hinterland. Der entscheidende Unterschied liegt in der unterschiedlichen Aufteilung der Planungsregionen 5 und 6: während das Konzept der MPCE die Region 5 im Süden bis nach Setúbal reichen läßt, schließt der PMP-Vorschlag auch den Entwicklungsschwerpunkt Sines mit in die Region Lissabon/Setúbal ein.

Leider werden für diese Regionsabgrenzungen keine detaillierten Begründungen gegeben, so daß es schwer ist, die zugrundeliegenden planimmanenten Absichten nachzuvollziehen. Nachteilig kommt hinzu, daß die Abgrenzung des PMP im Laufe des Planungsbandes ›Politica Regional‹ nicht durchgehalten wird, so daß im folgenden von der Regionsgliederung des MPCE ausgegangen werden muß.

Die Planungsregion 1 umfaßt die Distrikte Porto, Braga und Viana do Castelo und schließt kleinere strukturgleiche Kreise der Distrikte Aveiro, Vila Real und Viseu ein. Die Region hat 2,5 Mio. Einwohner, was eine mittlere Bevölkerungsdichte von annähernd 300 E/km² ergibt. Genau ein Drittel der Erwerbsbevölkerung ist im verarbeitenden Gewerbe beschäftigt, das 43% des Bruttoinlandsproduktes der Region erarbeitet.

Die Industriestruktur ist durch die Leichtindustrie charakterisiert, wobei die Textil-, die Möbel- und die Chemische Industrie am stärksten hervortreten.

Der PMP weist vor allem auf die Notwendigkeit hin, die einseitige Abhängigkeit von den traditionellen Branchen aufzuheben; einzelne Gebiete, wie etwa die Subregion des Avetals, sind ausschließlich von der Textilindustrie abhängig.

Bei dem gegebenen relativ hohen Ausbildungs- und Qualifikationsniveau im Nordwesten Portugals wird es als möglich angesehen, auch technisch anspruchsvolle Produktionsverfahren in neu anzusetzenden Industrien (um den Industriepark Braga) zu realisieren.

Planungsregion 2 faßt die Distrikte Bragança und Vila Real zusammen und greift nach Süden über den Douro hinaus in die Distrikte Viseu und Guarda. Diese Region ist ganz einseitig durch ihre landwirtschaftliche Funktion gekennzeichnet: 68,6% der aktiven Bevölkerung waren in der Landwirtschaft (1970) beschäftigt. Entsprechend spielt der industrielle Sektor nur eine sehr untergeordnete Rolle: knapp 5% der Erwerbspersonen gehörten zur Verarbeitenden Industrie. Der PMP sieht eine wirtschaftliche Entwicklungsmöglichkeit in erster Linie darin, daß die extraktiven Industrien entwickelt werden. Neben den Eisenerzen in Moncorvo und Marão gilt dies für die Zinkvorkommen bei Bragança und die Wolframerze bei Vila Real.

Daneben sollten verstärkt die Nahrungsmittelindustrien und die Holzindustrien entwickelt werden.

Damit ist klar, daß umfassendere regionalpolitische Entwicklungsabsichten nicht als realisierbar angesehen werden können, sieht man von der Erschließung und Nutzung der natürlichen Ressourcen ab. Zwar wäre denkbar, daß sowohl die Nutzung des Agrarpotentials als auch die Reorganisation und Intensivierung der Holzwirtschaft und des Erzabbaus die industrielle Entwicklung nachgelagerter Grundstoff- und Investitionsgüter fördern könnte, aber die infrastrukturellen

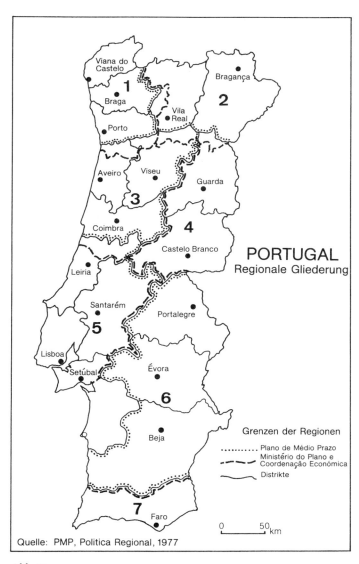

Viana do Castelo
Bragança
1
Braga
Vila Real
2
Porto
Aveiro
Viseu
Guarda
3
Coimbra
4
Castelo Branco
Leiria

PORTUGAL
Regionale Gliederung

Santarém
Portalegre
5
Lisboa
Setúbal
Évora
6

Beja

Grenzen der Regionen

`..........` Plano de Médio Prazo
Ministério do Plano e
Coordenação Económica
Distrikte

7 Faro

0   50 km

Quelle: PMP, Politica Regional, 1977

Abb. 16.

Voraussetzungen müssen als so schwach angesehen werden, daß diese partiell bestehenden Kostenvorteile dieser Region nicht im mittelfristigen Plan im Sinne einer breiteren Industrieentwicklung ausgebaut werden sollen.

Planungsregion 3 setzt sich aus den Hauptteilen der Distrikte Aveiro, Viseu und Coimbra unter Einschluß der nördlichsten Kreise des Distrikts Leiria zusammen. Dieser mittlere Küstenplanungsraum schließt damit sehr heterogene Gebietsteile aneinander, da die äußerst dünn besiedelten, rein landwirtschaftlich genutzten Kreise im Nordwesten des Distrikts Viseu (unter 50 E/km²) einen scharfen Gegensatz bilden zu Küstenkreisen um Aveiro mit extrem hohen Bevölkerungsdichten und einer außerordentlich vielseitigen Verarbeitenden Industrie.

Der Vierjahresplan sieht für die Verarbeitende Industrie im Raum Aveiro die Notwendigkeit, die breitgefächerte Produktion optimal überbetrieblich und integrierend zu organisieren, um tatsächlich vorhandene relative Vorteile, die im interregionalen Lohngefälle und im überdurchschnittlichen Ausbildungsniveau bestehen, auszubauen.

Die übrigen, auch im Raum Coimbra vorhandenen Kleinindustrien in den Branchen Holz, Papier und Keramik bedürfen einer (im Plan nicht weiter spezifizierten) Weiterentwicklung, die — wenn sie über einen begrenzten Binnenmarkt hinauskommen wollen — entweder durch Standardisierung oder durch die Herstellung spezieller (auch handwerklich-künstlerischer) Lückenprodukte neue Absatzmöglichkeiten im Ausland anstreben müssen.

Planungsregion 4 wird von den Hauptteilen der Distrikte Guarda und Castelo Branco gebildet; sie stellt wie die Region 2 einen außerordentlich strukturschwachen Raum dar mit starker Bevölkerungserosion, die auch durch die Ansiedlung von 30 000 Retornados nicht ersetzt werden konnte. Hinzu kommt eine extreme Überalterung der Wohnbevölkerung, die die höchste in Portugal ist: 21,2 % der dort Wohnenden ist (1975) über 60 Jahre alt.

Die ökonomische Struktur wird eindeutig durch die Landwirtschaft bestimmt: 52,2 % der Erwerbspersonen arbeiteten (1970) im Agrarsektor.

Im unbedeutenden Industriebereich kann von einer Monostruktur der Wollindustrie mit dem Zentrum um Covilhã gesprochen werden, die etwa drei Viertel der im verarbeitenden Industriesektor Tätigen beschäftigt und 76 % (1970) des Bruttoinlandsproduktes der Region erzeugt.

Der entwicklungspolitischen Planung sind auch hier zweifellos enge Grenzen gesetzt. Sie richten sich vor allem auf eine Modernisierung der traditionellen Wollindustrie. Fortgeschritten sind die Planungen für einen Industriepark in Covilhã, bei dessen Errichtung darauf abgezielt werden soll — unterstützt durch eine effiziente staatliche Förderung —, wirksame Kooperationsmechanismen zu schaffen, eine größere Zahl von Textilunternehmen zusammenzufassen und nach abgesprochenen Verkaufsstrategien verlorengegangene Märkte zurückzuerobern. Neben technischer Hilfe werden Steuererleichterungen und Exportkredite für die Unternehmensgruppen zur Verfügung gestellt.

Neben der Restrukturierung der Textilindustrie soll in räumlicher Anlehnung an den Industriepark ein ganzes Bündel neuer verarbeitender Industrien angelegt werden (Nahrungsmittelindustrien, Metallverarbeitung, Papierherstellung) mit dem wichtigen Ziel, neue Arbeitsplätze zu schaffen, um die Abwanderung einzudämmen.

Planungsregion 5 umschließt die Distrikte Leiria, Lissabon und Santarém unter Einbeziehung des nördlichen Distrikts Setúbal. Dadurch ist das Ballungszentrum Lissabon/Setúbal regionalplanerisch verknüpft, so daß diese Region mit 3,4 Mio. Einwohnern mehr als ein Drittel der Gesamtbevölkerung einschließt. Kennzeichnend ist ein weit überdurchschnittliches Wachstum der Region — hauptsächlich bedingt durch Wanderungsgewinne, die von 1970—1975 eine Zunahme um 400 000 Personen ergaben.

Die Wirtschaftsstruktur ist zwar eindeutig geprägt vom Dienstleistungssektor, dennoch zählen 22,9 % der Erwerbspersonen (1970) zum Verarbeitenden Sektor. Intraregional läßt sich auch hier eine deutliche Zweiteilung erkennen: die Produktionsstandorte sind relativ einseitig auf die beiden Ufer des Tejo um Lissabon und um Setúbal konzentriert; allerdings weist auch der Distrikt Leiria — zwischen Leiria–Marinha Grande und Caldas da Rainha — zunehmende industrielle Verdichtungen auf.

Die industrieplanerischen Maßnahmen des Vierjahresplans sind darauf konzentriert, zum einen die bestehenden Standorte zu entflechten unter Beibehaltung der Kommunikationsvorteile und zum anderen die Dezentralisierungspolitik verstärkt zu betreiben und bestehende Ansätze, vor allem im Raum Torres Novas–Tomar sowie um Leiria, zu entwickeln.

Ferner wird darauf gesetzt, die in Mittelküstenportugal vorhandenen natürlichen Ressourcen (Schamotte bei Leiria; Tone bei Santarém und Rio Maior; Marmor bei Leiria, Santarém, Pero Pinheiro; Steinsalz in Santarém) verstärkt zu nutzen, um einerseits eine weitere industrielle Entwicklung von einigen Grundstoffindustrien zu ermöglichen und andererseits die traditionellen arbeitsintensiven kleinindustriellen Unternehmen mit Produktionspaletten im Bereich handwerklicher Kunst (Keramik, Fayencen, Glaswaren) auch vor dem Hintergrund eines in jüngster Zeit (seit 1977) wieder stark expandierenden Touristikmarktes zu fördern.

Planungsregion 6 besteht aus den Alentejodistrikten Portalegre, Évora und Beja sowie dem südlichen Teil des Distrikts Setúbal. Sie stellt den mit Abstand am dünnsten besiedelten Raum dar (Durchschnitt 23 E/km²) und weist starke Tendenzen einer weitergehenden Entleerung durch Abwanderung auf. Die Verarbeitende Industrie spielt praktisch keine Rolle; 56,6 % der Erwerbstätigen waren (1970) noch in der Landwirtschaft beschäftigt. Der mittelfristige Entwicklungsplan vermag keine entscheidenden Möglichkeiten zur industriellen Entwicklung zu erkennen; lediglich der Ausbau und die Neueinrichtung von Nahrungsmittelindustrien erscheint zweckmäßig in Verbindung mit landwirtschaftlichem Maschinenbau im geplanten Industriepark Évora. Bemerkenswert ist die negative Beurteilung des

Entwicklungspols Sines, der verstanden wird als südliche Verlängerung der Entwicklungsachse Lissabon–Setúbal und der in seinen Wirkungen darauf beschränkt bleiben könnte, die strukturelle Heterogenität des Landes zu vertiefen, indem er einerseits den kapitalintensiveren Produktionsbereich der Ballungsräume ausweitet und andererseits den traditionellen Agrarsektor des südportugiesischen Hinterlandes deshalb weiter zurückfallen läßt, weil Entzugseffekte mit einer verstärkten Abwanderung aus dem übrigen Planungsraum wirksam werden könnten.

Planungsregion 7 ist identisch mit dem südlichsten Distrikt Algarve. Durch einen sehr starken Zuzug der Retornados 1974/75 konnte die vorher negative Wanderungsbilanz in der Tendenz gestoppt werden. Im Prinzip gilt für die Südregion die gleiche Problematik wie für die übrigen portugiesischen Hinterlandgebiete, was nicht zuletzt durch eine weit überdurchschnittlich hohe (offizielle) Arbeitslosenquote von (1975) 17,6 % bestätigt wird. Teilweise können jedoch die Nachteile der Abgelegenheit von den wirtschaftsdynamischen Zentren des Landes, die durch die völlig unzulänglichen Verkehrsverbindungen noch verstärkt werden, mit Hilfe der Entwicklung des Auslandstourismus ausgeglichen werden: über ein Viertel der Hotelkapazität Portugals ist in der Algarve angesiedelt.

Neben den positiven Beschäftigungseffekten stehen allerdings auch negative Auswirkungen des Touristikbooms, die vor allem in einer mangelnden Berücksichtigung der Lebensbedürfnisse der Wohnbevölkerung bestehen.

Die Industriestruktur ist gekennzeichnet durch außerordentlich kleine Betriebe mit dem klaren Schwerpunkt in der Nahrungsmittelbranche und hier wiederum in der Fischverarbeitung. Die Problematik für eine zukünftige Entwicklung liegt entscheidend in dieser ungünstigen Betriebsstruktur begründet: veraltete Technologien erfordern hohe Arbeitsintensität auf Niedriglohnbasis, die jedoch durch die jüngere Lohnpolitik und durch die preistreibenden Effekte mit hohen ›social opportunity costs‹ des Tourismus aufgehoben ist. Ungünstige Managementstrukturen behindern gleichermaßen die industrielle Entwicklung.

Insgesamt werden keine besonderen Möglichkeiten für die Verbesserung der Rahmenbedingungen für die Industrialisierung der Region 7 gesehen (und gesucht). Zwar kann durch die im Zuge der positiven Entwicklung des Tourismus ab 1978 ausgeweitete Bautätigkeit im Hotelbereich die Beschäftigungssituation entspannt werden — längerfristig wird jedoch das Beschäftigungsproblem immer gravierender werden, zumal die Agrarwirtschaft dieses Raumes durch eine sehr ungünstige Kleinbetriebsstruktur gekennzeichnet ist, hinter der sich eine hohe Unterbeschäftigung verbirgt.

Die regionalen Entwicklungsziele müssen jedoch gesehen werden vor dem Hintergrund der gesamtwirtschaftlichen Situation Portugals. Die Verfasser des Vierjahresplans betonen wiederholt, daß die ökonomischen Probleme des Landes nicht innerhalb dieses Plans gelöst werden können. Als sicher gilt, daß das strategische Hauptziel der Industrialisierung Portugals, nämlich den industriellen Produktionsstandard, wie er in den westeuropäischen Ländern vorherrscht, mit hohem Diversifizierungsgrad der Produktionsstruktur auf der Grundlage einer kapital- und technologieintensiven Ökonomie zu etablieren, kurzfristig nicht erreichbar ist. Zunächst muß es vielmehr darauf ankommen, Zwischenziele zu erreichen, die mit der Sanierung der Zahlungsbilanz und der Lösung der Beschäftigungsprobleme umschrieben werden können. Dabei kommt es darauf an, die bestehenden komparativen Vorteile — vor allem die Lohnkostenvorteile, aber auch die übrige natürliche Faktorausstattung — optimal einzusetzen. In jedem Fall ist hinsichtlich der räumlichen Konsequenzen solcher Entwicklungspolitiken davon auszugehen, daß die Lokalisierungsvorteile zwingend ausgenutzt werden müssen — was nichts anderes bedeutet, als daß sich die seit den sechziger Jahren erkennbaren Tendenzen von Konzentrationsprozessen im Küstenbereich verstärken werden und damit das räumliche Ungleichgewicht zwischen Zentrum und Peripherie zum dauerhaften Grundmuster des portugiesischen Wirtschafts- und Lebensraumes wird.

Daß damit das Ziel einer dissoziativen Entwicklungsstrategie mit einer behutsamen Einpassung der eigenen industriellen Strukturen in die herrschenden Verhältnisse des Weltmarkts und mit einer ausgewogenen Entwicklung einer auf sich selbst bezogenen Nationalökonomie, welche in zunehmendem Maße die ›basic needs‹ zu befriedigen bestrebt ist, nur schwer erreicht werden kann, ist offensichtlich.

Fest steht, daß die Möglichkeiten Portugals, gegen eine fortgesetzte Peripherisierung durch industriepolitische Maßnahmen anzusteuern, unter den gegebenen Bedingungen nur gering sind.

2.4. Tertiärer Wirtschaftssektor

Der tertiäre Wirtschaftssektor ist gleichermaßen Voraussetzung und Folge der produktiven Wirtschaftsverhältnisse. Gerade am Beispiel Portugal läßt sich erkennen, wie eng die Produktions- und Reproduktionsbereiche miteinander verzahnt sind und welche gegenseitigen Abhängigkeiten bestehen. Das besondere, in einem jahrhundertelangen Entwicklungsprozeß entstandene Verhältnis Portugals zu seinen Außenmärkten und das davon abhängige System der binnenräumlichen Ressourcennutzung hat extrem ungleiche Reproduktionsmuster entstehen lassen, die im folgenden in ihren wesentlichen Merkmalen analysiert werden sollen.

2.4.1. Verkehrsstrukturen

Aufgrund der dargestellten primär- und sekundärwirtschaftlichen Produktionsverhältnisse in Portugal ist davon auszugehen, daß die ökonomischen Spannungsfelder, zwischen denen der Austausch über die Verkehrsstrukturen erfolgt, besondere räumliche Disproportionen aufweisen: Einerseits treten zwischen den

relativ dynamischen Wirtschaftszentren Lissabon und Porto enge Verbindungs-
netze auf, die alle Verkehrsträger umfassen, andererseits bleibt die Verbindung
zwischen den ›zentralen‹ Küstenstandorten und dem Hinterland auf einem extrem
unterentwickelten Niveau. Es zeigt sich, daß der Reproduktionsbereich ›Kom-
munikation‹ genauso unausgeglichen und deformiert ist wie die Produktionsbereiche.

　Die heutigen Verkehrsverhältnisse basieren selbstverständlich auf ›traditionellen‹, historisch gewachsenen Strukturen. Die Analyse des Werdegangs der portugiesischen Gewerbe- und Industriestrukturen, aber auch der Agrarstrukturen hat
erkennbar gemacht, daß Portugal stets durch die bestehenden Austauschverhält-
nisse mehr an einem Zugang von außen als an einem System leistungsfähiger Ver-
teilungskanäle nach innen interessiert sein mußte. Gleichgültig ob Portugal in den
zeitlich verhältnismäßig kurz bemessenen Phasen der Wirtschaftsautonomie
Drehscheibe des Welthandels war oder ob Portugal in den langen Phasen wirtschaftlicher Abhängigkeit Brückenkopf und Stützpunkt der fremden Handelsin-
teressen war, stets blieben die Küstenräume die Verkehrszentren, die nach außen
und untereinander besser verbunden waren als mit den Binnenräumen. Sympto-
matisch und sicher zutreffend ist die Feststellung des portugiesischen Ökonomen
NEVES, der zu Beginn des 19. Jahrhunderts beklagte, daß ›die Straßen von Portugal
mit sehr wenigen Ausnahmen die schlechtesten von Europa‹ seien (zit. nach
MACEDO, 1963, S. 142).

　Da der portugiesische Handelsaustausch mit Spanien bis in das 20. Jahrhundert
völlig unbedeutend geblieben war, ergaben sich auch von solchen überregionalen
Beziehungen keine Impulse zur Erschließung der Binnenräume. Andererseits erforderten die portugiesischen dominant agrarischen Ausfuhrprodukte keine großen Verkehrsverbindungen: Das Hauptausfuhrprodukt Portwein wurde auf dem
Douro verschifft, der Transport von Oliven und Kork war so gestreut und auch
von so geringer Bedeutung, daß sich daraus keine besonderen Erfordernisse für ein
überörtliches Wegenetz ergaben.

　Darüber hinaus war die rurale Grundstruktur der portugiesischen Ökonomie
mit ihrer subsistenzwirtschaftlichen Ausprägung weitestgehend unabhängig von
Austausch und Verkehr. Wie weit sich die marktwirtschaftliche Abstinenz bis
heute auf die mangelnde Verkehrserschließung der landwirtschaftlichen Betriebe
auswirkt, kann aus Tab. 52 entnommen werden, deren Daten zwar im Rahmen der
Agrarenquete von 1968 erhoben wurden, deren Aussage jedoch auch heute noch
fast uneingeschränkt gültig ist: Nur 40,5 % aller portugiesischen landwirtschaftlichen Betriebe sind so direkt an das öffentliche Verkehrsnetz angeschlossen, daß sie
wenigstens zeitweilig mit Lastkraftwagen angefahren werden können. Nimmt
man diejenigen Betriebe heraus, die ganzjährig — also auf fest ausgebauter Straße
— mit schweren Fahrzeugen erreichbar sind, so verringert sich der Anteil auf
31,9 %. Der in der Tabelle mitausgewiesene Anteil der Betriebe, deren Wirt-
schaftsziel hauptsächlich durch die Selbstversorgung bestimmt ist, macht deutlich,

Tab. 52: Landwirtschaftliche Betriebe mit Lkw-Zufahrt nach Distrikten 1968

Distrikte	Anzahl der Betriebe	Anteil der Subsistenz-Betriebe (in %)	Anteil der Betriebe mit Lkw-Zufahrten (in %)	
			nicht ganzjährig befahrbar	ganzjährig befahrbar
Aveiro	69 019	80,4	46,1	38,3
Beja	21 079	40,8	67,7	49,9
Braga	62 089	84,6	38,9	36,3
Bragança	31 593	64,9	29,1	16,9
Castelo Branco	44 448	78,2	37,6	30,4
Coimbra	70 437	85,7	26,5	17,0
Évora	11 540	29,5	73,4	61,0
Faro	33 404	47,0	47,1	36,6
Guarda	43 858	66,6	25,4	20,8
Leiria	60 573	79,0	37,5	21,4
Lissabon	41 633	27,6	79,0	52,9
Portalegre	16 531	44,7	68,5	60,2
Porto	62 256	78,5	43,5	41,5
Santarém	55 625	66,2	62,1	48,7
Setúbal	17 588	42,2	86,7	81,3
Viana d. C.	43 879	96,9	19,3	16,4
Vila Real	43 649	62,7	23,1	18,0
Viseu	81 455	81,9	19,4	15,8
Total	810 656	71,2	40,5	31,9

Quelle: INE, Inquérito, 1968.

daß ein sehr enger Zusammenhang zwischen den Variablen Subsistenz und Verkehrserschließung besteht: je höher der Anteil der Subsistenzlandwirtschaft, desto schlechter ist der Anschluß an das Verkehrsnetz.

Das Grundprinzip einer extrem ungleichen Verkehrsdichte gilt in Portugal für alle modernen Verkehrsträger.

Der *Straßenverkehr* ist für die Bewegung von Personen und Gütern von größter Wichtigkeit. Die Feststellung einer Straßendichte von (1970) rund 37 km/100 qkm sagt allerdings wegen des ungleichartigen Verteilungsmusters nur wenig aus. Wichtiger sind die Aussagen, die aus der allerdings nur grobgegliederten Abb. 17 entnommen werden können:

1. Die höchste Straßenverkehrsdichte findet sich in den erweiterten Verdichtungsräumen Lissabon und Porto. Der Verdichtungsraum Lissabon greift in drei Richtungen aus: entlang der Nordautobahn bis Vila Franca de Xira, nach Westen bis zu den Wohn- und Badevororten Cascais und Estoril und nach

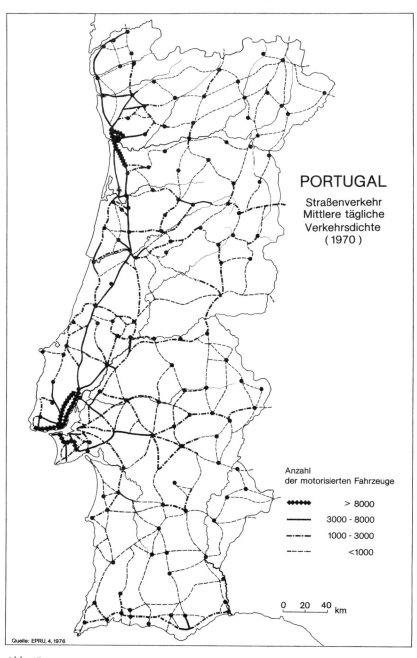

Abb. 17.

Süden über die seit 1965 bestehende Autobahnbrücke bis nach Setúbal. Die Zone verdichteten Autoverkehrs um Porto ist deutlich kleiner ausgebildet.

2. Die zweite Dichtestufe motorisierter Fahrzeuge (3000—8000 Fahrzeuge) beschränkt sich weitestgehend auf die Einzugsbereiche der beiden Verdichtungsräume und auf deren Verbindung. Der sehr notwendige Ausbau der N 1 von Lissabon nach Porto als Autobahn ist seit langem geplant, aber noch weit von seiner Realisierung.

3. Die dritte Dichtestufe mit 1000—3000 täglichen Fahrzeugen tritt einmal verbreitet im Küstensaum auf und vervollständigt hier eine relativ gute lokale Erschließung. Zum anderen finden sich im Binnenland um die mittelzentralen Orte isolierte Vorkommen dieser Dichtestufe, wobei sich in der Algarve ein geschlossenes küstenparalleles Verkehrsband ergibt.

4. Gegen die spanische Grenze nimmt die Verkehrsintensität deutlich ab. Die internationalen Straßenübergänge zählen zu den am schwächsten befahrenen portugiesischen Straßen. Im Vergleich zu der von GIRÃO (1959) dargestellten Straßenverkehrsintensität, die auf Zählungen von 1949/50 basiert, zeigen sich praktisch keine Veränderungen.

Eine ähnliche Struktur zeigt auch die Abb. 18, in der die tägliche Streckenbelastung auf den *Eisenbahnlinien* Portugals dargestellt ist. Wiederum ist die einzige doppelgleisige und elektrifizierte Verbindung zwischen Lissabon und Porto am stärksten befahren. Abweichend vom Straßenverkehrssystem ergibt sich folgender Befund: Der portugiesische Süden ist sehr schlecht an das Zentrum angeschlossen, weil nach wie vor von Lissabon aus keine Eisenbahnverbindung über den unteren Tejo existiert; ferner ist der gesamte rückwärtige Binnenraum nur durch Stichbahnen erschlossen mit nur sehr geringen täglichen Streckenfrequenzen; hierbei macht sich die geringe Verkehrsspannung zwischen Spanien und Portugal besonders nachteilig bemerkbar.

Im portugiesischen *Schiffsverkehr* ergibt sich eine sehr unterschiedliche Verteilung. Diese ist selbstverständlich wesentlich von den natürlichen Voraussetzungen abhängig. Im allgemeinen kann die buchtenarme portugiesische Küste als hafen- und verkehrsfeindlich angesehen werden. Von den Flußhäfen kommt nur Lissabon eine natürlich bevorzugte Lage zu. Die weite Ingressionsbucht der Tejomündung ist so ausgeweitet, daß die Portugiesen vom ›Strohmeer‹ sprechen. Die übrigen Flußmündungshäfen können nach modernem Maßstab nicht als naturgünstig angesprochen werden. Selbst der alte Dourohafen von Porto litt stets unter der sehr ungleichen Wasserführung des Douro, insbesondere unter den Hochwassern. Aber auch der Sadomündungshafen Setúbal kann wegen seiner geringen Tiefe heute nur begrenzt genutzt werden. Angesichts dieser Lage wurde es als erforderlich angesehen, an der nördlichen und südlichen Küste sichere Kunsthäfen anzulegen. Einmal wurde nördlich der Douromündung in den Klippen von Leixões ein Hafen errichtet, der vor allem für die transatlantische Schiffahrt gebaut wurde; zum andern wird seit 1970 in Sines im Zusammenhang mit dem Ausbau ei-

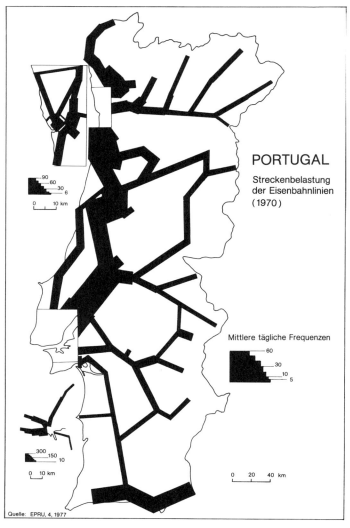

Abb. 18.

nes Grundstoffindustrie-Komplexes eine Hafenanlage entwickelt, die vor allem als Ölhafen dienen soll (vgl. WEBER, 1977).

Die Tab. 53 läßt die großen Unterschiede in den portugiesischen Handelshäfen erkennen. Lissabon liegt mit 5452 (1974) eingelaufenen Schiffen und mit einer Bruttoregistertonnage von gut 36 Mio. t weit an der Spitze. Hier wurden (1974) drei Viertel aller Handelsgüter umgeschlagen. Nur Leixões hat mit 9,65 Mio. BRT (= 20%) noch eine größere Bedeutung, während der Anteil aller übrigen Häfen nur 5,5% beträgt.

Tab. 53: Häfen Portugals: Einlaufende Handelsschiffe
und Güterumschlag 1974

Häfen	Anzahl der Schiffe	Brutto-register-tonnen
Lissabon	5 452	36 005 210
Leixões	2 950	9 655 289
Setúbal	1 053	1 494 364
Douro	532	411 537
Aveiro	368	288 307
Figueira da Foz	237	122 545
Faro	140	161 289
Viana do Castelo	102	41 299
Portimão	61	171 110
Total	10 895	48 350 950

Quelle: EPRU, 4, 1977.

CAVACO (1972) hat die Entwicklung der portugiesischen Häfen durch eine Gegenüberstellung der Nettoregistertonnagen von 1960 und 1969 analysiert. Dabei zeigt sich, daß Lissabon in diesem Zeitraum seinen Güterumschlag von 9,8 Mio. NRT auf 18,2 Mio. NRT beinahe verdoppeln konnte. Während der alte Douroflußhafen stagnierte, konnte Leixões seinen Umschlag von 2,1 auf 3,6 Mio. NRT steigern. Besonders günstig verlief die Entwicklung in Aveiro, das allerdings in der Folgezeit nach 1969 eine negative Entwicklung genommen hat.

Der Mündungshafen Vila Real de Sto. António an der Guadianamündung ist bis 1969 zur Bedeutungslosigkeit zurückgegangen, nachdem der Kupfererzbau in S. Domingo in den sechziger Jahren zu Ende gegangen ist.

Wie der Seeverkehr, so verstärkt auch der Luftverkehr in Portugal einseitig das Gewicht der Küstenregionen. Die Verteilung der Passagierbeförderung auf die festländischen Flughäfen zeigt eine typische Gewichtung; von den 3 265 236 Passagieren des Jahres 1974 wurden 77,0 % in Lissabon, 12 % in Faro und 11 % in Porto abgefertigt. Da der Flugverkehr nach Faro weitestgehend vom Tourismus abhängt, ergeben sich große Schwankungen in Anpassung an die Entwicklung des (Ausländer-)Fremdenverkehrs.

Insgesamt sind die Verkehrsverhältnisse durch extreme Disparitäten charakterisiert. Der Vierjahresplan 1977—1980 beschreibt zutreffend die Verkehrsprobleme Portugals so: ›Das Transportsystem stellt sich dar in einer Verdichtung im Küstenbereich und einer Ausdünnung im Landesinnern, wobei dem Binnenverkehr das autonome Eigengewicht — wie es der Küste zukommt — fehlt. Der Bevölkerung des Binnenlandes entstehen dadurch vielfältige Entbehrungen: die zentralen Einrichtungen der Bildung und der medizinischen Versorgung können nicht erreicht werden; der Industrie entstehen wegen schlechter Transportmöglichkeiten Wettbewerbsnachteile, und die Rohstoffe der Binnenräume können nicht genutzt werden‹ (PMP, 1977—1980, Política Regional, S. 120).

2.4.2. Energieversorgung

Der bescheidene Anteil des Energiesektors am portugiesischen Bruttoinlandsprodukt in einer Größenordnung von gerade 2 % (1975) deutet ebenso wie die geringe Beschäftigtenzahl von (1975) 19 500 Personen insgesamt auf eine vergleichsweise schwache Bedeutung dieses Sektors hin, der jedoch wiederum räumlich sehr ungleich ausgeprägt ist.

Tab. 54: Energieverbrauch nach Sektoren (in 100 Joules) 1971—1975

	1971	1974	1975	$\frac{1975}{1971} \times 100$
Energie	35,9	33,4	30,8	85,8
Transport	67,4	95,2	100,8	149,5
Industrie	123,9	130,9	127,0	102,5
Übriges	71,5	70,4	72,4	101,2
Nettoinlandverbrauch	298,7	329,9	331,0	110,8

Quelle: INE, Balanço, Energético Nacional.

Die Tab. 54 zeigt an, daß der Nettoinlandverbrauch an Energie von 1971—1975 um 10,8 % angestiegen ist, wobei der Energieverbrauch im Transportsektor mit Abstand am stärksten zugenommen hat. An diesem Energieverbrauch haben die Flüssigbrennstoffe einen Anteil von 66 %, die festen Brennstoffe liefern 3 % und die Elektrizität 30 % der Energie.

Damit ist auch Portugal in seiner Energieversorgung weitestgehend vom Ausland abhängig: 1975 mußten 85,7% des Konsums durch Einfuhren gedeckt werden. Zwar hat Portugal seit dem Zweiten Weltkrieg forciert die hydroelektrische Energieversorgung vorangetrieben, aber durch sie können doch nur etwa ein Fünftel des Inlandkonsums an Energie bereitgestellt werden.

Die hydroelektrischen Anlagen sind deutlich auf die niederschlagsreichen Gebirge des Nordens hin orientiert (vgl. Tab. 55), weil hier die Verdunstungsverluste geringer sind und weil hier auch die mehrjährigen Niederschlagsdefizite weniger intensiv ausfallen. Die internationale Dourostrecke lieferte mit 3035 Gwh pro Jahr die größte Energieausbeute. Aber auch die Stauseen des Cávado-Rabagão-Homen-Gebietes produzierten auf kleinem Raum mit 1495 Gwh ein Sechstel der portugiesischen Hydroelektrizität.

Die thermoelektrische Energiegewinnung erreichte (1977) mit 906 MW 30,2% der gesamten elektrisch installierten Potenz. Es handelt sich dabei um relativ kleine Kraftwerke, wobei die größten auf Ölbasis am Standort Carregado installiert sind. Wie aus Abb. 19 zu ersehen ist, sind die thermoelektrischen Kraftwerke deutlich konsumbezogen im Nahbereich der Verdichtungsräume Lissabon und Porto errichtet worden.

Die Versorgung des Landes mit elektrischer Energie ist in Portugal zwar kontinuierlich verbessert worden, dennoch ist eine für europäische Verhältnisse auffallende Unterversorgung charakteristisch. Das gilt hauptsächlich für den ländlichen Raum.

Die nationale Versorgung kann aus der Tab. 56 für den Zeitraum von 1971—1975 abgelesen werden: Im Jahr 1975 waren 82,8% der Bevölkerung durch Anschluß an das öffentliche Netz versorgt. Trotz steigender Aufwendungen sind die Zuwachsraten der Anschlüsse nicht gewachsen, was dadurch bedingt wird, daß in den noch unversorgten Streusiedlungsbereichen des ländlichen Portugal die erforderlichen Aufwendungen für neue Anschlüsse immer größer werden. Seitdem die verschiedenen Elektrizitätsgesellschaften durch Gesetze vom April 1975 und Juni 1976 zu einer verstaatlichten Einheitsgesellschaft (Electricidade de Portugal — EDP) zusammengeschlossen wurden, fiel darüber hinaus der weitere Ausbau des Versorgungsnetzes deutlich zurück, so daß das staatliche Elektrifizierungsprogramm, das im Vierjahresplan 1977—1980 den vollständigen Ausbau realisieren wollte, nicht verwirklicht werden kann.

In der regionalen Betrachtung zeigen sich auffallende Ungleichgewichte des Verbrauchs von elektrischer Energie, die allerdings nur zum Teil durch die Unterschiede in der Versorgung bedingt sind (vgl. Tab. 57). Der größere sekundär- und tertiärwirtschaftliche Verbrauch in den erschlossenen Küstengebieten führt verständlicherweise bei der Umlage auf die Wohnbevölkerung zu einseitigen Verzerrungen. Dennoch kann der Stromverbrauch als ein wichtiger Indikator für die gesamtwirtschaftliche Entwicklung bewertet werden.

Die in der Tab. 57 vorgenommene Aufgliederung des Verbrauchs nach pri-

Tab. 55: Hydroelektrische Anlagen 1977

	Eröffnungs-jahr	Typ	Installierte Potenz (MW)	Mittlere jährliche Produktivität (GWh)	Stau-vermögen Mio. m³
Venda Nova	1951	S	81	360	94,8
Salamonde	1953	S	42	220	55,0
Caniçada	1955	S	60	355	138,0
Paradela	1956	S	54	255	159,4
Alto Rabagão	1964	S	72	115	776,0
Vilharinho dos Furnas	1973	S	64	190	101,0
Cavado-Rabagão Homen			373	1495	1324,2
Picote	1958	F	180	1045	—
Miranda	1960	F	174	890	—
Bemposta	1964	F	210	1100	98,0
Tabuaço	1965	SF	64	155	—
Carrapatelo	1971	F	180	1005	—
Régua	1973	F	176	745	—
Valeira	1976	F	160	790	—
Douro			1124	5730	(98,0)
Castelo de Bode	1951	S	139	470	900,5
Cabril	1954	S	97	355	615,0
Bouçã	1955	F	50	190	—
Fratel	1974	F	130	401	—
Tejo-Zêzere			416	1416	(1515,5)
Übrige			185	870	
Total			2098	9511	(2937,7)

S= Stauseen, F = Flußturbinen.

Quelle: INE, Estatísticas de Energia, 1977.

vat-häuslichen, industriellen und sonstigen Nutzungen weist starke Abweichungen von den Mittelwerten aus. Auch die Abb. 19 läßt die entsprechenden räumlichen Disparitäten bei der Betrachtung auf der Distriktebene in groben Zügen

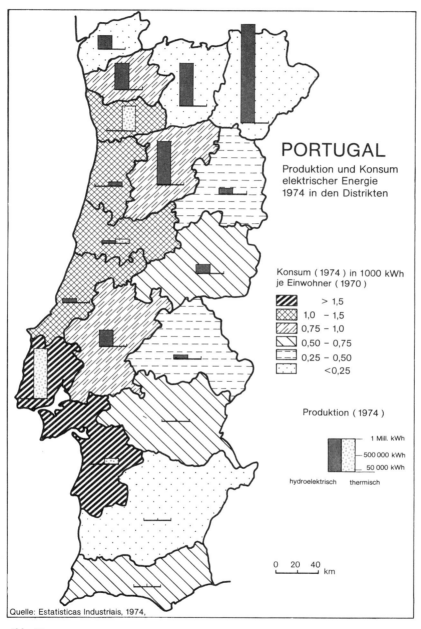

PORTUGAL

Produktion und Konsum
elektrischer Energie
1974 in den Distrikten

Konsum (1974) in 1000 kWh
je Einwohner (1970)

> 1,5
1,0 – 1,5
0,75 – 1,0
0,50 – 0,75
0,25 – 0,50
<0,25

Produktion (1974)

1 Mill. kWh
500 000 kWh
50 000 kWh

hydroelektrisch   thermisch

0   20   40
                    km

Quelle: Estatisticas Industriais, 1974,

Abb. 19.

Tab. 56: Entwicklung der Elektrizitätsversorgung 1971—1975

	1971	1972	1973	1974	1975
Anteil der versorgten Bevölkerung (%)	75,82[1]	79,2	80,5	81,6	82,8
Durchschnittlicher Verbrauch je versorgtem Einwohner (kWh)	—	1142	1228	1326	1351
Durchschnittlicher Verbrauch je Einwohner (kWh)	761	929	1018	1087	1044
Elektrifizierte Landgemeinden (abs.)	2678	2735	2811	2855	2906
Anteil der elektrisch versorgten Landgemeinden (%)	82,3	84,0	86,4	87,7	89,3

[1] 1970

Quelle: EDP.

hervortreten: Innerhalb des zentralen Küstensaums mit einem mittleren Stromkonsum von über 1000 kWh je Einwohner treten die Distrikte Lissabon und Setúbal besonders hervor mit einem um 50 % höheren Verbrauch an Elektrizität. Zu den peripher gelegenen Distrikten hin nimmt der Stromkonsum fast kontinuierlich ab, bis in den Distrikten Viana do Castelo, Vila Real, Bragança und Beja nur noch weniger als 250 kWh verbraucht werden.

Der Vergleich mit den von LAUTENSACH (1964, S. 237) gegebenen Verbrauchswerten für 1960 zeigt, daß die Peripherräume sich trotz der niedrigen absoluten Ausgangswerte auch relativ schlechter entwickelten als die Küstenräume: der Distrikt Porto erhöhte beispielsweise seinen Stromverbrauch im Zeitraum von 1960—1974 von 703 kWh auf 1440 kWh, während Bragança nur eine Steigerung von 90 auf 161 erreichte.

Die Agrarenquete von 1968 hat die landwirtschaftlichen Betriebe auch nach dem Verbrauch an elektrischer Energie befragt. Wenngleich diese Aussagen entgegen vielen anderen agrarstrukturellen Daten inzwischen weitestgehend überholt sein dürften, so können sie doch als Beleg für die relativen Entwicklungsunterschiede aufgefaßt werden. Die in der Abb. 20 dargestellten Befragungsergebnisse auf der Ebene der Kreise zeigen den außerordentlichen technischen Entwicklungsrückstand der portugiesischen Landwirtschaft im Jahr 1968. In den dicht bevölkerten Kreisen des küstennahen nördlichen Portugal werden die höchsten Anteilwerte erreicht, was so viel bedeutet, daß hier etwa die Hälfte aller landwirtschaftlichen Betriebe elektrische Energie nutzten. Im binnenräumlichen Nordportugal und fast im gesamten Süden treten dagegen kaum Kreise auf, in denen 1968 mehr

Tab. 57: Verbrauch elektrischer Energie in den Distrikten 1974

Distrikte	Private Haushalte 1000 kWh	%	Industrie 1000 kWh	%	Übrige 1000 kWh	%	Total kWh
Aveiro	76 209	9,9	330 115	42,7	365 729	47,4	772 053
Beja	11 724	28,7	18 337	44,9	10 781	26,4	40 842
Braga	55 665	10,7	407 107	77,9	59 746	11,4	522 518
Bragança	8 357	15,1	13 720	41,1	11 276	33,8	33 353
Castelo Branco	33 142	25,9	76 018	59,4	18 755	14,7	127 915
Coimbra	88 836	17,8	152 713	30,7	256 664	51,7	498 213
Évora	21 797	23,6	50 443	54,7	20 034	21,7	92 274
Faro	34 699	23,0	78 102	51,6	38 375	25,4	151 176
Guarda	22 691	28,4	38 275	47,8	19 037	23,8	80 003
Leiria	46 840	10,6	354 673	80,7	38 338	8,7	439 851
Lissabon	555 165	22,5	847 780	34,4	1 063 630	43,1	2 466 575
Portalegre	15 214	25,4	30 729	51,4	13 917	23,2	59 860
Porto	596 524	33,0	787 226	43,5	425 503	23,5	1 809 253
Santarém	57 418	15,9	189 697	52,5	114 087	31,6	361 202
Setúbal	101 961	9,4	706 360	64,9	279 608	25,7	1 087 929
Viana d. C.	20 109	35,0	24 208	42,2	13 060	22,8	57 377
Vila Real	18 130	29,2	20 014	32,2	23 921	38,6	62 065
Viseu	29 530	9,4	41 930	13,4	241 577	77,2	313 037
Total	1 794 011	20,0	4 167 447	46,4	3 014 038	33,6	8 975 496

Quelle: EPRU, 4, 1977.

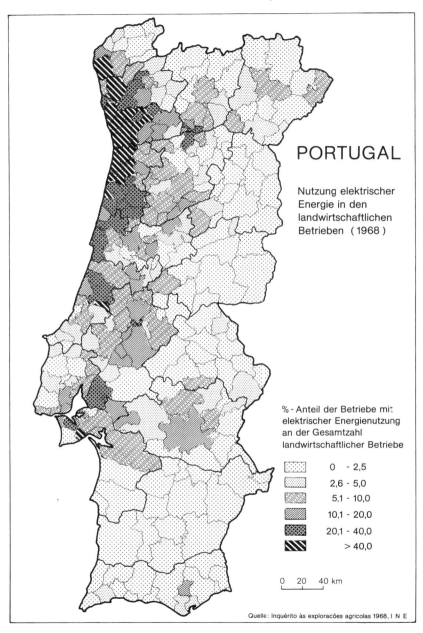

Abb. 20.

als 10 % der Betriebe elektrische Energie aus dem öffentlichen Versorgungsnetz genutzt haben.

2.4.3. Bildungsstrukturen

Das Wissen um die Bedeutung einer differenzierten formalen Bildung für eine moderne Volkswirtschaft hat sich in Portugal erst verhältnismäßig spät durchgesetzt. MÓNICA (1977, S. 321) stellt fest, daß ›die Tatsache, daß 1930 etwa 70 % aller Portugiesen nicht lesen konnten, einige erschütterte und gleichzeitig andere Personen beruhigte‹. Wenn die hier angegebene Analphabetenrate auch etwas zu hoch angesetzt sein dürfte — ALVES MORGADO (1979, S. 328) gibt für 1920 einen Anteil von 62,5 % an —, so ist es in hohem Maße erstaunlich, daß noch 1938 die Nationalversammlung ausgiebig und sehr emotional debattierte, ob es zweckmäßig sei, größere Anstrengungen zu machen, um das erschreckend hohe Analphabetentum in Portugal zu bekämpfen. Trotz der längst eingeführten Grundschulpflicht blieb die Analphabetenquote beträchtlich. So ergab beispielsweise die Agrarbefragung des Jahres 1968, daß nur 57,5 % der Leiter landwirtschaftlicher Betriebe des Lesens kundig waren, und auch unter den im Jahrzehnt von 1960—1970 legal ins Ausland gehenden Emigranten waren 89 377 Portugiesen (= 15,5 %), die angaben, Analphabeten zu sein. 1970 lag die Analphabetenrate für Portugal bei 25,6 %.

Die Niedrigbildungspolitik Portugals kann nur im Zusammenhang mit der Niedriglohnpolitik gesehen werden: Solange die Lohnkostenvorteile das entscheidende Industrialisierungsinstrument sein sollten, konnte es ausreichen, daß nur sehr geringe staatliche Anstrengungen für eine Bildungspolitik unternommen wurden. Noch 1974 wurden für das Ausbildungswesen nur 2,8 % des Bruttoinlandsprodukts ausgegeben (vgl. UNESCO, 1975).

Es kommt ferner hinzu, daß eine moderne Bildungsplanung nicht existiert: die Curricula sind an antiken Traditionen orientiert, und auch die Lehrerausbildung beginnt erst in jüngster Zeit praxisbezogene Aspekte zu berücksichtigen.

Einen ersten Überblick über die jüngeren, regional differenzierten Ausbildungsverhältnisse bietet Tab. 58; dort sind die Ausnutzungsgrade der verschiedenen Schulformen durch den Anteil der Schüler an den Altersgruppen auf der Basis der Distrikte berechnet. Es zeigen sich charakteristische regionale Abweichungen von den Mittelwerten. Besonders deutlich zeigt sich dies im Vorschulbereich, der die Altersstufe von 5—6 Jahren umfaßt. An der Spitze steht eindeutig Lissabon, wo jedes sechste Kind dieses (nicht obligatorische) Schulangebot nutzen konnte. Es folgte eine Gruppe von überdurchschnittlichem Besuch der Vorschulstufe in Mittelportugal, das die Distrikte Castelo Branco, Santarém, Portalegre und Coimbra umfaßte. Extrem ungünstig war der Anteil der Kinder in den Vorschulen in den nördlichen und südlichen Peripherräumen.

Aussagekräftiger sind die Schulbesuchsquoten innerhalb der Jahrgangsstufen von 7—12 Jahren. Die Tatsache, daß 1975 in dieser Altersklasse, in der allgemeine

Tab. 58: Schulbesuchsquoten 1975

	Vorschule (5+ 6 Jahre)	Basisschule (7—12 Jahre)	Sekundarschule (13—17 Jahre)
Aveiro	5,3	78,4	26,2
Beja	3,4	79,1	24,3
Braga	3,5	78,8	17,4
Bragança	2,3	77,5	23,1
Castelo Branco	11,2	81,1	28,2
Coimbra	7,4	83,3	32,4
Évora	6,6	86,1	32,9
Guarda	7,9	79,9	25,8
Leiria	6,5	81,8	23,6
Lissabon	15,1	87,0	46,0
Portalegre	8,3	83,9	29,2
Porto	6,2	77,7	24,4
Santarém	8,7	82,6	29,7
Setúbal	6,0	86,7	40,2
Viana d. C.	0,6	79,5	18,4
Vila Real	3,1	75,3	18,3
Viseu	2,6	79,9	20,3
Total	7,0	82,5	29,0

Quelle: PMP, 1977—1980, Política Regional, S. 417.

Schulpflicht besteht, nur gut vier Fünftel aller Kinder die ›Basisschule‹ besuchten, macht auf die besonderen Probleme der formalen Bildung in Portugal aufmerksam. Vor allem in den beiden letzten Klassen der ›Basisschule‹ ist der Schulbesuch oft sehr unvollständig. Dabei wird der Gegensatz zwischen dem Schulbesuchsverhalten im Norden und im Süden Portugals besonders deutlich. Aber nicht nur in den ländlichen Räumen Nordportugals ist der Schulbesuch unterdurchschnittlich, sondern auch im Verdichtungsraum Porto besuchten nur 77,6 % aller Schulpflichtigen 1975 die ›Basisschule‹. Es prägen sich hier Verhaltensmuster durch, die sich unabhängig von dem modernen, ökonomisch gesteuerten Ordnungsprinzip des Gegensatzes zwischen entwickelten Zentralräumen und unterentwickelten Binnenräumen entfalten und die sich immer dann durchsetzen, wenn rational-wirtschaftliches Verhalten durch traditionsbezogene Strukturen überlagert werden. Für den historisch gewachsenen Individualismus des Nordens mit dem vorherrschenden agrarbetrieblichen Kleinstbesitz, der dominierenden Streusiedlung im ländlichen Raum, mußte der reglementierte Schulbesuch bis ins 13. Lebensjahr um so weniger einsichtig sein, als der möglichst frühzeitige Arbeitseinsatz der heranwachsenden Generation nicht selten eine existentielle Frage war.

Ähnlich sind die Schulbesuchshäufigkeiten in der Altersgruppe 13 bis 17 Jahre einzuordnen, wenngleich das Angebot in der Sekundarausbildung ungleichartig ist und in den urbanisierten Räumen erheblich differenzierter entwickelt ist als in den mehr ländlichen Regionen. Der Zusammenhang zwischen der bildungsbezogenen Infrastrukturausstattung und der Nachfrage nach Ausbildungsangeboten wird unmittelbar klar, wenn man die Aussagen der Tab. 58 der Abb. 21 gegenüberstellt. Den relativ differenzierten Bildungsangeboten im Bereich weiterführender Schulen der zentralen Küstendistrikte stehen die dürftig ausgestatteten Peripherräume gegenüber. Besonders instruktiv erscheint die Berechnung des Anteils derjenigen Kreise, die über keine Einrichtungen weiterführender Schulen (1974) verfügten. Hier wird die Unterversorgung besonders augenfällig: zwei Drittel der Kreise der peripheren Binnendistrikte sind ohne jede weiterführende Schule im Sekundarbereich. Andererseits wird aber auch die Diskrepanz zwischen relativ gutem Schulangebot in den nördlichen Küstendistrikten Aveiro und Porto und der bescheidenen Bildungsnachfrage in diesen Gebieten. Daß dennoch im gesamten Süden, vor allem in den ländlichen Distrikten Évora, Faro, Portalegre und Santarém die weiterführenden Schulen von relativ mehr Schülern besucht werden, als dies im Verdichtungsraum Porto der Fall ist, unterstützt die oben geäußerten Argumente.

Auch die Analyse der absoluten Verteilung der Schüler auf die verschiedenen Ausbildungsstufen, wie sie in der Tab. 59 aufgeführt ist, vervollständigt von einem veränderten Gesichtspunkt aus diese Besonderheit des portugiesischen Bildungsverhaltens. Wenn hier also von allen 1974 gemeldeten Schülern in den Distrikten die Anteile der Schüler festgestellt werden, die die drei möglichen Ausbildungsstufen besuchen, so ergeben sich zwar für die Hochschulstandorte (vor allem Lissabon, Porto und Coimbra) leichte Verzerrungen, aber es wird noch einmal sehr deutlich unterstrichen, wie unterentwickelt der Besuch der weiterführenden Schulen im gesamten nördlichen Portugal ist: in den nördlichen neun Distrikten sind es 18,3 %, in den südlichen neun Distrikten dagegen 28,1 % aller Schüler, die zu einer Sekundarschule gehen.

Auch der Gesamtanteil der Schüler weiterführender Schulen mit 23,3 % und der Hochschulstudenten mit 3,9 % erweist sich im europäischen Maßstab als extrem niedrig.

Die Einzelbetrachtung der verschiedenen Schulstufen ermöglicht weitere Erkenntnisse über jüngere strukturverändernde Entwicklungen im portugiesischen Schul- und Bildungswesen.

Die Abb. 22 stellt den Entwicklungsprozeß der ›Primarstufe‹ von 1970—1975 hinsichtlich der beiden Merkmale ›Quotient: Schülerzahl/Klasse‹ und ›Quotient Schülerzahl/Lehrer‹ dar. In beiden Datenreihen werden bemerkenswerte Veränderungen ersichtlich: Die Anzahl der Schüler je Klasse läßt den räumlichen Gegensatz zwischen Küstensaum und Binnenland sehr deutlich hervortreten; die binnenwärtigen Distrikte weisen ungleich geringere Klassenstärken auf, die von 1970/71 bis 1974/75 von durchschnittlich 28,4 auf 23,2 fallen, während die küsten-

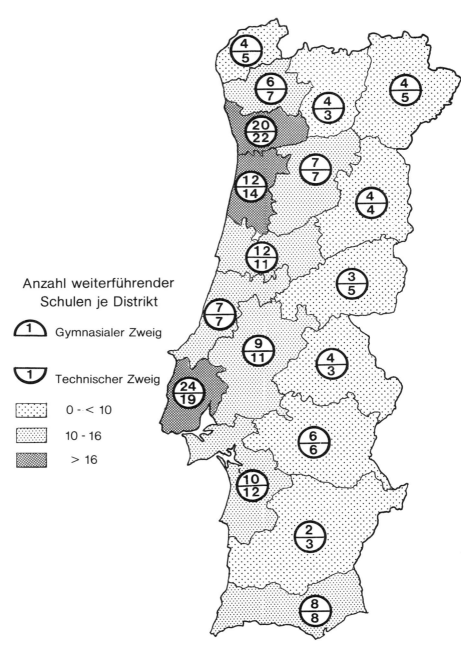

Anzahl weiterführender
Schulen je Distrikt

⌢1 Gymnasialer Zweig

⌣1 Technischer Zweig

0 - < 10

10 - 16

> 16

Abb. 21: Bildungseinrichtungen 1974/75 (Quelle: CRUZEIRO/MARINHO/ANTUNES, 1977).

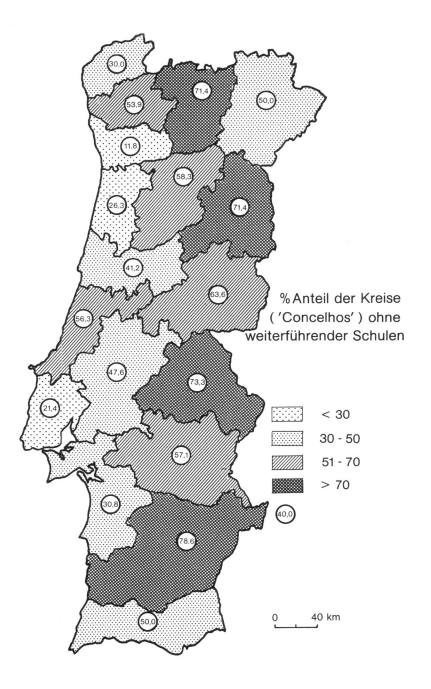

% Anteil der Kreise
('Concelhos') ohne
weiterführender Schulen

	< 30
	30 - 50
	51 - 70
	> 70

0   40 km

Tab. 59: Ausbildungsstrukturen in den Distrikten 1974

Distrikte	Gesamt-Schülerzahl	Basisschule abs.	%	Sekundarschule abs.	%	Hochschule abs.	%
Aveiro	104 727	85 021	81,18	19 706	18,82	—	—
Beja	26 420	21 679	82,06	4 741	17,94	—	—
Braga	124 179	106 188	85,51	17 572	14,15	419	0,34
Bragança	32 507	25 947	79,82	6 560	20,18	—	—
Castelo Branco	36 286	28 515	78,58	7 771	21,42	—	—
Coimbra	76 894	48 186	62,82	18 733	24,42	9 975	12,76
Évora	27 776	19 612	70,60	7 814	28,13	350	1,27
Faro	41 100	30 222	73,53	10 878	26,47	—	—
Guarda	34 107	27 736	81,32	6 359	18,64	12	0,04
Leiria	63 405	51 617	81,41	11 788	18,59	—	—
Lissabon	332 344	188 091	56,59	109 296	32,88	34 957	10,53
Portalegre	19 323	14 979	77,52	4 344	22,48	—	—
Porto	285 683	210 523	73,69	62 539	21,89	12 621	4,42
Santarém	68 551	50 846	74,17	17 705	25,83	—	—
Setúbal	84 560	59 519	70,38	24 851	19,38	190	0,24
Viana do Castelo	43 134	36 814	85,35	6 320	14,65	—	—
Vila Real	48 485	41 762	86,13	6 723	13,87	—	—
Viseu	72 012	61 024	84,74	10 931	15,17	57	0,09
Total	1 521 493	1 108 281	72,80	354 631	23,30	58 581	3,90

Quelle: EPRU, 1977.

nahen Distrikte durch extrem hohe mittlere Klassengrößen gekennzeichnet sind, die hier zwar auch eine deutlich fallende Tendenz haben, aber — vor allem in den Verdichtungsräumen Lissabon/Setúbal und Porto/Aveiro — bei fast 50 Schülern je Klasse bleiben und damit mehr als doppelt so hoch sind als im peripheren Binnenraum. Ein ähnlicher Kontrast wird auch in der Relation von Schülerzahl zu Lehrern faßbar. Beide Merkmale sind nicht primär abhängig von bildungsplanerischen Konzeptionen, nach denen in den peripheren Binnenräumen durch besondere Förderungsmaßnahmen die Ausbildungsbedingungen begünstigt worden wären. Es kommen vielmehr demographische und verhaltensspezifische Prozesse zum Tragen, wobei die Wanderungsstrukturen in Portugal in erster Linie für die regionalen Gegensätze verantwortlich sind. Einerseits ist die Emigration aus den Binnendistrikten ins Ausland seit den sechziger Jahren überdurchschnittlich hoch; zum andern hat sich infolge der unterschiedlichen ökonomischen Entwicklung eine deutliche Binnenwanderungstendenz aus den peripheren Räumen in die Küstenregionen durchgesetzt. Dadurch haben sich Ausbildungsverhältnisse in den Zuwanderungsgebieten relativ verschlechtert und führten zu sehr ungünstigen Belastungsrelationen.

Von besonderer Wichtigkeit ist nach dem politischen Umsturz 1974 die Fortentwicklung der weiterführenden Schulen angesehen worden, zumal Portugal auf diesem Schulsektor im internationalen Vergleich eine besonders ungünstige Position einnimmt.

CRUZEIRO und MARINHO ANTUNES (1976, S. 1012 ff.) weisen darauf hin, daß die regional differenzierte Bereitschaft zur Ausbildung über die Primarstufe hinaus nicht mit dem unterschiedlichen allgemeinen sozioökonomischen Entwicklungsstand erklärt werden kann. Das auf sehr komplexen Traditionen beruhende Bildungsverhalten erschwere in besonderer Weise die Möglichkeiten einer kurzfristigen Veränderung der Ausbildungsbereitschaft.

In der Tab. 60 sind die Anteile der verschiedenen weiterbildenden Zweige der Sekundarstufe in den Distrikten aufgeführt. Von besonderem Interesse ist dabei das Verhältnis der allgemeinbildenden (gymnasialen) zur berufsbezogenen (technischen) Schulausbildung.

Die Distrikte mit vorherrschendem gymnasialen Ausbildungsanteil lassen sich einmal kennzeichnen als die am stärksten entwickelten Regionen Lissabon und Porto, wo die Verwertung des gymnasialen Abschlusses über eine Hochschulausbildung in einer späteren Berufstätigkeit im entwickelten Dienstleistungssektor zweckmäßig erscheinen läßt; zum anderen überwiegt der allgemeinbildende Ausbildungszweig in den soziokulturell traditionell geprägten Distrikten des Nordens Bragança, Guarda und Viseu.

In allen übrigen Distrikten dominiert die technische, berufsbezogene Ausbildung, wobei deutlich wird, daß gerade in den administrativen Einheiten mit Ansätzen einer wirtschaftlichen Entwicklung (Santarém, Leiria) das Übergewicht der technischen Ausbildung am stärksten ist.

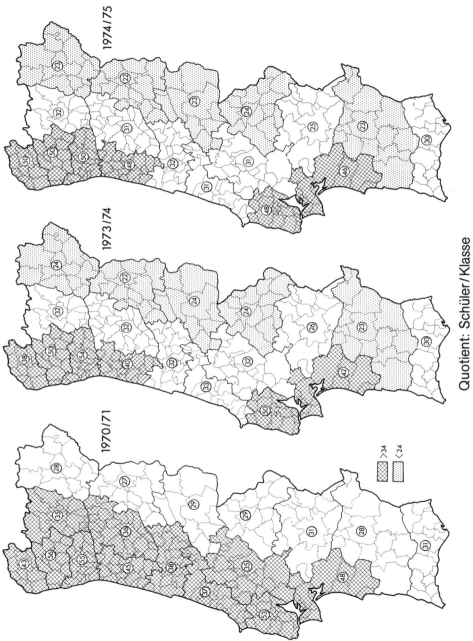

Quotient: Schüler/Klasse

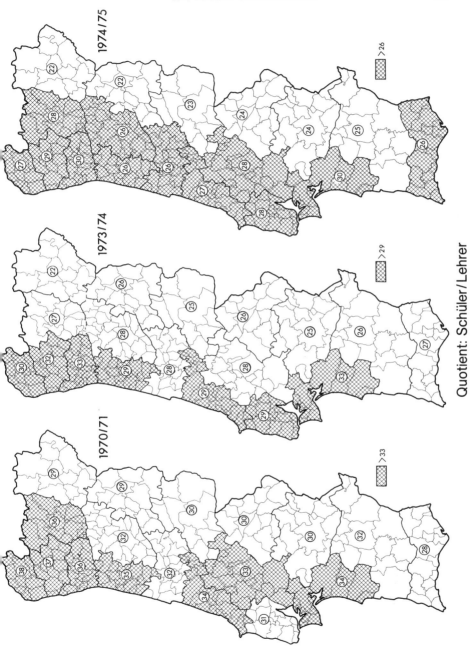

Quotient: Schüler/Lehrer

Abb. 22: Entwicklung der Bildungsstrukturen in der Primarstufe 1970—1975 (Quelle: PMP, 1977—1980, Politica Regional).

Tab. 60: Prozentanteile der Schüler weiterführender Schulen in den
Distrikten nach Ausbildungszweigen 1974/75

	Total	Allgemein-bildend	Berufs-bezogen
Aveiro	6,1	5,1	7,8
Beja	1,4	1,2	1,8
Braga	5,2	4,8	6,0
Bragança	2,5	2,9	1,8
Castelo Branco	2,6	2,3	3,4
Coimbra	5,4	5,2	5,7
Évora	2,0	1,8	2,5
Faro	3,9	3,1	5,1
Guarda	1,9	2,2	1,3
Leiria	3,5	2,8	4,7
Lissabon	27,4	31,9	19,2
Portalegre	1,3	1,1	1,7
Porto	17,0	17,7	15,8
Santarém	4,7	3,6	6,6
Setúbal	7,9	7,2	9,2
Viana do Castelo	1,9	1,7	2,1
Vila Real	2,4	2,1	2,9
Viseu	2,9	3,3	2,4
Total	100,0	1C0,0	100,0

Quelle: CRUZEIRO/MARINHO ANTUNES, 1976, S. 1011.

Vergleichbare Deutungsprobleme ergeben sich bei der Analyse der Studieren-
den an Hochschulen. Es liegt eine Reihe von Untersuchungen vor (vgl.: SEDAS
NUNES, 1970; GASPAR, 1975), die die bildungsgeographischen Aspekte beleuchten, ohne allerdings über hypothetische Erklärungen hinausgelangen zu können.
In der Tab. 61 sind einige Daten zusammengestellt, die den Zusammenhang
zwischen Hochschulausbildung und sozioökonomischen Faktoren beschreiben.
Der insgesamt sehr geringe Anteil der Hochschulstudierenden an der entsprechenden Altersgruppe von (1963/64) 1,6 % verteilt sich zunächst wieder sehr ungleichartig auf die Distrikte. Die höchsten Anteile erreichen die Distrikte Lissabon
(28,8 o/oo), Coimbra (23,8 o/oo), Guarda (19,3 o/oo) und Porto (18,5 o/oo); am
schwächsten sind dagegen Setúbal (8,3 o/oo) und Viana do Castelo (8,2 o/oo) vertreten.
Daß Hochschulbesuch nur bedingt mit der wirtschaftlichen Entwicklung eines
Raumes zu tun hat, zeigen die Pro-Kopf-Werte des Bruttosozialprodukts in den
einzelnen Distrikten: die erheblich unterdurchschnittlichen Werte von Coimbra

Tab. 61: Hochschulstudium, Bruttosozialprodukt und Urbanisierungsgrad
in den Distrikten 1963/1964

	Anteil der Hoch-schulstudierenden an der entsprechen-den Altersstufe (⁰/oo)	BSP je Einwohner 1963 (Esc.)	Urbani-sierungs-grad (1960)
Aveiro	13,5	9 132	7,9
Beja	9,2	6 920	5,7
Braga	9,5	6 334	10,8
Bragança	12,3	5 516	3,5
Castelo Branco	14,9	6 403	12,0
Coimbra	23,8	7 048	13,2
Évora	13,8	8 644	11,0
Faro	15,1	6 573	14,9
Guarda	19,3	5 198	3,2
Leiria	10,2	7 387	7,3
Lissabon	28,8	17 094	65,1
Portalegre	13,2	8 268	12,1
Porto	18,5	10 382	37,7
Santarém	12,3	7 500	3,6
Setúbal	8,3	14 244	40,2
Viana d. C.	8,2	4 826	5,1
Vila Real	10,0	5 285	7,2
Viseu	10,9	5 120	3,5
Total	16,1	9 367	23,3

Quelle: SEDAS NUNES, 1970, S. 658.

(7048 esc./E) und Guarda (5178 Esc./E) fallen zusammen mit weit überdurch-schnittlichen Studentenanteilen; genau umgekehrt ist im Distrikt Setúbal der zweithöchste BSP-Wert mit der zweitniedrigsten Studentenrate kombiniert.

Eine generelle Überprüfung des Zusammenhangs nach PEARSON ergibt eine Korrelation von $r = +0,46$, wodurch die schwache Beziehung umschrieben ist. Ebenso läßt auch die Berechnung der Beziehung zwischen den Studentenquoten und dem Urbanisierungsgrad der Distrikte nur einen mäßigen Zusammenhang ($r = 0,56$) erkennen.

Nun läßt sich für den Distrikt Coimbra zwar die plausible Erklärung finden, daß der traditionsreiche Hochschulstandort der Distriktshauptstadt die Studier-bereitschaft gefördert hat; diese Vermutung kann jedoch für das Beispiel Guarda nicht angeführt werden. Und dennoch erweist sich auch hier die relativ hohe Stu-

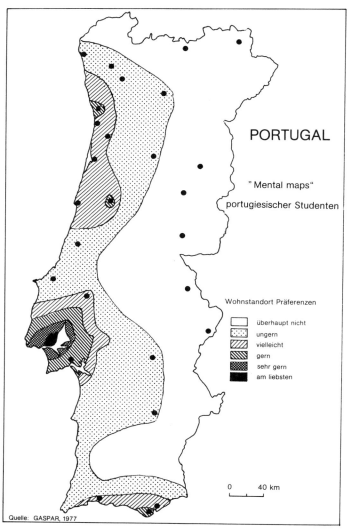

PORTUGAL

"Mental maps"

portugiesischer Studenten

Wohnstandort Präferenzen

	überhaupt nicht
	ungern
	vielleicht
	gern
	sehr gern
	am liebsten

0 40 km

Quelle: GASPAR, 1977

Abb. 23.

dierbereitschaft als ein langtradiertes soziokulturelles Phänomen, da schon in den letzten Jahrzehnten des 19. Jahrhunderts überdurchschnittlich viele Studierende aus dem Distrikt Guarda an den portugiesischen Universitäten immatrikuliert waren.

Ein anderer Aspekt der portugiesischen Bildungsstrukturen ist von GASPAR und MARIN (1975) kurz behandelt worden, indem sie Studierende aus Lissabon nach ihren Wohnstandortpräferenzen in Portugal befragten. Im Sinne der ›mental maps‹ sollten in einer sechsfach gestuften Skala (vgl. Abb. 23) 29 Orte klassifiziert werden. Die Auswertung der (freilich nicht sehr fundierten) Untersuchung ergab einen erstaunlich scharfen Kontrast zwischen den Küstenregionen und dem Landesinnern. Lissabon und der nähere Umlandbereich erhielten mit Abstand die positivsten Bewertungen. Nur Porto, Coimbra und Faro wurden noch als präferierte Wohnstandorte angesehen. Bei allen übrigen Alternativen überwogen bereits die negativen Einstufungen mit einer deutlich fallenden Tendenz zum Landesinneren hin.

Insgesamt erweisen sich die Bildungsstrukturen als außerordentlich vielschichtig, die aber zwei für die Raumstruktur Portugals immer wiederkehrende Gegensätze deutlich werden lassen: Zum einen wird ein Nord-Süd-Kontrast faßbar, der durch die individuelle Organisation und die Traditionsverhaftetheit des Nordens bestimmt ist, zum anderen bildet sich immer dann ein zentral-peripherer Kontrast zwischen Küstenbereich und Binnenland aus, wenn die Dynamik des ökonomischen Verhaltens wirksam werden kann.

2.4.4. Wohnstrukturen und Wohnungspolitik

Wenn die Wohnverhältnisse als der Reflex ökonomischer und demographischer Rahmenbedingungen verstanden werden können, dann ist für Portugal mit erheblichen Unterschieden in den Möglichkeiten des Wohnens zu rechnen: Die in der Tendenz sich immer stärker ausprägenden sozioökonomischen Gegensätze zwischen entwickelten und aktiven Küstenregionen einerseits und passiven und unterentwickelten Binnenregionen andererseits müßten parallel verlaufende Entwicklungen mit deutlichen Wohndisparitäten nach sich gezogen haben.

In den Tab. 62 und 65 sind die Wohnverhältnisse nach der Zählung (INE) von 1970 wiedergegeben. Zunächst einmal muß festgestellt werden, daß insgesamt ein ungewöhnlich hoher Anteil der portugiesischen Bevölkerung unter ungünstigen Wohnbedingungen zu leiden hat: 653 260 Familien, das sind knapp 30 % der Gesamtbevölkerung, sind unzureichend untergebracht. Zum weitaus größten Teil handelt es sich dabei um ›überbelegte‹ Wohnungen (84,5 %), und zum geringsten Teil (5,3 %) um Wohnungen, die keine feste Feuerstelle aufweisen, was vor allem für die illegal errichteten Barackenquartiere zutrifft.

Diese unzureichenden Wohnverhältnisse finden sich sowohl in den ländlichen

Tab. 62: Unzureichende Wohnverhältnisse in den Distrikten 1970

	Total	Haushalte			Schlechte Wohnverhältnisse	
		Wohnung ohne Feuerstelle %	Untervermietung %	Überbelegung %	abs.	%
Aveiro	132 045	0,6	1,7	23,7	34 415	26,0
Beja	61 920	0,8	1,9	25,8	17 670	28,5
Braga	130 870	0,9	2,4	38,0	54 025	41,3
Bragança	48 510	0,5	0,7	31,2	15 705	32,4
Castelo Branco	73 200	0,5	2,4	18,2	16 475	21,1
Coimbra	117 905	0,4	1,1	17,1	21 910	18,6
Évora	55 755	0,8	2,7	25,5	16 175	29,0
Faro	85 170	0,9	2,9	16,4	17 230	20,2
Guarda	64 240	0,5	1,3	23,4	16 170	25,2
Leiria	108 095	0,4	1,2	18,2	21 325	19,8
Lissabon	468 215	4,6	6,5	19,9	145 405	31,8
Portalegre	47 815	0,5	1,4	21,0	10 950	22,9
Porto	316 840	0,7	3,6	33,3	116 685	37,5
Santarém	132 830	0,5	1,6	15,3	24 939	17,4
Setúbal	140 470	2,1	2,4	24,0	40 050	28,5
Viana do Castelo	63 995	0,6	0,6	31,1	20 630	32,3
Vila Real	66 690	1,4	1,1	42,8	30 225	45,3
Viseu	110 455	0,4	0,8	29,0	33 280	30,2
Total	2 224 020	1,6	3,0	24,8	653 260	29,4

Quelle: PMP, 1977—1980; Política Regional, S. 366.

Distrikten des Binnenlandes als auch in den städtischen Agglomerationsräumen der Küste. Diese Tatsache muß deshalb verwundern, weil ganz augenscheinlich die Neubautätigkeit in den Ballungsgebieten der Küste erheblich größer ist als im Landesinneren.

Diese Feststellung wird durch Tab. 63 bestätigt, die den legalen Bau von bewohnbarem Raum ausweist. Daß daneben der illegalen Bautätigkeit eine nicht geringe Bedeutung insbesondere in den küstennahen Ballungsräumen zukommt, geht aus dem geradezu wuchernden Wachstum der heimlichen Wohnquartiere (›bairros clandestinos‹) hervor, die kürzlich von BARATA SALGUEIRO (1977) für Lissabon dargestellt worden sind. Der legale Wohnbau zeigt eine deutliche Konzentration in den Distrikten Lissabon, Setúbal und Porto; hier wurden in den Jahren 1973/74 knapp 55 % aller Wohnbaumaßnahmen durchgeführt. Dieser Anteil stieg 1975 noch auf 60,4 %. In der relativen Betrachtung verändert sich das Bild

Tab. 63: Wohnungsbau 1973—1975

	Wohn-Bevölkerung 1973	Fertiggestellte Wohnungen 1973 + 1974	Anteil an Wohnungen (1973/74) je 1000 Einw. (1973)	%-Anteil der Distrikte am Wohnungsbau 1975
Aveiro	546 974	4 634	8,5	4,3
Beja	205 179	638	3,1	2,7
Braga	612 748	5 845	9,5	5,8
Bragança	181 239	956	5,3	1,0
Castelo Branco	255 753	1 513	5,9	0,6
Coimbra	402 991	3 287	8,2	3,2
Évora	179 744	789	4,4	1,0
Faro	268 957	5 562	20,7	5,7
Guarda	212 287	1 273	6,0	0,9
Leiria	378 968	4 090	10,8	2,3
Lissabon	1 581 062	22 508	14,2	31,6
Portalegre	146 668	620	4,2	3,0
Porto	1 318 774	11 245	8,5	13,3
Santarém	430 386	3 698	8,6	1,8
Setúbal	471 491	11 903	25,2	15,5
Viana do Castelo	251 640	1 801	7,1	4,0
Vila Real	266 382	1 237	4,6	1,0
Viseu	412 067	2 297	5,6	2,3
Total	8 123 310	83 896	10,3	100,0

Quelle: INE, Estatística da Construção e da Habitação; PMP (1977—1980, Nececidades Soçiais, S. 249).

Tab. 64: Bevölkerungsbewegungen 1970—1975 nach Distrikten

	Bevölkerung 1970 (in 1000)	Natürliches Wachstum 1971—75 (in 1000)	Erwartete Bevölkerung 1975 (in 1000)	Effektive Bevölkerung 1975 (in 1000)	Zunahme (+) Abnahme (−)	Zu-, Abnahme in % 1970	Jährliche mittlere Veränderung in % 1970
Aveiro	572,0	32,6	604,6	599,2	− 5,4	− 0,9	− 0,12
Beja	213,3	1,5	214,8	199,7	− 15,1	− 7,0	− 1,40
Braga	641,3	52,9	694,2	667,4	− 26,8	− 4,1	− 0,82
Bragança	190,5	4,6	195,1	181,9	− 13,8	− 7,2	− 1,44
Castelo Branco	265,0	0,9	265,9	239,0	− 26,9	− 10,1	− 2,02
Coimbra	420,8	13,4	434,2	433,4	− 0,8	− 0,1	− 0,02
Évora	186,5	3,2	189,7	186,4	− 3,3	− 1,7	− 0,34
Faro	282,0	4,0	286,0	310,5	+ 24,5	+ 8,6	+ 1,72
Guarda	222,9	0,7	223,6	208,3	− 15,9	− 6,8	− 1,36
Leiria	395,3	11,4	406,7	410,7	+ 4,0	+ 1,0	+ 0,20
Lissabon	1644,3	86,3	1730,6	1930,7	+200,1	+12,1	+ 2,42
Portalegre	152,4	0,5	152,9	148,4	− 4,5	− 2,9	− 0,58
Porto	1375,6	99,0	1474,6	1504,2	+ 19,6	+ 2,1	+ 0,42
Santarém	451,2	8,1	459,3	460,7	+ 1,4	+ 0,3	+ 0,06
Setúbal	491,2	20,4	511,6	575,3	+ 63,7	+12,9	+ 2,58
Viana do Castelo	263,0	9,6	272,6	252,9	− 19,7	− 7,4	− 1,48
Vila Real	281,0	11,9	292,9	272,2	− 20,7	− 7,3	− 1,46
Viseu	428,7	16,5	445,2	422,7	− 22,5	− 5,2	− 1,04
Total	8477,0	377,6	8854,6	9003,0	+148,4	+ 1,8	+ 0,34

Quelle: PMP, 1977—1980: Política Regional, S. 193.

Tab. 65: Wohnungsausstattung in den Distrikten 1970

	Haushalte	mit Wasser-, Lichtanschluß, Bad, WC		ohne Wasser-, Lichtanschluß, Bad, WC		mit Wasser-, Lichtanschluß, WC, ohne Bad	
		abs.	%	abs.	%	abs.	%
Aveiro	129 830	29 820	23,0	6 890	5,3	11 175	8,6
Beja	60 200	5 665	9,4	31 330	52,0	2 500	4,1
Braga	128 610	18 805	14,1	13 055	10,2	11 055	8,6
Bragança	47 940	3 895	8,1	24 415	51,0	1 650	3,4
Castelo Branco	77 305	9 340	12,1	34 380	44,5	4 585	5,9
Coimbra	116 580	20 060	17,2	32 875	28,2	6 205	5,3
Évora	54 690	9 720	17,8	18 950	34,6	4 590	8,4
Faro	82 450	28 390	22,3	35 490	43,0	4 115	5,0
Guarda	63 650	5 680	8,9	29 555	46,4	2 550	4,0
Leiria	107 015	18 845	17,6	34 365	32,1	5 720	5,4
Lissabon	418 315	260 780	62,3	31 595	7,6	45 360	10,8
Portalegre	47 115	6 630	14,1	17 635	37,4	4 360	9,3
Porto	299 925	102 790	34,3	10 285	3,4	42 015	14,0
Santarém	130 080	23 130	17,8	50 495	38,8	7 145	5,5
Setúbal	133 670	63 765	47,7	25 230	18,9	12 405	9,3
Viana do Castelo	63 310	7 970	12,6	23 885	37,7	3 845	6,1
Vila Real	63 300	5 210	8,0	31 715	48,5	2 395	3,7
Viseu	109 365	8 965	8,2	44 730	40,9	4 275	3,9
Total	2 135 360	618 760	29,0	496 875	23,3	175 945	8,2

Quelle: Ministério da Habitação, Urbanisação e Construção; Diagnóstico da Situação, 1977.

insofern, als auch der Distrikt Faro, gemessen an der Einwohnerzahl, weit überdurchschnittliche Wohnungsbauraten aufweist. Die Baumaßnahmen im Zusammenhang mit der Touristikentwicklung mit Appartments und Zweitwohnsitzen
im Algarve dürften hierfür den Ausschlag geben.

Als entscheidend für die regionale Verteilung der Wohnbautätigkeit ist damit
die gegensätzliche Entwicklung zwischen den Küstendistrikten und dem Hinterland anzusehen.

Wenn nun trotz der deutlich stärkeren Neubautätigkeit im Küstenbereich die
Wohnsituation für Gesamtportugal gleichermaßen schlecht ist, dann kann vermutet werden, daß sich in den Küstengebieten durch Zuwanderungen ein immer
neuer und verstärkter Wohnungsbedarf ergibt.

Zur Klärung dieser Frage finden sich in Tab. 64 einige bevölkerungsgeographi-
sche Daten zusammengestellt, die ausweisen, daß in der Tat die innerportugiesischen Wanderungen in entscheidender Weise die regionale Bevölkerungsentwicklung beeinflussen. Es zeigt sich ein prinzipiell gleichartiges Strukturbild, wie es
auch aus der Tab. 63 entnommen werden konnte: der Wanderungsstrom geht aus
den strukturschwachen Binnenräumen in die küstennahen Ballungsräume hinein.
Genau diejenigen Distrikte, die sich durch erhöhte Wohnungsbautätigkeit
1973—1975 ausgezeichnet hatten, nämlich Faro, Leiria, Lissabon, Porto und Setúbal, erhielten durch die Binneneinwanderungsprozesse die größten Zuwächse.

Bei der traditionell angespannten Wohnungslage in Portugal und aufgrund der
Tatsache, daß es vor allem untere Einkommensschichten sind, die in die Ballungsräume strömen, ergibt sich konsequenterweise die Situation — wie sie in Tab. 62
zum Ausdruck kommt —, daß auch in den aktiven Küstenräumen mit ihrer überdurchschnittlich hohen Bautätigkeit die Anzahl der in unzumutbar schlecht ausgestatteten Wohnungen lebenden Familien sehr hoch liegt.

In Tab. 65 ist die tatsächliche Ausstattung der Wohnungen nach Distrikten gekennzeichnet. Nur 29 % der Wohnungen verfügen über einen Wohnstandard, der
heutigen Ansprüchen genügt: Wasser- und Stromanschluß, Bad und WC. Dabei
sind jedoch Mängel wie Überbelegung u. ä. nicht berücksichtigt.

Ohne Zweifel muß ab 1970 von einer echten Wohnungskrise in Portugal gesprochen werden, zumal wenn man bedenkt, daß nicht nur die untersten Einkommensgruppen, sondern auch breite Mittelklasseschichten davon betroffen
sind. Im Bereich des festländischen Portugal verfügt fast ein Viertel (22,3 %) der
Wohnungen weder über Wasser- und Lichtanschlüsse noch über ein Bad mit sanitären Einrichtungen.

Die räumliche Verteilung dieser Mangelsituation sieht folgendermaßen aus:
Ganz deutlich heben sich die am stärksten urbanisierten Ballungsräume positiv
dadurch hervor, daß der Anteil der voll ausgestatteten Wohnungen hier am höchsten liegt: Lissabon 62,3 %, Setúbal 47,7 %, Porto 34,3 %.

Um so negativer zeigt sich das Bild in den peripheren Räumen des portugiesischen Hinterlandes. In den Distrikten Beja, Bragança, Guarda, Vila Real und

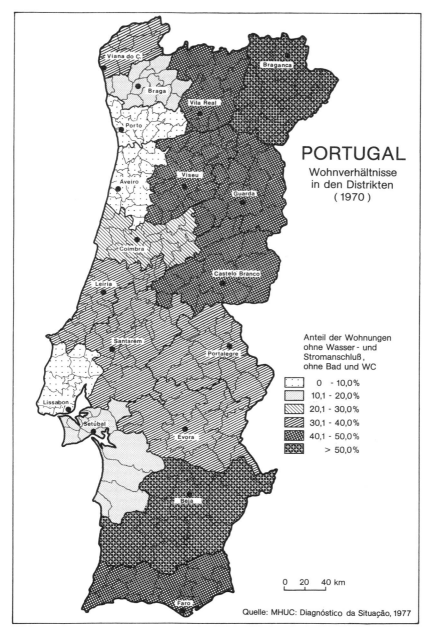

PORTUGAL

Wohnverhältnisse
in den Distrikten
(1970)

Anteil der Wohnungen
ohne Wasser - und
Stromanschluß,
ohne Bad und WC

0 - 10,0 %
10,1 - 20,0 %
20,1 - 30,0 %
30,1 - 40,0 %
40,1 - 50,0 %
> 50,0 %

0   20   40 km

Quelle: MHUC: Diagnóstico da Situação, 1977

Abb. 24.

Viseu verfügt kaum jeder zwölfte Haushalt über den nach europäischen Maßstäben ›normalen‹ Ausstattungsstandard mit Licht- und Wasseranschluß sowie den sanitären Einrichtungen; etwa die Hälfte aller Haushalte muß hier ohne alle diese zivilisatorischen Möglichkeiten auskommen. Aber auch in den entwickelteren küstennahen Räumen herrschen unbefriedigende Wohnverhältnisse vor; selbst im Distrikt Aveiro kann nicht einmal jeder vierte Haushalt diesen Standard erreichen. Erstaunlich bleibt ebenso, daß im Algarve der beachtliche Aufschwung des Tourismus kaum aktivierende Auswirkungen auf die Wohnbedingungen in der Region gehabt hat. Offensichtlich vermag der gehobene Ausländertourismus die allgemeinen Lebensbedingungen nicht wesentlich zu beeinflussen, denn im Jahre 1970 waren hier noch 43 % aller Familien ohne Licht- und Wasseranschluß, ohne Bad und WC (vgl. Abb. 24).

Dieser ausgesprochen unterentwickelte Wohnsektor weist eine strukturelle Abhängigkeit und damit eine Parallelität zu den spezifischen sozioökonomischen Entwicklungsprozessen in Portugal auf. Ganz augenscheinlich ist der Reproduktionssektor ›Wohnen‹ von staatlicher Seite als völlig untergeordnet behandelt worden. Die ›öffentlichen Investitionspläne‹, wie sie sich in den ersten beiden Sechsjahresplänen (1953—1958 und 1959—1964) darstellen, weisen überhaupt keine Zuwendungen für die Förderung des Wohnungsbaus aus. Erst im Übergangsplan (1965—1967) wird für das Wohnungs- und Städtewesen ein völlig unbedeutender Anteil von 5,8 % des Investitionshaushalts bereitgestellt, und auch der dritte Sechsjahresplan (1968—1973) bringt keine wesentliche Veränderung, da der Anteil des Wohnungs- und Städtewesens mit 8050 Mio. Esc. nur 6,6 % der öffentlichen Investitionssumme erreicht (vgl. MATOS, 1977, S. 224—228). Ganz offensichtlich konnte und wollte der portugiesische Staat im Rahmen seiner heterogenisierten Entwicklungsstrategie in dieser Entwicklungsphase die Produktionsnachfrage vor allem auf dem industriellen Sektor fördern, so daß der Wohnungssektor als unterentwickelte ›Reproduktionslücke‹ bestehen blieb.

Aus Tab. 66 kann das Verhältnis zwischen staatlichem Wohnungsbau und privatem Wohnungsbau ersehen werden.

Im Mittel der sechs Jahre von 1970—1975 betrug der staatliche Wohnungsbau nur 10 % des privaten Wohnungsbaus, wobei seit der Revolution die staatlichen Leistungen in den Jahren 1974 und 1975 etwa auf die Hälfte abgesunken sind.

Nachdem sich durch die große Zahl von etwa 500 000 Flüchtlingen aus den Kolonien die Wohnungsprobleme seit der Revolution noch erheblich verschärft hatten, bemüht sich die Regierung, den Anteil des öffentlichen Wohnungsbaus zu vergrößern; für 1976 war der Bau von 9000 staatlich finanzierten Wohnungsbauten geplant.

Der Schwerpunkt der staatlichen Interventionen richtete sich vor allem auf die Verbesserung der Wohnverhältnisse im Raum Lissabon, zumal hier durch die große Zahl der Ansiedlung von Retornados (1976 = 125 000 Personen) die ohnehin schwierige Lage auf dem Wohnungsmarkt noch prekärer geworden war.

Tab. 66: Bauträger des Wohnungsbaus[1] 1970—1975

Bauträger	1970	1971	1972	1973	1974	1975
Staatlicher Wohnungsbau	2 532	3 453	4 895	4 558	2 339	2 180
Baugesellschaften	54	145	295	233	253	224
Privater Wohnungsbau	24 395	32 554	35 716	37 364	41 063	28 787
Total	26 981	36 152	40 896	42 155	43 655	31 191

[1] Portugal einschließlich Madeira u. Azoren.
Quelle: PMP, 1977—1980; Política Regional, S. 373.

Schon im Juli 1974 war eine zwischenzeitlich wieder aufgelöste halbamtliche Wohnungshilfeorganisation SAAL (Serviço de Apoio Ambulatório Local) ins Leben gerufen worden, die — in technische ›Beraterbrigaden‹ gegliedert — vor allem den Wohnungssuchenden, die in den Slum- und Barackenquartieren lebten, Unterstützung bieten sollte. Ihre Aufgabenbereiche sollten neben der Sanierung schlechter Wohngebiete mit allgemeinen Infrastrukturen (Strom-, Wasserversorgung, Abwässerregelung, sozialkulturelle Einrichtungen) vor allem den Ausbau neuer Wohnquartiere fördern.

Bis Ende Oktober 1976 wurden von dem SAAL 246 Wohnungsbauprojekte organisiert, die insgesamt 41 665 Familien umfaßten. Als eine der Hauptschwierigkeiten erwies sich die Beschaffung von einigermaßen zentral gelegenen Baugrundflächen zu Preisen, die durch eine wilde Bodenspekulation nicht derart in die Höhe getrieben waren, daß sie noch zu sozial vertretbaren Preisen vermietet werden konnten. Um hier nachteilige Entwicklungen zu revidieren, wurden — von heftiger Kritik begleitet — Enteignungen vorgenommen, die bis zum 31. 10. 1976 über 2 000 000 m² ausmachten (vgl. GASPAR, 1979).

Um nun eine gesamtportugiesische Planung des Wohnungswesens entwickeln zu können, wurde im Vierjahresplan (1977—1980) der Versuch einer Bedarfsanalyse unternommen. Die Diagnose des Fehlbestands an Wohnungen geht von der Summierung folgender Daten aus: 1. die Nachfrage (und das Überangebot) der Wohnungen, die durch die erwarteten Bevölkerungsbewegungen aus dem Binnenland an die Küste entstehen, 2. die Zahl der (auffallend niedrig angesetzten) Wohnungen, die in unzumutbar schlechtem Bauzustand sind und die wegen ihres ungenügenden Ausstattungsstandards ersetzt werden müssen, und 3. der Fehlbestand an Wohnraum, der im Erhebungsjahr 1970 bereits ermittelt worden war (vgl. Tab. 67).

Durch Abzug der zwischen 1970 und 1976 erbauten Wohnungen von der

Tab. 67: Wohnungsbedarfsschätzung 1977—1980

	Durch Binnenwanderung veränderter Wohnungsbedarf 1977—1980	Anzahl der zu ersetzenden unbewohnbaren Wohnungen	Wohnungsdefizit im Jahr 1970	Summe des Bruttowohnungsbedarfs 1977—1980 (1 + 2 + 3)	Erbaute Wohnungen zwischen 1971 und 1976	Summe des Nettowohnungsbedarfs 1977—1980 (4—5)
	1	2	3	4	5	6
Aveiro	8 563 (+)	20 277	150	28 990	13 085	15 905
Beja	1 015 (—)	11 676	20	10 881	1 742	9 139
Braga	7 829 (+)	22 881	—	30 810	16 135	14 575
Bragança	453 (—)	9 712	—	9 259	3 129	6 130
Castelo Branco	198 (—)	15 638	5	15 445	4 749	10 666
Coimbra	3 808 (+)	20 445	—	24 253	9 452	14 801
Évora	331 (+)	10 026	—	10 357	2 260	8 097
Faro	361 (—)	14 113	60	13 812	15 236	(+ 1 424)
Guarda	862 (—)	12 760	449	12 347	4 240	8 107
Leiria	4 087 (+)	18 122	—	22 209	11 761	10 448
Lissabon	152 142 (+)	48 612	31 040	231 794	59 619	172 175
Portalegre	305 (—)	9 011	90	8 796	1 903	6 893
Porto	42 044 (+)	44 561	1 000	87 605	32 268	55 337
Santarém	4 329 (+)	21 817	620	27 766	10 795	15 971
Setúbal	50 429 (+)	17 193	1 125	68 747	35 284	33 463
Viana do Castelo	454 (+)	11 464	—	11 918	5 125	6 793
Vila Real	1 556 (—)	13 271	335	12 050	3 923	8 127
Viseu	975 (—)	21 991		21 016	7 359	13 657
Total	268 291 (+)	343 570	34 894	648 055	238 065	410 284

Quelle: Ministério da Habitação, Urbanismo e Construção, Diagnóstico de Situação 1977.

Summe der ersten drei Datenreihen ergaben sich die im Vierjahresplan zu erbauenden Wohnungen in einer Größenordnung von insgesamt 410284 Einheiten. Es zeigt sich wieder, daß das absolute Wohnungsdefizit in den städtischen Agglomerationen Lissabon, Porto und Setúbal eindeutig am höchsten liegt. Im Gegensatz zu diesen Regionen ergeben sich für die Binnendistrikte Beja, Bragança, Évora, Guarda, Portalegre, Viana do Castelo und Vila Real die geringsten Bedarfe von unter 10000 Einheiten. Wie sich deutlich erkennen läßt, beeinflußt die erwartete Binnenwanderung aus dem Hinterland in die zentralen Küstenbereiche entscheidend die Bedarfsberechnungen bis 1980.

Einige Probleme dieser Daten dürfen aber nicht übersehen werden: Da es sich um hochaggregierte Datensätze handelt, sind die Entstehungsbedingungen nur teilweise nachvollziehbar und auftretende rein rechnerische Unstimmigkeiten in den angegebenen Quellen nicht überprüfbar. Andererseits muß es nach dem oben Ausgeführten in hohem Maße verwundern, wenn für den Distrikt Faro ein positiver Saldo errechnet wird, der ein Überangebot an Wohnraum nahelegt. Es ist jedoch verfehlt, die in der Algarve in Form von Appartements und Zweitwohnungen errichteten Wohnräume als disponibel für die Befriedigung der Wohnbedürfnisse der dort lebenden Menschen anzusehen. Der hohe Anteil derjenigen Familien (vgl. Tab. 65), die unter unzumutbaren Wohnverhältnissen im Distrikt Faro leben, ist ohne Zweifel durch den touristisch induzierten Bauboom in der Algarve nicht betroffen. Konsequenterweise mußte deshalb auch für den Distrikt Faro ein hohes Wohnungsdefizit ausgewiesen werden.

Abgesehen von solchen Einzelfragen muß die Hauptproblematik der portugiesischen Wohnungsbaupolitik allerdings darin gesehen werden, daß die globalen Planungsziele auch nicht entfernt im Zeitraum bis 1980 zu realisieren sein werden. Und dies aus folgenden Gründen:

1. Das portugiesische Baugewerbe ist von seiner Kapazität her nicht in der Lage, pro Jahr rund 100000 Wohnungen zu erstellen. Von 1970—1975 konnten durchschnittlich 36847 Einheiten jährlich gebaut werden. Selbst wenn man bedenkt, daß ein Teil der Baukapazität durch das illegale Bauen absorbiert gewesen ist, bleibt es undenkbar, daß kurzfristig eine Steigerung der Bauleistungen um etwa 280% erreicht werden könnte.

2. Die Tatsache, daß knapp ein Drittel aller Portugiesen in ungenügenden Wohnverhältnissen lebt, ist nicht nur eine Frage des fehlenden Angebots an besseren Wohnungen, sondern ebenso ein Ausdruck der fehlenden Nachfrage nach einem gehobenen Wohnstandard. Die mittleren und unteren Einkommensgruppen sind auch nicht annähernd in der Lage, die seit 1970 extrem gestiegenen Mietpreise für neue Wohnungen aufzubringen. In Tab. 68 ist die Entwicklung der Wohnungsmieten in fünf, regional breit gestreuten Städten wiedergegeben. Es zeigt sich, daß die Mietpreise sowohl des mittleren als auch des gehobenen Wohnstandards seit 1970 enorme Steigerungsraten aufweisen. Die kurzfristigen Schwankungen mit rückläufigen Preisbewegungen in den Jahren 1975/76

Tab. 68: Entwicklung der Mietpreise in sechs portugiesischen Städten 1970–1976 (in Esc.)

Städte		1970	1971	1972	1973	1974	1975				1976	
							1—3	4—6	7—9	10—12	1—3	4—6
Gehobener Wohnungstyp (4–5 Zimmer)	Lissabon	2980	3454	3901	4390	5196	5294	5266	5242	5532	5264	5821
	Porto	2675	2792	3320	3411	4302	4250	4375	5300	5279	5000	5650
	Coimbra	1943	2288	2336	2705	3354	3679	4000	4500	5126	4750	5208
	Évora	—	—	—	—	—	—	—	—	—	—	—
	Viseu	1112	1271	1696	2448	3084	3234	3117	3355	3472	3535	3808
	Faro	—	—	—	—	—	—	—	—	—	—	—
Normaler Wohnungstyp (4–5 Zimmer)	Lissabon	2410	2732	3089	3657	3976	3288	3506	3706	4049	4558	3385
	Porto	2023	2365	2480	2867	3511	3617	3788	4014	4400	4833	4384
	Coimbra	1551	1786	1911	2278	2950	3422	3825	3668	4411	4167	5028
	Évora	1044	1341	1569	2149	2886	3036	3337	3505	3345	3662	4247
	Viseu	1101	1217	1586	2154	2697	2605	3125	3650	3438	3361	3692
	Faro	—	—	—	—	—	—	—	—	—	—	—

Quelle: Estatísticas de Construção e Habitação: Instituto Nacional de Estatística, Boletims Mensais.

hängen mit staatlichen Eingriffen in das Mietpreisgefüge zusammen. Es ist erklärlich, daß 4- bis 5-Zimmerwohnungen mit einer normalen Ausstattung (Strom-, Wasser- und Kanalisationsanschluß, Bad und WC), die 1976 etwa 4000—5000 Esc. kosteten und damit genau die Höhe der Minimallöhne erreichten (die, wenn man die Arbeitslosen einrechnet, von etwa einem Drittel der Erwerbstätigen nicht überschritten wurden), von einem großen Teil der Bevölkerung bei weitem nicht finanziert werden konnten. Es kommt hinzu, daß das Mietniveau vor allem in den portugiesischen Binnenräumen extrem erhöht worden ist und in sieben Jahren hinsichtlich des unteren Wohnungsstandards — nach Faktorkosten transformiert — um weit über 200 % angestiegen ist. Im gleichen Zeitraum konnten die Reallöhne nur geringfügig gesteigert werden, so daß die Möglichkeiten der Anmietung neuerer Wohnungen für mittlere und schwächere Einkommensschichten tendenziell immer geringer werden.

3. Da die portugiesische ökonomische Entwicklungsstrategie das ›Dissoziationsmodell‹ ablehnt und immer deutlicher eine Außenorientierung anstrebt, muß dies bis heute nur teilindustrialisierte Land alles daransetzen, möglichst rasch eine kohärente Industriestruktur zu erreichen (vgl. ESSER u. a., 1977, S. 204 ff.), die die komparativen Vorteile, wozu noch entscheidend das niedrige Lohnniveau zählt, optimal ausnutzt und so auch längerfristig Konkurrenzvorteile sichert.

Diese Strategie schließt von vornherein eine größere staatliche Förderung des Wohnungsbausektors aus, da einmal die technischen Baukapazitäten schwerpunktmäßig auf Industrialisierungsprojekte und auf Infrastrukturmaßnahmen gelenkt werden müssen und da zum anderen die finanziellen Möglichkeiten des Staates durch den Ausbau von industriellen Arbeitsplätzen mehr als absorbiert sind, so daß für Investitionen im Reproduktionsbereich ›Wohnen‹ nur ein sehr geringer Spielraum bleibt.

Daraus folgt: Innerhalb einer mittelfristigen Planungsperspektive werden sich keine durchgreifenden Verbesserungen der Wohnstrukturen in Portugal erreichen lassen. Die Planungsansätze des Vierjahresplans 1977—1980 haben keine Realisierungschancen und der Artikel 65 der portugiesischen Verfassung wird auf längere Sicht unerfüllt bleiben: ›Alle haben für sich und ihre Familie das Recht auf eine Wohnung, die in ihrer Größe, ihrer hygienischen Ausstattung und in ihrem Komfort angemessen ist und die den persönlichen und familiären Freiraum sichert.‹

2.4.5. Tourismus

2.4.5.1. Ausländerfremdenverkehr

Im Vergleich mit anderen mediterranen Ländern nimmt sich der Tourismus Portugals recht bescheiden aus: im Jahre 1976 erreichte Portugal mit 96 288 Betten

Tab. 69: Touristikzahlungsbilanz 1973—1977 (in Mio. Esc.)

	1973	1974	1975	1976	1977 Mio. Esc.	1977 Mio. DM
Einnahmen	13 580	13 036	9 205	10 022	15 514	105,6
Ausgaben	5 684	6 483	6 622	4 407	5 186	35,3
Saldo:	7 896	6 553	2 583	5 615	10 328	70,3

Quelle: Banco de Portugal.

nur knapp die Hälfte des Bettenangebots in Griechenland und nur ein Zehntel der Kapazitäten Spaniens. Und auch die Gewichtung des Anteils des Tourismus am gesamtwirtschaftlichen Produktionswert läßt erkennen, daß seine Bedeutung innerhalb der portugiesischen Volkswirtschaft nur begrenzt ist. 1968 lag der Anteil des Tourismus (Hotel- und Gaststättengewerbe) am Bruttoinlandsprodukt bei 1,5%, 1971 bei 1,8% und 1974 bei 1,1%.

Dennoch darf nicht übersehen werden, daß der Fremdenverkehrssektor neben den Geldrücksendungen der portugiesischen Arbeitnehmer aus dem Ausland seit Jahren der einzige Wirtschaftsbereich Portugals ist, der durchgängig eine positive Bilanz aufweist und wichtige Devisen bringt. Das trifft (vgl. Tab. 69) sogar für die Krisenjahre 1975 und 1976 nach dem politischen Umsturz 1974 zu, in denen der Auslandstourismus erheblich zurückgegangen ist. Allerdings ist bei einer gesamtwirtschaftlichen Analyse des Tourismus in Portugal zu berücksichtigen, daß ein nicht geringer Teil des gerade im gehobenen internationalen Tourismus erforderlichen Angebotsstandards nur durch Importe aus dem Ausland beschafft werden kann, wodurch teilweise die Devisenvorteile wieder verlorengehen.

Die Hotelkapazität, d. h. das Bettenangebot, ist von 1970—1977 um 36,4% auf fast 100 000 Betten angewachsen; der kontinuierlichen Entwicklung der Bettenkapazität steht eine Stagnation der Hotelzahlen gegenüber: nach einem leichten Anstieg von 1970—1973 auf 1448 Betriebe setzt sich bis 1977 eine leicht rückläufige Bewegung auf 1420 Betriebe durch. Aus Tab. 70 ist zu ersehen, daß die durchschnittliche Zahl der Betten je Hotelbetrieb bis 1977 auf gut 70 Betten zugenommen hat. Diese mittlere Bettenkapazität setzt sich allerdings aus zwei sehr ungleichen Unterbringungskategorien zusammen, deren Unterscheidung zum Verständnis des portugiesischen Tourismus sehr wichtig ist. Auf der einen Seite steht das vorwiegend auf den internationalen Fremdenverkehr zugeschnittene hochklassige Hotelangebot, das durch große Betriebseinheiten ausgezeichnet ist: im Jahre 1977 betrug die mittlere Bettenkapazität aller als Hotels klassifizierten Beherbergungsbetriebe 176 Betten; auf der anderen Seite stehen die Pensionen, die eine mittlere Bettenkapazität von 37 aufwiesen und weitgehend den portugiesischen Touristen vorbehalten blieben.

Tab. 70: Entwicklung der Hotelkapazität 1970—1977[1]

	Anzahl der Beherber- gungsbetriebe	Anzahl der Betten	Anzahl der Betten je Betrieb	Anzahl der Beschäftigten je Beherber- gungsbetrieb
1970	1375	73 236	53,3	17,9
1971	1370	73 752	53,8	18,3
1972	1433	80 495	56,2	19,2
1973	1448	86 538	59,8	20,8
1974	1430	88 341	61,8	19,9
1975	1429	91 348	63,9	18,7
1976	1436	96 288	67,0	19,9
1977	1420	99 906	70,4	20,8

[1] Einschließlich Madeira u. Azoren.

Quelle: Estatísticas do Turismo, INE 1970—1977.

Hinsichtlich der Relation von Beschäftigten im Hotelgewerbe zur Zahl der Beherbergungsbetriebe zeigt sich bis 1973 ein Anstieg auf 20,8 Beschäftigte je Betrieb, der dann zurückging und seit 1976 wieder ansteigende Tendenz aufwies. Daß sich in diesen Werten die zahlenmäßige Entwicklung der Übernachtungen spiegelt, geht aus der Tab. 71 hervor.

Dabei gilt es besonders, auf die veränderten Anteile der Portugiesen und Ausländer bei Hotelübernachtungen hinzuweisen. Zum einen ist die Anzahl der Ho-

Tab. 71: Entwicklung des Fremdenverkehrs 1970—1977

	Anzahl der ausländ. Touristen	Über- nachtungen ausländ. Touristen	Hotelübernachtungen		
			Portugiesen	Ausländer	Total
1970	1 586 400	13 199 000	3 978 263	4 312 148	8 290 411
1971	1 962 600	16 657 000	4 061 708	4 790 902	8 852 610
1972	2 172 600	17 321 000	4 195 253	5 290 915	9 486 168
1973	2 326 200	19 116 000	4 679 919	5 652 617	10 332 536
1974	1 383 500	13 223 000	4 937 518	3 388 157	8 066 629
1975	920 200	10 165 000	7 106 859	3 328 101	10 434 960
1976	958 200	10 797 000	13 409 597	3 711 773	17 121 370
1977	1 409 600	14 801 000	11 497 765	6 166 906	17 664 671

Quelle: INE, Estatísticas de Turismo.

telübernachtungen von Ausländern 1977 trotz der reduzierten Zahl der ausländischen Touristen im Vergleich zur vorrevolutionären Situation auf über 6 Mio. angestiegen; zum anderen hat der Anteil der Hotelübernachtungen von Portugiesen seit 1975 vollständig andersartige Proportionen angenommen. Hierbei handelt es sich freilich nicht um Formen des Tourismus, da die Unterbringung der aus den ehemaligen Kolonien zurückgekehrten Retornados in Hotels entscheidend zu Buche schlägt. Diese seit 1977 durch staatliche Maßnahmen zurückgehende Nutzung der vorhandenen Hotelkapazität hat natürlich zu erheblichen Veränderungen der Auslastungsraten der Hotelunterkünfte geführt, ohne daß damit eine intensive touristische Nutzung der Hotelinfrastrukturen gegeben wäre, vielmehr hat die Zwangsunterbringung der Retornadofamilien in den Hotels die Qualität des Beherbergungsangebots häufig eingeschränkt, zum Teil sogar sehr nachteilig beeinflußt. Die Entwicklung der Auslastungsraten der portugiesischen Hotels von 1970 (31,0%) und 1974 (29,1%) bis 1976 (48,7%) und der seit 1977 erkennbare leichte Rückgang auf 48,4% stellt somit eine im wesentlichen durch die politischen Verhältnisse der letzten Jahre bedingte Sondersituation dar.

Die in der Tab. 72 aufgeführten Daten machen ersichtlich, daß die Auslastung der Hotelkapazität nicht unbedeutende regionale Abweichungen vom Gesamtmittel aufweist. Bis zum Jahre 1973 läßt sich als relativ gleichbleibendes Strukturbild erkennen, daß die eigentlichen Fremdenverkehrsgebiete mit den höchsten Hotelkapazitäten auch die höchsten Auslastungsraten aufwiesen, die in Lissabon, Porto und in der Algarve bei 40% lagen, während die touristisch schwach ausgestatteten Distrikte auch deutlich niedrige Auslastungen ihrer Beherbergungsmöglichkeiten anzeigten. In den Jahren nach der Revolution änderte sich dieses Bild und wies bei jahresweise extremen Schwankungen eine allgemeine Erhöhung der Auslastungsraten auf, die auch die Hotelkapazitäten in touristisch unbedeutenden Regionen überdurchschnittlich auslastete.

Eine vergleichbare Sondersituation ist hinsichtlich des staatlichen Einflusses im Tourismusgewerbe erkennbar. Der erste Ansatz war durch die Gründung staatlicher Hotels, den sogenannten Pousadas, erfolgt, die als gezielte regionalplanerische Maßnahme gerade auch in touristisch unerschlossenen Gebieten eingerichtet worden sind und mit denen zugleich ein gehobener Unterbringungsstandard erreicht werden sollte. Dies kommt vor allem darin zum Ausdruck, daß die Pousadas mit einem extrem hohen (und damit unrentablen) Besatz an Beschäftigten ausgestattet sind: 1976 kamen auf ein Fremdenzimmer 1,59 Hotelbeschäftigte, während die entsprechende Zahl bei der gehobenen Hotelkategorie nur 1,02 betrug. Neben vier großen Hotels, die seit 1974 in Viana do Castelo und in der Algarve in den Besitz des Staats gekommen sind, gibt es eine Gruppe von 13 Hotelbetrieben, deren Geschäftsführung durch Intervention des Staates in die Hände einer staatlichen Gesellschaft ENATUR gegeben wurde. Es ist jedoch vorgesehen, diese Interventionen so bald wie möglich wieder rückgängig zu machen. Insgesamt verfügte der portugiesische Staat 1977 in diesen Hoteleinrichtungen über 7188 Betten,

Tab. 72: Auslastung der Bettenkapazität (in %) im Hotelgewerbe nach Distrikten 1967–1977

Distrikte	1967	1968	1969	1970	1971	1972	1973	1974	1975	1976	1977
Aveiro	18,0	18,1	17,8	19,6	20,6	19,9	22,0	20,8	20,6	30,8	34,1
Beja	25,9	27,1	27,6	29,1	28,2	31,8	32,2	32,8	22,1	30,4	51,1
Braga	14,6	13,1	15,1	15,5	18,2	18,6	21,9	20,5	18,2	28,3	30,5
Bragança	20,5	22,7	20,6	20,1	20,3	21,9	25,1	18,2	20,9	29,0	37,3
Castelo Branco	21,7	21,3	22,8	24,5	23,6	25,6	26,7	30,4	27,4	35,6	40,8
Coimbra	21,3	19,4	20,3	20,4	22,6	23,8	23,2	22,1	24,3	39,8	40,4
Évora	22,0	22,1	24,3	24,1	26,0	27,3	32,5	25,9	24,2	26,8	37,5
Faro	31,4	28,3	33,5	43,3	49,1	48,5	40,3	31,6	27,5	41,6	50,4
Guarda	24,5	21,3	21,8	18,5	19,6	21,0	25,8	22,9	26,8	33,8	37,6
Leiria	17,4	14,9	16,1	18,1	17,3	17,5	19,4	16,7	17,2	26,6	29,4
Lisboa	39,3	37,7	39,6	41,2	41,0	41,7	42,3	36,4	43,9	73,2	58,9
Portalegre	21,2	21,8	20,8	24,2	23,9	26,1	25,9	22,4	23,5	28,8	39,8
Porto	31,4	31,0	31,8	32,0	33,4	34,2	35,0	33,3	34,2	42,2	45,0
Santarém	19,6	16,8	16,9	17,7	17,3	17,3	18,6	15,8	15,8	29,5	30,1
Setúbal	23,1	22,1	22,9	21,9	24,8	24,8	28,9	23,2	34,1	66,3	38,7
Viana do Castelo	14,4	13,0	12,7	15,2	16,5	14,6	16,5	14,6	13,7	30,9	32,5
Vila Real	13,4	13,8	15,7	16,0	16,6	16,9	18,2	16,5	15,8	38,1	27,0
Viseu	14,0	17,2	16,6	16,9	17,2	16,9	15,9	16,2	16,8	26,6	46,2
Total	27,6	26,6	28,3	30,7	32,4	32,5	32,7	29,1	31,3	48,7	48,4

Quelle: Instituto Nacional de Estatística.

was einem Anteil von 7,5 % entsprach; knapp 10 % aller im Hotelgewerbe Beschäftigten waren im staatlichen Dienst tätig.

Die Abhängigkeit des Tourismus von politischen und ökonomischen Rahmenbedingungen wird vor allem im internationalen Tourismus spürbar. Die ausländischen Gäste reagieren sehr direkt auf politische Unsicherheiten im Zielland. Damit ist der Tourismus als Entwicklungsinstrument auch von dieser Seite als ein unsicherer Wirtschaftsfaktor zu kennzeichnen. Im Fall Portugal zeigen die Übernachtungszahlen der ausländischen Besucher einen deutlichen Zusammenhang mit den politischen Ereignissen. Nimmt man das Jahr 1973 (vgl. Tab. 73) als Ausgangsjahr, so war damit der vorläufige Endpunkt einer kontinuierlichen Aufwärtsentwicklung gefaßt, mit der bis 1977 höchsten Übernachtungszahl der Ausländer von annähernd 19 Mio. Übernachtungen insgesamt, wovon 5,6 Mio. Hotelübernachtungen waren. Im folgenden Jahr des politischen Umsturzes fielen die Übernachtungszahlen bereits beträchtlich um fast ein Drittel auf 13 Mio. herab; im Jahr 1975 sank die Übernachtungszahl auf 53,5 % der Jahressumme von 1973. Erst die Stabilisierungsmaßnahmen der Folgezeit erbrachten 1977 einen deutlichen Aufwärtstrend, der sich auch 1978 fortsetzte.

Die in Tab. 73 dargestellten acht bedeutendsten Entsendeländer lassen sehr unterschiedliches Besucherverhalten erkennen: Die USA fielen mit Abstand seit 1973 am klarsten zurück von 2,45 Mio. auf 0,88 Mio. Übernachtungen. Auch Großbritannien, Spanien und Frankreich konnten nach starken Verlusten 1974—1976 bis zum Jahr 1977 noch längst nicht den Stand von 1973 einholen. Anders verhielt es sich mit den mitteleuropäischen Ländern: Bundesrepublik Deutschland, Niederlande, Schweiz und Belgien, die alle nach nur mäßigen Rückgängen eine Steigerung der Übernachtungszahlen über den Stand von 1973 hinaus bis 1977 aufwiesen. Ohne hier auf Einzelheiten eingehen zu können, deutet sich darin doch eine enge Beziehung zwischen der Reaktion auf politische Rahmenbedingungen und den ökonomischen Möglichkeiten an, da die Gruppe der mitteleuropäischen Länder durch eine relative Währungsstabilität günstige monetäre Tauschverhältnisse gegenüber dem portugiesischen Escudo erreichen konnte.

In der Verteilung der ausländischen Touristen auf die verschiedenen Beherbergungsmöglichkeiten nahm die Hotelunterbringung 1977 mit 41,7 % nur den zweiten Platz hinter den ›sonstigen Unterbringungsmöglichkeiten‹ mit 53,8 % ein, die ihrerseits vor allem die Beherbergung in Pensionen umfaßten. Das Campingwesen spielte mit 4,4 % nur eine sehr untergeordnete Rolle. Aus der Tab. 73 kann ersehen werden, daß die Anteile der einzelnen nationalen Besuchergruppen an der Hotelübernachtung stark variieren: während die Schweizer und Deutschen zum größten Teil die Hotelunterkünfte bevorzugen, kommen die Spanier überwiegend in den einfacheren Pensionen unter, und die Franzosen sind seit langem unter den ausländischen Touristen die bedeutendste Benutzergruppe der portugiesischen Campingeinrichtungen.

Wie aus der Tab. 74 entnommen werden kann, wies die regionale Verteilung

Tab. 73: Ausländerübernachtungen 1973—1977 (in 1000)

	1973		1974		1975		1976		1977	
	Total	Hotel-übernach-tungen	Total	Hotel	Total	Hotel	Total	Hotel	Total	Hotel
Spanien	4 608	364,3	1 905	200,5	1 022	128,3	1 828	201,1	3 033	403,8
Vereinigtes Königreich	3 388	1506,8	2 372	1057,3	1 887	707,8	1 614	588,4	2 243	1046,7
Bundesrepublik Deutschland	1 826	863,9	1 693	818,8	1 474	673,4	1 453	730,8	2 214	1119,8
Frankreich	2 116	392,3	1 703	287,7	1 259	225,6	1 365	260,2	1 585	434,6
Niederlande	409	141,2	396	164,4	427	157,4	572	268,5	1 046	556,3
USA	2 459	915,7	1 580	681,9	962	271,7	772	240,2	888	506,0
Schweiz	383	252,1	312	172,1	276	219,7	540	412,4	650	524,6
Belgien	420	145,0	314	117,8	297	194,6	340	212,3	551	328,6
Sonstige	3 378	1071,3	2 948	942,4	2 561	749,6	2 313	797,9	2 601	1246,5
Total	18 987	5652,6	13 223	4442,9	10 165	3328,1	10 797	3711,8	14 810	6166,9

Quelle: Estatísticas do Turismo, INE.

Tab. 74: Campingübernachtungen 1977 nach Distrikten

	Total	Portugal	Ausländer				
			Total	Bundesrepublik Deutschland	Belgien	Frankreich	Groß-britannien
Aveiro	198 901	182 264	16 637	3 830	971	6 419	612
Beja	7 681	3 381	4 300	704	706	1 135	265
Braga	5 462	3 521	1 941	162	126	1 046	115
Bragança	—	—	—	—	—	—	—
Castelo Branco	—	—	—	—	—	—	—
Coimbra	238 404	166 948	71 456	15 527	4 450	25 384	2 134
Évora	16 666	4 231	12 435	1 057	1 149	6 956	341
Faro	896 698	695 428	201 270	75 709	9 072	40 511	14 654
Guarda	16 185	3 389	12 796	1 668	1 154	5 045	652
Leiria	341 342	276 591	64 751	8 504	5 856	32 582	2 044
Lissabon	686 422	550 773	135 649	27 716	5 287	27 865	4 610
Portalegre	5 021	2 844	2 177	183	289	1 024	87
Porto	157 072	99 867	57 205	8 832	2 660	24 739	1 655
Santarém	26 967	20 142	6 825	1 081	872	2 441	238
Setúbal	729 815	695 989	33 826	7 603	1 730	10 558	1 120
Viana do Castelo	288 930	265 315	23 615	5 845	1 216	7 196	1 220
Vila Real	10 807	6 841	3 966	600	335	1 735	265
Viseu	17 625	11 430	6 195	513	313	3 129	244
Total	3 643 998	2 988 954	655 044	159 594	36 126	197 765	30 256

Quelle: INE.

der Campingplatzbenutzer in Portugal aber einige Besonderheiten auf: Bezüglich der ausländischen Campingtouristen war 1977 eine eindeutige Präferenz der algarvischen Plätze im äußersten Süden erkennbar, über 30 % aller Campingübernachtungen wurden im Distrikt Faro gezählt. Am deutlichsten wurde die Bevorzugung der Südregion Portugals bei den deutschen und britischen Benutzern, von denen fast die Hälfte hierher kam. Die französischen Camper verteilten sich beinahe gleichgewichtig auf den gesamten portugiesischen Küstenraum, wobei vor allem die hohe Frequentierung des nördlichen Distrikts Porto auffällt; nur 20 % der Franzosen besuchten die Algaveküste.

In mancher Hinsicht unterscheidet sich das Verteilungsmuster der Portugiesen von den ausländischen Campingplatzbenutzern. Der größte Teil, etwa ein Viertel der Portugiesen, frequentierte 1977 die Campinganlagen im Distrikt Setúbal. Die gute Zugänglichkeit der Campingeinrichtungen zwischen Sado- und Tejomündung für die Bewohner des Ballungsraumes Lissabon sichert diesem Küstenabschnitt eine hohe Auslastung, obgleich sich hier zum Teil schon echte Grenzen der Belastung sowohl vom Naturhaushalt als auch von den Infrastrukturen her ergeben haben. Es kommt hinzu, daß auf dem nördlichen Tejoufer im Distrikt Lissabon ein weiteres knappes Fünftel der portugiesischen Campingplatzbenutzer gezählt wurden.

Als zweiter Schwerpunkt hat sich für die portugiesischen Camper die Algarve herausgebildet, wo vor allem an den weiten Sandstränden des östlichen Küstenabschnitts große Campinganlagen entstanden sind. Während hier 1967 erst 108000 und 1970 157000 Übernachtungen von Portugiesen registriert werden konnten, stieg ihre Zahl auch in den Krisenjahren 1975—1976 stetig weiter und erreichte 1977 fast 700000.

Schließlich gibt die Tab. 74 sehr deutlich wieder, daß die Campinganlagen sehr einseitig auf die Küstendistrikte konzentriert sind und daß die Binnenräume nur über ganz wenige Anlagen verfügen, die auch nur schwach genutzt werden.

Die Situation des Ausländer-Tourismus in Portugal in der jahreszeitlichen Entwicklung (vgl. Tab. 75) zeigt eine beachtliche Konzentration auf die Sommermonate Juli bis September. In diesen drei Monaten der Sommersaison kamen in den letzten Jahren durchschnittlich 45 % aller ausländischen Touristen, wobei nur das Jahr des politischen Umsturzes 1974 hier eine Ausnahme bildete, weil unmittelbar nach der Revolution am 25. April die Einreisezahlen deutlich zurückgingen.

Die Analyse der monatlichen Veränderungen im Vergleich der Jahre 1973—1976 mit dem Jahr 1977 macht sodann erkennbar, daß die Zahlen des Jahres 1973 noch bei weitem nicht eingeholt werden konnten, auch wenn im Verhältnis zu 1975 und 1976 kräftige Zuwächse notiert werden konnten. Aus den erheblich größeren Zuwachsraten in den Sommermonaten läßt sich eine leichte Schwerpunktverlagerung erschließen, wobei vor allem die Einbeziehung des Monats September in die Sommersaison auffällt.

Als eine weitere saisonale Besonderheit kann die unterschiedliche Aufent-

Tab. 75: Einreise ausländischer Touristen im Jahresverlauf 1973—1977

	Einreise in 1000 1977	Variation in % 1977/76	Variation in % 1977/75	Variation in % 1977/74	Variation in % 1977/73
Januar	55,3	+ 32	− 20	− 45	− 35
Februar	51,7	+ 25	− 7	− 46	− 51
März	70,5	+ 49	+ 10	− 49	− 51
April	114,3	+ 68	+ 114	− 28	− 29
Mai	108,0	+ 65	+ 42	+ 10	− 39
Juni	113,4	+ 40	+ 50	+ 12	− 43
Juli	226,4	+ 39	+ 41	+ 29	− 29
August	215,7	+ 35	+ 49	+ 12	− 52
September	195,4	+ 100	+ 173	+ 60	− 25
Oktober	126,8	+ 56	+ 191	+ 48	− 33
November	71,5	+ 32	+ 117	+ 37	− 51
Dezember	60,6	+ 4	+ 43	+ 1	− 51
Total	1409,6	+ 47	+ 59	+ 2	− 39

Quelle: Estatísticas do Turismo, INE.

haltsdauer der ausländischen Touristen hervorgehoben werden: in den Monaten Juli/August bleiben sie durchschnittlich 10 Tage in Portugal, während von Oktober bis Mai die Verweildauer um zwei bis drei Tage kürzer ist.

Deutlichere Gegensätze lassen sich zwischen den nationalen Touristengruppen ausmachen. Im Jahr 1977 blieben die deutschen Touristen mit durchschnittlich 15,3 Tagen am längsten in Portugal, gefolgt von den Niederländern (13,8 Tage) und Belgiern (13,2 Tage); die kürzesten Aufenthalte hatten die Spanier (6,6 Tage) und US-Amerikaner (10,2 Tage).

Die unterschiedliche Verweildauer im Jahresverlauf bei den Übernachtungszahlen der Ausländer führte zu einer noch stärkeren Konzentration auf die Sommermonate: 1977 wurden 51 % aller Übernachtungen in den Monaten Juli bis September gezählt. Das Verteilungsbild der Übernachtung von Portugiesen in Hotels zeigt dagegen eine relativ ausgeglichene Jahreskurve. Die Sommermonate Juli bis September erreichten 1977 zwar mit 33,4 % die höchsten Werte, es dürfte sich aber immer noch die Tatsache auswirken, daß ein Teil der Hotelgäste von den längerfristig einquartierten Retornados gebildet wurde.

Die regionale Bedeutung des Tourismus in Portugal kann aus der Verteilung der Beherbergungsbetriebe, der Bettenkapazität und der Übernachtungszahlen ersehen werden. Allerdings muß darauf aufmerksam gemacht werden, daß der portugiesische Urlaubs-Reiseverkehr mit der Hotel-Übernachtungsstatistik nur zum Teil erfaßt wird — wie im folgenden Kapitel näher ausgeführt wird.

Tab. 76: Regionale Verteilung der Beherbergungsbetriebe (BB), der Bettenkapazitäten (BK) und der Übernachtungszahlen (ÜZ) 1977 (in 1000)

	%-Anteil total			Hotels			Pausadas, Estalagems			Pensionen		
	BB	BK	ÜZ	BB	BK	ÜZ	BB	BK	ÜZ	BB	BK	ÜZ
Aveiro	6,2	5,1	3,8	18	2 218	264 154	6	170	15 495	57	2 155	278 536
Beja	1,2	0,6	0,7	1	76	9 392	3	62	8 959	11	405	82 920
Braga	4,6	4,6	3,0	20	2 337	315 560	4	132	17 034	36	1 597	120 005
Bragança	2,1	1,1	0,9	2	155	17 464	3	89	15 763	23	715	97 359
Castelo Branco	2,2	1,7	1,5	3	368	89 940	3	56	5 594	23	1 060	128 221
Coimbra	5,4	3,9	3,3	13	1 314	224 576	3	92	13 687	54	1 997	264 029
Évora	1,5	1,0	0,8	3	233	45 065	4	146	24 289	13	466	46 255
Faro	13,1	22,7	24,3	58	15 613	2 882 263	14	704	150 471	98	3 565	626 997
Guarda	2,1	1,4	1,1	1	196	44 195	3	107	15 389	24	880	102 911
Leiria	5,8	4,4	2,7	14	1 296	151 176	6	187	42 447	55	2 370	219 227
Lissabon	27,3	31,6	39,4	80	17 137	3 407 112	20	752	169 592	256	9 728	2 357 621
Portalegre	1,8	1,0	0,8	2	212	42 363	4	97	10 898	17	596	70 968
Porto	8,6	7,0	6,7	21	2 857	494 569	5	137	18 012	86	3 160	499 060
Santarém	5,1	3,5	2,2	7	729	69 683	5	312	33 615	54	2 024	233 046
Setúbal	3,5	2,5	3,0	5	664	190 543	5	127	61 344	36	1 355	208 016
Viana d. C.	3,1	2,3	1,6	9	989	110 048	1	32	9 619	31	1 007	120 331
Vila Real	2,9	2,9	1,6	10	1 362	159 716	3	136	11 616	25	1 021	77 350
Viseu	3,5	2,7	2,6	8	890	173 331	4	72	6 145	33	1 393	217 295
Total	100,0	100,0	100,0	275	48 665	8 691 150	96	3410	638 179	932	35 444	6 108 919

Quelle: Estatisticas do Turismo, 1977, INE.

Sehr klar zeigt sich (vgl. Tab. 76) die ungleiche Verteilung der Beherbergungsbetriebe in Portugal. Die Hauptstadt Lissabon nimmt mit 27,3 % mit Abstand den ersten Platz ein, gefolgt von Faro (13,1 %), Porto (8,6 %) und Aveiro (6,2 %). Die Distrikte der Binnenräume: Beja, Évora, Portalegre und Bragança weisen dagegen nur ein minimales Angebot von Beherbergungsmöglichkeiten auf. Tatsächlich erweist sich der portugiesische Tourismus als ein küstenorientierter Badetourismus, der alle übrigen Formen des Fremdenverkehrs weit überflügelt. Das Übergewicht der Küstenstandorte wird noch deutlicher bei der Betrachtung der Bettenzahlen und der Übernachtungszahlen, denn zum einen finden sich in den Küstenregionen die größeren Beherbergungsbetriebe, und zum anderen fallen die Binnenräume durch eine geringere Auslastungsrate weiter zurück. In den Binnendistrikten Beja, Bragança, Costelo Branco, Évora, Guarda, Portalegre, Santarém, Vila Real und Viseu, in denen mehr als ein Viertel der portugiesischen Bevölkerung lebt, wurde 1977 ein Anteil an den Übernachtungszahlen von nur 12 % erreicht.

Die mangelnde touristische Ausstattung dieser Binnenräume wird aber erst recht bei einer qualitativen Analyse der Beherbergungseinrichtungen offensichtlich. Die Unterkunftsmöglichkeiten beschränken sich weitgehend auf die unteren Kategorien der Pensionen. Die obersten Hotelkategorien (vier und fünf Sterne) sind in den Distrikten Beja, Bragança, Castelo Branco, Évora, Guarda, Leiria, Portalegre und Vila Real gar nicht vertreten, während sie in den klassischen Fremdenverkehrsräumen einen bedeutenden Anteil der Übernachtungen auf sich zu ziehen vermögen: Faro 45,4 %, Lissabon 25,8 %, Porto 19,3 %. Ein gewisser Ausgleich kann nur durch die regional breit gestreuten, staatlich (bzw. teilstaatlich) organisierten gehobenen Beherbergungsbetriebe der Pousadas und Estalagems erreicht werden, die aber nur gering an Zahl sind und nur eine geringe Kapazität aufweisen.

Dieses Grundmuster der Fremdenverkehrsstruktur ist zwar keineswegs neu, vielmehr weist LAUTENSACH (1964, S. 261) bereits auf den Gegensatz zwischen dem entwickelteren Seebädertourismus an den Küsten und dem unterentwickelten Tourismus in den Binnendistrikten hin. Daß dennoch in den letzten 20 Jahren wesentliche Akzentverschiebungen in der touristischen Raumnutzung erfolgt sind, wird deutlich, wenn man die von LAUTENSACH für 1958 gegebenen Zahlen verfolgt. Abgesehen von der allgemeinen quantitativen Entwicklung — 1958 erreichte die Übernachtungszahl in Beherbergungsbetrieben nur 5,3 % der Zahlen von 1977 — ergeben sich auch deutliche regionale Verschiebungen: so lag der Distrikt Faro im Jahr 1958 mit 25 109 Übernachtungen noch weit hinter den Distrikten Coimbra und Leiria zurück, die heute (vgl. Tab. 77) stark zurückgefallen sind.

Die Tab. 77 gestattet eine ins einzelne gehende Analyse der regionalen Tourismusentwicklung anhand der veränderten Bettenzahlen von 1967—1977. Es wird deutlich, daß der Wachstumsschwerpunkt in der Algarveregion liegt, wo das Bettenangebot von 6039 im Jahre 1967 um 229 % auf 19 882 bis 1977 gesteigert werden konnte, wobei der entscheidende Aufschwung im Jahre 1973 erfolgte, als in der

Tab. 77: Regionale Entwicklung der Bettenkapazität 1967–1977

Distrikte	1967	1968	1969	1970	1971	1972	1973	1974	1975	1976	1977	Variation 1967–1977 abs.	Variation 1967–1977 %
Aveiro	4 535	4 522	4 543	4 497	4 524	4 756	4 675	4 601	4 481	4 500	4 543	+ 8	+ 0,2
Beja	475	450	441	446	488	462	454	469	501	561	543	+ 68	+ 14,3
Braga	3 858	3 971	3 830	3 986	3 721	3 914	3 902	3 835	4 086	4 101	4 066	+ 208	+ 5,4
Bragança	558	535	575	606	611	623	739	918	897	916	959	+ 401	+ 71,9
Castelo Branco	1 412	1 553	1 529	1 488	1 461	1 461	1 362	1 143	1 190	1 263	1 502	+ 90	+ 6,4
Coimbra	3 941	3 872	3 653	3 840	3 745	3 882	3 875	3 685	3 478	3 443	3 403	− 538	− 13,7
Évora	855	819	761	798	758	822	835	863	866	853	845	− 10	− 1,1
Faro	6 039	7 445	8 508	8 706	9 148	9 988	13 744	15 264	15 975	18 018	19 882	+ 13 843	+ 229,2
Guarda	890	934	1 070	1 171	1 095	1 103	1 042	1 092	1 223	1 227	1 183	+ 293	+ 32,9
Leiria	4 297	4 501	4 226	4 265	4 373	4 491	4 421	4 265	4 002	3 872	3 853	− 444	− 10,3
Lissabon	20 687	20 901	20 930	21 685	22 049	24 465	23 695	24 265	25 752	27 132	27 617	+ 6 930	+ 33,5
Portalegre	654	640	670	692	757	839	880	808	787	812	855	+ 201	+ 30,7
Porto	4 889	5 062	4 765	4 829	4 812	4 805	5 404	5 300	5 411	5 966	6 154	+ 1 265	+ 25,9
Santarém	2 362	2 265	2 471	2 595	2 699	2 849	2 665	2 861	3 106	3 149	3 065	+ 703	+ 29,8
Setúbal	2 329	2 284	2 303	2 429	2 272	2 263	2 308	2 123	2 247	2 209	2 147	− 182	− 7,8
Viana do Castelo	1 617	1 600	1 645	1 885	1 719	2 118	2 245	2 083	2 013	2 065	2 028	+ 411	+ 25,4
Vila Real	2 517	2 187	2 257	2 239	2 333	2 323	2 335	2 243	2 243	2 400	2 519	+ 2	+ 0,1
Viseu	2 542	2 422	2 365	2 380	2 289	2 159	2 315	2 158	2 178	2 292	2 355	− 187	− 7,3
Total	64 457	65 963	66 542	68 537	58 854	73 323	76 912	77 996	80 436	84 779	87 519	+ 23 062	+ 35,8

Quelle: O Turismo em 1977.

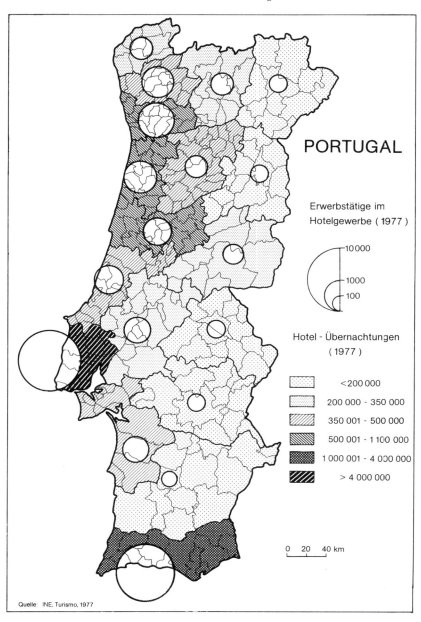

Abb. 25.

Algarve ein extremer Hotelbauboom entstand, der in einigen Fällen nachträglich zu Verstaatlichungen führte (die Hotels Eva, Algarve, Faro). Intraregional ist in der Algarve bezüglich der Hotelneubauten — vor allem der gehobensten Klassen — schon seit längerem eine Konzentration auf den westlichen Abschnitt erkennbar (vgl. WEBER, 1970). In den absoluten Zahlen folgen dann die Ballungsgebiete Lissabon und Porto mit Steigerungen um 6930 bzw. 1265 Betten; bei dem relativ hohen Ausgangsniveau bedeutet das für beide Distrikte jedoch nur mäßige relative Steigerungsraten von 34 % bzw. 26 %. Andererseits dürfen die beachtlichen relativen Steigerungsraten der Distrikte Bragança, Guarda und Santarém doch nicht darüber hinwegtäuschen, daß die absoluten Kapazitäten hier nach wie vor sehr niedrig liegen. Auffallend ist schließlich der absolute und relative Rückgang der Beherbergungsmöglichkeiten in den Mittelküstendistrikten Coimbra (− 13,7%), Leiria (− 10,3%) und im Distrikt Setúbal (− 7,8%).

Insgesamt ergibt sich bei der Betrachtung gerade des Ausländertourismus eine allgemeine Bevorzugung der Küstenräume. Die in der Abb. 25 vorgenommene kombinierte Darstellung von Hotelübernachtungen auf der Distriktebene und Erwerbstätigen im Hotelgewerbe (1977) bringt die regionalen Gegensätze markant zum Ausdruck. Es bleibt aber durchaus fraglich, ob die sektorialen Entwicklungen, wie sie etwa durch den Tourismus in der algarvischen Südregion erzielt werden konnten, langfristig wirkende regionale Effekte auslösen können. Denn gerade am Beispiel des sehr anspruchsvollen Algarvetourismus läßt sich ein doppelter Nachteil aufweisen: er ist einerseits außerordentlich kapitalintensiv und damit in seinen Ansprüchen weitestgehend von außen abhängig; bisher zeigen sich keine Ansätze für eine integrierte regionale Entwicklung. Andererseits ist dieser Tourismussektor relativ arbeitskräfteextensiv. Das wird sich bei weiter ansteigendem Lohnniveau in Zukunft noch stärker zeigen, deutet sich aber in der Tendenz bereits seit einigen Jahren an. Das Hauptproblem des Arbeitskräfteüberschusses dieser südlichen Region, der vor allem in der ländlichen Unterbeschäftigung besteht, kann durch den Tourismus nur zum kleinen Teil gelöst werden.

Zum anderen macht sich im portugiesischen Tourismus eine Konzentrationstendenz bemerkbar, die regional zu Verdichtungserscheinungen im Agglomerationsraum Lissabon/Setúbal führt. Am deutlichsten wird dieser Trend am Entwicklungsprojekt Troia, auf der Halbinsel gegenüber Setúbal, ersichtlich. Hier ist zu Beginn der siebziger Jahre ein touristisches Großvorhaben in einem Raum begonnen worden, der durch die expandierende Zement- und Schwerindustrie des Sadomündungsgebiets sehr stark von Immissionen belastet ist.

2.4.5.2. Freizeitverhalten der Portugiesen

Die im folgenden vorgestellten Fakten beziehen sich auf Daten, die vom staatlichen Tourismussekretariat (1977) zusammengestellt wurden, welche auf einer

20-Prozent-Stichprobe basieren, wie sie bei der Volkszählung 1970 angewandt worden ist. Dabei wurden nur Personen über 15 Jahren hinsichtlich ihres Freizeitverhaltens befragt.

Insgesamt gesehen liegt der Anteil derjenigen Portugiesen, die ihre Ferien außerhalb ihres Wohnorts verbringen, relativ niedrig; 1977 betrug ihr Anteil 38 %. Ein etwas größerer Teil (42 %) verbrachte die Ferien, ohne zu verreisen, am Wohnort, und 20 % gaben an, überhaupt keine Ferienfreizeit gehabt zu haben, mit der hauptsächlichen Begründung (63 %), daß sich für sie beruflich keine längere Urlaubszeit ergeben habe bzw. daß sie aus Geldmangel (23 %) keine ›Ferien‹ machen könnten.

In Tab. 78 sind für die Jahre 1973—1977 einige Grunddaten des Freizeitverhaltens zusammengestellt. Deutlich zeigt sich, daß nach der Revolution in den Krisenjahren 1975 und 1976 der Anteil der Urlaubsreisenden auf 26 % bzw. 28 % zurückgeht, um dann im Jahr 1977 sprunghaft auf 38 % anzusteigen.

In der regionalen Gliederung wird im Freizeitverhalten ein Strukturbild erkennbar, das — analog zum Verteilungsbild anderer sozioökonomischer Datenreihen — vom Gegensatz dynamischer Küstenräume und rückständiger Binnenräume geprägt wird. Von den erwachsenen Bewohnern der Agglomerationsräume Lissabon und Porto unternehmen in den fünf Beobachtungsjahren stets mehr als die Hälfte Urlaubsreisen; in den übrigen Küstenräumen fällt der Anteil der Ferienreisenden zwar schon deutlich unter den Landesdurchschnitt, bleibt aber dennoch klar über den Anteilwerten der portugiesischen Binnenräume, wo (1977) durchschnittlich nur knapp ein Viertel der Bewohner eine Urlaubsreise machte.

Dieser Gegensatz wird auch gestützt durch die Analyse der Urlaubsreisebeteiligung nach unterschiedlichen Wohnplatzgrößen. Für die beiden Städte Lissabon (über 500000) und Porto (100000—500000) wurden im Beobachtungszeitraum durchschnittlich zwei Drittel ihrer Bewohner über 15 Jahre als Ferienreisende festgestellt. Dieser Anteil nahm auffallenderweise seit 1974 ab, während doch der Landesdurchschnitt seit 1975 deutlich anstieg. Hier dürfte die Tatsache wirksam werden, daß nach der Revolution 1974 in den beiden Agglomerationsräumen ein auffallend starkes Bevölkerungswachstum stattgefunden hat, in dessen Verlauf vor allem sozial Schwache aus den ehemaligen Kolonien und aus den Binnenräumen zugewandert sind, die sich nur zu geringem Teil am Urlaubsreiseverkehr beteiligen konnten.

Insgesamt kann man feststellen, daß der Anteil der Urlaubsreisenden um so geringer wird, je kleiner die Siedlungen sind. Allerdings ist eine Tendenz des Ausgleichs unverkennbar, da die ländliche Bevölkerung verstärkt am binnenländischen Reiseverkehr partizipierte und 1977 mit 28 % etwa halbe Anteilwerte der städtischen Wohnbevölkerung (Orte über 10000 E) erreichte; 1973 betrug der Anteil der Urlauber aus Siedlungen unter 2000 Einwohnern nur ein Viertel der großstädtischen Urlaubsreisenden.

Auch hinsichtlich der Gliederung der portugiesischen Bevölkerung nach der

Tab. 78: *Strukturdaten portugiesischer Urlaubsreisender 1973—1977*
(%-Anteil der Bevölkerung über 15 Jahre, der Urlaub macht)

		1973	1974	1975	1976	1977
	Gesamt-Bevölkerung	29	31	26	28	38
Regionale Gliederung	Agglomeration Lissabon	58	59	54	59	55
	Agglomeration Porto	55	57	51	55	59
	Küstendistrikte	20	24	14	20	31
	Nördl. Binnenraum	10	18	17	13	26
	Südl. Binnenraum	20	24	22	19	21
Siedlungsgröße	unter 2 000 E.	16	18	14	15	28
	2 000 — 10 000 E.	38	44	37	31	43
	10 000 —100 000 E.	53	50	40	53	51
	100 000 —500 000 E.	64	70	66	65	59
	über 500 000 E.	61	62	59	64	58
Formale Bildungsstufen	keine Grundschule	10	12	11	14	15
	Grundschule	35	37	30	29	41
	5 Schuljahre	71	80	71	71	73
	7 Schuljahre	85	73	63	82	72
	Hochschulreife	94	71	76	80	74
AltersGliederung	16 — 34 Jahre	42	45	39	40	56
	35 — 44 Jahre	29	32	24	26	34
	45 — 54 Jahre	30	28	25	25	31
	55 — 64 Jahre	16	18	16	25	27
	über 64 Jahre	11	14	10	11	15
Sozioökonomische Gliederung	Oberschicht	81	71	72	81	73
	Obere Mittelschicht	55	55	56	48	58
	Untere Mittelschicht	37	36	28	26	39
	Unterschicht	13	13	12	11	14
	männlich	36	41	34	33	46
	weiblich	25	24	20	24	31

Quelle: O Turismo em 1977, S. 78.

formalen Bildung lassen sich scharfe Kontraste fassen. Dabei zeigten sich entscheidende Trennungslinien zwischen den Personen ›ohne Grundschulabschluß‹,
den Grundschulabsolventen und der Gesamtgruppe der darüberliegenden formalen Bildungsabschlüsse. Während 1973 in den oberen drei ›Bildungsstufen‹ noch

klare Unterschiede hinsichtlich ihres Urlaubsreiseverhaltens auftraten, haben sich diese 1977 nahezu vollständig bei 72—74 % nivelliert. Augenscheinlich sind die Personen ohne jeden Schulabschluß am wenigsten in der Lage, eine größere Urlaubsmobilität zu entwickeln, wobei sicherlich der formale Bildungsstand nur als indirekter Indikator, nicht aber als Erklärungsursache angesehen werden muß.

Daß das Urlaubsverhalten vielmehr von den ökonomischen Möglichkeiten gesteuert wird, kann allgemein festgestellt werden und läßt sich auch aus den Tab. 78 und 79 entnehmen: Die sozioökonomische ›Unterschicht‹ weist charakteristischerweise ähnlich niedrige Anteilwerte auf wie die niedrigste Bildungsschicht und läßt damit enge Zusammenhänge zwischen beiden Variablen vermuten. Insgesamt zeigt die sozioökonomische Gliederung (deren Abgrenzungskriterien nicht näher gekennzeichnet sind) eine deutliche Zunahme des Anteils am Urlaubsreiseverkehr mit steigendem sozialen Status, wenn auch im Bereich der ›Oberschicht‹ eine rückläufige Entwicklung von 1973—1977 festzustellen bleibt.

Hinsichtlich des Einflusses der Altersgliederung läßt sich aus der Tab. 78 eine kontinuierliche Abnahme des Partizipationsanteils am Reiseverkehr mit zunehmendem Alter entnehmen. Die 16- bis 34jährigen erwiesen sich mit (1977) 56 % als die mobilste Reisegruppe, während die über 64jährigen nur noch zu 15 % Ferienfahrten unternahmen. Schließlich wird in der Tab. 78 unterstrichen, daß auch die Gliederung nach dem Geschlecht erhebliche Ungleichheiten offenbart: die in die Ferien reisenden Männer waren mit 46 % um 15 Prozentpunkte mobiler als die Frauen, die ihrerseits auch eindeutig unterrepräsentiert waren hinsichtlich der Steigerungsraten von 1973—1977.

Die jahreszeitliche Verteilung der Ferienreisen der Portugiesen ist sehr einseitig auf die Sommermonate Juli bis September konzentriert. 80,4 % aller Ferienreisen werden in diesen drei Monaten unternommen. Ein Winterreiseverkehr ist praktisch unbekannt: in den Wintermonaten Januar bis März realisieren nur 1,9 % der Portugiesen eine Ferienreise.

Die räumlichen Ziele der portugiesischen Urlaubsreisenden sind in der Tab. 79 dargestellt, gegliedert nach ihrer sozioökonomischen Zugehörigkeit. In der Gesamtbetrachtung ergibt sich eine deutliche Präferenz für die nördlichen Landesteile: der Distrikt Porto (24,0 %) und die nördlichen Binnenregionen (35,0 %) weisen mit Abstand die stärksten Frequentierungen auf. Dagegen spielten Ferienreisen ins Ausland (1977 = 5 %) nur eine sehr geringe Rolle; auch vor der Revolution (1973) lag der Anteil nur bei 7 %.

Auffallend wenig wurden auch die Atlantischen Inseln (3 %) besucht; es darf wohl angenommen werden, daß auch diese Reiseziele aus Kostengründen nur von geringen Bevölkerungsteilen angefahren werden können.

Bei einer sozialgruppenspezifischen Analyse, deren Abgrenzungskriterien allerdings nicht erkennbar sind, ließen sich klare Gegensätze in der regionalen Verteilung der Ferienreisen erkennen. Die Oberschicht paßte sich in ihrem Urlaubsverhalten eher dem Verteilungsbild der ausländischen Touristen in Portugal

Tab. 79: *Urlaubsziele der Portugiesen nach der sozioökonomischen Schichtung 1975—1977 (in %)*

	Total			Oberschicht			obere Mittelschicht			untere Mittelschicht			Unterschicht		
	1975	1976	1977	1975	1976	1977	1975	1976	1977	1975	1976	1977	1975	1976	1977
Ausland	4	5	5	9	8	16	4	3	4	3	6	2	—	1	4
Atlantikinseln	1	3	3	2	10	6	1	3	3	0	1	0	0	0	5
Distrikt Lissabon	13	11	15	9	11	20	18	10	15	11	11	15	15	13	11
Stadt Lissabon	6	6	7	2	5	8	10	5	6	6	6	8	7	9	2
Distrikt Porto	18	21	24	19	14	17	15	17	20	21	29	33	13	19	18
Stadt Porto	4	7	8	5	5	7	5	4	9	6	9	6	1	5	9
Küste nördlich des Douro	2	3	2	4	4	1	4	1	1	2	5	3	0	0	1
Küste zwischen Douro u. Tejo	8	10	8	9	7	11	7	17	10	10	7	4	3	3	7
Küste südlich des Tejo	5	4	4	13	7	6	6	3	5	5	5	2	0	2	1
Algarve	10	10	12	24	20	26	16	13	12	5	5	8	2	2	7
Landesinnere Norden	30	17	35	26	19	20	27	16	43	30	17	31	37	15	47
Landesinnere Süden	9	5	6	3	1	4	3	8	7	8	4	9	23	7	2
Keine Antwort	7	0	2	3	0	1	10	0	2	7	0	4	8	0	1

Quelle: O Turismo em 1977 (7.1).

an. An erster Stelle stand die Algarveregion (26 %), die in ihrem Touristikangebot eindeutig auf den anspruchsvollen Auslandstourismus orientiert ist und nur geringe Möglichkeiten für einen Mittel- und Unterschichtenreiseverkehr bereithält. In die gleiche Richtung ging auch das zunehmende Interesse dieser Oberschicht an den klassischen Ferienorten westlich Lissabons mit den Zentren Cascais und Estoríl. Gleich häufig waren allerdings mit 20 Punkten die Nennungen des nördlichen Landesinnern: die landsmannschaftliche Herkunft aus diesen Regionen könnte eher dieses Phänomen erklären als die in jüngerer Zeit in der Serra da Estrela entstandenen exklusiven Urlaubsmöglichkeiten.

Diametral entgegengesetzt erwiesen sich die von der ›Unterschicht‹ bevorzugten Ferienziele. Reisen ins Ausland, zu den Atlantischen Inseln oder in die Algarve spielten fast keine Rolle, wenngleich sich in der jüngsten Zeit (1977) hier leichte Veränderungstendenzen abzeichneten. Mit weitem Abstand wurde als häufigstes Ferienziel der nördliche Binnenraum angegeben. Hier wird deutlich, daß der innerportugiesische Urlaubsreiseverkehr weitgehend unabhängig ist von den touristischen Infrastrukturen. Dies ist daraus zu erschließen, daß (1977) in den nördlichen Binnendistrikten Bragança, Castelo Branco, Guarda, Vila Real und Viseu unter Einschluß aller Unterkunftskategorien nur 8518 Betten vorhanden waren; gleichzeitig sind aber 35 % der Urlaubsbevölkerung — das sind 1,197 Mio. Reisende — im nördlichen Binnenportugal 1977 in ihren Ferien gewesen. Der weitaus größte Teil der Portugiesen muß folglich die Ferien bei Verwandten und Bekannten verbracht haben. Diese Vermutung wird gestützt durch die Befragung des Staatssekretariats für Tourismus 1977, wonach 46,9 % aller portugiesischen Ferienreisenden bei Verwandten und Bekannten unterkommen; nur 13,6 % mieten eine Ferienwohnung, 12,2 % wohnen in Hotels/Pensionen und 10,6 % verbringen die Ferien auf Campingplätzen.

Die sozioökonomische Mittelschicht nahm in ihrem Reiseverhalten zwar eine Übergangsstellung ein, wies aber insgesamt in ihrem Verteilungsmuster eine größere Ähnlichkeit zur Unterschicht auf, wenngleich jahresweise sehr starke Abweichungen in den räumlichen Urlaubszielen auftreten.

Die Analyse der regionalen Verteilung der Ferienreisenden deutet bereits an, daß die Auswahl der Ziele keineswegs frei gewählt werden kann, sondern für die große Mehrzahl der Portugiesen durch den Zwang bestimmt wird, möglichst billige Unterkünfte auswählen zu müssen. Daß sich dies so verhält, geht aus der Tab. 80 hervor, die den Gegensatz zwischen tatsächlichen und gewünschten Ferienzielen verdeutlicht.

Wenn man davon ausgeht, daß diejenigen Feriengebiete am beliebtesten sind, welche die beste Ausstattung der Ferieninfrastruktur aufweisen, dann zeigt der Vergleich der Tab. 79 und 80, daß nur ein kleiner Teil der portugiesischen Ferienreisenden diejenigen Erholungsgebiete aufsuchen konnte, die die besten Freizeitangebote umfassen. Von den Atlantischen Inseln wurde Madeira extrem positiv eingeschätzt, wobei aber nur 3 % aller Portugiesen 1977 dieses Ferienziel ansteuern konnten. Als überdurchschnittlich gut ausgebaut galt das Freizeitangebot der Städte Lissabon und Porto, sowie der Küstenbereich des Distrikts Lissabon und die Algarve. Alle diese Feriengebiete wurden 1977 jedoch nur von Minderheiten aufgesucht. Umgekehrt wiesen die Binnenräume des Nordens (Distrikt Porto, Landesinnere Norden) mit Abstand die höchsten Besucherzahlen auf und wurden doch hinsichtlich ihrer Attraktivität eindeutig als unzulänglich eingestuft.

Tab. 80: Einschätzung der touristischen Infrastruktur portugiesischer Feriengebiete 1977

| | Ferien-Infrastruktur | | | |
	gut ausgebaut	teil- ausgebaut	nicht vorhanden	unbekannt
Madeira	93	1	3	3
Lissabon (Zentrum)	61	24	1	14
Distrikt Lissabon, Küste	56	29	11	4
Restdistrikt Lissabon	20	39	26	15
Porto (Zentrum)	40	30	4	25
Distrikt Porto, Küste	20	60	8	12
Restdistrikt Porto	10	25	36	29
Küste nördl. Douro	7	68	18	7
Küste zw. Douro und Tejo	23	52	13	12
Küste südl. Tejo	17	43	9	31
Algarve	37	35	13	15
Binnenraum nördl. Tejo	17	36	28	19
Binnenraum südl. Tejo	11	44	12	33

Quelle: O Turismo em 1977, S. 92.

Daß Wunsch und Wirklichkeit hinsichtlich der Ferienziele bei den portugiesischen Ferienreisenden so weit auseinanderliegen, kann nur als eine Konsequenz der schwierigen wirtschaftlichen Verhältnisse der Bevölkerung Portugals verstanden werden.

Die Analyse der Tab. 81 zeigt, daß im Jahr 1977 die Ausgabenstruktur insgesamt durch auffallend niedrige Werte gekennzeichnet war, obgleich allein in diesem Jahr die Lebenshaltungskosten stark angestiegen waren — mit einer Inflationsrate von 27 % — und weitgehend westeuropäischen Standard erreicht hatten. Wenn dennoch der sehr niedrige mittlere Ausgabenbetrag von nur 154 Esc. (10,50 DM) je Person und Tag (unter Einberechnung der Ausgaben für Transport, Unterkunft, Verpflegung und Sonderauslagen) erreicht wurde, so wird damit die oben geäußerte Vermutung bestätigt, daß ein großer Teil des portugiesischen Ferientourismus nicht durchkommerzialisiert ist, vielmehr darauf abgestellt ist, Ferienmöglichkeiten wahrzunehmen, die sich im Bereich der Familien- und Bekanntenbesuche realisieren lassen.

Tab. 81: Mittlere Ferienausgaben (insgesamt) je Person und Tag
(in Esc.) 1977

		Durchschnitt (in Esc.)
Siedlungsgröße	unter 2 000 E.	121,90
	2 000 — 10 000 E.	158,60
	10 000 — 100 000 E.	180,20
	100 000 — 500 000 E.	199,50
	über 500 000 E.	213,60
Formale Bildungsstufen	keine Grundschule	149,80
	Grundschule	139,90
	5 Schuljahre	144,60
	7 Schuljahre	229,60
	Hochschulreife	234,80
Sozioökonomische Gliederung	Oberschicht	253,30
	Obere Mittelschicht	157,10
	Untere Mittelschicht	102,10
	Unterschicht	117,10
Altersgliederung	16 — 24 Jahre	125,30
	25 — 34 Jahre	174,40
	35 — 44 Jahre	142,50
	45 — 54 Jahre	200,40
	55 — 64 Jahre	228,00
	über 64 Jahre	120,10
	männlich	132,60
	weiblich	181,40

Quelle: O Turismo em 1977, S. 95.

Im einzelnen läßt sich der Tab. 81 entnehmen, daß keine extremen regionalen
und sozialstrukturellen Differenzierungen auftreten, wenngleich hinsichtlich der
Siedlungsgröße die Ferienreisenden aus ländlichen Gebieten mit 121 Esc. durchschnittlich nur 57 % der Tagessummen der Reisenden aus Lissabon ausgegeben
haben. Da höhere Bildung in der Regel mit höherem sozioökonomischem Rang
korreliert, zeigten sich in beiden Merkmalsreihen analoge Ausgabenstrukturen,
wobei jedoch bemerkenswert erscheint, daß auch die sozioökonomische Oberschicht mit mittleren Ferienausgaben von täglich 253,30 Esc. sehr niedrig lag.
In der altersmäßigen Gliederung der Ferienreisenden ergab sich kein einheit-
liches Bild hinsichtlich der Ausgabenstruktur; die jüngste (16—24 Jahre) und älte-

ste (über 64 Jahre) Altersstufe wiesen mit Abstand die geringsten Tagesausgaben auf.

Auffallend ist schließlich auch der nicht unerhebliche höhere Ausgabensatz der weiblichen (181,40 Esc.) gegenüber den männlichen (132,60 Esc.) Touristen. Hier prägte sich aber nur eine unterschiedlich lange Feriendauer durch, die vor allem dadurch bedingt ist, daß häufig die Mütter mit ihren Kindern die gesamte Ferienzeit geschlossen am Ferienort verbringen, wogegen die Väter nur am Wochenende zu ihren Familien herausfahren, innerhalb der Woche aber ihren Berufen nachgehen.

Einen anderen Aspekt des Freizeitverhaltens stellt die Wochenenderholung dar. Sie spielt in Portugal im Vergleich zu mitteleuropäischen Verhältnissen eine geringe Rolle. Nach den hier analysierten Daten, wie sie für 1977 in einer Stichprobe erhoben wurden, beteiligten sich 8 % der erwachsenen Bevölkerung regelmäßig jedes Wochenende am Reiseverkehr; d. h., sie verbrachten das Wochenende außerhalb ihres Wohnortes, wobei der Ort der Übernachtung keine Rolle spielt. 26 % waren einmal im Monat und 42 % seltener als einmal im Monat als Wochenendtouristen unterwegs.

Eine Differenzierung des Wochenendreiseverkehrs nach der Siedlungsstruktur macht deutlich, daß das Verreisen am Wochenende ein urbanes Phänomen ist. In Lissabon (17 %), aber auch in den Mittelstädten bis 100 000 Einwohner war die Wochenendmobilität dreimal so groß wie in den Siedlungen unter 2000 Einwohnern. Bezüglich der Altersstruktur beteiligte sich die jüngere Gruppe von 16—34 Jahren mit 12 % etwa doppelt so stark wie alle übrigen Altersstufen.

Sehr kontrastreich ist das Bild der Beteiligung am Wochenendreiseverkehr bei der Betrachtung des sozioökonomischen Schichtungsgefüges und der formalen Bildungsstruktur: fast ein Viertel der sozioökonomischen Oberschicht hatten regelmäßig jedes Wochenende teil am Reisetourismus, während der diesbezügliche Prozentanteil bei der untersten Sozial- und Bildungsschicht nur 2,0 % ausmachte.

Als Verkehrsmittel diente für 68 % der Ausflüge der Pkw, wobei 31 % der Wochenendreisenden von Verwandten und Bekannten mitgenommen wurden. Ungewöhnlich hoch ist der Anteil derjenigen, die öffentliche Verkehrsmittel für ihre Wochenendfahrten benutzen: 14 % reisten mit Bussen, 13 % mit der Eisenbahn.

Insgesamt ist der innerportugiesische Tourismus durch Eigentümlichkeiten gekennzeichnet, die in deutlichem Kontrast zum Ausländertourismus in Portugal stehen. Während dieser eindeutig auf die Küsten orientiert ist mit den ganz überwiegenden Schwerpunkten Lissabon und Algarve, bleibt der portugiesische Ferienreiseverkehr stärker auf die touristisch unerschlossenen Binnenräume ausgerichtet. Allerdings sind die Auswirkungen dieses zahlenmäßig bedeutenden portugiesischen Reiseverkehrs ohne große Folgen geblieben, da es sich hierbei im wesentlichen um einen familiären Besuchsferienverkehr handelt, der nur zu ganz geringem Anteil marktwirksam und damit kommerzialisierbar wird. Die äußerst geringen Übernachtungsmöglichkeiten in Hotels und Pensionen sind in den Jahren seit 1973 ebensowenig ausgebaut worden wie alle übrigen fremdenverkehrsbezogenen Infrastrukturen. Damit können vom innerportugiesischen Fremdenverkehr nur in sehr begrenztem Ausmaß Impulse zur Entwicklung der strukturschwachen Binnenräume ausgehen.

2.4.6. Ergebnisse der tertiärwirtschaftlichen Gliederung

Die Analyse der verschiedenen Funktionsbereiche des Tertiärsektors — Verkehr, Energieversorgung, Bildung, Wohnen und Freizeit — hat immer wieder die Frage der räumlichen Ungleichverteilung aufgeworfen: die Vorrangstellung bestimmter Räume gegenüber anderen ist auch im Dienstleistungsbereich durchweg gegeben. Diese Feststellung ist insofern selbstverständlich, als der Dienstleistungssektor die Funktionsfähigkeit der produzierenden Sektoren sicherzustellen hat, indem er die Konzentrationstendenzen in der Produktions- und Unternehmensstruktur in den Kernbereichen der Ökonomie prioritär unterstützt und durch einen hohen Grad der Diversifizierung alle möglichen externen Ersparnisse liefert.

Da auch der Tertiärsektor konkurrenzwirtschaftlich organisiert ist, werden durch ihn die Polarisierungsprozesse im produzierenden Bereich verstärkt zur Entfaltung gebracht.

Am Beispiel der Verkehrsstrukturen zeigt sich in Portugal sehr deutlich der Zusammenhang von Produktion und Infrastrukturentwicklung. Die wachstumsstarken zentralen Küstenregionen um Lissabon und Porto sind in ihrer Entwicklung weitgehend aufeinander angewiesen; der Raum als prinzipielles Hindernis für Austauschprozesse wird verkehrstechnisch soweit wie nur möglich überwunden. Der neu geplante industrielle Wachstumspol Sines — 150 km im Süden Lissabons gelegen — wird durch den Ausbau moderner Hafenanlagen sowie durch neue Eisenbahn- und Autobahnverbindungen an die übrigen Ballungsgebiete angeschlossen und so mit den erforderlichen Transportkostenersparnissen versehen, um Agglomerationsvorteile und Massenproduktionsvorteile kombinieren zu können. Andererseits bleiben die Randbereiche der Ökonomie isoliert im ländlichen Raum bestehen. Dadurch bleibt vielfach ein Mindestniveau gleichwertiger Lebensbedingungen unerfüllbar, was — da eine verkehrsmäßige, d. h. dauerhafte Raumverbindung nicht erreichbar erscheint — immer häufiger zur Abwanderung aus den wachstumsschwachen Randbereichen in die Verdichtungsräume führt. Die peripheren Räume werden zu Entleerungsräumen.

Auch der Freizeit- und Erholungssektor ist einem zunehmenden Polarisierungsprozeß unterworfen, da auch er dem Marktmechanismus ausgesetzt ist. Die Konzentration von immer größeren Hoteleinheiten in unmittelbarer Nähe der Agglomerationen — die Entwicklung in der Algarve ist nur teilweise davon un-

Tab. 82: »Medienstruktur«: Zeitungsauflagen und TV-Verbreitung in den Distrikten 1970/1975

Distrikt	Auflage von Zeitungen und Zeitschriften			Fernsehgeräte		
	in 1000		Aufl./1000 E			je 1000 E
	1970	1975	1975	1970	1975	1975
Aveiro	2 318	2 105	3 454	22 851	47 516	77
Beja	1 023	905	4 522	4 614	10 783	53
Braga	4 396	4 272	6 345	11 457	27 791	41
Bragança	353	157	863	2 179	4 904	26
Castelo Branco	2 132	1 747	7 113	8 075	16 383	66
Coimbra	6 617	6 863	15 719	16 175	31 240	71
Évora	2 607	792	4 146	6 517	18 133	94
Faro	937	472	1 526	9 406	24 082	77
Guarda	1 217	1 020	4 875	4 896	10 251	49
Leiria	4 341	2 741	6 551	13 153	29 543	70
Lissabon	274 390	245 025	125 886	150 913	229 038	117
Portalegre	486	257	1 652	5 416	13 182	85
Porto	70 893	77 635	51 112	71 352	127 624	84
Santarém	2 359	3 598	7 755	14 324	35 201	75
Setúbal	1 914	1 632	2 803	30 688	58 914	101
Viana do Castelo	912	872	3 424	4 179	9 738	38
Vila Real	1 774	396	1 451	4 139	8 783	32
Viseu	1 477	1 410	3 298	6 892	15 314	35
Total	380 146	351 899	38 689	387 226	718 400	78

Quelle: PMP 1977—1980, Politica Regional, S. 432.

betroffen — führt zumindest längerfristig zu erheblichen Nachteilen. Der Hotelausbau im Verdichtungsraum Lissabon/Setúbal hat der Erholungsfunktion in Caparica und auf der Halbinsel Troia die wohl immissionsbelasteten Strände ›vorbehalten‹, denen kein anderer Vorteil eignet als eine schnelle Erreichbarkeit vom Verdichtungsraum aus.

Zum anderen darf nicht übersehen werden, daß es im tertiären Wirtschaftssektor auch partielle Marktversagungsphänomene gibt, die sich dem ökonomischen Polarisierungsprozeß im Raum widersetzen. So weisen die Ausbildungsstrukturen Eigentümlichkeiten auf, deren traditionelle Bindungen so verfestigt sind, daß sie sich teilweise den Ansprüchen des Marktes entziehen können: Obgleich die Bedürfnisse des Arbeitsmarktes an qualifizierten, mobilen Technikern im nordportugiesischen Wachstumspol Porto ohne weiteres einsichtig sein müßten, sind die Schülerquoten an weiterführenden Schulen, vor allem im Bereich der technischen Ausbildung, erheblich niedriger als in den südlichen Peripherräumen. Nur teilweise abhängig von den industriellen Arbeitsqualifikationsanforderungen haben sich hier Verhaltensweisen erhalten, die der Mentalität der kleinbetrieblichen Subsistenzlandwirtschaft zu entstammen scheinen.

Abschließend soll das Prinzip der Ungleichverteilung im Dienstleistungssektor am interregional unterschiedlichen Konsum von Informationen und Innovationen dargestellt werden. In der Tab. 82 sind für die Distrikte die Verbreitung von Zeitungen und von Fernsehgeräten in den Jahren 1970 und 1975 wiedergegeben.

Es zeigt sich, daß in den Zusammenballungen wirtschaftlicher Aktivität auch das Informationspotential am größten war: 1970 wurden 90,8 % und 1975 wurden 91,7 % aller Zeitungen und Zeitschriften in Lissabon und Porto herausgegeben. Auch die Auflagenstärke, bezogen auf die Einwohnerzahl, macht deutlich, welche Kommunikationsvorteile mit dem Standort Lissabon und bedingt auch Porto gegeben waren. Gerade für innovationsfreudige Großbetriebe und Handelsunternehmen ist die soziale Interaktion in den urbanen Zentren als Kommunikationsfelder von großer Bedeutung: Fühlungsvorteile stellen echte Wettbewerbsvorteile dar.

Auch der Verbreitungsdichte von TV-Geräten kommt eine ökonomische Bedeutung zu: je dichter das Informationsnetz, um so niedriger sind die Informationskosten und um so idealer die Wettbewerbsbedingungen. Die einzelregionale Analyse des Ausstattungsgrades mit Fernsehgeräten zeigte neben der dominierenden Stellung des Verdichtungsraumes Lissabon/Setúbal die auffallend stärkere Entwicklung der südlichen Distrikte. In Analogie zu den Bildungsstrukturen war die Merkmalsausprägung 1975 im Distrikt Évora stärker als im Wachstumspol Porto.

3. SOZIALRÄUMLICHE GLIEDERUNGSELEMENTE

3.1. Bevölkerungsgeographische Strukturen

3.1.1. Bevölkerungsentwicklung

Die Entwicklung der Bevölkerung Portugals ist durch einen relativ kontinuierlichen Wachstumsprozeß bis zum Jahr 1960 charakterisiert. Seit dem ersten individuellen Gesamtzensus von 1864, an den sich zunächst in unregelmäßiger Folge die Volkszählungen anschlossen, war die Bevölkerung von 3 829 618 (1864) über 5 039 744 (1900) auf 8 292 975 (1960) Personen angestiegen, was einem mittleren jährlichen Wachstum von 16,9‰ entsprach.

Die räumliche Differenzierung dieses Bevölkerungswachstums ist auf Kreisebene in der Abb. 26 dargestellt. Die Relativwerte verdeutlichen, daß die Bevölkerungsentwicklung noch verhältnismäßig gleichartig war. Zwar waren die stark überdurchschnittlichen Wachstumswerte auf die Stadtregionen Lissabon und Porto beschränkt, aber auch für einzelne Binnenräume — vor allem im südlichen Portugal — konnten über dem Mittel liegende Zuwachsraten ermittelt werden. Selbst in den Kreisen des Landschaftsraumes Beira nördlich des Hauptscheidegebirges traten noch leichte Bevölkerungsgewinne auf.

Diese gesamtportugiesische Wachstumstendenz ist ab 1960 zum Stillstand gekommen und hat von diesem Zeitpunkt an eine ungleiche Entwicklung genommen. In der Tab. 83 sind die absoluten Zahlen für die Distrikte von 1900—1970 aufgeführt: Sehr deutlich tritt die gleichsinnig positive Zunahme bis 1960 hervor, die geringfügig 1920 im Zusammenhang mit den Auswirkungen des 1. Weltkrieges unterbrochen wurde. Ab 1960 konnten nur die Küstendistrikte Lissabon, Porto und Setúbal sowie in etwas schwächerer Form Aveiro und Braga den Aufwärtstrend fortsetzen, während alle übrigen Distrikte recht deutlich Einbußen erlitten. Die Küstendistrikte konnten ihre Wohnbevölkerung um 426 709 Einwohner vermehren, was einer Zunahme um 10,5 % entsprach, die restlichen dreizehn Distrikte verloren dagegen in diesem Jahrzehnt 644 724 Einwohner.

Deutlicher läßt sich diese polarisierte Entwicklung auf der Kreisebene fassen. Die Karte der Bevölkerungsentwicklung von 1960—1970 (vgl. Abb. 27) zeigt sehr klar, daß die Zunahmen eng mit den beiden Agglomerationen Lissabon und Porto verknüpft waren. Die Stadtkreise selber verloren zwar geringe Teile ihrer Wohnbevölkerung, die Umlandkreise aber konnten starke Bevölkerungsgewinne verbuchen. Sehr klar kommt dabei auch zum Ausdruck, daß der Distrikt Setúbal sein Wachstum vor allem der Entwicklung der Agglomeration Lissabon verdankt,

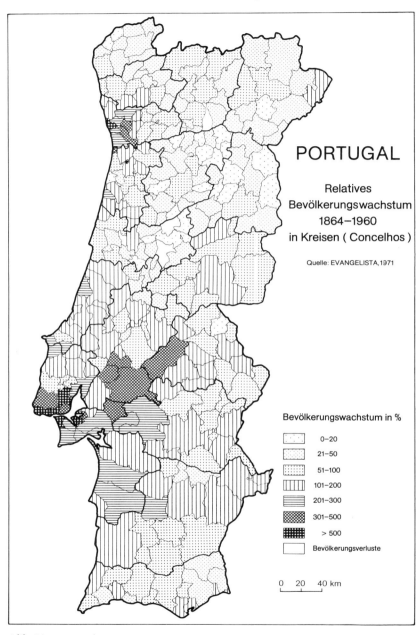

Abb. 26.

Tab. 83: Entwicklung der Wohnbevölkerung nach Distrikten 1900—1970

Distrikte	1900	1911	1920	1930	1940	1950	1960	1970
Aveiro	305 574	340 180	346 938	391 875	433 395	483 396	524 592	545 230
Beja	164 754	194 727	202 914	242 687	278 215	291 024	276 895	204 440
Braga	358 183	383 131	378 145	414 101	487 674	546 302	596 768	609 405
Bragança	184 662	192 081	170 188	186 984	213 679	228 358	233 441	180 395
Castelo Branco	217 179	243 586	241 574	262 285	304 592	324 577	316 536	254 355
Coimbra	339 264	368 106	360 361	377 289	415 827	438 688	433 656	399 380
Évora	128 842	150 020	155 918	179 036	209 956	221 881	219 916	178 475
Faro	257 378	276 074	270 592	295 660	319 625	328 231	314 841	268 035
Guarda	264 531	274 372	259 386	259 504	295 664	307 667	282 606	210 720
Leiria	242 471	270 273	283 428	309 575	358 021	395 990	404 500	376 940
Lissabon	565 560	681 521	743 496	903 460	1 054 731	1 222 471	1 382 959	1 568 020
Portalegre	126 326	143 823	150 962	165 101	189 044	200 430	188 482	145 545
Porto	598 574	680 665	706 629	805 595	940 870	1 052 522	1 193 368	1 309 560
Santarém	283 312	321 683	335 415	378 268	426 136	460 193	461 707	427 995
Setúbal	133 863	166 263	186 340	232 720	270 000	325 646	377 186	469 555
Viana do Castelo	218 525	231 668	230 122	232 827	261 133	279 486	277 748	250 510
Vila Real	240 515	245 699	234 940	255 961	291 297	319 423	325 538	265 605
Viseu	410 231	422 181	410 884	441 579	469 024	494 628	482 416	410 795
Total	5 039 744	5 586 053	5 668 232	6 334 507	7 218 882	7 921 913	8 292 975	8 074 960

Quelle: EVANGELISTA, 1971; INE.

denn nur die am südlichen Tejoufer gelegenen und dem Wirtschaftsraum Lissabon zugeordneten Kreise konnten sehr hohe Bevölkerungszunahmen erreichen, während die südlichen Kreise des Distrikts Setúbal über 20 % ihrer Wohnbevölkerung zwischen 1960 und 1970 einbüßten. Auch der positive Einfluß der Bevölkerungsentwicklung Lissabons in das nördliche Umland blieb eng begrenzt und reichte nicht wesentlich über die normale Tagespendlerdistanz hinaus. Anders stellen sich in der kleinräumigen Betrachtung die Verhältnisse im nordportugiesischen Wachstumspol dar. Die üblicherweise analog zum Wachstumszentrum Lissabon dargestellte Position von Porto als dominierendem Zentrum kann nur mit großen Einschränkungen übernommen werden, da sich hier eine Reihe selbständiger Unterzentren befinden, die ihr eigenes — industriell-gewerblich strukturiertes — Gewicht entwickelt haben. Dies führte dazu, daß die positive Bevölkerungsentwicklung im nördlichen Küstenbereich weiter ausgedehnt blieb, als dies im Raum Lissabon der Fall war.

Zwischen den beiden Wachstumspolen Lissabon und Porto konnte sich im Küstenbereich eine in etwa gleichbleibende Bevölkerungszahl behaupten.

Auf der anderen Seite ist der gesamte Binnenraum durch hohe Bevölkerungsverluste gekennzeichnet: In 63 (von 275) Concelhos verminderte sich die Wohnbevölkerung um fast ein Viertel, und in 19 extrem peripher gelegenen Concelhos lagen die Verluste sogar über 30 %.

Von 1970—1975 setzt sich diese polarisierte Bevölkerungsentwicklung verstärkt fort. Vor allem aufgrund der aus den ehemaligen Kolonien zurückkehrenden Retornados steigt die Gesamtbevölkerung zwar auf 9,003 Mio. Einwohner an, die Zunahmen beschränken sich aber auf die agglomerations- und küstennahen Räume: allein die drei Distrikte Lissabon, Porto und Setúbal konnten 95 % des Bevölkerungswachstums zwischen 1970 und 1975 auf sich ziehen. Damit werden die bis 1960 nur als schwache Tendenz einer ungleichartigen Bevölkerungsentwicklung erkennbaren Gegensätze in der jüngeren Zeit zu scharfen regionalen Kontrasten fortentwickelt.

Diese Disparitäten in der demographischen Entwicklung Portugals lassen sich am einfachsten durch die Relativierung der Bevölkerungszahl je Flächeneinheit, durch die *Bevölkerungsdichte*, kennzeichnen. Die mittlere Anzahl an Einwohnern je Quadratkilometer betrug 1970 in Portugal 91,2. Nach den zuvor bereits festgestellten Konzentrationsprozessen kann es nicht verwundern, daß dieser relativ niedrige Mittelwert der Bevölkerungsdichte aus extremen Abweichungen resultiert.

Zunächst soll durch Langzeitvergleich ein Überblick über die Entwicklung der Bevölkerungsdichte in Portugal gegeben werden, indem die erste Haushaltszählung, die in den Jahren 1527—1535 D. João III. hatte durchführen lassen, mit der ersten individuellen Volkszählung von 1864 und dem Zensus von 1970 verglichen werden. Die Ergebnisse sind in der Tab. 84 niedergelegt, wobei die Planungsregionen des 3. Entwicklungsplans (1968—1973) zugrunde gelegt wurden.

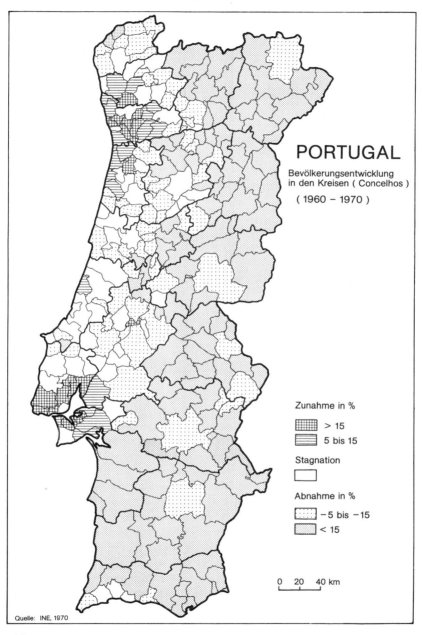

PORTUGAL

Bevölkerungsentwicklung
in den Kreisen (Concelhos)

(1960 – 1970)

Zunahme in %

> 15

5 bis 15

Stagnation

Abnahme in %

−5 bis −15

< 15

0   20   40 km

Quelle: INE, 1970

Abb. 27.

Tab. 84: Bevölkerungsdichte und Einwohnerzahlen der Planungsregionen
(3. Entwicklungsplan) 1535/1864/1970

Regionen	Bevölkerungsdichte (E/km²)			Bevölkerung absolut
	Küstensaum	Binnenraum	Total	
1535:				
Nord	47,6	10,0	25,0	446 833
Zentrum	12,3	10,7	11,3	309 476
Lissabon	29,1	16,2	23,2	339 346
Süden	15,1	12,0	12,2	361 013
Durchschnitt	*25,4*	*11,8*	*16,4*	*1 456 668*
1864:				
Nord	182,6	34,5	71,9	1 287 628
Zentrum	67,0	42,0	51,3	1 404 972
Lissabon	55,6	29,0	43,3	635 081
Süden	34,0	13,9	17,4	501 937
Durchschnitt	*73,0*	*27,7*	*43,2*	*3 829 618*
1970:				
Nord	306,6	40,9	146,5	2 630 783
Zentrum	130,7	50,8	80,3	2 209 040
Lissabon	260,2	64,3	171,4	2 482 939
Süden	53,0	22,1	27,5	800 548
Durchschnitt	*192,9*	*38,9*	*91,6*	*8 123 310*

Quelle: A População, 1976.

Wenn man von der relativen Ungenauigkeit der ersten Erhebung im 16. Jahrhundert absieht, die auf der Zählung von Haushalten beruhte, so zeigt sich für diese frühe Beobachtungsphase, daß noch relativ homogene Dichteräume für die Bevölkerungsverteilung Portugals charakteristisch waren. Das Verhältnis zwischen den am dichtesten und am schwächsten besiedelten Teilräumen im Küstenraum und Binnenraum betrug weniger als 5:1. Die spezifischen Bedingungen einer agrar-feudalen Gesellschaftsentwicklung ließen trotz der regional abgewandelten agrarökonomischen Nutzungsmuster keine grundsätzlichen Gegensätze in der Raumbewertung aufkommen. Städtische Verdichtungen waren im Rahmen dieser agraren Zivilisation mit ihrer Flächenabhängigkeit nur sehr begrenzt möglich. Lediglich die Küstenstandorte Lissabon und Porto, die — an bedeutenden Flußmündungen gelegen — ein weites Hinterland für ihre Versorgung einbeziehen konnten, vermochten das Gesetz einer bedingten Gleichverteilung massiv zu durchbrechen. Konsequenterweise finden sich hier die bedeutendsten Bevölkerungskonzentrationen: nördliche Küstenregion 338 774 Einwohner, Küstenbereich Lissabon 229 473 Einwohner. Für die zentrale und südliche Region gilt dagegen in der ersten Hälfte des 16. Jahrhunderts, daß — entsprechend ihrer territorialen Größenverhältnisse — die flächengrößeren Binnenräume erheblich mehr Bevölkerung ernähren konnten als die Küstenbereiche.

Im Jahre 1864 haben sich bereits einige grundsätzliche Veränderungen in der Bevölkerungsverteilung eingestellt. Die Extremwerte haben sich stark auseinander entwickelt: der südliche Binnenraum erreichte hinsichtlich der Bevölkerungsdichte nur 15 % der nördlichen Küstenregion. Deutlich trat eine Verlagerung der Bevölkerung hervor; in den absoluten Zahlen erreichte die Mittelregion mit 1,4 Mio. Einwohnern fast den dreifachen Wert der Südregion mit 0,5 Mio. Einwohnern. Auch die Region Lissabon blieb in der demographischen Entwicklung noch deutlich zurück: sowohl in den absoluten Zahlen wie auch in der relativen Betrachtung konnte sie die Werte des Nordens und des Zentrums nicht erreichen: nur 16,6 % der damaligen Gesamtbevölkerung wohnten in dieser Region.

Gut hundert Jahre später hat sich das Bild entscheidend weiter gewandelt. Die zentrale Region ist gegenüber dem Norden und der Region Lissabon klar zurückgefallen. Am wichtigsten sind die Ungleichheiten in den Bevölkerungsdichtewerten von Küstensaum und Binnenraum geworden: Vor allem im Norden ist der Gegensatz zwischen dem Agglomerationsraum Porto an der Küste und dem zugehörigen nördlichen Binnenraum extrem deutlich geworden, da im Küstenbereich eine mehr als siebenfache Bevölkerungsdichte erreicht wurde.

Daß dieser Prozeß der Verdichtung der portugiesischen Bevölkerung im Küstenbereich ein Vorgang ist, der seit längerem wirksam wird mit einer zur Gegenwart hin sich verstärkenden Tendenz, kann aus der kleinräumig differenzierten Abb. 28 ersehen werden. Die Polarisierung zwischen Küste und Binnenraum läßt sich schon im Vergleich der Dichtewerte von 1890 und 1930 erkennen.

Die Bevölkerungszunahme innerhalb dieser beiden Zensusjahre um 36,5 % auf 6 334 507 Einwohner konzentrierte sich bereits in den küstennahen Räumen. Hier wurden beträchtliche Wachstumswerte erreicht, was im Kartenbild durch Überspringen mehrerer Signaturstufen angezeigt ist. Vor allem der bis zum Beginn dieses Jahrhunderts noch relativ schwach besiedelte Hauptstadtbereich um Lissabon, aber auch Mittelküstenportugal erfuhren starke Verdichtungsimpulse. Andererseits war die ›binnenländische Rückseite‹ Portugals durch sehr schwache Zuwächse charakterisiert, wenn sie nicht sogar schon in weiten Bereichen von einer stagnierenden Bevölkerungsentwicklung betroffen war. Die in dieser Zeitphase versuchten Ansätze einer staatlichen Gegensteuerung durch binnenkolonisatorische Maßnahmen im Alentejo (vgl. PAIS, 1976, S. 400—476) konnten den Gesamtprozeß nur unmaßgeblich beeinflussen.

Die Gegenüberstellung der Dichtekarten von 1890/1930 mit dem Zensus von 1970 weist keine völlig neuen Entwicklungen auf, sondern akzentuiert in prägnanter Weise die schon analysierten Phänomene: der Küstenraum zeigt, beginnend bei Setúbal und bis nach Viana do Castelo im Norden reichend, durchweg weit

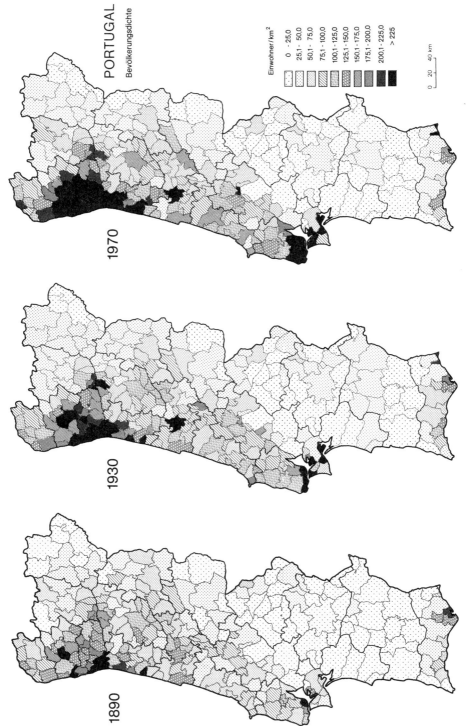

PORTUGAL

Bevölkerungsdichte

Einwohner / km²

0 – 25,0
25,1 – 50,0
50,1 – 75,0
75,1 – 100,0
100,1 – 125,0
125,1 – 150,0
150,1 – 175,0
175,1 – 200,0
200,1 – 225,0
> 225

0 20   40 km

1970

1930

1890

Abb. 28.

Tab. 85: Demographische Strukturdaten nach Planungsregionen und Distrikten 1969/1972 und 1975

	Geburtenrate		Sterberate		Natürliche Zunahme		Fruchtbarkeitsrate	Kindersterblichkeitsrate		Uneheliche Kinderrate je 1000 Lebendgeborene
	1969/1972	1975	1969/1972	1975	1969/1972	1975	1969/1972	1969/1972	1975	1970/1971
Norden	*23,8*	*19,9*	*11,4*	*10,6*	*12,4*	*9,3*	*101,7*	*62,5*	*51,8*	*5,7*
Braga	29,05	23,61	10,21	8,70	18,84	14,91	125,18	62,51	46,40	2,7
Bragança	19,71	17,16	12,47	12,79	7,24	4,37	88,41	65,48	75,76	9,2
Porto	25,44	20,99	10,08	8,34	15,36	12,65	103,00	60,17	44,05	5,4
Viana do Castelo	21,17	17,55	11,94	10,94	9,23	6,61	85,27	52,77	35,40	4,8
Vila Real	23,56	20,13	12,14	12,21	11,51	7,92	105,90	71,07	57,39	6,5
Zentrum	*18,9*	*15,3*	*11,9*	*11,9*	*7,0*	*3,4*	*83,3*	*49,2*	*39,7*	*4,4*
Aveiro	23,72	20,14	10,61	9,15	13,11	10,99	98,46	60,73	43,85	4,0
Castelo Branco	14,17	12,96	11,66	12,08	2,51	0,88	67,62	43,11	37,86	3,2
Coimbra	18,03	17,24	11,80	11,87	6,23	5,37	83,91	40,29	36,54	4,6
Guarda	16,20	15,00	13,51	14,13	2,69	0,87	72,19	60,11	42,83	3,1
Leiria	18,96	16,91	11,26	11,44	7,70	5,47	76,94	34,83	28,09	6,4
Viseu	22,27	19,78	12,48	12,65	9,70	7,13	100,72	56,26	49,20	4,8
Lissabon	*18,4*	*18,0*	*10,6*	*10,0*	*7,8*	*8,0*	*72,0*	*35,0*	*27,9*	*11,6*
Lissabon	20,10	19,15	10,92	10,02	9,18	9,13	73,14	36,47	30,69	12,4
Santarém	16,71	15,17	11,87	11,99	4,84	3,18	68,23	34,53	32,56	7,6
Setúbal	18,35	19,69	8,92	8,10	9,43	11,59	67,41	30,60	20,31	16,2
Süden	*15,6*	*15,5*	*12,7*	*12,7*	*2,9*	*2,8*	*65,0*	*46,7*	*37,7*	*14,4*
Beja	15,33	14,96	12,14	12,66	3,19	2,30	67,05	50,75	39,19	21,6
Évora	16,27	15,72	12,23	12,24	4,04	3,48	63,10	42,30	41,80	14,8
Faro	15,65	17,51	13,59	12,88	2,06	4,63	66,57	46,01	31,98	12,7
Portalegre	15,21	13,56	12,50	12,90	2,71	1,06	63,29	47,51	37,77	8,4
Total	*20,5*	*18,9*	*11,2*	*10,4*	*9,3*	*8,5*	*84,6*	*50,2*	*38,7*	*7,2*

Quellen: INE und A População, 1976.

über dem Landesdurchschnitt liegende Dichtewerte. In diesen Küstendistrikten (wobei vom Distrikt Setúbal nur die nördlich der Sadomündung liegenden Kreise einbezogen sind) wohnten auf weniger als einem Viertel der Gesamtfläche zwei Drittel der portugiesischen Gesamtbevölkerung, was hier zu einer durchschnittlichen Bevölkerungsdichte von 225 E/km² führte, während umgekehrt auf drei Viertel des restlichen Gesamtterritoriums nur eine mittlere Bevölkerungsdichte von 40 E/km² erreicht wurde.

3.1.2. ›Natürliche‹ demographische Merkmale

Der Aufweis des bevölkerungsgeographischen Grobgefüges fordert die Frage heraus, welche demographischen Teilprozesse diese gegensätzlichen Strukturen verursacht haben. Zur Klärung dieser Frage sollen zunächst die ›natürlichen‹ demographischen Merkmale analysiert werden, die freilich nicht als rein physisch-biologische Kategorien verstanden werden dürfen, sondern als ein durch gesellschaftliche und ökonomische Rahmenbedingungen beeinflußtes ›natürliches‹ Verhalten aufzufassen sind.

Die in der Tab. 85 zusammengestellten Daten lassen durchgängig erhebliche Differenzierungen erkennen, die immer wieder auf erhebliche Gegensätze zwischen den nördlichen und südlichen Landesteilen hinweisen.

Die *Geburtenraten* lagen zwar bis in die siebziger Jahre bei Werten um 20 ‰, was für europäische Verhältnisse verhältnismäßig viel ist, sie stellten jedoch einen Zwischenstand dar, der in der portugiesischen demographischen Entwicklung einen absoluten Tiefstand bedeutete. Wie aus der Abb. 29 ersehen werden kann, haben sich die Geburtsraten seit 1890 bis zum Beginn des 20. Jahrhunderts noch leicht erhöht und konnten bis 1930 das hohe Niveau von 32 ‰ halten. Erst dann erfolgte ein rapider und kontinuierlicher Abfall bis zum Wert von 18,9 ‰ im Jahre 1975.

Eine regionalisierte Analyse ermöglicht Abb. 30. Sie zeigt, daß die demographischen Verhaltensmuster bis nach dem 1. Weltkrieg keine wesentlichen Abweichungen ergaben; selbst die nicht unwesentlichen Kriegsverluste 1917/18 blieben ohne Folgen für die hohen Geburtenraten von durchschnittlich 31,7 ‰. Erst im Jahrzehnt von 1921—30 kam eine gegensätzliche Entwicklung zum Ausdruck, indem die nördlichen Distrikte gleichbleibend hohe Geburtenraten aufwiesen (z. T. sogar maximale Werte erreichten, wie Bragança mit 38,9 ‰), während die Gebiete südlich des Tejo, einschließlich des Distrikts Lissabon, deutlich sinkende Geburtenraten hatten.

Für die Folgezeit wurde der Gegensatz zwischen Norden und Süden zwar noch klarer, aber es setzte sich nun auch in den nördlichen Regionen eine abfallende Tendenz in dieser demographischen Variable durch, wobei die Distrikte Braga und Porto am längsten im traditionellen demographischen Verhaltensmuster hoher Geburtenhäufigkeit verharrten.

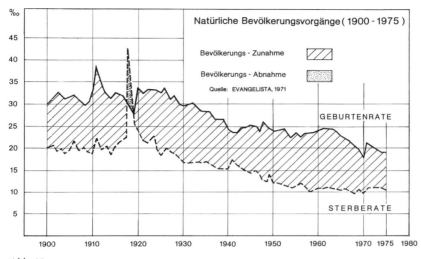

Abb. 29.

Zur Deutung der regionalen Unterschiede weist EVANGELISTA (1971, S. 49) vor allem auf ökonomische Zusammenhänge hin: in den Regionen, in denen die Agrarwirtschaft durch traditionelle Betriebsformen gekennzeichnet blieb, konnte eine Vergrößerung der Produktion nur durch erhöhten Einsatz billiger Arbeitskräfte ermöglicht werden. Sowohl für die Arbeitskraftbeschaffung im eigenen Betrieb als auch für ergänzende Einkünfte durch Lohnarbeit, in die auch die Kinder einbezogen waren, stellte die Großfamilie mit hohen Kinderzahlen eine gleichsam ›natürliche‹ Lösung dar.

Der Vorteil der großen Kinderzahl war für die nördlichen Landesteile mit der vorherrschenden Eigenbewirtschaftung effektiver als für die südlichen Landesteile, so daß im Norden schon von diesem Aspekt aus ein stärkeres Verharren in traditionellen demographischen Verhaltensmustern angemessen erscheinen konnte.

Es kam hinzu, daß aufgrund der vorherrschenden agrarsozialen Gegebenheiten die ökonomischen Nachteile einer großen Kinderzahl nicht als gravierend empfunden werden mußten: Zum einen gab es in den nördlichen Landesteilen mit dem dominierenden Eigenbesitz (bei extrem niedrigem Standard) keine Wohn- und Unterbringungsprobleme für eine große Familie (was für die Unterkünfte der Landarbeiter im portugiesischen Süden nicht gelten konnte), und auch die allzu leger gehandhabte Schulpflicht hinderte kaum daran, die im Prinzip schulpflichtigen Kinder als billige Arbeitskräfte einzusetzen. Zum anderen war eine entscheidende Konsequenz der hohen Geburtenraten, nämlich die Gefahr der Überbevölkerung, durch die an sich sehr zweifelhafte Tradition der Auswanderung entschärft. Wie weiter unten näher belegt wird, ergab sich ja gerade für Portugal ein traditioneller

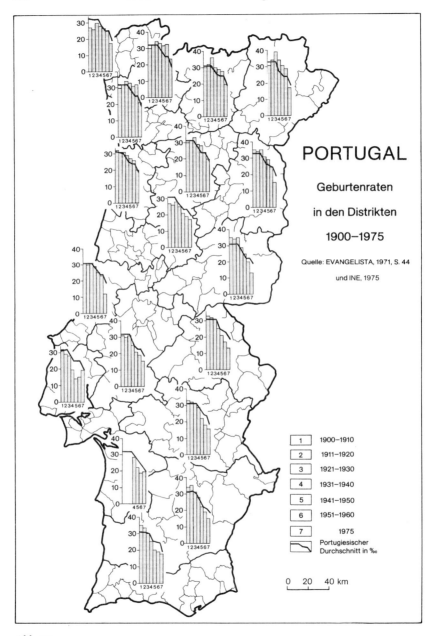

PORTUGAL

Geburtenraten

in den Distrikten

1900–1975

Quelle: EVANGELISTA, 1971, S. 44

und INE, 1975

1	1900–1910
2	1911–1920
3	1921–1930
4	1931–1940
5	1941–1950
6	1951–1960
7	1975
	Portugiesischer Durchschnitt in ‰

0   20   40 km

Abb. 30.

Problemzirkel zwischen natürlichen demographischen Merkmalen und dem Abwanderungsverhalten.

Daß mit diesen Hinweisen nur einige Aspekte angesprochen sind, die das Phänomen der Geburtenhäufigkeit beeinflussen, ist offenkundig; demographisches Verhalten erweist sich stets als so vielschichtig vermittelt, daß ein jeder Versuch einer schnellen und schlüssigen Erklärung vergeblich ist. Auf weitere wichtige Einflußfaktoren soll bei der nachfolgenden Analyse anderer demographischer Merkmale eingegangen werden.

Die *Sterberaten* sind gekennzeichnet durch erheblich geringere Abweichungen, und es lassen sich bei weitem nicht so typische regionale Eigenheiten erkennen, wie dies beim Merkmal der Geburtenraten der Fall ist. Das ist insofern erklärlich — und stellt keineswegs eine Besonderheit Portugals dar —, als die dabei wirksamen Einflußfaktoren mehr durch gesamtgesellschaftliche, von der Entwicklung technisch-zivilisatorischer Errungenschaften abhängige Strukturen gesteuert werden.

Die Sterberate von (1975) 10,4 auf 1000 Bewohner (bzw. von 11,16 ⁰/oo im Durchschnitt der Jahre 1969/72) entspricht im großen und ganzen dem Standard europäischer Länder. Wie aber Tab. 85 ausweist, treten in der regionalen Differenzierung jedoch Unterschiede auf, die es zu erklären gilt: Während im Norden und im Zentrum durchschnittliche Werte erreicht wurden, die sich eng dem Landesmittel annähern, wies der Raum Lissabon die niedrigsten und der Süden die höchsten Sterberaten und damit zugleich die deutlichsten Abweichungen vom Mittelwert auf.

Die wichtigeren Erkenntnisse erschließen sich jedoch erst bei einer kleinräumlichen Analyse. Schon auf der Distriktsebene wird erkennbar, daß die Sterberaten nicht mehr auf dem Prinzip des Nord-Süd-Kontrastes basieren, wie dies bei den Geburtenraten der Fall war, sondern sich deutlich dem Muster des Kontrasts zwischen küstennahem Aktivraum und dem binnenländischen Passivraum anpassen. In den sieben Küstendistrikten zwischen Setúbal und Braga lag (1975) die Sterberate bei 9,6⁰/oo, wobei auch hier — umgekehrt proportional zu den verschiedensten Variablen der ökonomischen Entwicklung — die Distrikte Leiria und Coimbra durch höhere Werte etwas herausfielen. Im Gegensatz dazu stieg die mittlere Sterberate im Hinterland gegenläufig zur ökonomischen Entwicklung regelhaft an und erreichte (1975) einen Mittelwert von 12,5 ⁰/oo.

Diese Merkmalverteilung läßt vermuten, daß die Sterberate entscheidend mitbestimmt wird von der zivilisatorisch-technischen Entwicklung eines Raumes: in denjenigen Gebieten, in denen eine bessere Infrastruktur und eine günstigere Versorgung etwa mit medizinisch-hygienischen Einrichtungen entwickelt ist, konnte der relative Anteil der Sterbefälle reduziert werden, während umgekehrt ein entsprechender Versorgungsmangel mit hohen Sterberaten verknüpft ist. Diese Vermutung kann durch die in der Tab. 86 aufgeführten Merkmale ›Ärzte je 1000 Einwohner‹ und ›Krankenhauspflegepersonal je 1000 Einwohner‹ nur teilweise bestätigt werden. Die Berechnung des Rangkorrelationskoeffizienten zwischen den Sterberaten und dem Anteil der Ärzte je 1000 Einwohner ergibt nur einen sehr schwachen positiven Zusammenhang von r = + 0,26. Auch ein höherer Anteil des Krankenhauspflegepersonals geht nur in einigen Distrikten konform mit einer reduzierten Sterberate.

Tab. 86: Medizinische Versorgung 1970/1973/1975

	Ärzte je 1000 E			Krankenhauspflegepersonal je 1000 E		
	1970	1973	1975	1970	1973	1975
Aveiro	0,6	0,6	0,55	0,50	0,42	0,65
Beja	0,3	0,4	0,42	0,13	0,48	0,33
Braga	0,4	0,4	0,42	0,60	0,50	0,21
Bragança	0,3	0,4	0,38	0,10	0,23	0,51
Castelo Branco	0,3	0,5	0,43	0,51	0,55	1,23
Coimbra	1,7	2,8	2,44	2,56	2,42	5,00
Évora	0,4	0,6	0,55	0,48	1,28	1,33
Faro	0,4	0,4	0,48	0,30	0,33	0,53
Guarda	0,4	0,3	0,44	0,62	0,60	1,55
Leiria	0,4	0,4	0,41	0,56	0,38	1,12
Lissabon	2,0	2,1	2,64	2,30	2,86	3,66
Portalegre	0,5	0,5	0,59	0,40	0,65	0,76
Porto	1,3	1,5	1,54	1,62	1,45	2,31
Santarém	0,4	0,4	0,43	0,27	0,33	0,54
Setúbal	0,4	0,5	0,52	0,64	0,28	1,40
Viana do Castelo	0,3	0,3	0,32	0,29	0,28	0,74
Vila Real	0,3	0,4	0,38	0,17	0,24	0,56
Viseu	0,4	0,4	0,37	0,34	0,47	0,76
Total	0,9	1,1	1,20	1,05	1,20	2,00

Quelle: INE Estatísticas da Saúde e Demográficas.

Offensichtlich wirken diese Variablen der medizinischen Versorgung eher indirekt auf das natürliche Bevölkerungsverhalten ein. In den dichter besiedelten Küstenräumen können die medizinischen Einrichtungen, unterstützt durch eine besser ausgebaute Infrastruktur, erheblich effizienter wirken als in den dünner besiedelten Binnendistrikten, auch wenn dort die Ärzte- und Krankenpflegerdichte bezogen auf die Bevölkerung ähnlich entwickelt ist.

Die Abb. 31 macht unmittelbar optisch deutlich, welche medizinischen Versorgungsdisparitäten auftreten: die zentralen Großkliniken sind auf die Universitätsstandorte Porto, Coimbra und Lissabon beschränkt; sie können in Verbin-

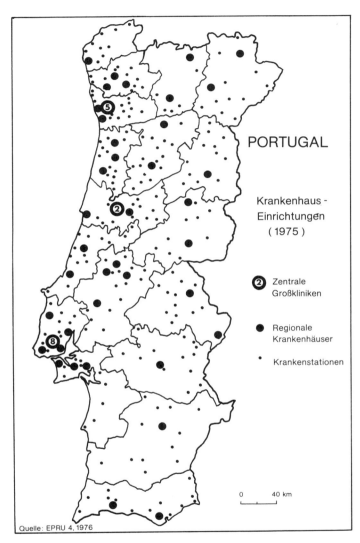

Abb. 31.

dung mit dem relativ dichten Netz von Krankenhäusern mit Spezialabteilungen im küstennahen Raum verständlicherweise eine bessere Versorgung anbieten, als dies den isolierten regionalen Krankenhäusern im Binnenraum möglich sein kann. Gerade die bessere Erreichbarkeit dürfte hier ausschlaggebend werden für die Effektivität von medizinischen Versorgungseinrichtungen.

Andererseits ist der relative Anteil von Sterbefällen natürlicherweise von den Altersstrukturen abhängig. Schon hier kann darauf verwiesen werden, daß die aktiven Küstenräume durch die Zuwanderung vor allem von jüngeren Arbeitskräften eine ›günstigere‹ Altersstruktur aufweisen, während in den peripheren Regionen eine zunehmende Überalterung stattfindet, die die Sterbequote überdurchschnittlich angehoben hat.

In der langzeitlichen Betrachtung weist die Entwicklung der Sterbequote eine verhältnismäßig gleichbleibende Abschwächung auf. Wie aus der Abb. 29 zu ersehen ist, wurde der absinkende Linienverlauf nur im Zeitraum von 1912—1920 unterbrochen. Hier machten sich die Auswirkungen des 1. Weltkrieges bemerkbar, die für das Jahr 1918 eine Sterberate von 42,5 ‰ auswiesen. Davon abgesehen entwickelte sich die Sterbequote von 21,1 ‰ im Intervall von 1891—1900 abfallend bis auf 11,2 ‰ im Jahrzehnt von 1951—1960 und blieb von da an annähernd stabil bei 11 %.

Auch die *Kindersterblichkeit* muß als das Resultat eines vielschichtigen Komplexes biologischer, sozialer und ökonomischer Effekte verstanden werden. Sie erweist sich im Gegensatz zur allgemeinen Sterberate in Portugal wieder stärker von traditionellen Verhaltensformen geprägt (vgl. NAZARETH, 1977). Im Jahrfünft von 1950—54 betrug die Kindersterblichkeit noch 91,8 ‰; sie ging bis zum Jahr 1960 auf 77,5 ‰ zurück und fiel im Zeitabschnitt von 1969—1972 auf 50,2 ‰ und wies 1975 einen Wert von 38,7 ‰ auf. Trotz dieses nicht unbeträchtlichen Rückgangs bleibt dieser portugiesische Wert im europäischen Maßstab allerdings auf einem anormal hohen Niveau. Von besonderem Interesse ist aber der regionale Vergleich, wie er auf der Distriktebene aus Tab. 85 entnommen werden kann.

Hier bestätigt sich, daß der Raumgegensatz, wie er nach dem peripher-zentralen Gegensatz für die Sterberate ermittelt werden konnte, nicht gilt. Vielmehr zeigt sich, daß bei der großen Schwankungsbreite (Setúbal 20,3 ‰, Bragança 75,8 ‰) ein klarer Nord-Süd-Gegensatz vorherrscht. Das wird besonders deutlich bei der Analyse der südlichsten Distrikte, die fast alle unter dem gesamtnationalen Mittelwert liegen.

Offenbar setzen sich bei dieser demographischen Variable weniger die zivilisatorisch-technischen Einflußfaktoren durch; vielmehr muß davon ausgegangen werden, daß allgemeine traditionelle Verhaltensformen bestimmend sind für die Kindersterblichkeit.

Hierbei dürften nicht zuletzt die unterschiedliche Rolle und Bedeutung der katholischen Kirche von Belang sein. Ihre beherrschende Stellung in Nordportugal bedingt hier soziale Normen und Einstellungen, die sich vom generativen Verhalten des portugiesischen Südens kraß unterscheiden. Die relativ ›freizügigen‹ generativen Verhaltensformen des Südens führen zu geringeren Geburtenziffern, wodurch die Aufwendungen zur Lebenssicherung gerade in der frühkindlichen Lebensphase bis zur Vollendung des ersten Lebensjahres wachsen.

Die Bedeutung der kirchlichen Vermittlungsebene im Rahmen gesamtgesellschaftlicher Verhältnisse, verbunden mit regional sich wandelnden Traditionen kann gleichermaßen bei der Analyse der Fruchtbarkeitsziffern und Unehelichkeitsziffern nachvollzogen werden.

Die Fruchtbarkeitsrate (Lebendgeborene pro 1000 Frauen im Alter zwischen 15 und 45 Jahren) belief sich für Portugal im Zeitraum von 1969—1972 auf 84,6 ⁰/oo. Dieser Wert ging wieder aus einer starken Streuungsbreite der regionalen Daten hervor.

Die Tab. 85 läßt klar erkennen, daß eine konsequente Verringerung der Fruchtbarkeitsziffern von Norden nach Süden charakteristisch ist. In den nördlichen Distrikten wurde 1969/1972 ein Mittel von über 100 ⁰/oo erreicht, wobei Braga mit 125,2 ⁰/oo den höchsten Wert belegte. Demgegenüber ergaben sich für den Süden mit 65 ⁰/oo so niedrige Werte, wie sie in den hochurbanisierten Verdichtungsräumen Mitteleuropas kaum angetroffen werden konnten.

Ebenso wies auch die Anzahl der illegitimen Kinder pro 1000 Lebendgeborene 1970/71 erhebliche regionale Unterschiede aus. Gerade dieses in der Demographie weniger geläufige Merkmal deutet auf den oben skizzierten Erklärungszusammenhang hin, nämlich auf den unterschiedlichen Grad der Einbindung in weltanschauliche Traditionen. Im nördlichen Portugal belief sich die Illegitimitätsrate auf 5,7 ⁰/oo, wobei nur der Distrikt Bragança mit 9,2 ⁰/oo deutlich aus dieser niedrigen Wertegruppe herausfiel; auf der anderen Seite wurden im südlichen Portugal durchschnittlich fast dreifach hohe Werte erreicht. Damit ergibt sich zum Merkmal ›Fruchtbarkeitsrate‹ eine auffallend gegenläufige Entwicklung, die bei der quantitativen Berechnung über die Rangkorrelation immerhin den Wert von $r = -0,603$ ergibt und die damit den oben angesprochenen Erklärungsansatz bestätigt, daß hier traditionelle, mit konfessionellen Bindungen verknüpfte Wirkkräfte die regionalen Abwandlungen verursachen. Bei bis heute fehlenden sozialwissenschaftlichen Primärforschungsergebnissen müssen die diesbezüglichen Erklärungsversuche notwendigerweise hypothetisch bleiben.

Das Ergebnis der verschiedenen in Tab. 85 behandelten bevölkerungsgeographisch relevanten Merkmale bildet das natürliche Wachstum als Saldo von Geburtenhäufigkeit und Sterblichkeit.

Für Gesamtportugal ergab sich für den jüngeren Untersuchungszeitraum von 1969—72 eine natürliche Bevölkerungszunahme von 9,3 ⁰/oo, die bis zum Jahre 1975 auf 8,5 ⁰/oo herabsank. Nach der Analyse der wesentlichsten demographischen Elemente ist klar, daß das natürliche Wachstum in seinen regionalen Strukturen beträchtliche Unterschiede aufzuweisen hat. Bei hohen Geburtenziffern und unterdurchschnittlichen Sterbequoten blieb für den Norden bis zum Zeit-

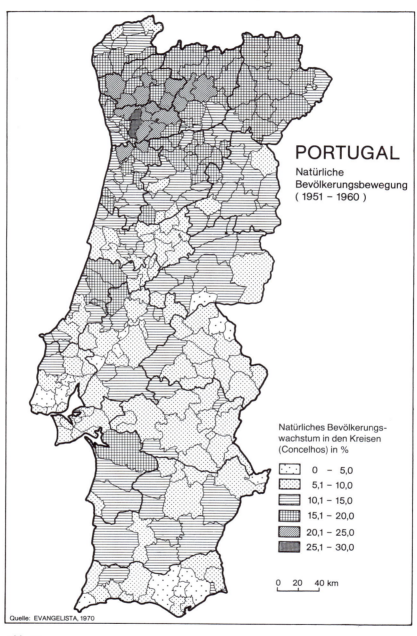

PORTUGAL

Natürliche
Bevölkerungsbewegung
(1951 – 1960)

Natürliches Bevölkerungs-
wachstum in den Kreisen
(Concelhos) in %

0 – 5,0
5,1 – 10,0
10,1 – 15,0
15,1 – 20,0
20,1 – 25,0
25,1 – 30,0

0   20   40 km

Quelle: EVANGELISTA, 1970

Abb. 32.

raum 1969/72 ein Wachstumsbetrag von 12,4 ‰ bestehen. In der kurzen Zeit-
spanne bis 1975 setzte dann auch hier ein demographischer Umschwung ein, der
— bei kaum reduzierten Sterberaten und deutlicher Abschwächung bei den
Geburtenziffern — zu einer Verringerung von über 3 ‰ führte.

Ebenso ließ sich für die Zentrumregion eine klare Verminderung der Geburtenrate feststellen, was auch hier ein sehr niedriges natürliches Bevölkerungssaldo
von 3,4 ‰ im Jahr 1975 verursachte.

Anders entwickelte sich die Region Lissabon: hier blieb die Geburtenrate bis in
die jüngste Zeit konstant, wobei die Sterbeziffern bei schon niedrigem Niveau
noch abgeschwächt wurden. Als Ergebnis daraus entstand hier eine Zunahme des
natürlichen Wachstums. Daß hierbei die Zuwanderung gerade der generativ wichtigen Jahrgänge in dieser Region eine Rolle gespielt hat, liegt auf der Hand und
wird weiter unten näher belegt.

Für die Südregion errechnete sich schließlich bei den niedrigen Geburtenziffern ein sehr schwacher natürlicher Zuwachs von knapp unter 3 ‰.

Selbstverständlich wird das Bild des natürlichen Wachstums noch viel wirk-
lichkeitsnäher, wenn man auf kleinere administrative Bezugseinheiten zurückgeht. In Abb. 32 ist das physiologische Wachstum auf Kreisebene (Concelhos)
dargestellt. Dabei wird auf das Jahrzehnt 1951—1960 zurückgegriffen, weil in diesem Zeitabschnitt die natürlichen demographischen Prozesse noch nicht durch die
exzessiven Wanderungseffekte der jüngeren Vergangenheit entstellt sind.

Das Wachstumsmittel von 12,1 ‰ wurde nördlich der Serra da Estrela durchweg beträchtlich überstiegen; lediglich im Gebiet des unteren und mittleren
Mondegotals fanden sich weit unterdurchschnittliche Wachstumsquoten. Die
Kreise Paços de Ferreira und Paredes im Raum Porto erreichten Zuwächse von
über 25 ‰; zwischen 20 und 25 ‰ wurden für ein zusammenhängendes Gebiet
errechnet, das südlich des unteren Douro beginnt und nordöstlich bis nach Trás-
os-Montes reicht. Auch die immer noch hohen natürlichen Zunahmequoten von
15 bis 20 ‰ waren eindeutig auf nördliche Landesteile konzentriert und griffen
nur inselhaft auf Mittelküstenportugal und den Bereich des unteren Sado im Süden
des Landes über.

Faßt man andererseits die Küstendistrikte von Setúbal bis Braga zusammen, so
ergab sich für diese Aktivräume ein natürliches Wachstum von 11,4 ‰, während
die übrigen Passivräume des portugiesischen Hinterlandes einen physiologi-
schen Wachstumssaldo von nur 5,4 ‰ aufwiesen. Damit wird auch bei diesem
aggregierten Wert der Gegensatz zwischen Küste und Hinterland deutlich
faßbar.

Dies mindestens im Ansatz erkennbare zweifache regionale Gliederungsprinzip (traditioneller Nord-Süd-Gegensatz und moderner Zentrum-Peripherie-
Gegensatz) betont noch einmal den außerordentlich komplexen Zusammenhang
dieses demographischen Merkmals, das sowohl biologische und medizinisch-
hygienische Faktoren als auch soziale und ökonomische Ursachen einschließt.

In Abb. 29 ist das physiologische Wachstum in Zehnjahresperioden seit 1900 dargestellt. Der Differenzbereich zwischen Geburten- und Sterberate liegt bei der Langzeitanalyse verhältnismäßig konstant bei 12‰, da beide Variablen einer gleichsinnigen Veränderung unterliegen: Den hohen Geburtenraten über 30‰ bis zum Jahr 1930 entsprach eine hohe Sterblichkeit von etwa 20‰, die durch die Bevölkerungsverluste im 1. Weltkrieg noch verstärkt wurden und in der Periode von 1912/20 bis auf fast 24‰ anstiegen. Tatsächlich war diese Zunahme aber allein durch die Kriegsopfer bedingt, die die Sterberate 1918 bis auf 42,5‰ ansteigen ließen. Erst im Jahrzehnt von 1961—1970 wurde eine Reduzierung des natürlichen Wachstums in der Tendenz faßbar, die aus einem verteilten Abfall der Geburtenzahlen und einer gleichbleibenden Sterberate resultierte.

Die Alterspyramiden vermitteln auf einfache und zugleich umfassende Weise eine Übersicht über die Veränderungen der demographischen Struktur eines Landes und spiegeln die Folgen natürlicher und räumlicher Bevölkerungsbewegung. In der Abb. 33 sind die Alterspyramiden der Jahre 1864, 1920 und 1970 gegenübergestellt und machen damit die Bevölkerungsentwicklung Portugals in den letzten 100 Jahren noch einmal anhand der *Altersstrukturen* nachvollziehbar.

Die Gliederung der portugiesischen Bevölkerung nach Fünfjahresstufen im Jahr 1864 ist verständlicherweise mit einigen Vorbehalten hinsichtlich ihrer Genauigkeit zu benutzen. Bei diesem ersten modernen Zensus blieben eine Reihe von Fragen zur Erhebungstechnik offen. Das entscheidende Problem scheint darin zu bestehen, daß die Altersangaben bei dieser Zählung auf nicht nachgeprüften individuellen Äußerungen beruhten. Offensichtlich konnte von vielen, vor allem von den älteren Personen, das genaue Alter nicht angegeben werden, so daß nur ungefähre Aussagen gemacht wurden. So ist es zu erklären, daß die Zehnerjahrgangsstufen extrem überrepräsentiert waren, was sich auch noch in der Zusammenfassung zu Fünfjahresklassen ausdrückt.

EVANGELISTA (1971, S. 193) erklärt diese regelhaften Abweichungen allerdings durch die Auswirkungen der unruhigen und kriegerischen Ereignisse auf die Bevölkerungsstruktur. Wenngleich nachweislich das politisch bewegte frühe 19. Jahrhundert — nicht zuletzt durch den 1834 beendeten Bürgerkrieg — die portugiesische Bevölkerungsbewegung beeinflußt hat, so vermag eine solche ›Katastrophentheorie‹ doch nicht die regelmäßigen Stufungen der Alterspyramide von 1864 zu erklären.

Dennoch ermöglicht die Altersgruppendarstellung wichtige Folgerungen zur demographischen Struktur Portugals vor über 100 Jahren: Am auffallendsten war der ›schlanke‹ Aufbau der Pyramide; die eigentlich zu erwartende breite Basis fehlte. Die Jahrgangsstufe 0—4 machte nur 11,7 % der Gesamtbevölkerung aus, und die Altersgruppe 0—15 betrug nur 32,0 %. Damit wird ein Altersaufbau nachweisbar, der sich nur unwesentlich vom heutigen Zustand unterschied. 1970 betrug der Anteil der Gruppe von 0—4 Jahren 9,1 %, und die Gruppe der Jugendlichen von 0—15 Jahren erreichte mit 36,9 % sogar einen deutlich höheren Anteil

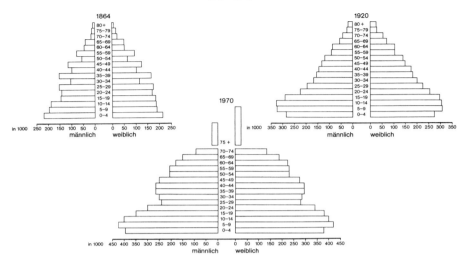

Abb. 33: Alterspyramiden der Jahre 1864, 1920, 1970 (Quellen: EVANGELISTA, 1970, S. 194/197; Recenseamento Geral da População, 1970).

an der Gesamtbevölkerung. Damit ist das Bild des ›jungen‹ Volkes 1864 nicht zutreffend.

Von entscheidender Bedeutung für diese schwache demographische Basis scheint (nach EVANGELISTA, 1971, S. 193) die hohe frühkindliche Sterblichkeit gewesen zu sein.

Das zweite Kennzeichen der Alterspyramide von 1864 stellte die abrupte Verringerung der Altersgruppen über 60 Jahren dar: nur 7,1 % der Gesamtbevölkerung zählten zu dieser Altersgruppe, womit noch ein Anteilswert erreicht war, der heute den Standard eines Entwicklungslandes bildet. Dieser Anteilswert lag 1970 mit 14,4 % mehr als doppelt so hoch.

Beide Faktoren, hohe Kindersterblichkeit und frühe Alterssterblichkeit, bedingten eine sehr geringe Lebenserwartung. PERY (1875) konnte für den Beginn der siebziger Jahre des 19. Jahrhunderts eine Lebenserwartung von 31 Jahren errechnen.

Gut fünfzig Jahre später wies die Alterspyramide des Jahres 1920 eine verhältnismäßig ausgeglichene Stufung auf, der lediglich die Jahrgangsstufe 0—4 nicht entsprach. Hier machten sich die Auswirkungen des 1. Weltkriegs bemerkbar, auf dessen demographische Verluste schon im Zusammenhang mit der allgemeinen Bevölkerungsentwicklung hingewiesen werden mußte. Bei normaler Entwicklung der ersten Altersstufe würde sich das klassische Bild eines jungen Landes mit breit ausgeprägter Basis und einer gleichmäßigen und schnellen Verringerung bis zur Pyramidenspitze ergeben haben. Immerhin bildeten die drei Jahrgangsgruppen von 0—14 Jahren noch fast ein Drittel der Gesamtbevölkerung. Die höheren Altersstufen über 60 Jahren waren zwar schon stärker vertreten als 1864, sie erreichten aber doch erst 9,2 % der Bevölkerung des Landes.

Die Verteilung der portugiesischen Bevölkerung auf die Fünfjahresgruppen ist im Jahre 1970 so stark abgewandelt, daß man nur noch sehr bedingt von einer Alters-Pyramide sprechen kann. Der Anteil der Jugendlichen bis 15 Jahren näherte sich mit 28,5 % bereits stark den Proportionen, wie sie von entwickelten westeuropäischen Ländern erreicht werden, und auch der Anteil der Personen über 60 Jahre glich sich allmählich mit 14,4 % dem mitteleuropäischen Standard an. Bemerkenswerter erscheint jedoch die Anomalie bei den mittleren Jahrgangsstufen; sie wurde eindeutig bedingt durch den massiven Exodus an Emigranten, der sich vor allem aus den aktiven Jahrgangsstufen von 20 bis 35 Jahren zusammensetzte. Vor allem im Zeitraum von 1960—69 hat eine wachsende Abwanderungswelle, die insgesamt 859 763 Personen umfaßt, die portugiesische Bevölkerungsstruktur verändert, deren im lokalen und regionalen Maßstab gravierende demographische Konsequenzen im Kapitel 3.1.3.2. aufgezeigt werden.

Aus der Tab. 87 läßt sich die jüngste Entwicklung der Altersstrukturen ablesen. Am bemerkenswertesten erscheint hier noch einmal die gegensätzliche Altersgruppenbildung im portugiesischen Norden und Süden. Die Altersgruppe 0—19 Jahre umfaßte 1975 in den nördlichsten Distrikten Viana do Castelo, Braga, Porto, Aveiro, Vila Real und Bragança 42,1 % aller Bewohner; in den fünf südlichsten Distrikten Setúbal, Portalegre, Évora, Beja und Faro machte dieselbe Altersgruppe nur einen Anteil von 28,4 % aus. Im Vergleich zum Jahr 1970 zeigt sich, daß im Norden keine Anteilsänderungen auftraten, während im Süden die Tendenz der Überalterung von 1970 auf 1975 deutlicher erkennbar wurde, indem die jugendliche Gruppe abnahm und der Anteil der Personen über 60 Jahre von 16,8 % (1970) auf 17,8 % wuchs.

3.1.3. Räumliche Mobilität

3.1.3.1. Binnenwanderungsprozesse

Die starken Gegensätze in der demographischen Struktur Portugals sind sowohl Anlaß zu Wanderungsbewegungen als auch das Resultat von Mobilitätsprozessen.

In der portugiesischen Geschichte finden sich wiederholt Bevölkerungsbewegungen, die entweder spontan als Ausgleichsströme aus ›überlasteten‹ Räumen, deren Nutzungspotential unter den jeweiligen konkreten sozioökonomischen Bedingungen nicht ausreichte, in ›freie‹ Aufnahmeräume führten, oder aber auch gezielte, staatlich gelenkte Wanderungsströme, deren Zielsetzung als ›Optimierung‹ der Nutzung des portugiesischen Lebensraums beschrieben werden kann.

Tab. 87: Altersstrukturen 1970/1975 (in %)

	1970			1975		
	0–19	20–59	60	0–19	20–59	60
Aveiro	41,4	45,0	13,8	41,3	45,4	13,3
Beja	31,9	50,7	17,4	29,9	51,9	18,2
Braga	47,3	41,6	11,1	47,4	40,7	11,9
Bragança	40,3	43,5	16,2	40,5	42,9	16,6
Castelo Branco	32,8	47,2	20,0	30,9	48,0	21,1
Coimbra	32,8	49,4	17,8	32,0	49,2	18,8
Évora	29,9	53,5	16,6	27,6	54,7	17,7
Faro	28,5	51,4	20,1	27,2	51,7	21,1
Guarda	35,4	44,9	19,7	34,3	44,5	21,2
Leiria	37,0	48,4	14,6	35,5	49,1	15,4
Lissabon	30,1	55,9	14,0	28,8	56,0	15,2
Portalegre	28,8	51,6	19,6	27,2	52,1	20,7
Porto	42,3	46,5	11,2	42,4	45,7	11,9
Santarém	31,7	50,8	17,5	30,5	50,9	18,6
Setúbal	31,7	56,7	11,6	29,9	57,6	12,5
Viana do Castelo	39,3	44,3	16,4	38,6	43,7	17,7
Vila Real	43,4	43,1	13,5	43,6	42,2	14,2
Viseu	39,6	43,6	16,8	38,8	43,5	17,7
Total				35,4	49,2	15,4

Quelle: INE.

Im Rahmen der merkantilistischen Politik des Marquês de Pombal fand ein früher Versuch statt, ertragsarme und fast menschenleere Gebiete des südlichen Portugal im dritten Viertel des 18. Jahrhunderts zu entwickeln, indem unproduktive Erbadelsgüter enteignet wurden, um sie anbauwilligen Interessenten zur Verfügung zu stellen (vgl. CORREIA, 1929/31, S. 93 ff.). Neben dem ökonomischen Moment dieser Maßnahmen wurden gleichbedeutend die ›Peuplierungseffekte‹ betont.

Als weiteres Beispiel für einen staatlich gelenkten Wanderungsvorgang kann die sogenannte Weizenschlacht (›Campanha do Trigo‹) angesehen werden, die in der Zwischenkriegszeit vor allem seit der Wirtschaftskrise um 1930 staatlich organisiert worden war und die neben der Steigerung der Nahrungsmittelproduktion durch Erweiterung von Anbauflächen vor allem auch eine Stabilisierung der Landflucht erbringen sollte (vgl. PAIS u. a., 1976, S. 462 ff.).

Die Kampagne konzentrierte sich auf die klassischen Weizenanbaugebiete in den Distrikten Portalegre, Santarém, Beja und Évora, in denen die Anbauareale für Weizen in der Zeit von 1927—1932 um 43 % auf 440 900 ha ausgeweitet wurden.

Die demographischen Konsequenzen sind einmal an einer erhöhten Zuwanderung in diese Regionen ablesbar; in den rein ländlichen Distrikten Beja und Évora trug die Binnenkolonisation entscheidend dazu bei, daß im Zeitraum von 1920—1940 21039 Personen zuwanderten, wodurch die durchaus gleichzeitig bestehenden Abwanderungsprozesse aus diesen Räumen, die in dieser Zeit 12543 Einwohner entzog, nicht nur ausgeglichen werden konnten, sondern zu einem Wanderungsgewinn von 8496 Personen führten. PAIS u. a. (1976, S. 465) weisen andererseits darauf hin, daß diese binnenkolonisatorischen Maßnahmen entscheidend mitverantwortlich waren für den deutlichen Rückgang der portugiesischen Auswanderung nach Brasilien: während in der Zeit von 1886—1930 jährlich im Durchschnitt 32770 Portugiesen nach Südamerika auswanderten, reduzierte sich diese Zahl in der Zeit der aktiv betriebenen Binnenkolonisation der ›Campanha do Trigo‹ zwischen 1930 und 1940 auf jährlich 7450 Personen.

ALARCAO (1969) hat in einer sehr detaillierten Studie die räumlichen Mobilitätsprozesse in Portugal innerhalb des Zeitraums von 1921—1960 dargestellt. Da Wanderungsdaten in der offiziellen Statistik nicht erhoben werden, sind diese durch eine Kalkulation ermittelt, die von der Wohnbevölkerung des Phasenbeginns ausgeht und aus der Differenz der — aufgrund der im Prinzip bekannten natürlichen demographischen Entwicklung — zu erwartenden und der am Phasenende tatsächlich gezählten Bevölkerung das Wanderungssaldo errechnet.

Wenngleich die so ermittelten Wanderungssalden nur annäherungsweise die tatsächliche Bevölkerungsbewegung beschreiben, so lassen sie doch wichtige Mobilitätsstrukturen erkennen. Denn auch wenn die internen Bewegungsmuster im einzelnen nicht nachvollziehbar sind, so geben sie doch wichtige Aufschlüsse über die sich wandelnden regionalen Raumnutzungsmöglichkeiten.

Die portugiesischen Binnenwanderungsprozesse lassen sich von einigen Ausnahmen abgesehen als Bewegungen vom Lande in die städtischen Zentren, kurz als Landflucht charakterisieren. Dies läßt sich aus dem Schema auf S. 223 entnehmen, das in Anlehnung an den Entwurf von ALARCAO (1969, S. 269) zusammengestellt ist und die Gesamtheit der Wanderungsfälle 1921—1960 in Höhe von 1509248 Bevölkerungsbewegungen aufgliedert.

Die Wanderungsströme ergeben, daß 1921—1960 nur 6,4 % der Wanderungsfälle aus den städtischen Siedlungen (insgesamt 36) erfolgten. 41,9 % der Abwanderungen gingen über die Landesgrenze hinweg ins Ausland ab: von den verbleibenden 876492 Bewegungen überschritten 69,4 % die Distrikte. Beide Gruppen waren jedoch bevorzugt (89,2 %) in die städtischen Siedlungen gerichtet.

Positive Wanderungssalden (vgl. Tab. 88) durch die vier Jahrzehnte bis 1960 weisen nur die Distrikte Lissabon und Setúbal auf, während der Distrikt Porto nur in der Zeitphase von 1920—1950 Wanderungsgewinne erzielen konnte und seitdem zu den Abgaberäumen zählt.

Unterhalb der Distriktebene wird die Charakterisierung der portugiesischen Bevölkerungsbewegung als ›Landflucht‹ insofern bestätigt, als auch die kleineren

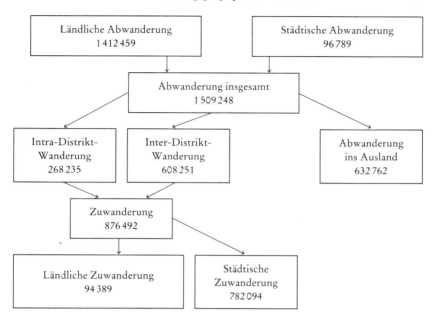

regionalen Zentren bis 1960 durchweg eine positive Wanderungsbilanz aufwiesen, die jedoch schon bei einer Aggregierung der Mobilitätsdaten auf der Kreisebene seit 1940 in eine negative Bilanz umgeschlagen ist.

In der Abb. 34 sind in der relativen Darstellung die Wanderungshäufigkeiten aufgezeichnet, wobei die Anzahl der Wohnplatzveränderungen je 100 Einwohner auf Distriktbasis im Jahrzehnt wiedergegeben ist. Die Gegenüberstellung von vier Jahrzehnten gestattet eine günstige Erfassung der Mobilitätsstrukturen. Für die erste Zeitstellung (1921—30) ergab sich ein deutlicher Gegensatz zwischen Nord- und Südportugal. Während fast der gesamte Südteil positive Prozentwerte aufwies, zeigte Nord- und Mittelportugal unter Einschluß von Castelo Branco und Portalegre eine negative Wanderungsbilanz. Lediglich der Raum Porto erreichte höhere Zuzugswerte. Der Schwerpunkt der Abwanderung konnte eindeutig im Raum Guarda (− 7,8) und Viseu (− 7,2) festgestellt werden. Dieses Bild verschob sich in der folgenden Zustandsstufe (1931—40) insofern, als die Gegensätze beträchtlich reduziert wurden; der Norden erreichte in einem schmalen, westöstlich verlaufenden Band positive Wanderungsbilanzen und die Wanderungsgewinne des Alentejo gingen stark zurück. Dennoch blieb auch hier das breitenparallele Grundmuster bestehen.

Erst das dritte Zustandsbild (1941—50) deutet eine klare Trendwende an, in dem der nordsüdliche Kontrast aufgehoben wurde zugunsten eines westöstlichen Gradientbildes. Der Raum Lissabon/Setúbal erreichte deutlich die stärksten Zu-

Tab. 88: Bevölkerungswanderungen zwischen den Distrikten 1921—1960

Distrikte	Wanderungssalden				
	1921—30	1931—40	1941—50	1951—60	1921—60
Aveiro	− 18 198	− 10 715	− 15 348	− 36 606	− 80 867
Beja	+ 6 943	− 1 428	− 17 696	− 46 480	− 58 661
Braga	− 18 334	− 4 566	− 23 764	− 65 921	− 112 485
Bragança	− 10 461	+ 1 156	− 15 262	− 34 478	− 59 045
Castelo Branco	− 10 199	− 6 298	− 18 528	− 45 960	− 81 940
Coimbra	− 7 841	− 10 518	− 12 967	− 37 920	− 69 246
Évora	+ 2 960	+ 29	− 9 154	− 23 036	− 29 202
Faro	− 4 720	− 13 696	− 16 014	− 23 536	− 68 968
Guarda	− 19 975	− 9 131	− 27 081	− 62 499	− 118 686
Leiria	− 10 841	− 6 666	− 12 129	− 39 270	− 68 906
Lissabon	+ 119 483	+ 138 892	+ 130 949	+ 92 174	+ 481 398
Portalegre	− 3 342	− 2 317	− 7 384	− 28 688	− 41 731
Porto	+ 10 554	+ 25 867	+ 2 811	− 46 640	− 7 408
Santarém	− 6 477	− 3 942	− 13 888	− 36 497	− 60 804
Setúbal	+ 15 704	+ 5 178	+ 26 182	+ 20 851	+ 67 915
Viana d. C.	− 13 062	− 11 343	− 15 116	+ 36 255	− 75 776
Vila Real	− 16 234	+ 430	− 13 298	− 48 601	− 77 603
Viseu	− 29 116	− 22 155	− 39 408	− 76 710	− 167 389
Total	− 14 111	+ 68 775	− 97 096	− 587 072	− 629 504

Quelle: ALARCÃO, 1969, S. 300 f.

wanderungen (+ 12,2 %); von hier und auch von Porto (+ 0,3 %) aus ergab sich zum rückwärtigen Binnenraum hin ein deutliches Gefälle. Diese Gliederung wurde im letzten Zustandsbild (1951—60) noch deutlicher: die negativen Wanderungsbilanzen der südlichen Distrikte (Beja = − 16,21 %) setzen sich über Mittelportugal bis in das nördliche Hinterland (Bragança = − 15,13 %) fort.

Die jüngere Entwicklung der Wanderungsbewegungen ist in Tab. 89 wiedergegeben: Im Jahrzehnt von 1960—1970 setzte sich zunächst der Trend fort, der den neun Distrikten des Binnenraums insgesamt 630 000 Bewohner entzog, was einem Bevölkerungsanteil von 22,6 % entsprach. Die neun Distrikte des Küstensaums verloren in diesem Zeitraum 157 000 Personen durch Abwanderung, das sind nur 2,9 % der Wohnbevölkerung 1960. Allerdings gliederte sich der Küstensaum in einen Bereich mit den Distrikten Lissabon und Setúbal, die deutliche Wanderungsgewinne von 200 000 Personen erzielen konnten, während die übrigen Küstendistrikte mäßige Wanderungsverluste hinnehmen mußten, die bei 9,5 % der ansässigen Bevölkerung lagen.

Die jüngste Entwicklungsphase von 1970—1975 führte insgesamt zu einer

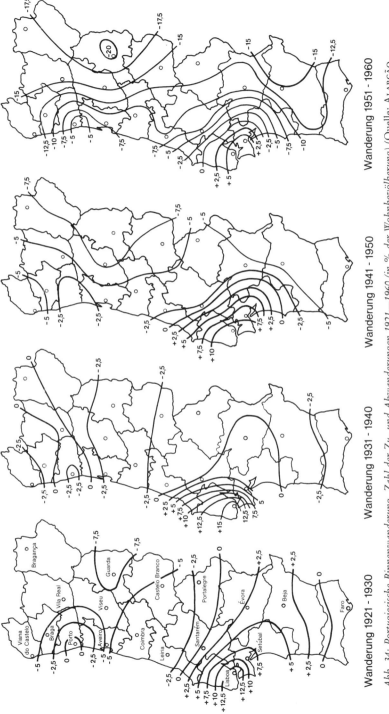

Abb. 34: *Portugiesische Binnenwanderung. Zahl der Zu- und Abwanderungen 1921—1960 (in % der Wohnbevölkerung)* (Quelle: ALARCÃO, 1969 — vereinfacht).

Wanderung 1921 - 1930

Wanderung 1931 - 1940

Wanderung 1941 - 1950

Wanderung 1951 - 1960

positiven Wanderungsbilanz in Portugal. Der seit 1973 stark zurückgehende Emigrationsstrom einerseits und die aus den ehemaligen Kolonien einwandernden Retornados auf der anderen Seite verursachten dieses veränderte Wanderungsbild. Dennoch ist festzustellen, daß die regional differenzierten Mobilitätsverhältnisse strukturell erhalten blieben. Die Hauptwanderungsgewinne beschränkten sich auf die Küstenräume, wo etwa 322 000 Zuwanderungen nachgewiesen werden konnten. Der Distrikt Santarém wies, im Einflußbereich von Agglomeration Lissabon liegend, als einziger küstenferner Distrikt ein positives Wanderungssaldo auf. Für die übrigen Verwaltungseinheiten des Hinterlandes ergab sich ein Verlust von 117 400 Abwanderern, was einen jährlichen Wanderungsverlust von 1,2 % der Bevölkerung darstellte.

Betrachtet man den Gesamtkomplex der portugiesischen Binnenwanderung,

Tab. 89: Bevölkerungswanderungen zwischen den Distrikten 1960—1975

| | Wanderungssalden | | | |
| | 1961—1970 | | 1971—1975 | |
	Zu-, Abwanderung absolut in 1000	% der Bevölkerung 1960	Zu-, Abwanderung absolut in 1000	% der Bevölkerung 1970
Aveiro	− 36,9	− 7,0	− 5,4	− 0,9
Beja	− 78,6	− 28,4	− 15,1	− 7,0
Braga	− 84,1	− 14,1	− 26,8	− 4,1
Bragança	− 68,4	− 29,3	− 13,8	− 7,2
Castelo Branco	− 71,5	− 22,6	− 26,9	− 10,1
Coimbra	− 51,0	− 11,8	− 0,8	− 0,1
Évora	− 46,3	− 21,1	− 3,3	− 1,7
Faro	− 44,8	− 14,2	+ 24,5	+ 8,6
Guarda	− 78,3	− 27,7	− 15,3	− 6,8
Leiria	− 49,9	− 12,3	+ 4,0	+ 1,0
Lisboa	+ 113,6	+ 8,3	+ 200,1	+ 12,1
Portalegre	− 44,7	− 23,7	− 4,5	− 2,9
Porto	− 42,8	− 3,6	+ 29,6	+ 2,1
Santarém	− 42,9	− 9,3	+ 1,4	+ 0,3
Setúbal	+ 85,4	+ 22,6	+ 63,7	+ 12,9
Viana do Castelo	− 46,3	− 16,7	− 19,7	− 7,4
Vila Real	− 88,9	− 27,3	− 20,7	− 7,3
Viseu	− 109,2	− 22,6	− 22,3	− 5,2
Total	− 785,6	− 9,5	+ 148,7	+ 1,8

Quelle: Instituto Nacional de Estatística.

so zeigt sich deutlich, daß die räumlichen Mobilitätsprozesse ein wichtiges und zugleich typisches sozialräumliches Gliederungselement bilden.

Das demographische Verhalten paßt sich erkennbar den ökonomischen Rahmenbedingungen an und läßt den Vorgang zunehmender Bedeutungsverluste des Binnenraums nachvollziehbar machen. Physische und infrastrukturelle Abseitslage der Binnendistrikte und ihre mangelnde Integration in die gesamte Volkswirtschaft werden durch Wanderungsprozesse überwunden und führen zu immer größerer Verdichtung der wenigen, ökonomisch relativ dynamischen Küstengebiete, vor allem innerhalb des Verdichtungsraumes Lissabon/Setúbal und zugleich zur Entleerung des Hinterlandes selbst.

Einen Sonderfall der räumlichen Mobilität stellen die saisonalen Wanderungsbewegungen dar, die in den traditionellen Rahmen der portugiesischen Landwirtschaft gehören. In diesem Zusammenhang sind vor allem einmal die Erntearbeiterwanderungen, die aus der mittelportugiesischen Landschaft Beiria und aus der Algarve in den Alentejo führten, um in den landwirtschaftlichen Großbetrieben bei der Getreideernte eine kurzfristige Anstellung zu finden. Aufgrund der relativ rückständigen extensiven Wirtschaftsweise haben sich diese Wanderungen lange erhalten und sind erst in der jüngsten Zeit mit der zunehmenden Mechanisierung zurückgegangen.

Zum anderen gibt es historisch weit zurückzuverfolgende saisonale Arbeitskraftwanderungen in die Gebiete des Portweinanbaus im Douroraum; diese rekrutierten sich hauptsächlich aus Trás-os-Montes.

In der allerjüngsten Zeit haben sich entscheidende Wandlungen in den kurzfristigen Wanderungen ergeben. QUEIROZ ROSEIRA (1977) analysiert die veränderten Mobilitätsstrukturen am Beispiel des Hochalentejo im Distrikt Portalegre. Dieser Raum zählte bis in die fünfziger Jahre zu den Gebieten, die jährlich zur Getreideernte zahlreiche Arbeitskräfte anzogen; heute läßt sich ein saisonaler Abwanderungsprozeß erkennen, der aus dem Distrikt Portalegre in Fremdräume mit folgenden Schwerpunkten orientiert ist:

1. Ein wichtiger Arbeitsmarkt für die kurzfristige Wanderarbeit ist durch die Pflanzung, Ernte und Verarbeitung der Tomate gegeben. Seit Mitte der sechziger Jahre haben sich regelmäßige Wanderarbeitsphasen entwickelt, die im März und im August/September in das Gebiet des Ribatejo im Distrikt Santarém und in die Bewässerungsgebiete diesseits und jenseits der spanischen Grenze in den Raum Caia/Badajoz führten.

2. Als weiterer bedeutender Motor für Arbeitskraftwanderungen hat sich der Bausektor im gesamten Verdichtungsraum Lissabon/Setúbal erwiesen. Die allgemeine Entwicklung des privaten und öffentlichen Wohnungsbaus sowie des industriellen und touristischen Ausbaus (letzterer besonders durch das Großprojekt auf der Halbinsel Troia vor der Sadomündung) haben regelmäßige Wanderungsbewegungen aus dem Landesinnern ausgelöst. QUEIROZ ROSEIRA

(1977, S. 83) weist darauf hin, daß sich aus dieser Form der Wanderarbeit mit ursprünglich regelmäßiger Rückwanderung in die Herkunftsgebiete in aller Regel eine definitive Ansiedlung im Verdichtungsraum ergibt.

3.1.3.2. Entwicklung und Folgen der Emigration

Auswanderung bedeutet für Portugal ein ebenso leidvolles wie dauerhaftes Problem. MARTINS beklagt bereits 1879 die sozioökonomische Rückständigkeit seines Landes, das Menschen zum ›Hauptausfuhrartikel‹ machen müsse. Während jedoch in den siebziger Jahren des 19. Jahrhunderts eine durchschnittliche Auswanderung von 12 345 Personen erreicht wurde, stieg in den siebziger Jahren dieses Jahrhunderts die Zahl der emigrierenden Portugiesen auf durchschnittlich 123 946 (1970—1974). Die Dauerhaftigkeit dieses Phänomens der Emigration mag daraus ersehen werden, daß sich in Portugal ein vielzitiertes Sprichwort gebildet hat, das in tiefsinniger Weise die vermeintliche Ausweglosigkeit dokumentiert und die Abwanderung als die normale Reaktion auf schwierige Lebensumstände auffaßt: ›Wem es nicht gut geht, der geht fort‹ (Quem não está bem muda-se).

Die Entwicklung der Auswanderung der letzten hundert Jahre kann aus Abb. 35 ersehen werden. Der Verlauf weist allgemein steigende Tendenz auf und ist im einzelnen doch außerordentlich wechselvoll. Die erste Phase ging bis Beginn des 1. Weltkrieges; 1912 erreichte sie eine bis dahin nicht gekannte Größenordnung, als in einem Jahr 88 929 Portugiesen ihr Land verließen. Gleich nach dem Krieg schnellten die Zahlen wieder von 11 853 (1918) auf 64 783 (1920) hoch, um sich in den zwanziger Jahren bei 40 000 zu halten. Da die damalige Emigration hauptsächlich nach Nordamerika gerichtet war, machte sich die Rezession ab 1929 sehr deutlich bemerkbar und ließ die Auswanderungszahlen auf unter 10 000 absinken. Diese dritte Phase niedriger Emigrationsraten reichte etwa bis zum Jahr 1950. Das Jahrzehnt bis 1960 war wieder durch ein gleichbleibendes beachtliches Auswanderungskontingent charakterisiert, das bei 35 000 lag und als vierte Entwicklungsphase bis 1962 reichte. Dann begann der letzte Abschnitt der portugiesischen Emigration mit einem rapiden Anstieg auf 86 282 (1964), 116 974 (1965) und 173 267 (1970) Auswanderer. 1974 sank die Zahl deutlich unter 100 000 und ist seitdem weiter ganz stark zurückgegangen. Insgesamt ergibt sich in den hundert Jahren von 1875 bis 1974 eine Auswanderzahl von 3 543 170 Personen.

Ein derart enormer Bevölkerungsverlust weist wie kaum ein anderer Indikator auf die extrem schwierigen Lebensbedingungen hin, wie sie in Portugal seit Generationen vorgeherrscht haben. Es stellen sich zahlreiche Fragen, die zu einer langen Reihe von Untersuchungen Anlaß gegeben haben (vgl. ALARCAO 1969, EVANGELISTA 1971, MURTEIRA 1966, SERRÃO 1970, 1974). Verhältnismäßig einfach sind die demographischen Folgen einzuordnen. Das Bevölkerungswachstum ist zweifellos ganz erheblich gebremst worden: von 1870—1970 hat nur knapp eine Ver-

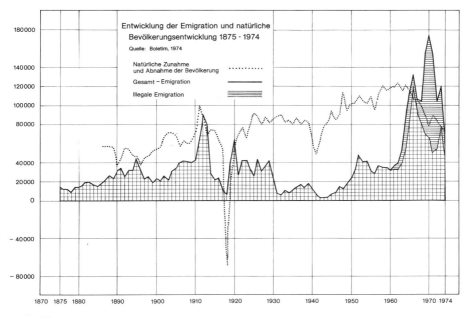

Abb. 35.

doppelung der Bevölkerung von vier auf acht Millionen Einwohner stattgefunden, d. h., der natürliche demographische Zuwachs ist fast zur Hälfte durch die Auswanderung abgezogen worden. Dabei braucht die Rückwanderung kaum berücksichtigt zu werden, da sie — seit 1930 liegen relativ verläßliche Zahlen vor — in den letzten 40 Jahren nur etwa 5% der Emigration ausmachte, im Zeitraum von 1960—1973 aber sogar nur noch 1,1% erreichte. In der Abb. 35 ist auch die natürliche demographische Entwicklung dargestellt, so daß die Rolle der Auswanderung und ihr Anteil an der Bevölkerungsentwicklung abgelesen werden können. Von 1965—1974 lag die Zahl der Auswanderer höher als der durch verhältnismäßig hohe Geburtenraten entstehende natürliche Bevölkerungsgewinn, was einen Bevölkerungsrückgang von 312 214 Personen ausmachte. Wenn man berücksichtigt, daß gerade solche Altersstufen emigrieren, die generativ besonders relevant sind, so lassen sich auch langfristige demographische Konsequenzen aus der Auswanderung ableiten, die mit Sicherheit zu stark abgeschwächtem Bevölkerungswachstum und zu einer erheblichen Überalterung der portugiesischen Bevölkerung führen.

Die portugiesische Emigration kann letztlich nur aus der besonderen historisch-politischen und aus der historisch-ökonomischen Entwicklung des Landes verstanden werden. Im Gegensatz zu den übrigen europäischen Kolonialländern hat Portugal die Vorteile seines kolonialen Besitzes nicht dazu nutzen können, die Ökonomie des eigenen Landes mit Hilfe von Rohstoffen, Kapitalgewinn und Technologieeinsatz voranzutreiben. Seine Wirtschaft blieb selbst in einer solchen Abhängigkeit (vor allem von England), daß schon eine arbeitskraftintensive frühindustrielle Entwicklung nur in eng begrenztem Umfang stattfinden konnte. Aber auch durch die Isolierung der portugiesischen Wirtschaft im 20. Jahrhundert innerhalb des begrenzten Inlandsmarkts konnten keine Impulse für eine umfassende Wirtschaftsentwicklung freigesetzt werden, die zu einer günstigen Beschäftigungsstruktur geführt hätte. Der Landwirtschaftssektor seinerseits bildete ein nahezu unerschöpfliches Reservoir für überflüssige Arbeitskräfte: aus den Klein- und Kleinstbetrieben des Nordens mit durchschnittlich weniger als 2 ha Land, die kaum die Subsistenz ihrer Besitzer sichern konnten, rekrutierten sich fortlaufend neue Generationen unterbeschäftigter Arbeitskräfte, und die Latifundien des Südens boten mit ihrer extensiven Wirtschaftsweise nur einem begrenzten Kontingent von Landarbeitern einen — häufig nur saisonal befristeten — Broterwerb.

Die Konsequenz dieses traditionellen Unvermögens, den Portugiesen im eigenen Land akzeptable Lebensbedingungen anbieten zu können, war eine dauernde Emigration. Auswanderung wurde zu einer fast selbstverständlichen Lösung der wirtschaftlichen Probleme; sie wurde damit zugleich ein Stabilisierungselement der traditionellen politischen Ordnung des Landes.

Die politischen Bemühungen, den Bevölkerungsüberschuß in das eigene ›Weltreich‹ zu lenken, waren allerdings wenig erfolgreich. Statt dessen war die Auswanderung (als solche zählten nicht die Wanderungen in die ›überseeischen Provinzen‹) seit dem 19. Jahrhundert eindeutig auf Südamerika konzentriert. Noch im 20. Jahrhundert stand Brasilien klar an der Spitze aller Zielländer der portugiesischen Emigration: zwischen 1900 und 1959 wanderten 1 140 513 Portugiesen in diese ehemalige Kolonie, das sind 73 % des gesamten Auswanderungskontingents.

Erst in den sechziger Jahren ergab sich ein deutlicher Umschwung in der portugiesischen Emigration; drei wichtige Aspekte sind hervorzuheben:

1. Ab 1963 wurde ein sehr steiler Anstieg erkennbar, der bis dahin nicht gekannte Größenordnungen erreichte, die ab 1965 über der Hunderttausender-Grenze lagen. Bemerkenswert war daran, daß gerade in dem Augenblick die Auswanderung extreme Ausmaße annahm, in dem die ›Öffnung nach außen‹ erfolgte und die offizielle Politik umschwenkte vom Wirtschaftsseparatismus mit einer ganz geringen Agrar- und Industrieentwicklung zu einer Expansionsdynamik, die auf umfangreichen ausländischen Direktinvestitionen beruhte. Als komparativer Vorteil der portugiesischen Industrie im internationalen Wettbewerb wurden vor allem die niedrigen Lohnkosten ausgespielt. Kurzfristig erreichten auch die traditionellen Industrien noch einmal eine bemerkenswerte Dynamik, wenngleich die ausländischen Unternehmen im Lande einen immer größeren Teil der arbeits- und lohnintensiven Erzeugnisse in Portugal produzierten, gestützt auf Vorteile, die

Portugal im Rahmen seiner Industrieförderungspolitik gewährte (vgl. Esser u. a., 1977, S. 35 ff.). Gerade aber die gezielte Stützung auf die Lohnkostenvorteile und die damit extrem niedrig gehaltenen Einkommen führten zu einer Verstärkung des Emigrantenstroms in das europäische Ausland, wo ungleich günstigere Verdienstmöglichkeiten gegeben waren, insbesondere zunächst nach Frankreich und dann in die Bundesrepublik Deutschland, wo das Lohnniveau im Mittel der Jahre von 1964—1973 eine sechsfache Höhe hatte.

2. Die Auswanderung verschleierte die Kernprobleme der portugiesischen Wirtschaftsentwicklung und Wirtschaftspolitik: bei Zuwachsraten der Industrieproduktion im Mittel der Jahre von 1967—1973 von knapp 10 % erhöhte sich die Beschäftigung nur um 0,5 %.

Die Niedriglohnpolitik brachte bei schnell geringer werdender Kaufkraft auch die Facharbeiter dazu, in solcher Anzahl an der Abwanderung teilzunehmen, daß sich in der 2. Hälfte der sechziger Jahre ein deutlicher Mangel an qualifizierten Arbeitskräften zeigte. Die staatlichen Bemühungen, zunächst durch eine Begrenzung des Auswanderungskontingents, dann — ab 1967 — durch einen grundsätzlichen Emigrationsstop der Arbeitskräfte den einheimischen Arbeitsmarkt zu stützen, blieben erfolglos, da sich eine illegale Auswanderung entwickelte, die vor allem nach Frankreich gerichtet war und zwischen 1964 und 1974 eine Zahl von knapp 518000 Portugiesen umfaßte.

Allerdings war die illegale Auswanderung durchaus schon früher geläufig: Almeida und Barreto (1967, S. 184) beschrieben aus der Zeitphase von 1866—1888 eine bemerkenswerte illegale Emigration nach Amerika. Diese Massenabwanderungen aus Portugal ab 1965 führten aber auch zu einem empfindlichen Arbeitskräftemangel im Bereich der ungelernten Arbeiter. So kam es, daß 1973 (vgl. Poinard/Roux, 1977, S. 39 f.) allein im Agglomerationsraum Lissabon etwa 35000 ›Gastarbeiter‹ von den Kapverdischen Inseln gezählt wurden, die hauptsächlich im Bausektor und auf besonders unattraktiven Arbeitsstellen tätig waren — etwa bei dem Unternehmen Gaslimpo, einer Tochterfirma der Werftgruppe Lisnave, wo vor allem die Arbeiten der Entgasung der Innenwannen und ihre manuelle Reinigung der Öltanker zu besorgen waren.

3. Neben den ökonomischen Zwängen für die Migration standen die politischen. Die zur Sicherung der afrikanischen Kolonien immer stärker werdende militärische Mobilmachung, die seit 1967 zur Einrichtung eines vierjährigen Militärdienstes führte, ließ die illegale Auswanderung massiv ansteigen. Die große Zahl der männlichen Jugendlichen unter 20 Jahren in der Gruppe der illegalen Auswanderer bestätigte diesen Auswanderungsgrund eindringlich. Obgleich der Staat die Emigration in den Jahren seit 1967 energisch bekämpfte, war er doch ganz wesentlich auf die Geldüberweisungen der im Ausland arbeitenden Portugiesen — und das machte 1974 etwa ein Drittel der Erwerbsbevölkerung aus — angewiesen. Die portugiesische Zahlungsbilanz hat in den letzten Jahren nur durch die privaten Überweisungen auch der illegalen Emigranten bis 1973 positive Abschlüsse errei-

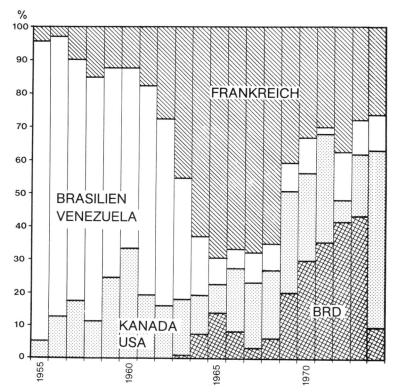

Abb. 36: Entwicklung der legalen Emigration in die Hauptzielländer 1955—1974 (Quelle: Boletim, 1974).

chen können. Während der Devisenüberschuß aus dem privaten Transfer 1965 erst 3,1 Mrd. Esc. erreichte, ergab sich 1970 ein Nettotransfer von 14,6 Mrd., 1973 von 27,1 Mrd. und 1976 von 26,0 Mrd. Esc. (= 2,327 Mrd. DM).

In der Abb. 36 ist die Entwicklung der legalen portugiesischen Emigration in der relativen Verteilung auf die Hauptzielländer in den zwei Jahrzehnten von 1955—1974 dargestellt. Die vier Emigrationsziele Brasilien/Venezuela/Nordamerika/Frankreich und die Bundesrepublik Deutschland nahmen in dieser Zeitphase mit 1,03 Mio. gut 93 % aller emigrierenden Portugiesen auf. Die Anteile der Zielländer wiesen wesentliche Abänderungen auf: bis 1962 blieben Brasilien/Venezuela mit 48,6 % eindeutig bevorzugtes Auswanderungsziel. Dann wurde Frankreich führend, und 1965 wanderten legal 57 319 Portugiesen (das sind 82,2 % aller Emigranten) dorthin aus. 1971 und 1973 war das Auswandererkontingent nach Deutschland offiziell zwar größer als das nach Frankreich, tatsächlich blieb

Frankreich aber weiter erstes Zielland, wenn man die illegale Abwanderung mit einbezieht. Gerade 1971 erreichte die ›heimliche‹ Emigration mit knapp über 100000 Wandernden die doppelte Anzahl der legalen Auswanderung; es wird angenommen, daß die illegale Auswanderung, die von 1960—1974 mit 538775 Personen 36,4 % der Gesamtemigration ausgemacht hat, fast vollständig nach Frankreich gerichtet war.

Die *regionale Analyse* der Wanderungen weist ein sehr ungleiches Verteilungsmuster auf. Nach absoluten Werten liegen dort die höchsten Emigrationszahlen vor, wo auch die stärksten Bevölkerungsverdichtungen auftreten. Zwischen 1950 und 1974 emigrierten aus den am dichtesten besiedelten Distrikten Aveiro, Braga, Leiria, Lissabon und Porto knapp 500000 Portugiesen, was 47,9 % der Gesamtauswanderung ausmachte. Es muß aber die Besonderheit berücksichtigt werden, daß alle Zahlen über den regionalen Auswanderungsprozeß ausschließlich auf der legalen Emigration basieren, wodurch zweifellos eine Verfälschung der tatsächlichen Bevölkerungsverluste stattfindet, da allem Anschein nach besonders die grenznahen Räume an der ›heimlichen‹ Auswanderung beteiligt gewesen sind. Besonders in den schwer kontrollierbaren nördlichen Gebirgsräumen hat die illegale Bevölkerungsbewegung über die Staatsgrenze eine lange Tradition und hat hier zu Auswanderungsziffern geführt, die weit über den offiziellen Angaben liegen.

Wie aus der Tab. 90 ersehen werden kann, ergeben die relativen Auswanderungsraten ein völlig anderes Verteilungsbild. Es waren vor allem die nördlichen Peripherräume, aus denen — gemessen an der Bevölkerungsdichte — die meisten Auswanderer gekommen sind, wobei die Distrikte Guarda (30,1 %) und Bragança (27,4 %) an der Spitze lagen. Für die südlichen Binnendistrikte spielte die Auswanderung nur eine geringe Rolle. Zwar vermag der Hinweis auf die sehr niedrige Bevölkerungsdichte und das Nichtvorhandensein des traditionellen Industrie- und Gewerbesektors einzelne Erklärungsansätze für die niedrigen Auswanderungsraten des Südens zu liefern, es bleiben aber entscheidende Fragen ungeklärt. Denn wenn man berücksichtigt, daß in den südlichen Binnendistrikten im Agrarsektor extrem ungünstige Wirtschaftsstrukturen bis heute vorherrschen mit einem bedeutenden Anteil des Landarbeiterproletariats, so bleibt die niedrige relative Auswanderungsquote unverständlich: die objektiven Lebensbedingungen eines Großteils der Bewohner des Alentejo sind keineswegs günstiger als im nördlichen Portugal.

Eine kleinräumlichere Betrachtung, wie sie anhand der Abb. 37 mit einer Gliederung nach Kreisen erfolgen kann, gibt einige weitergehende Deutungsmöglichkeiten. So zeigten die Kreise im südöstlichen Alentejo eine auffallend hohe Beteiligung an der Emigration, die hier im Laufe von fünf Jahren (1969—1973) fast ein Zehntel der ansässigen Bevölkerung erfaßt hat. Da es sich hier um Gebiete mit verhältnismäßig viel Kleinbesitz handelt, liegt die Vermutung nahe, daß es — ähnlich wie in dem südlich anschließenden Raum der Algarve — die kleinbäuerliche Be-

Tab. 90: Legale Emigration nach Distrikten 1950—1974

	1950—59	1960—69	1970—74	1950—74	%-Anteil der Emigranten (1950—74) an der Wohnbevölkerung 1970
Aveiro	36 830	42 821	21 592	101 243	17,7
Beja	619	7 015	7 398	15 032	7,1
Braga	20 715	60 215	20 848	101 778	16,6
Bragança	21 673	24 451	6 148	52 272	27,4
Castelo Branco	4 895	33 447	6 297	44 639	16,8
Coimbra	16 449	18 343	12 117	46 909	11,1
Évora	329	2 427	2 534	5 290	2,8
Faro	7 720	23 886	7 882	39 488	14,0
Guarda	23 186	37 538	6 436	67 160	30,1
Leiria	13 633	49 555	22 526	85 714	21,6
Lissabon	7 439	52 400	31 457	91 296	5,6
Portalegre	529	2 384	1 017	3 930	2,6
Porto	35 909	55 295	25 074	116 278	8,5
Santarém	6 668	24 517	10 829	42 014	9,3
Setúbal	1 114	11 305	8 253	20 672	4,2
Viana do Castelo	15 901	36 432	8 887	61 220	23,3
Vila Real	18 990	25 122	11 735	55 847	19,9
Viseu	36 300	30 607	17 878	84 785	19,8
Total	268 899	537 760	228 908	1 035 567	12,2

Quelle: Boletim anual, 1974.

völkerung war und weniger die landlose Schicht der Tagelöhner, aus der sich die Emigration rekrutierte.

ROCHA TRINDADE (1970) kam für den Ort Queiriga (im Distrikt Viseu) zu der Feststellung, daß die extrem rückständigen Strukturen der Kleinstlandwirtschaft, die für den gesamten Kreis Vila Nova de Paiva schon durch die niedrige landwirtschaftliche Nutzfläche von 1,6 ha je Betrieb angedeutet ist, faktisch einen Zwang zu außerlandwirtschaftlichem Erwerb nach sich zog; das bedeutete aber für diesen peripheren Raum ohne wesentliche eigene außerlandwirtschaftliche Erwerbsmöglichkeiten die Notwendigkeit der Abwanderung, die weitgehend mit der Emigration identisch war.

Am Beispiel des nordportugiesischen Kreises Santo Tirso ist versucht worden, das Ursachengefüge der Auswanderung zu analysieren (vgl. WEBER, 1971). In diesem küstennahen Raum mit seiner traditionellen Textilindustrie und dem Kleineisengewerbe hatte Ende der sechziger Jahre der durch die ›Öffnung nach außen‹ verstärkte Druck der internationalen Industrie zur Schließung zahlreicher portu-

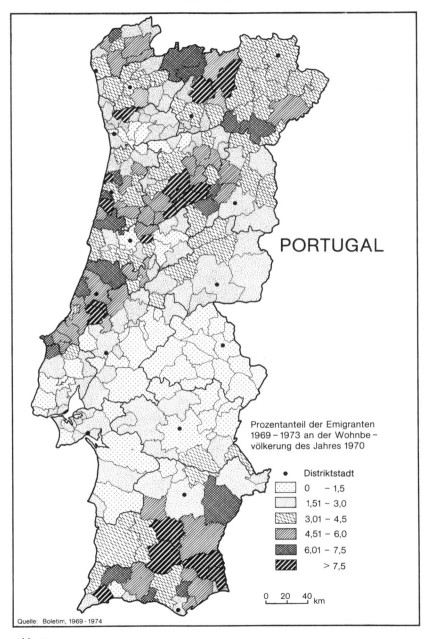

PORTUGAL

Prozentanteil der Emigranten
1969 – 1973 an der Wohnbe –
völkerung des Jahres 1970

- Distriktstadt

	0 – 1,5
	1,51 – 3,0
	3,01 – 4,5
	4,51 – 6,0
	6,01 – 7,5
	> 7,5

0 20 40 km

Quelle: Boletim, 1969 - 1974

Abb. 37.

giesischer Betriebe geführt, für die nur sehr bedingt Ersatz beschafft werden konnte. Die einsetzende massenhafte Auswanderung war der unmittelbare Reflex auf diese ökonomischen Schwierigkeiten. Auffallend waren die stark abweichenden Begründungen dieses Exodus, die in gekoppelten Befragungen einerseits der Auswanderer selber und andererseits der zurückgebliebenen Familienangehörigen erhoben wurden. Während die in der Bundesrepublik Deutschland lebenden portugiesischen Arbeitnehmer ihre Abwanderung als weitgehend freie Entscheidung zur Besserung ihrer (nicht als unerträglich angesehenen) Lebensverhältnisse charakterisierten, ließen die Befragungen der Familienangehörigen im Herkunftsland die unmittelbare Existenznot der Betroffenen erkennen.

Als außerordentlich schwierig erweist sich die Frage, in welchem Maße die portugiesische Emigration eine dauerhafte und definitive Auswanderung darstellt. Allgemein kann festgestellt werden, daß die Rückwanderungsquoten bisher sehr gering geblieben sind: in den Jahren von 1960—1973 kamen nur 1,1 % der Emigranten definitiv zurück. Nach dem politischen Umsturz 1974 war zwar eine steigende Tendenz zur Rückkehr der Emigranten nach Portugal erkennbar, ohne aber zu einer durchgreifenden Veränderung geführt zu haben. Die schwierige Wirtschaftslage des Heimatlandes mit der für mitteleuropäische Verhältnisse extrem ungünstigen Entwicklung der Arbeitslosenzahlen und der Inflationsraten hindern offensichtlich die Emigrierten daran, zurückzukehren. Je länger aber der Aufenthalt im Ausland dauert, um so geringer werden die Möglichkeiten, innerhalb des aktiven Erwerbslebens in das Heimatland zurückzugehen. KAYSER (o. J.) kommt bei seiner Untersuchung der Rückwanderungsbereitschaft von 225 Portugiesen des Distrikts Aveiro, die sich während der Ferien in Portugal aufhielten, zu stark abweichenden Ergebnissen. Danach waren es 10,8 % der Befragten, die definitiv in allernächster Zeit zurückkehren wollten, 80,5 % hatten die feste Absicht, später auf Dauer heimzukehren, und nur 5,7 % wollten für immer im Ausland bleiben. KAYSER stellt einschränkend jedoch selber fest, daß die von ihm analysierte Stichprobe keine Generalisierung ermögliche. Diese Einschränkung gilt auch gleichermaßen für die Fragestellung, wohin in Portugal die Rückwanderungen erfolgen würden: 83 % der befragten emigrierten Portugiesen gaben an, in ihren Heimatort zurückkehren zu wollen. Zwar kann in allen Auswanderungsgebieten die Beobachtung gemacht werden (vgl. ROCHA TRINDADE, 1971, S.99ff.; ALLEMANN, 1971, S.49), daß ein großer Teil der von den Emigranten getätigten Investitionen durch den Bau von Häusern in ihren Heimatgemeinden vorgenommen wird, allerdings kann dies nur bedingt als Indiz für einen dortigen Verbleib nach kurzfristigem Auslandsaufenthalt aufgefaßt werden. Anders liegen die Dinge jedoch, wenn die Rückkehr erst nach Beendigung des Erwerbslebens erfolgt und damit der ehemalige Wohn- und Arbeitsort nur noch als Alters- und Ruhesitz angesehen wird. Der Distrikt Aveiro kann als relativ zentral gelegener Küstenraum mit einer differenzierten Industriestruktur jedoch auch für die in Portugal Arbeit suchenden Rückwanderer ein Zielraum sein. Die in der Abb. 38 dargestellte Rückwanderung

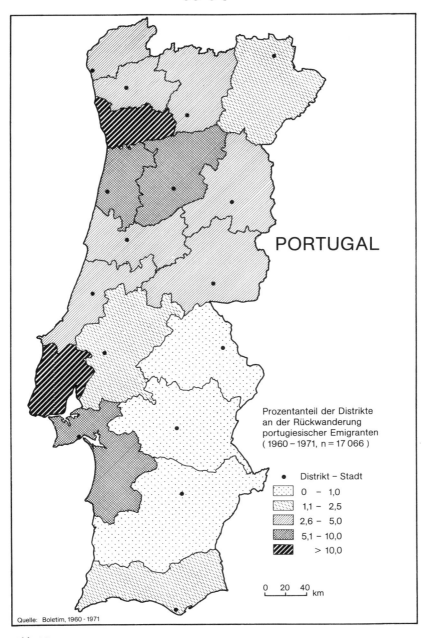

PORTUGAL

Prozentanteil der Distrikte
an der Rückwanderung
portugiesischer Emigranten
(1960 – 1971, n = 17 066)

• Distrikt – Stadt

0 – 1,0
1,1 – 2,5
2,6 – 5,0
5,1 – 10,0
> 10,0

0   20 40 km

Quelle: Boletim, 1960 - 1971

Abb. 38.

innerhalb des Zeitraums von 1960—1971 zeigt eine deutliche Orientierung auf die Küstendistrikte; im Distrikt Aveiro entsprach in diesen zwölf Jahren der Rückwanderungsanteil genau seinem Anteil an der gesamtportugiesischen Emigration. Eine wichtige Rolle für das räumliche Mobilitätsverhalten bei einer Rückkehr nach Portugal spielt die berufliche Situation der Emigranten. In der Abb. 39 ist die Verteilung der Emigranten auf die Wirtschaftsbereiche seit 1955 dargestellt. Es fällt zunächst auf, daß ein sehr hoher Anteil der Auswanderer ohne Zugehörigkeit zu einem Wirtschaftssektor ist, der im Mittel des Untersuchungszeitraums 44,5 % betrug. Dieser Emigrantenanteil wurde zum größten Teil aus den mitwandernden Frauen gebildet, die sehr häufig berufslos waren und in der Altersgruppe über 15 Jahren 38,6 % aller Auswanderer ausmachen. POINARD/ROUX (1977, S. 29) machen darauf aufmerksam, daß der erhöhte Anteil der Frauen seit Ende der sechziger Jahre vor allem mit der relativ großzügigen Aushändigung von Auswanderungspapieren an Frauen begründet war, während gleichzeitig die legale Abwanderung der Männer staatlicherseits auf ein Minimum eingeschränkt wurde. Es zeigt sich sodann sehr deutlich, daß die Berufe des primären Wirtschaftssektors, der zu 96 % durch die Aktivitäten im Agrarsektor gebildet wurde, relativ kontinuierlich zurückgegangen ist. Zwar nahm diese Berufsgruppe im Durchschnitt mit 25,7 % die erste Stelle ein; sie machte aber im Jahrfünft von 1955—1959 noch 33,6 % aus und fiel im Mittel der Jahre von 1970—1974 auf 18,6 % zurück. Der Anteil des sekundären Wirtschaftssektors zeigt eine langfristig zunehmende Tendenz: von 1955—1959 kamen 15,6 % aus dem industriell-gewerblichen Sektor, von 1960—1969 waren es 20,3 % und von 1970—1974 sogar 28,7 %. Die Abb. 39 zeigt von 1967—1969 einen auffallenden Rückgang der aus dem sekundären und tertiären Wirtschaftssektor kommenden Emigranten. Es ist darin allerdings weniger die Wirkung der relativ günstigen Wirtschaftsentwicklung Portugals mit der Schaffung zusätzlicher Arbeitsplätze und allgemeinem Wachstum der Industrieproduktion als vielmehr der Reduktionseffekt der konjunkturellen Abschwächung in den Hauptabnehmerländern der Bundesrepublik und Frankreichs zu sehen.

Verhältnismäßig unbedeutend blieb die Abwanderung aus dem Dienstleistungssektor ins Ausland. In den zwanzig Jahren von 1955—1974 trug er nur zu 7,9 % zur Gesamtemigration bei; die Entwicklung in diesem Beobachtungszeitraum war gleichbleibend mit einer leicht rückläufigen Tendenz.

Die Untersuchungen von KAYSER (o. J., S. 108) haben ergeben, daß drei Viertel der befragten 225 Portugiesen im Ausland nicht in den Berufen arbeiten, die sie in Portugal ausgeübt haben. Im Falle einer definitiven Rückkehr wollten jedoch die meisten Emigranten in Dienstleistungsberufe überwechseln. Gerade die traditionellen Arbeitsbereiche Portugals, die Textil-, Holz- und Korkindustrie, erschienen den potentiellen Rückwanderern am wenigsten attraktiv. Da die gesuchtesten beruflichen Aktivitäten (Dienstleistungen, metallverarbeitende Industrie) aber allenfalls in den Verdichtungsräumen zu realisieren sind, läßt sich für die Rück-

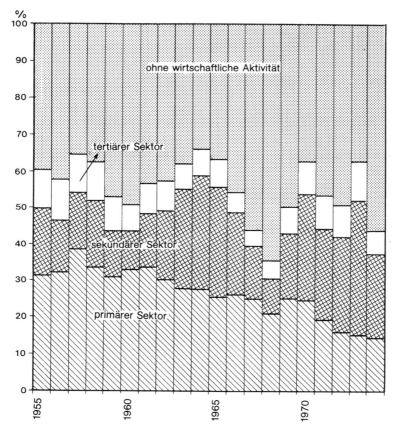

Abb. 39: Herkunft der legalen Emigranten nach Wirtschaftsbereichen 1955—1974
(Quelle: Boletim Anual, 1974).

wandernden bedingt eine Konzentrationsbewegung in eben diesen Küstenräumen folgern.

Insgesamt muß die portugiesische Emigration als ein Phänomen angesehen werden, das nahezu alle Lebensbereiche nachhaltig beeinflußt hat und weiter beeinflussen wird. Die Bewertung dieses Exodus von vielen Hunderttausenden von Portugiesen ergibt ein widerspruchsvolles, letztlich jedoch ein eindeutig negatives Bild. Zwar wird man vordergründig positive Effekte erkennen können. So darf mit vollem Recht vermutet werden, daß ohne die Emigration die portugiesischen Ballungsräume Lissabon und Porto in einem extremen Maße von Arbeitsuchenden überflutet worden wären, die aus dem primären und dem (traditionellen) sekundären Wirtschaftssektor ausgeschieden sind. Allein im Zeitraum von

1960—1970 ist der Anteil der in der Landwirtschaft Beschäftigten von 44% auf 30% aller Erwerbstätigen zurückgegangen. Die heute schon äußerst schwierigen Lebensbedingungen eines großen Bevölkerungsteils in diesen Urbanisationsräumen würden — hätte das Ventil der Emigration nicht bestanden — geradezu chaotische Ausmaße angenommen haben.

Zum anderen läßt sich — positiv — feststellen, daß durch die Möglichkeit des Abwanderns wenigstens teilweise die verkrusteten sozioökonomischen Strukturen, wie sie in den jahrzehntelangen staatlichen Bemühungen Salazars zu konservieren versucht worden waren, aufgebrochen wurden, indem der Wanderungsdruck wesentlich dazu beigetragen hat, den Produktionsapparat zu modernisieren. Schließlich sind als vorteilhafte Folgen der portugiesischen Emigration nicht zuletzt die bedeutenden Geldüberweisungen aufzuführen, die über Jahre die portugiesische Zahlungsbilanz ausgeglichen haben.

Aber alle diese ›positiven‹ Abwanderungseffekte verschleiern dahinterliegende schwerwiegende Nachteile:

1. Die Emigration hat nur kurzfristig den portugiesischen Arbeitsmarkt entlastet. Die konjunkturelle Krise in den Industrieländern ab 1974, durch die ein Abwanderungsstop und eine verstärkte Rückwanderung erzeugt wurden, hat — verschärft durch die Retornados aus den ehemaligen Kolonien — zu hohen Arbeitslosenraten von real mindestens 15% geführt. Weder der moderne, kapitalintensive Sektor erweist sich als fähig, die überzähligen Arbeitskräfte aufzunehmen, noch vermag der strukturschwache traditionelle Wirtschaftssektor zusätzliche Arbeitsplätze bereitzustellen.

2. Die angesparten Gelder können kaum produktiv im Heimatland angelegt und verwertet werden. Die meisten Portugiesen haben sich darauf beschränkt, mit ihren Ersparnissen neue Häuser zu bauen oder ihre alten Häuser zu sanieren. Der häufig geäußerte Wunsch, im Falle einer (hypothetischen) Rückkehr ein kommerzielles Kleinunternehmen, eine Werkstatt oder ein Taxiunternehmen anzufangen, muß fast immer ein unrealistisches Projekt bleiben, da entweder in den entleerten Peripherräumen gerade wegen der Abwanderung keine Nachfrage nach solchen Dienstleistungen besteht oder aber in den dichter besiedelten Räumen gerade in diesen Wirtschaftstätigkeitsbereichen bereits ein Überangebot existiert.

3. Die Emigration hat erheblich dazu beigetragen, daß Portugal in räumliche Kontrastfelder ›zerlegt‹ wird. Der massive Rückschritt der binnenportugiesischen Regionen ist mit der Auswanderung verknüpft: Seit 1965 ist für 60% der 273 Kreise (Concelhos) die Anzahl der legalen Emigranten größer als das natürliche Bevölkerungswachstum; 1973 traf dieser Fall sogar für 207 Kreise zu, wobei ganz vorwiegend die binnenländischen Gebietseinheiten betroffen waren. Die demographischen Konsequenzen schließen zugleich eine gravierende Veränderung der Bevölkerungsstruktur ein, wobei sich eine zunehmende ›Vergreisung‹ der Peripherräume abzeichnet, deren mittelfristige Auswirkungen auf dem wirtschaftlichen Sektor leicht vorstellbar sind.

In einem anderen Sinne wirkt sich die Emigration besonders für die Binnenräume nachteilig aus: Die Abwesenheit eines großen Teils der Kleinlandbesitzer
hat zu einer lähmenden Unbeweglichkeit geführt. Das bestehende große soziale
Prestige des Landbesitzes veranlaßt die Emigranten einerseits, ihren Eigenbesitz in
jedem Fall zu bewahren, auch wenn sie längerfristig nicht mehr agrarisch aktiv sein
werden; zum andern verfügen sie über genügend Mittel, um — wenn irgendwie
möglich — das Land aufzukaufen, auf dem sie als Teilpächter gearbeitet haben.
Die archaischen Agrarstrukturen mit sehr nachteiligem Parzellengefüge werden so
gerade durch die Auswanderung konserviert. Insgesamt wird der starke räumliche
Kontrast durch die Effekte der Auswanderung nachhaltig gefördert.

3.2. SIEDLUNGSSTRUKTUREN

Obgleich in der jüngeren Zeit vielfältige Einzelinformationen zur Siedlungs-
geographie Portugals erschienen sind, wird man aber auch heute noch der Feststellung zustimmen können, die LAUTENSACH (1932, S. 166) vor über 45 Jahren
in bezug auf die portugiesische Situation getroffen hat: ›In keinem Bereich der
Kulturgeographie ist das vorliegende Material so dürftig und die Notwendigkeit
künftiger eingehender regionaler Arbeiten so groß, wie in dem der Siedlungs-
geographie‹. Dieses Defizit wird aus der Komplexität des Gegenstandes leicht
verständlich: Zum einen umfaßt die Siedlungsstruktur als räumliche Verteilung
von Wohnstandorten und ihren Nutzungsgefügen die Erklärung des Gesamt-
zusammenhangs der sozioökonomischen Struktur, die die räumlichen Siedlungs-
konfigurationen in der Gegenwart bestimmen; zum andern schließt sie das
Geflecht einer tradierten Siedlungsstruktur mit ein, die als materielles Substrat
vielfältig auf die aktuellen Lebensverhältnisse einwirkt.

Die unterschiedlichen Produktions- und Reproduktionsbedingungen, die das
Siedlungsgefüge Portugals beeinflussen, sind im Kapitel 2 behandelt worden. Die
als regelhaft festgestellten räumlichen Gegensätze zwischen relativ entwickelten
Küstenbereichen und unterentwickelten Binnenlandbereichen prägt zwar in umfassender Weise die individuellen und kollektiven Lebensbedingungen, dennoch
reichen diese Grundstrukturen nicht aus, um die konkreten Siedlungsverhältnisse
hinreichend detailliert zu erfassen. Zwar mögen die sozialen Ungleichheiten und
ökonomischen Chancen von Kleinlandwirten im nordwestlichen Minho und im
südlichen Algarve überwiegend ähnlich gelagert sein, ihre konkreten Lebensbereiche sind in völlig andersartige Standortstrukturen eingelassen, die ihre Existenz-
situation wesentlich mit beeinflussen.

Diese mitbeeinflussenden äußeren Faktoren, die sich aus den natürlichen und
historischen Siedlungsstandorten ergeben, sollen im folgenden in einigen Grund-
zügen behandelt werden.

3.2.1. Ländliche Siedlungsverhältnisse

Der Zusammenhang der heutigen formalen Siedlungsstruktur mit der kulturhistorischen Entwicklung des westlichen Iberiens ist von LAUTENSACH (1932, 1964) besonders betont worden. Die zum Verständnis der heutigen Siedlungsstruktur entscheidenden Einflüsse beginnen mit der römischen Besetzung des lusitanischen Iberiens durch die Verlagerung der Siedlungsplätze von den Höhen in die Ebenen und Talsohlen, wobei sich parallel zu den Siedlungsschwerpunkten auch die agrarwirtschaftliche Nutzung verlagerte. FREUND (1970, S. 148) kann dieses Entwicklungskonzept allerdings aufgrund seiner Untersuchungen in der Terra de Barroso nicht uneingeschränkt übernehmen. Die römische Verwaltungs- und Militärorganisation führte zu einem eindeutigen Entwicklungsvorsprung der Küstenräume und des durchgängigen Südens: Stadtgründungen in Lissabon (Olisepo), Évora (Ebora), Mértola (Myrtilis) und andernorts sowie Militärkolonien in Beja, Santarém, Caceres verweisen auf die verstärkten römischen Einflußräume (vgl. ALARCÃO, 1973). Die periphere und abgeschlossene Lage der Provinz Lusitanien förderte eine umfassende Romanisierung in der fast fünf Jahrhunderte andauernden römischen Herrschaft. Die wirtschaftliche Grundstruktur wurde durch das Agrarsystem der ›Villa‹ geschaffen, ein individualisiertes Herren- oder Bauerngut in einer Größenordnung von 100—600 ha, das die ursprüngliche kollektivistische Agrarverfassung ablöste. Zum Villagut gehörten neben Herrn und unfreien Arbeitern eine größere Zahl von Freigelassenen und Pächtern, die verstreut in der Nähe ihrer Nutzungsflächen siedelten.

Diese Villaorganisation blieb in der ›germanischen‹ Entwicklungsphase, die mit dem Einfall germanischer Stämme zu Beginn des 5. Jahrhunderts begann und bis zur Periode der arabischen Durchdringung ab 712 n. Chr. andauerte, bestehen. Die Maurenherrschaft wirkte sich sehr ungleich auf die Siedlungsstruktur aus — entsprechend der unterschiedlichen Dauer ihrer Präsenz. Der Raum nördlich des Douro war bereits ab 750 n. Chr. praktisch frei vom arabischen Herrschaftseinfluß; das Gebiet zwischen Douro und Tejo blieb bis in die Mitte des 12. Jahrhunderts umkämpft, und im Raum südlich des Tejo dauerte die Maurenherrschaft 100 Jahre länger, bis zur endgültigen Eroberung der Algarve um das Jahr 1250.

Die Bedingungen der Reconquista des westlichen Iberiens von den Mauren zunächst durch die asturisch-leonesischen Könige, dann — seit 1139 — durch die portugiesische Krone bestimmten die Verhältnisse des ländlichen Besitzes und damit zugleich die Siedlungsstruktur. LAUTENSACH (1932, S. 95 f.) verweist auf die Quellenanalysen von A. SAMPAIO, der nachweisen konnte, daß die Villae zunächst geschlossen in den Besitz der adeligen Gefolgsleute der Könige kamen, die sie nach ihren vorwiegend germanischen Namen benannten.

Die allmähliche Verselbständigung und Unabhängigkeit der ehemaligen Villapächter führte in Verbindung mit dem ›Codex Visigoticus‹, das die Teilung des Besitzes im Erbfalle förderte, zur Besitzzersplitterung und zur Bildung des bäuerlichen Kleinbesitzes. Die siedlungsstrukturelle Konsequenz dieser Villa-Auflösung ergab dort Einzelsiedlungen, wo die Häuser der Freigelassenen und Pächter bestanden hatten, und Weiler dort, wo das ›Palatium‹, der Herrenhof, existiert hatte. Aus der ehemals privatrechtlichen Organisation der Villae entwickelte sich so die politische Gemeindeorganisation. SAMPAIO (1903, S. 54) konnte nachweisen, daß beispielsweise die Gemeinde Creixomil bei Guimarães in ihrer räumlichen Erstreckung identisch ist mit der Villa creximir des 10. Jahrhunderts.

Die frühe Siedlungsentwicklung in Mittelküstenportugal war insofern anders verlaufen, als dort bei günstigerer Naturausstattung die vier Jahrhunderte andauernde maurische Besetzung zu einer relativ intensiven bäuerlichen Nutzung geführt hatte. Nur dort, wo im Zuge des langandauernden Kriegsgeschehens größere Bevölkerungsverluste eingetreten waren, bildeten sich unter portugiesischer Herrschaft große Besitzungen der Krone, des Adels und der religiösen Institutionen. Einer Durchmischung der agrarischen Besitzverhältnisse entsprach eine Wohnplatzstruktur, die Einzel- und Streusiedlung mit Schwarmsiedlungen und Dörfern räumlich eng verknüpfte.

Die außerordentlich schnelle Eingliederung der nur dünn von Arabern besiedelten weiten Flächen des Alentejo und des südlichen Estremadura in den portugiesischen Staat ermöglichte eine großzügige Landvergabe und führte bald zu dem noch heute charakteristischen Großgrundbesitz, dessen siedlungsstruktureller Ausdruck das Nebeneinander von isolierten Herren- und Pachthöfen (monte) einerseits und von geschlossenen Reihensiedlungen als Wohnplätze des landlosen Proletariats andererseits bildet.

Die intensivste Beeinflussung durch die arabische Kultur hat die Algarve erfahren. In mehr als fünfhundert Jahren haben die Mauren durch eine intensive und kleingegliederte Agrikultur mit Bewässerungsgartenbau, Fruchthainen und dem Anbau einer Vielzahl exotischer Kulturgewächse die Voraussetzungen für eine relativ dichte Besiedlung geschaffen, die sich in einer stark differenzierten Wohnplatzstruktur niedergeschlagen hat.

Die ländliche Siedlungsstruktur kann einmal aus der in Anlehnung an die von RIBEIRO (1955, S. 196) entworfene Gliederung und zum anderen aus Tab. 91 sowie Abb. 40 entnommen werden. In Abb. 40 sind die Siedlungsgrößenstrukturen in den Concelhos ausgewiesen, indem der Bevölkerungsanteil ausgezählt ist, der (1960) in isolierten Einzelsiedlungen, in Gruppensiedlungen unter 200 Einwohnern und in Orten von 200—500, 500—2000, 2000—5000 und über 5000 Einwohnern lebte. Dabei ist zu beachten, daß den unteren Siedlungsgrößenklassen von ihrem landschaftsprägenden Effekt her eine ungleich wichtigere Bedeutung zukommt als den größeren Siedlungen.

1. Im Norden Portugals läßt sich die westliche Minhoregion ausgliedern, die durch die Dominanz der Streusiedlungen und der kleinen Dörfer charakterisiert ist. Am geschlossensten ist dieser Siedlungstyp in den Distrikten Braga und Viana do Castelo ausgebildet; hier wohnen etwa zwei Drittel der Einwoh-

ner in Wohnstandorten unter 200 Einwohnern. Die Größenklassen von 500—5000 spielen nur eine ganz untergeordnete Rolle. Ein großer Teil der Ortsnamen der Kleinweiler weist auf die zuvor geschilderten Strukturwandlungen hin, die die Siedlungen nach der Auflösung des römischen Nutzungsgefüges erfaßten.

2. In der Landschaft Trás-os-Montes, dem östlichen Hochportugal, sind dagegen die mittelgroßen Dörfer besonders stark vertreten. Die Größenklasse 200—2000 Einwohner schließt hier etwa zwei Drittel aller Bewohner ein; der Streusiedlungstyp ist fast gar nicht vertreten. Die Dorfsiedlungen finden sich besonders häufig aufgereiht auf den höheren Terrassen der Douronebenflüsse unter auffälliger Vermeidung der Tallagen. LAUTENSACH (1932, S. 171) vermutet, daß sich hier sehr alte Höhensiedlungsstandorte erhalten haben, weil die römische Villaorganisation diesen Nordosten nur teilweise beeinflußt und siedlungsstrukturell umgeformt hat. Allerdings erscheint die angenommene Siedlungskonstanz durchaus fragwürdig (vgl. FREUND, 1970, S. 148).

3. Südlich des Flusses Vouga ist im mittleren Portugal eine sehr differenzierte Siedlungsgrößenstruktur vorhanden, die im küstennahen Bereich aus einer streifenartig verknüpften Scharung größerer, mittlerer und kleinerer Orte besteht und die — weiter zum Landesinnern — in den trockenen Kalkgebirgsbereichen fast ausschließlich aus Weilern unter 200 Bewohnern gebildet wird.

4. Der Tejo stellt eine klare Trennlinie dar, an die sich nach Süden ein geschlossenes Gebiet sehr gegensätzlicher Wohnplatzgrößen anschließt: Zum einen treten eine Vielzahl isolierter Einzelsiedlungen auf, die in den Distrikten Portalegre, Évora und Beja über 12 % der Wohnbevölkerung einschließen; sie werden sowohl aus den altgewachsenen Herren- und Pachthöfen als auch aus den kleinbetrieblichen Einzelhöfen in den gebirgigeren küstennahen Bereichen (Serra de Grándola, Serra de Caldeirão) gebildet. Zum anderen sind in diesem Siedlungsgebiet die ländlichen Großsiedlungen mit 2000—5000 Bewohnern weit überdurchschnittlich stark vertreten: in den Distrikten Portalegre, Évora und Beja wohnt ein Fünftel der Bevölkerung in dieser Ortsgrößenklasse.

5. Das Siedlungsgefüge der Algarve weist noch einmal deutlich eigenständige Züge auf. Im Bereich der nördlichen Schieferserra herrschen Dörfer und Kleinweiler vor, während in der algarvischen Fußebene ein buntes Gemisch von Vertretern aller Wohnplatzgrößenklassen verbreitet ist, wobei der kleinere Dorftypus dominierend ist.

Wohl das wichtigste Merkmal der ländlichen Siedlungsstruktur Portugals ist ihre Beharrungstendenz. Die Grundelemente haben sich in den Standorten, in den räumlichen Grundmustern der Siedlungen und schließlich sogar in wesentlichen sozialen Facetten seit dem Mittelalter bis heute erhalten. Die jahrhundertelange Stagnation der portugiesischen Agrarwirtschaft, ihre weitgehende Abhängigkeit von außen, die mangelnde Bereitschaft des Staats, wirksame Förderungsmaßnahmen zur Behebung der Strukturschwäche zu entwickeln, beließen den ländlichen Raum bis heute in seiner Immobilität und Unterentwicklung.

Die im Jahrzehnt von 1964—1973 extrem ausgeprägte Abwanderung aus dem ländlichen Raum hat nur bedingt durchgreifende Wandlungsprozesse in der Siedlungsstruktur ausgelöst. Denn die manchmal so stark ins Auge fallenden jüngeren baulichen Veränderungen in den ländlichen Siedlungen blieben in der Regel in äußerlichen Verbesserungen stecken. Ein großer Teil der Emigranten hat seine im Ausland gesparten Verdienste dazu verwandt, im Heimatort sein Haus zu renovieren und ein neues Haus zu bauen. ROCHA TRINDADE (1970, S. 100) beschreibt am Beispiel des Ortes Queiriga (im Distrikt Viseu), wie die — größtenteils in Frankreich arbeitenden — Migranten den Wohnplatz bis 1969 umgestaltet haben, indem von 400 Haushaltungen 112 neue Häuser errichtet wurden. Der Überfremdungseffekt dieses Ausbaus wirkt deshalb so markant, weil in auffallender Weise französische Stilelemente angewendet worden sind, die im starken Kontrast zu den urtümlichen Bauelementen des Raumes stehen. Solche Wandlungen der Bausubstanz dürfen jedoch nicht mit einer grundlegenden und strukturellen Veränderung der Siedlungsstruktur verwechselt werden. Im Gegenteil: es hat sich gezeigt, daß durch die Emigration häufig nicht nur alte Strukturen konserviert, sondern auch notwendige Veränderungen blockiert werden, indem die ›Abwesenden‹ daran interessiert bleiben, ihren bescheidenen Landbesitz und ihre Anteilsrechte am Allgemeinbesitz voll zu erhalten.

3.2.2. Städtische Siedlungsstrukturen

Die portugiesische Statistik weist insgesamt 47 Siedlungen als Städte aus; dabei werden als Städte (= centro urbano) die Distriktshauptstädte sowie alle Orte über 10000 Einwohner definiert. Eine solche nach rein statistischen Ansprüchen vorgenommene Festlegung wirft einige Probleme auf: einerseits werden eine Reihe von — kommunal selbständigen — Vororten von Lissabon und Porto, denen jede städtische Eigenständigkeit und funktionale Differenziertheit abgeht, als Städte gewertet, während andererseits eine Anzahl von — im geographischen Sinne als städtisch zu bezeichnende — Siedlungen wie Barcelos, Lagos, Torres Vedras, Estremoz u. a. nicht als solche eingestuft werden können. GASPAR (1975, S. 114) weist darauf hin, daß auch die einfache Herabsetzung der statistischen Grenzwerte auf 2000 Einwohner zur Abgrenzung von städtischen Siedlungen — wie dies von Planungsbehörden teilweise praktiziert wird — zu unvertretbaren Klassenbildungen geführt habe. Aber auch die Siedlungsklassifizierung, wie sie von GIRÃO (1956) vorgeschlagen wurde, erscheint nicht als zufriedenstellend, wonach die Distriktstädte und die als ›cidades‹ gezählten Orte als ›urbanisierte Städte‹ und die Kreisstädte generell als ›semiurbane‹ Siedlungen gelten sollten. GASPAR (1975,

Tab. 91: Siedlungsgrößenstruktur der Distrikte 1960

Distrikt	Isolierte Einzel-siedlung	Prozentanteil der Bevölkerung in Wohnstandorten				
		< 200 E	200— 500	500— 2000	2000— 5000	> 5000 E
Aveiro	2,3	29,7	26,4	22,9	6,6	12,0
Beja	10,2	13,7	8,9	22,1	22,3	13,8
Braga	9,4	55,5	15,4	5,1	1,4	13,2
Bragança	1,2	12,1	36,9	35,1	6,9	5,7
Castelo Branco	6,6	21,7	12,9	34,3	12,5	12,0
Coimbra	2,6	29,7	27,5	23,6	3,5	13,2
Évora	17,9	11,7	7,3	26,1	15,5	21,5
Faro	3,6	32,7	19,0	15,4	6,2	23,1
Guarda	5,4	13,9	28,3	40,6	8,6	3,2
Leiria	1,7	35,7	25,1	21,5	3,2	12,6
Lissabon	1,3	6,0	6,1	10,2	4,3	72,0
Portalegre	9,3	17,1	8,1	25,3	21,4	19,0
Porto	4,2	23,1	14,3	13,3	4,1	41,0
Santarém	3,1	25,9	20,6	22,6	14,7	13,1
Setúbal	6,8	10,7	9,8	17,5	13,0	42,2
Viana do Castelo	5,5	61,2	16,1	8,3	3,7	5,2
Vila Real	2,5	22,5	35,1	28,4	2,5	8,9
Viseu	4,5	29,6	32,9	25,2	2,7	5,0
Total	4,8	24,1	17,9	18,9	6,8	27,4

Quelle: X. Recenseamento Geral da População, Bd. 1, vol. 2, 1960.

S. 115) zeigt, daß diese Klassifizierung entschieden zu schematisch ist, um die differenzierte Siedlungsstruktur sinnvoll zu gliedern.

Ungeachtet dieser Klassifizierungsproblematik soll hier zunächst auf der Basis der offiziellen portugiesischen Statistik der Frage der Verstädterung bei allen Orten über 10000 Einwohnern und den Distriktstädten nachgegangen werden.

Tab. 92 verdeutlicht, daß (1975) knapp ein Drittel der portugiesischen Bevölkerung in Städten lebte; im interregionalen Vergleich zeigten sich beträchtliche Unterschiede der Verstädterung, die im großen und ganzen das typische polarisierte Gliederungsmuster aufwies: in den Wachstumspolen Lissabon/Setúbal und Porto traten mit Abstand die höchsten Verstädterungsraten auf, während in den strukturschwachen Randbereichen — vor allem in Viseu, Viano do Castelo, Bragança und Beja — die niedrigsten Anteile von Stadtbewohnern anzutreffen waren.

Schon die Betrachtung der jährlichen Wachstumsraten der Stadtbevölkerung

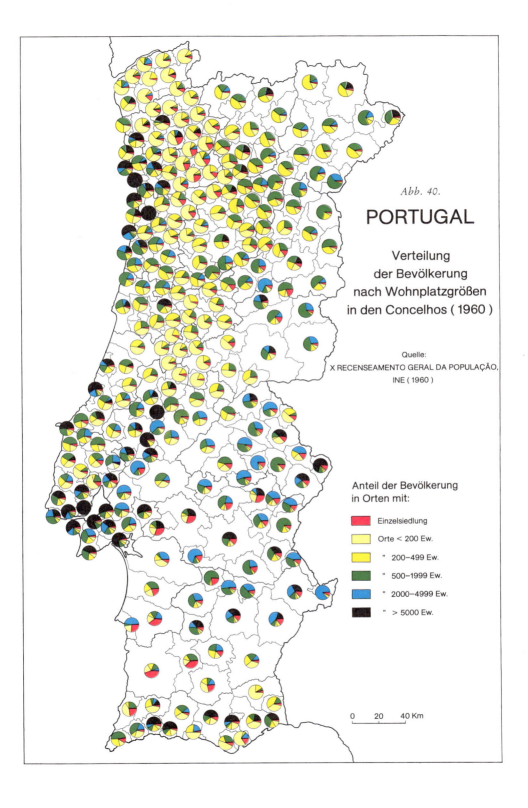

Abb. 40.

PORTUGAL

Verteilung
der Bevölkerung
nach Wohnplatzgrößen
in den Concelhos (1960)

Quelle:
X RECENSEAMENTO GERAL DA POPULAÇÃO,
INE (1960)

Anteil der Bevölkerung
in Orten mit:

- Einzelsiedlung
- Orte < 200 Ew.
- "   200–499 Ew.
- "   500–1999 Ew.
- "   2000–4999 Ew.
- "   > 5000 Ew.

0   20   40 Km

Tab. 92: Verstädterungsraten der Distrikte 1960/1970/1975

	Anteil der in Städten wohnenden Bevölkerung			Wachstum der Verstädterungsrate pro Jahr
	1960	1970	1975	%
Aveiro	6,86	9,73	10,90	+ 3,68
Beja	6,52	8,56	9,73	+ 3,08
Braga	13,42	13,37	16,28	+ 1,33
Bragança	3,71	5,27	7,66	+ 6,65
Castelo Branco	13,02	17,86	18,83	+ 2,79
Coimbra	16,09	17,87	22,22	+ 2,38
Évora	15,53	20,28	20,77	+ 2,11
Faro	19,47	21,14	25,81	+ 2,04
Guarda	4,52	6,43	7,70	+ 4,40
Leiria	9,42	11,59	13,94	+ 3,00
Lissabon	70,90	70,09	70,06	− 0,07
Portalegre	14,81	17,30	20,15	+ 2,25
Porto	37,57	35,25	36,19	− 0,23
Santarém	10,45	11,81	13,21	+ 1,65
Setúbal	45,35	57,94	57,14	+ 1,63
Viana do Castelo	5,17	5,04	6,84	+ 2,02
Vila Real	7,97	8,62	11,29	+ 2,60
Viseu	3,52	3,01	5,30	+ 3,16
Total	25,73	29,61	32,52	+1,65

Quelle: PMP, 1977—1980, Política Regional, S. 30.

macht jedoch klar, daß es nicht unproblematisch ist, ökonomisches Wachstum und distriktbezogene Verstädterung in einen unmittelbaren Zusammenhang zu bringen, denn die Berechnung des jährlichen städtischen Bevölkerungswachstums im Zeitraum von 1960—1975 weist gerade die strukturschwachen Distrikte als am stärksten verstädternde Räume aus und ergibt für die Wachstumspole Lissabon und Porto sogar ein Minuswachstum. Es gilt zu berücksichtigen, daß die Distrikt-verstädterungsrate entscheidend durch Abwanderungen aus dem ländlichen Raum beeinflußt werden kann und tatsächlich auch beeinflußt worden ist. Durch den Bevölkerungsrückgang in den peripheren, nichtstädtischen Gemeinden ergibt sich schon bei stagnierenden Bevölkerungszahlen der Städte insgesamt eine relative Verstädterungstendenz dieser Räume.

Umgekehrt aber führen tatsächliche Verstädterungsprozesse in den Verdichtungsräumen, die sich entweder durch Zuwanderung von außerhalb oder durch Abwanderung aus den Stadtzentren in ländliche Umlandgemeinden unter 10 000

Einwohnern ergeben, zu einer vermeintlichen Reduzierung des verstädterten Bevölkerungsanteils.

Es zeigt sich damit, daß die portugiesische Statistik der Verstädterung auf einer Klassifizierung beruht, die gerade für den ihr zugedachten Zweck nicht brauchbar ist: die Erfassung der Stadtgebiete mit erhöhten urbanistischen Planungsproblemen ist nur sehr bedingt möglich. Da mit dem Begriff der Verstädterung gerade der Prozeß desjenigen Bevölkerungswachstums gemeint ist, der sich durch erhöhte Mobilitätsprozesse, d. h. durch Zuwanderung ergibt, ist die Berechnung der Urbanisationsraten, wie sie im Vierjahresplan 1977—1980 vorgenommen worden ist, nicht brauchbar. Die gesonderte Betrachtung der Städte (centros urbanos) läßt nur bedingt einen Vergleich zu, weil die Zählbereiche teilweise nicht übereinstimmen und weil darüber hinaus die Daten für 1975 auf einer Hochrechnung beruhen, die auf der Basis der Wählerlisten von 1975 den Bevölkerungsanteil unter 18 Jahren durch Fortschreibung der Zählergebnisse von 1970 ergänzen. Dennoch können zwei wichtige Aspekte des Verstädterungsprozesses in Portugal aus dieser Gegenüberstellung abgeleitet werden (vgl. Tab. 93):

1. Die bedeutendsten Zunahmen erfolgen in Küstennähe im näheren und weiteren Umgebungsbereich der Agglomerationen, wobei die Großstädte Porto und Lissabon selbst nur ein geringes Wachstum aufweisen.
2. Auch die ›Centros Urbanos‹ des Binnenraumes können beträchtliche Bevölkerungsgewinne verzeichnen. Die teilweise sehr starken Bevölkerungsverluste in den peripheren Kreisen und Distrikten (vgl. Abb. 28) schließen also die Städte selber aus. Es muß davon ausgegangen werden, daß ein differenzierter Abwanderungsprozeß vom flachen Land erfolgt, der einen Teil der Migranten (zunächst) in die Klein- und Mittelzentren der peripheren Gebiete führt.

Zwar sind in den letzten Jahren eine ganze Reihe von stadtgeographischen Untersuchungen vor allem der kleinen portugiesischen Städte vorgelegt worden, aber sowohl die methodologische Skizze von Ribeiro (1969) als auch die Beschreibung des Forschungsstandes durch Gaspar (1975) machen deutlich, daß bisher von einer Klärung stadtgeographischer Probleme auf breiter Basis in Portugal nicht gesprochen werden kann. Erst in jüngster Zeit deutet sich eine systematische Erforschung der inneren Differenzierung und der funktionalen Analyse unter Einsatz moderner quantitativer Verfahren an (vgl. Gaspar 1976, Marin 1975, Gaspar/Resende/Ferrão 1977, Lopes Ferreira/Ferreira de Almeida 1976).

Lopes Ferreira und Ferreira de Almeida haben in einem faktoranalytischen Ansatz die sozialräumliche Gliederung von *Setúbal* analysiert. Sie basiert auf einer Stichprobe von 500 Befragungen mit 35 Variablen, die regional geschichtet aus 47 Arealen erhoben worden sind. Die räumliche Einpassung in ein Gitternetz ist dadurch sehr erleichtert, daß Setúbal durch wiederholte planerische Eingriffe, vor allem nach Erdbeben und Brand des Jahres 1858, einen sehr regelhaften Stadtgrundriß aufweist. In der Abb. 41 ist die räumliche Entwicklung der Stadt dargestellt: Die in Resten noch erhaltenen Bastionen der befestigten Stadt sind im

Tab. 93: Bevölkerungsentwicklung der ›Centros Urbanos‹ 1960/1975

	1960	1975
Aveiro	16 430	33 147
Espinho	13 378	15 341
S. J. Madeira	11 868	16 807
Beja	15 685	19 429
Braga	42 636	68 139
Guimarães	23 598	40 527
Bragança	8 141	13 883
Castelo Branco	15 207	21 470
Covilhã	22 740	23 536
Coimbra	50 168	78 340
Figueira da Foz	11 624	17 955
Évora	24 787	38 720
Faro	19 094	33 565
Olhão	15 711	21 026
Portimão	11 930	25 554
Guarda	9 345	16 032
Leiria	8 587	24 914
Caldas da Rainha	10 524	18 191
Peniche	11 224	14 152
Lissabon	817 326	877 138
Amadora/Carnaxide	36 319	210 920
Odivelas/Mosc./Sacavém		118 257
Vila Franca de Xira		18 365
Agualva/Queluz/Algés		99 804
Cascais	10 935	28 257
Portalegre	11 073	14 626
Elvas	11 672	15 270
Porto	305 445	343 465
Gondomar Valbom	21 978	30 825
Matozinhos, Leca, S. Mam.	37 515	66 454
Valongo/Ermezinde	11 020	26 431
Gaia	46 298	46 594
Póvoa de Varzim	17 998	24 190
Vila do Conde	12 848	17 364
Santarém	17 276	24 750
Abrantes	4 104	17 522
Tomar	8 994	18 588
Setúbal	44 177	79 782
Almada/Cova Piedade	45 969	106 426
Amora		33 204
Barreiro/Lavradio	30 077	62 057
Montijo	18 078	25 871
Baixa da Banheira	12 367	21 401
Viana do Castelo	14 481	17 326
Vila Real	10 741	13 593
Chaves	13 375	17 129
Viseu	17 365	22 421

Quellen: ALARCÃO, 1969, S. 236/7; PMP, 1977—1980, Política Regional, S. 199—201.

Grundriß, wie er bis 1816 bestand, erhalten. Von hier aus hat sich Setúbal relativ gleichförmig — und vom Baubestand her gesehen sehr einförmig — ausgeweitet, wobei in der Phase bis 1916 die Erweiterung der Wohnquartiere nach Westen und Osten stattfand, während der Ausbau der ökonomischen Basis, die vor allem auf der Ausfuhr von Kork und der Verarbeitung der Fischanlandungen basierte, auf den neugewonnenen Uferflächen im Süden erfolgte. Die weitere Siedlungsentwicklung in der Zeit von 1916—1941 war deutlich an den Leitlinien des Verkehrs orientiert, wobei besonders die Eisenbahnlinie einen wichtigen Impuls brachte. Die jüngste Wachstumsphase ist dagegen durch einen gestreuten flächenhaften Siedlungsausbau und durch die Entwicklung der Werft- und Schwerindustrie im Osten gekennzeichnet.

Das sozioökonomische Gefüge der Stadt wird mit dem Merkmal der mittleren Verdienste je Person (Esc./Monat) als Gliederungskriterium angedeutet. Die ökonomisch schwächsten Wohnareale werden in den Gebieten des alten Ortskerns sowie in den durchweg sehr einfachen Ausbauten des 19. Jahrhunderts einschließlich des Hafengebietes ausgewiesen, während die gehobenen Wohnquartiere mit den höchsten mittleren Verdiensten um 3000 Esc. je Person an der nördlichen Stadtperipherie gelegen sind.

Die Erarbeitung der zentralörtlichen Gliederung des Landes ist noch nicht abgeschlossen. Einen ersten Ansatz erbrachte eine Arbeit von HERMES (1965) über die Distriktsstadt *Viseu*. Die Analyse der Standortfaktoren und der Umlandverflechtung ergab Strukturmuster, wie sie für eine Vielzahl der traditionalen Mittelzentren im Binnenland charakteristisch sind: Diese leiten sich zum einen aus der Marktfunktion für die lokale und regionale Agrarproduktion ab, wobei der Vermarktung der Dãoweine (mit einer Weinbaukooperative, in der 38000 Weinbauern organisiert sind) die entscheidende Rolle für den Groß- und Einzelhandel zukommt. Zum anderen sind es die weltlichen und kirchlichen Verwaltungsfunktionen, die den regionalen Einfluß von Viseu bestimmen: die Distrikt- und Kreisbehörden mit 45 Dienststellen sowie der Bischofssitz mit der diözesanen Verwaltung. Hinzu kommt ein relativ differenziertes Schulbildungssystem mit einem staatlichen Gymnasium (Liceu Nacional 1200 Schüler, 1962) einer Industrie- und Handelsschule (1600 Schüler) und einem Lehrerbildungsseminar (320 Studenten, 1962). Für die Abgrenzung des Einzugsbereichs von Viseu spielten die Pendlerströme nur eine sehr geringe Rolle; es muß geradezu als Charakteristikum angesehen werden, daß von den (1960) 6120 Berufstätigen nur etwa 500 einpendelten. Der geringe Grad des Auseinanderfallens von Wohnen und Arbeiten signalisiert die Immobilität und das Traditionale der peripheren Städte Portugals. Das beharrende Element kommt auch im Standortgefüge der innerstädtischen Gliederung zum Ausdruck — am deutlichsten in der weitgehenden Funktionserhaltung der alten ›Rua Direita‹, jener Haupteinkaufsstraße, die in allen traditionellen portugiesischen Städten existiert und in Viseu ihre alte Bedeutung als eine Art ›Souk‹ konserviert hat, obgleich sie für die Ansprüche des modernen Verkehrs völlig ungeeignet

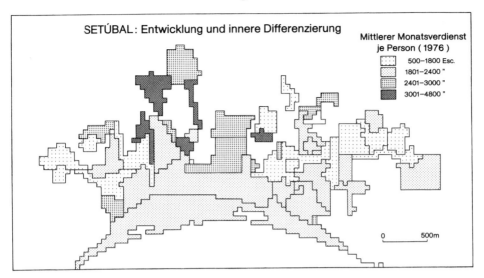

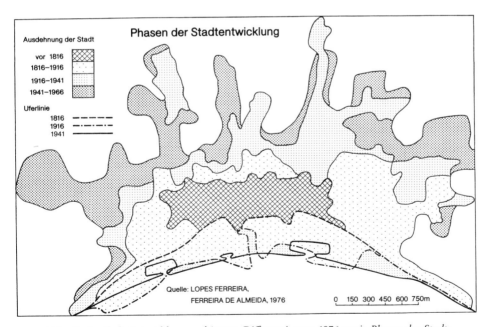

Abb. 41: Setúbal: Entwicklung und innere Differenzierung 1976 sowie Phasen der Stadt-entwicklung.

ist. RIBEIRO (1968, S. 59) hat in 86 Gebäuden der ›Rua Direita‹ 104 Geschäfte gezählt.

In einer sehr detaillierten Studie hat GASPAR (1972) die Zentralität von *Évora* untersucht, wobei er die Zentralitätsformeln von GODLUND (1956) vor allem durch solche Indikatoren erweiterte, die die sozialgeographische Struktur des südportugiesischen Raumes berücksichtigten: Sozialstruktur, Bevölkerungsdichte, Konsumgewohnheiten und Distanzempfindlichkeiten. Die im Sinne der empirischen Umlandmethode erhobenen Daten ergaben ein sehr differenziertes Bild der zentralörtlichen Bedeutung von Évora, die in vielen Funktionen weit über das Kreisgebiet wirksam geworden ist und nur nach Westen sehr schnell von der Sogwirkung Lissabons eingeengt wurde. Die mittelzentralen Versorgungseinrichtungen des täglichen bis längerfristigen Bedarfs, ein differenziertes Ausbildungsangebot mit staatlichem Gymnasium und wirtschaftswissenschaftlichem Institut, umfassende Verwaltungsinstitutionen und vor allem die Bedeutung als Umschlagplatz (Viehmärkte) der Agrarproduktion des Alentejo sichern Évora einen bemerkenswerten Bedeutungsüberschuß. Dieser wird schließlich auch noch durch jüngere industrielle Ansiedlungen erweitert, die vor allem zur Ausschöpfung des reichlich vorhandenen weiblichen Arbeitskräftepotentials (4000 Arbeitsplätze) eingerichtet worden sind.

Dennoch kann nicht übersehen werden, daß auch das voll ausgebaute Mittelzentrum Évora im gesamtportugiesischen Kräftefeld deutlichen Entzugseffekten ausgesetzt ist:

1. Die stark rückläufige Bevölkerungsentwicklung des Distrikts, der von 1950—1975 knapp ein Viertel der Gesamtbevölkerung verloren hat, läßt längerfristig Nachteile für die Versorgungseinrichtungen in Évora erwarten.

2. Die bemerkenswerten Entwicklungsimpulse im spanischen Badajos schränken zunehmend auch das östliche Einzugsgebiet in den grenznahen Räumen ein.

3. Am stärksten jedoch macht sich das Übergewicht von Lissabon bemerkbar. Die Verbesserung der Verkehrsanbindung, gefördert — aber noch nicht voll entwickelt — durch die Fertigstellung der Autobahnbrücke über die Tejomündung seit 1965, läßt Absaugeffekte erkennbar werden, denen sich Évora nicht entziehen kann.

Unterhalb der mittelzentralen Ebene ist in Portugal ein System teilzentraler Orte ausgebildet, das vor allem in der dichter besiedelten Nordhälfte des Landes mit seiner agrarischen Grundstruktur bestimmt ist. Vor allem die Arbeiten von RIBEIRO (1972) und BORDALO LEMA (1973) haben in jüngerer Zeit diese siedlungsstrukturelle Eigenart beschrieben, deren besonderes Kennzeichen darin liegt, daß die Schwierigkeit eines dauerhaften flächendeckenden Versorgungssystems dadurch gelöst ist, daß periodische Versorgungseinrichtungen in der Form von Märkten, den ›feiras‹, ausgebildet sind.

Die dominierende Subsistenzlandwirtschaft der peripheren Regionen Portugals mit ihrer unvollständigen Ökonomisierung weiter Lebensbereiche und den

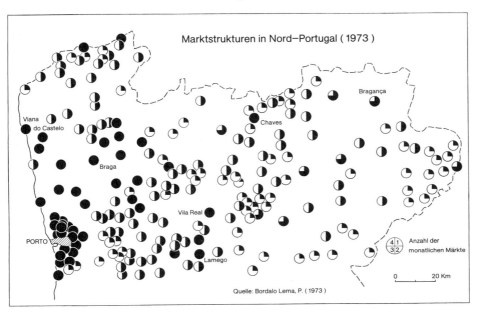

Abb. 42.

damit verbundenen reduzierten Nachfragestrukturen kann ein ausgebautes, ge-
stuftes Zentrale-Orte-System ökonomisch nicht tragen. Die ambulanten Waren-
angebotseinrichtungen lösen das Problem der mangelnden lokalen Nachfrage
durch ein regelhaftes System einer räumlichen Rotation des Angebots.

BORDALO LEMA (1973) hat in einer aufschlußreichen Studie die Funktionswei-
sen der Märkte in Nordportugal beschrieben und das Versorgungs- und Wande-
rungsverhalten der ambulanten Händler analysiert: 150 Händler, von denen etwa
drei Viertel aus dem unmittelbaren Küstenbereich zwischen Porto und Viana do
Castelo kommen, bringen fast den gesamten transportierbaren Warenkorb bis in
die entlegenen Dörfer Nordportugals. Die unterschiedliche Bedeutung der
Marktorte kann aus der Zahl der monatlichen ›feiras‹ grob abgeleitet werden, wie
sie in der Abb. 42 dargestellt sind. Am bemerkenswertesten erscheint dabei die
Tatsache, daß das Versorgungssystem der ›feiras‹ nicht nur in den entlegenen Peripherräumen verbreitet ist, sondern entsprechend der Bevölkerungsverteilung am
stärksten im küstennahen Bereich vorkommt und insbesondere im engeren Verdichtungsraum von Porto anzutreffen ist. Die Konservierung der ländlichen Ver-
sorgungsgewohnheiten im städtischen Verdichtungsraum kann als eine Eigenart
der portugiesischen Warenversorgung angesehen werden, zumal es sich um
Märkte handelt, deren warenmäßiger Schwerpunkt nicht in der Nahrungsmittelversorgung liegt.

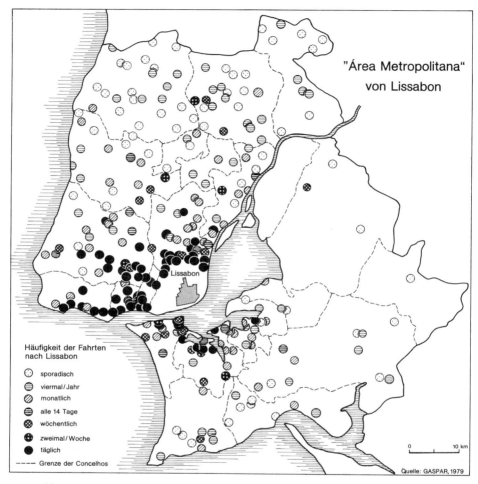

Abb. 43.

Zum Landesinnern hin nimmt die Häufigkeit der ›feiras‹ ab; jenseits der Linie
Lamego-Chaves finden keine regelmäßigen Wochenmärkte mehr statt: 60 % der
Marktorte haben nur noch Monatsmärkte. RIBEIRO (1972, S. 49) weist auf den Zusammenhang zwischen den physischen Raumstrukturen und dem Wegenetz hin,
an das die Marktstandorte deutlich angepaßt sind, und hebt vor allem die tekto-
nisch vorgezeichnete und durch Erosion ausgestaltete nord-südliche Depression
von Lamego nach Chaves hervor.

Eine Gesamtdarstellung der Zentralitätsstrukturen in Portugal ist bisher noch

nicht möglich. GASPAR (1975, S.135) hat auf der Grundlage der 1931 von
W. J. Reilly entwickelten Methoden ein schematisches und sehr vereinfachtes Bild
der Einzugsbereiche zentraler Orte dargestellt. Als relativ einfach erweist sich die
oberzentrale Gliederung Portugals in die Einflußgebiete von Porto und Lissabon.
Die Grenze verläuft hiernach durch die mittelzentralen Bereiche von Coimbra und
Viseu und charakterisiert damit den Einfluß von Porto trotz deutlich schwächerer
Ausstattung hinsichtlich der Bewohnerzahlen als beinahe gleichrangig mit Lissabon. Die tatsächlichen Unterschiede in der zentralörtlichen Hierarchie werden
hiermit allerdings offensichtlich zugunsten von Porto verschoben.

Die Wirksamkeit Lissabons als mittelzentraler Ort ist jedoch verhältnismäßig
eng begrenzt. GASPAR (1979, Abb. 26, 27) konnte feststellen, daß für den Erwerb
mittelfristiger Konsumgüter (z. B. Elektrohaushaltsgeräte) die Attraktivität von
Lissabon schon in den unmittelbar anschließenden Kreisen endet. Selbst unvollständig ausgestattete ländliche Zentren innerhalb der ›Area Metropolitana‹ von
Lissabon wie etwa Torres Vedras haben das zugehörige Kreisgebiet in der mittelzentralen Versorgung fest an sich zu binden vermocht.

Auch die in Abb. 43 dargestellten Mobilitätsbeziehungen, die mit Hilfe der Besuchshäufigkeiten der Hauptstadt durch die Bewohner der ›Area Metropolitana‹
ausgedrückt sind, zeigen an, daß die regelmäßigen und häufigen Fahrten nach Lissabon durch einen Radius von etwa 30 km begrenzt sind. Jenseits der Kreise Sintra
und Loures im Norden nimmt die durchschnittliche Besuchshäufigkeit unvermittelt ab.

Auf dem ›Südufer‹ des Tejo vermindern sich die Besuchshäufigkeiten auf noch
kleinerer Distanz.

Die Einzugsbereiche der mittelzentralen Orte sind dadurch gekennzeichnet,
daß sie weit davon entfernt sind, eine zentralörtlich flächendeckende Gliederung
des Landes zu erbringen. Weite Räume des Nordens, vor allem aber des Südens
sind nicht Versorgungsnetzen angeschlossen, die eine normale Bedarfsbefriedi-
gung ermöglichen. Damit ergeben sich für die Bewohner dieser Räume gravierende Probleme der Unterversorgung. Eine entscheidende Konsequenz dieser
mangelnden Anbindung an Versorgungsnetze mittlerer Stufe ist in der Entleerung
eben dieser unterversorgten Räume zu sehen.

In der Einflußbereichsskizze von GASPAR (1975, S. 135) ist zwar im mittelportugiesischen Raum durch die Bereiche von Coimbra und Viseu eine geschlossene
mittelzentrale Zuordnung dargestellt, es kann aber keinem Zweifel unterliegen,
daß auch hier, wo sich die Einflußbereiche der Oberzentren überkreuzen, die gleiche Problematik der nicht gesicherten Versorgung der ländlichen Bevölkerung
vorherrscht, da die Abwanderung aus dieser Region die gleichen hohen Werte
erreicht wie in den übrigen peripheren Räumen.

3.2.3. Agglomerationsräume

Auf eine vergleichende Behandlung der beiden Agglomerationsräume Portugals muß vor allem aus einem formal-äußerlichen Grunde verzichtet werden: die vorliegenden Untersuchungen sind so ungleichgewichtig und in ihren methodischen Konzeptionen so differierend, daß ein echter Vergleich unmöglich ist. Was die äußeren Elemente des Erscheinungsbildes anlangt, wird man zwar leicht der Feststellung von Ribeiro (1975, S. 171) zustimmen können, ›daß die Unterschiede sich stärker ausprägen als die Analogien‹; was dagegen die allgemeinen Strukturen der Verstädterung, der standörtlichen Entwicklungsprozesse, der sozioökonomischen Entmischungsvorgänge und der urbanen Verfallserscheinungen betrifft, würden sich bei gleichartigem Frageansatz jedoch wenigstens teilweise Parallelentwicklungen ergeben.

3.2.3.1. Lissabon

Die Stadt Lissabon liefert zum einen das vollständige Gegenbild zum übrigen Portugal, und sie spiegelt zum anderen ein genaues Abbild der gesamten portugiesischen Situation wider. Alle wichtigen Impulse nehmen von hier den Ausgang und wirken hier mit einer erstaunlichen Konsequenz zurück. Es gibt keine wichtigen sozialen und ökonomischen Ereignisse des gesamten Landes, die nicht auch in Lissabon strukturbestimmend sind und die hier nicht häufig die schärferen räumlichen Konsequenzen hervorgebracht haben.

Im folgenden soll die Agglomeration Lissabon in ihren wichtigsten Gefügeeinheiten analysiert werden, wobei die Hauptgliederungselemente vom Zentrum ausgehend bis in die Peripherie reichend analysiert werden. Das eigentliche Stadtgebiet, das den Kreis Lissabon mit 53 Gemeinden umfaßt und 1970 782 266 Einwohner beherbergte, bildet das Hauptuntersuchungsgebiet. Der Verdichtungsraum Lissabon (›Area Metropolitana‹) umgreift acht Kreise nördlich und 10 Kreise südlich des Tejo und ergibt eine Fläche von 3552 km², in deren Grenzen (1970) 1 879 893 Einwohner lebten.

Obwohl Lissabon seit römischer Zeit (Olixbona) eine hervorragende Bedeutung hatte, die auch in der Zeit der Westgoten Bestand hatte und von den Arabern seit 711 (Lixbuna) fortgesetzt wurde, gewann sie ihre eindeutige Vormachtstellung erst über ein Jahrhundert später nach der Wiedereroberung durch die Kreuzfahrer (1147) mit der endgültigen Vertreibung der Araber aus der Algarve im Jahr 1253 und der Verlegung der Residenz nach Lissabon durch D. Alfonso III. Zweifellos spielte schon für die frühe Gewichtsverlagerung die natürliche Lagegunst am Tejoufer die entscheidende Rolle.

In wenigen Jahren weitete sich die Stadt erheblich über den Burgberg mit der St. Georgsburg und die nach Süden zum Tejoufer reichenden Stadtviertel, die von der alten Stadtmauer (›Cerca velha‹) umschlossen waren, aus, wobei sich vor allem eine Ausdehnung nach Westen ergab.

Zum Ende des 14. Jahrhunderts erfolgte die Ummauerung der erweiterten Siedlungsflächen durch die ›Cerca fernandina‹, die eine siebenmal größere Fläche einschloß, im Westen bis zum Taleinschnitt der heutigen Rua Alecrim reichte und im Norden den Rossioplatz sowie den Südhang des Santanahügels umfaßte (vgl. Abb. 44). Die entscheidende Ausbauphase vollzog sich im 16. Jahrhundert während der Regierungszeit D. Manuels (1495—1521), zum einen entlang des Tejoufers nach Westen, zum anderen in geschlossenen Vorstädten auf den tejonahen Höhen und schließlich innerhalb des mittelalterlichen Stadtgebiets. Dieser Ausbau schloß auch die bewußt gestalterische exzentrische Gegenüberstellung der wichtigsten Wirtschafts- und Handelspunkte ein, indem im Norden der Unterstadt der Rossio neben seiner Marktfunktion als Repräsentationsplatz entwickelt wurde und indem am Hafen durch Aufschüttungsmaßnahmen der ›Terreiro do Paco‹ als Palast- und Handelsplatz (die heutige Praça do Comércio) eingerichtet wurde. Im Jahr 1527 hatte Lissabon etwa 65 000 Einwohner; diese Zahl stieg bis zum Jahr 1551 auf ca. 85 000 und bis 1620 auf 113 000 Personen an, obwohl der Zenith Portugals damals schon überschritten war (vgl. CASTRO 1972, S. 136 ff.; OLIVEIRA MARQUES, 1972, I, S. 175).

Die Grundstruktur der frühneuzeitlichen Stadt hat sich bis ins 19. Jahrhundert erhalten, wenn auch formal wichtige Abänderungen erfolgten. Entscheidend wurde das Jahr 1755, als durch ein Erdbeben weite Teile der Stadt zerstört wurden. Unter der Leitung von Pombal wurden im Sinne absolutistischer Stadtplanung markante Regulierungsmaßnahmen getroffen, deren bedeutendste der Neubau des alten Kerns zwischen Rossio und Handelsplatz wurde, wo anstelle des arabischen Straßengrundrisses die schachbrettartige Schemaanlage der bis heute erhaltenen Unterstadt (›Baixa‹) gebaut wurde.

Mit weiteren regelhaften Ausbauten im westlichen Anschluß an die Unterstadt war der Rahmen für weitere 100 Jahre städtischer Entwicklung abgesteckt. Erst im letzten Viertel des 19. Jahrhunderts kamen durch den Bau der Eisenbahnen und umfangreicher Hafeneinrichtungen neue Impulse auf, die zu einem starken Bevölkerungswachstum führten, ohne allerdings das Standortsystem der Stadt umorientieren zu können.

3.2.3.1.1. Entwicklung von ›Alt-Lissabon‹

Die gegenwärtige funktionale und soziale Gliederung von ›Alt-Lissabon‹ weist eine beachtliche Differenzierung auf. Am deutlichsten hebt sich die *Unterstadt* Pombals als traditioneller Stadtkern Lissabons heraus. Formal bilden die nördlichen zwei Drittel der Straßenblöcke nordsüdlich gestreckte Rechtecke, während das tejonahe Drittel aus quergestellten Blöcken besteht. Einheitlich ist die Haushöhe mit vier Stockwerken sowie ausgebautem Mansardenstockwerk, und regel-

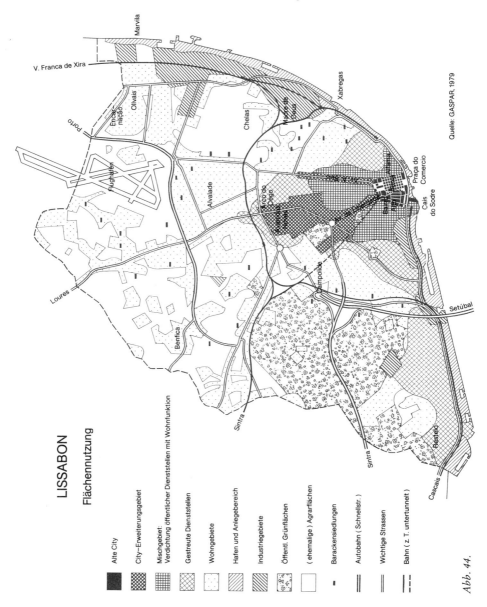

LISSABON

Flächennutzung

Alte City

City–Erweiterungsgebiet

Mischgebiet:
Verdichtung öffentlicher Dienststellen mit Wohnfunktion

Gestreute Dienststellen

Wohngebiete

Hafen und Anlegebereich

Industriegebiete

Öffentl. Grünflächen

(ehemalige) Agrarflächen

Barackensiedlungen

Autobahn (Schnellstr.)

Wichtige Strassen

Bahn (z. T. untertunnelt)

Quelle: GASPAR, 1979

Abb. 44.

haft ist der Wechsel breiterer und schmalerer Längsstraßen. Das südliche Drittel im Übergang zur Praça do Comércio ist der traditionelle Standort von Banken und Versicherungen. GASPAR (1976, S. 73 ff.) kann in einer Serie von Karten zeigen, wie sich die Versicherungen von 1900—1970 aus der ›Baixa‹ in die neuen Zentren umorientierten, und deutet damit bereits den Funktionsverlust dieses Stadtgebiets an (vgl. Bild 5).

Die nördlichen zwei Drittel der ›Baixa‹ gehören zum zentralen Geschäftsbereich, wobei das westliche Erweiterungsgebiet (›Chiado‹) funktional einbezogen werden muß. GASPAR (1979) unterscheidet zwischen der ›armen‹ und ›reichen‹ Unterstadt. Während die östliche ›Baixa Pobre‹ kleinere und mittlere Versorgungseinrichtungen umfaßt mit einfachen Restaurants und kleinen Werkstätten, ist die ›Baixa Rica‹ im Westen — wie auch das ›Chiado‹-Viertel — durch eine stärkere Spezialisierung und Repräsentation charakterisiert. Die Wohnfunktion spielt in der ›Baixa‹ eine untergeordnete, aber immer noch bemerkenswerte Rolle. SPÖRING (1967, S. 34 f.) kann an einem Beispielsquartier die Entwicklung der ›Baixa‹ als Wohngebiet nachvollziehen: 1911 wohnten 714 E/ha, 1930 waren es 568 E/ha und 1960 271 E/ha. Der Wohnkomfort ist niedrig: nur 54,8 % der Wohnungen verfügten 1960 über ein Badezimmer.

Das Hafen- und Industriegebiet *Cais do Sodre* kann als älteres, der Altstadt vorgelagertes Industrieviertel gekennzeichnet werden. Durch ein Netz gerader Straßenzüge hebt sich dieses Viertel von den nördlich anschließenden Wohnquartieren der westlichen Altstadt ab und deutet seine besonderen Entstehungsbedingungen an: bis ins 17. Jahrhundert verlief die Strandlinie des Tejoufers direkt unterhalb der Altstadt (Rua da Boavista), und erst durch Aufschüttungen wurde endgültig im 19. Jahrhundert die heutige Strandlinie abgegrenzt. In der landfest gemachten Bucht konnten Hafenanlagen errichtet werden, an die sich Industriekerne (Santos, Alcantara) anschlossen. Eine großzügige Entwicklung der Industrien war hier jedoch nicht möglich, da zu der räumlichen Einengung auch die stark behindernde Abschnürung durch die Bahnlinie nach Cascais im Westen kam. Immerhin fanden hier 1965 110 Industriebetriebe mit 17 700 Beschäftigten ihren Standort.

Die *Alfama* als ehemalige östliche Vorstadt des arabischen Lissabon stellt ein typisches Wohn- und Mischgebiet der Altstadt dar. Hier hat sich am ehesten maurischer Städtebau bis heute erhalten. Die Straßenbreite bewegt sich zwischen 1 und 5 m; die Wohnungen von 815 Anliegern sind mit dem motorisierten Verkehr nicht erreichbar. Eckige, oft rechtwinklige Straßenbiegungen mit eingeschalteten platzähnlichen, unregelmäßigen Straßenerweiterungen und ein System von Sackgassen kennzeichnen das Grundrißbild dieses Viertels. Die Bevölkerungsdichte ist sehr hoch: auf einem Hektar wohnten (1960) 1997 Personen bei einer Bauweise von zwei- bis viergeschossigen Häusern. Die Wohnverhältnisse sind trotz vielfältiger Verbesserungen, die systematisch im Laufe der sechziger Jahre durchgeführt wurden, ungünstig: Überbelegungen und mangelnde Ausstattung charakterisieren die meisten Wohnungen im Alfamaviertel, das vor allem als Wohngebiet von Hafenarbeitern gelten kann, das aber auch selbst eine große Zahl von Arbeitsplätzen in Form von Läden und kleinen Werkstätten bereitstellt.

Unter den Vorstädten von Alt-Lissabon nimmt das *Bairro-Alto-Viertel* eine besondere Stellung ein. Dieses hochgelegene Viertel westlich der Unterstadt ist leicht aufgrund seiner regelmäßigen Straßenführung zu erkennen; es repräsentiert eine planmäßige Anlage, die in der großen portugiesischen Entwicklungsphase des frühen 16. Jahrhunderts vor den Toren der ›Cerca fernandina‹ errichtet wurde, an der bedeutendsten Ausfallstraße gelegen, die vom Stadtkern aus nach Belem führte. Die großzügige, in rechteckige Straßenblöcke gegliederte Anlage war zunächst ein vornehmes Wohnviertel am Rande der engen Altstadt.

Mit dem Hineinwachsen in die Stadt sank dieses Viertel in seiner sozialen Stellung und wurde ein Mischgebiet mit vorherrschender Wohnfunktion, die es heute noch charakterisiert. Als traditioneller Standort der Lissaboner Zeitungen haben sich eine Vielzahl von Druckereibetrieben angesiedelt; zum anderen hat sich in jüngerer Zeit immer stärker der Charakter eines Vergnügungsviertels ausgeprägt. Die Bevölkerungsstruktur kann aus der Beispielserhebung einer Hektarfläche (vgl. Spöring, 1967, S. 66) erschlossen werden: Die Einwohnerdichte umfaßte 1057 Personen/ha; sie schlossen 480 Erwerbstätige ein mit 188 Angestellten, 87 Facharbeitern, 65 Handwerkern und 58 ungelernten Arbeitern; 70 Erwerbspersonen arbeiteten im Druckereigewerbe.

3.2.3.1.2. Entwicklung der Stadt 1880—1930

Bis weit ins 19. Jahrhundert war die Erweiterung der Stadt nach Westen parallel zum Tejo verlaufen. Eine Ausweitung der Stadt nach Norden auf die agrarisch genutzten Flächen war nur sporadisch entlang der talorientierten Überlandwege erfolgt, die vom ›Rossio‹ aus auf beiden Seiten des Santanahügels nach Norden verliefen.

Der Beschluß von 1879, die ›Baixa‹ durch eine breite Avenida nach Norden zu verlängern, stieß zunächst auf heftigste Kritik. Gaspar (1979, S. 68) berichtet von den Auseinandersetzungen um diese Stadterweiterung, die das beliebte Promenadengelände, den ›Passeio Publico‹, für den Straßenausbau opfern sollte. Dennoch wurde 1886 die Prachtstraße ›Avenida da Liberdade‹ fertiggestellt, womit der Beginn einer urbanistischen Neuentwicklung gegeben war. Auch der Ausbau der östlichen Verbindung nach Norden über die heutige Avenida Almirante Reis setzte zum Ende des 19. Jahrhunderts ein, vollzog sich jedoch in einem planerisch bescheidenen Rahmen. Die *Avenida da Liberdade* wurde in einem großzügigen Ausbauvorgang zunächst bis zum Park Eduardo VII. geführt; sie setzte mit ihrer Bebauung zu Beginn des 20. Jahrhunderts in Form von reichen Bürgerhäusern, die viele Stilelemente der mitteleuropäischen Gründerzeit enthielten, die gehobenen Ansprüche der ›Baixa rica‹, die sie verlängerte, fort. Bruchlos wurde diese Avenidaachse zu Beginn dieses Jahrhunderts über die Avenida Fontes Pereira und die

Avenida da Republica nach Nordwesten fortgesetzt, wobei festzuhalten ist, daß dieser gewaltige Ausbau fast ausnahmslos zur Schaffung von (groß-)bürgerlichen Wohnungen vorangetrieben wurde.

Die östliche Avenidaachse der Av. Almirante Reis entwickelte sich in andersartiger Weise: In Fortführung ihres Ausgangspunktes der anspruchsärmeren östlichen ›Baixa pobre‹ war sie von Anfang an auf ihre kleinbürgerlichere Umgebung ausgerichtet; die Avenidaachse blieb bescheidener in ihren Dimensionen, wurde nur sukzessive nach entstehendem Bedarf verlängert, ließ kaum Raum für schmückende Baumreihen und grenzte die Grundstücksflächen ungleich kleiner ab. GASPAR (1976, S. 55) kann nachweisen, daß die heutigen Nutzungsmuster genau dem ursprünglichen verminderten Anspruchsniveau entsprechen.

Charakteristischerweise entstanden die Avenidaviertel als reine Wohngebiete gerade in dem Zeitabschnitt, als die Mietpreise des Zentrums unter dem Einfluß des Eisenbahnanschlusses (1890) und unterstützt durch das Aufkommen öffentlicher städtischer Verkehrsmittel deutlich anstiegen.

Seit dem 2. Weltkrieg, zumal seit den sechziger Jahren, hat sich ein sehr markanter Strukturwandel bemerkbar gemacht, indem die Cityfunktionen verstärkt aus der Unterstadt abgezogen und in den Bereichen der Avenidas neu verstandortet wurden. Aus den Abb. 45 und 46 können die diesbezüglichen Entwicklungen am Beispiel der Verlagerung der Standorte der staatlichen Verwaltungsorgane und der Bürostandorte ersehen werden. Die Gegenüberstellung der ministerialen Verwaltungsstandorte der Jahre 1902 und 1970 zeigt, daß zu Beginn dieses Jahrhunderts die meisten staatlichen Verwaltungsstellen und die Ministerien noch in der südlichen Baixa und um die Praça do Comércio angesiedelt waren; die neuen Avenidas haben dagegen diesen Funktionssektor noch nicht anzuziehen vermocht. Im Jahr 1970 hat sich das Bild weitgehend gewandelt: der größte Teil der staatlichen Administration liegt außerhalb des traditionellen Baixastandorts verstreut, vor allem im Gebiet der neuen Avenidas.

Auch der Vergleich der Bürostandorte von Wirtschafts- und Handelsunternehmen (›Companhias‹) demonstriert die absoluten und relativen Funktionsverluste des traditionellen Zentrums: 1900 beschränkten sich die Büros auf die Unterstadt sowie auf den westlichen Stadtbereich in Hafennähe; 1970 ist der größte Teil der Büros der Companhias auf die Avenidas Novas und die angrenzenden Ausbaubereiche verstreut.

Die gute Zugänglichkeit der Avenidabereiche, die auch durch den Bau der Tejo-Autobahnbrücke verstärkt worden ist, hat seit den sechziger Jahren einen umfassenden Nutzungswandel eingeleitet. Dieser Funktionswandel hat gravierende gestalterische und humanökologische Folgen nach sich gezogen:

1. Bauhistorisch bedeutsame Architektur des ›fin de siècle‹, die sich durchweg noch in gutem Erhaltungszustand befand, wurde niedergerissen und durch moderne Hochbauten ersetzt.

2. Mit den steigenden Bodenpreisen entwickelten sich die Geschoßzahlen nach

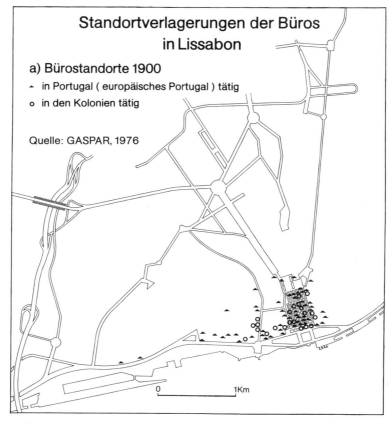

Standortverlagerungen der Büros
in Lissabon

a) Bürostandorte 1900

- in Portugal (europäisches Portugal) tätig
o in den Kolonien tätig

Quelle: GASPAR, 1976

0   1Km

Abb. 45.

oben. Waren ursprünglich zwei- bis fünfgeschossige Gebäude charakteristisch, so wurden etwa ab 1970 Hochhäuser mit über 15 Stockwerken gebaut. Das unorganische Nebeneinander von Resten der ursprünglichen Bausubstanz und austauschbarer Hochhausarchitektur hat (am nachteiligsten in der Avenida da República) zu ästhetisch mißratenen städtebaulichen Ensembles geführt.

3. Die Nutzungsintensivierung hat für die Wohnbevölkerung schwerwiegende Nachteile gebracht, indem die Grünflächen und das Straßengrün stark reduziert worden sind. Dies ist vor allem durch die Umgestaltung der grünen Garten- und Blockinnenflächen in Parkplätze erreicht worden.

4. Der Abzug von Cityfunktionen aus der alten City der Unterstadt hat eine deutliche Degradierung des traditionellen Zentrums (Baixa und Chiado) hervorgerufen. GASPAR (1979, S. 66) konstatiert, daß seit 1974 eine Vielzahl von teil-

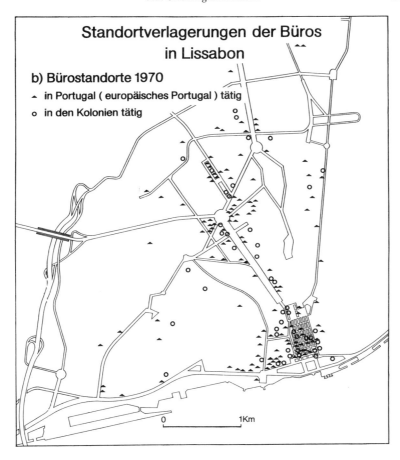

leerstehenden Gebäuden in der Unterstadt beobachtet werden kann. Das alte
Zentrum hat so stark an Attraktivität verloren, daß bereits bauliche Substanz-
verluste erkennbar werden.

3.2.3.1.3. Entwicklung der Wohnbauviertel nach 1930

Das beachtliche Anwachsen der Stadtbevölkerung hatte die Wohnungsnot in
Lissabon schon zu Beginn dieses Jahrhunderts derart unübersehbar gemacht, daß
in den Wahlkämpfen der ersten Republik (1910) erstmals öffentlich auf die Notwendigkeit eines sozialen Wohnungsbaus aufmerksam gemacht wurde. Aber erst
nach Erlaß eines Gesetzesdekrets von 1918 erfolgten konkrete Planungsmaßnah-

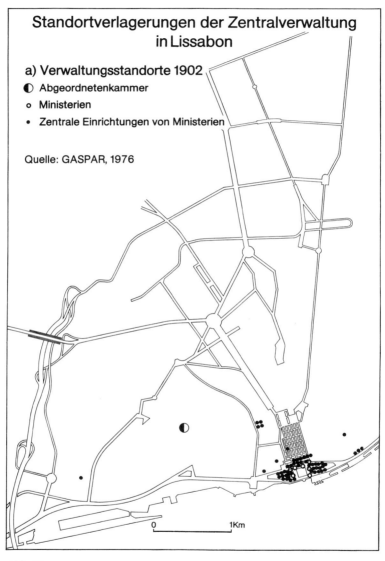

Abb. 46.

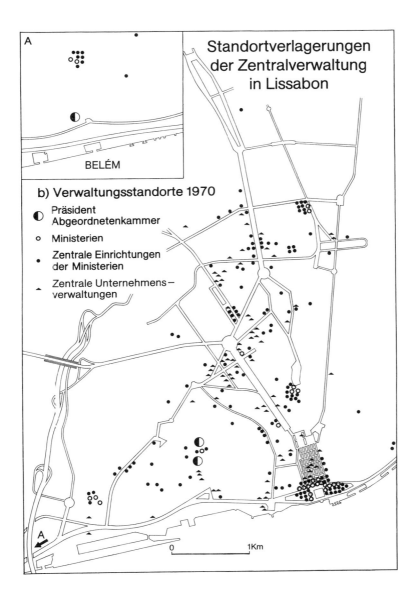

A

Standortverlagerungen
der Zentralverwaltung
in Lissabon

BELÉM

b) Verwaltungsstandorte 1970

◑ Präsident
   Abgeordnetenkammer

○ Ministerien

• Zentrale Einrichtungen
   der Ministerien

▲ Zentrale Unternehmens−
   verwaltungen

A

0   1Km

men, die — in der Mehrzahl nach 1930 — zum Ausbau eines Ringes von sozialen Wohnbauvierteln führte, wie sie in der Abb. 44 aufgeführt sind.

Diese frühen ›Bairros Sociais‹ zeichneten sich durch Planmäßigkeit und sehr einheitliche Physiognomie aus. Wie aus den Anlagen Arco do Cego, Encarnação und Madre de Deus leicht zu erkennen ist, sind die symmetrisch zur zentralen Verkehrsachse angeordneten Wege, die ein ornamentartiges Grundrißbild ergeben, ebenso charakteristisch wie die einheitlichen Aufrißgestaltungen mit meist nicht mehr als zwei Stockwerken und Ein- oder Zweifamilienhäusern. Die Sonderstellung der ›Bairros Sociais‹ wird durch ihre besondere Lagesituation noch verstärkt: jenseits deutlicher Reliefgrenzen (Täler) entwickelten sie sich isoliert von der geschlossenen Baumasse der Stadt, was häufig mit einer sehr ungünstigen Anbindung an den öffentlichen Personennahverkehr verbunden war. Aber auch dann, wenn keine naturräumlichen Trennlinien wirksam wurden, erhielten die frühen ›Bairros Sociais‹ ihren Eigencharakter. Das 1935 fertiggestellte Viertel Arco do Cego wurde zunächst isoliert von der übrigen Bauentwicklung der Stadt errichtet und grenzt sich heute mit seinen von Gärten umgebenen Reihenhäusern scharf von den nach Norden und Westen anschließenden Großwohnblöcken der letzten drei Jahrzehnte ab.

Die soziale Struktur dieses sozialen Wohnungsbaus war und ist bestimmt durch die untere Mittelschicht; Angestellte und Facharbeiter stellen das Gros der Bewohner. Da die Stadt für die Infrastrukturen bedeutende Aufwendungen machen mußte — der Bau von Arco do Cego hatte der Verwaltung 29 Mio. Esc. gekostet —, wurde der Mietzins so hoch festgesetzt, daß Schichten mit niedrigem Einkommen keinen Zugang hatten.

Um aber auch den in Barackenquartieren lebenden Einwohnern der Stadt eine Unterkunft zu bieten, wurden schon Ende der dreißiger Jahre extrem einfache Siedlungshäuser aus vorgefertigten Bauteilen geschaffen, die in ungünstiger Lage und häufig ohne Verkehrsanbindung blieben und nur provisorischen Charakter haben sollten. Allerdings sind diese Viertel (Bairro do Padre Cruz, Bairro das Furnas, S. Domingos de Benfia) bis heute in Nutzung geblieben.

1945 begannen die Vorarbeiten für eines der bedeutendsten Urbanisierungsprojekte am *Bairro Alvalade,* im Norden der Stadt nahe der Universitätsstadt und dem Flughafen. Auf einer Fläche von 230 ha sollten 45000 Einwohner angesiedelt werden. Das Grundprinzip dieser Urbanisation war ein sozial und funktional differenziertes Gefüge mit englischen Gartenstadtelementen. Bei einer niedrigen Bevölkerungsdichte von 200 Personen je Hektar wurde der größte Teil der Gebäude (für 31000 Bewohner) als kollektive Wohnanlagen mit festgelegten Sozialmieten errichtet; für weitere 10000 Bewohner wurden Wohnkomplexe gehobenen Standards gebaut. Ergänzend wurden für 4000 Bewohner Einfamilienhäuser, zur Hälfte mit Mietbeschränkungen, eingerichtet.

Neben einer Grundausstattung an Versorgungseinrichtungen für den täglichen Bedarf traten ein differenziertes Bildungsangebot und im begrenzten Umfang —

auf einer Fläche von 60000 m² — einige Betriebe der Leichtindustrie. Sämtliche Einrichtungen des Handels, der Dienstleistungen und des Gewerbes blieben zwar der privaten Eigeninitiative überlassen, entwickelten sich jedoch ohne zeitlichen Verzug — lediglich die heute wichtige Avenida Estados Unidos wurde erst nachträglich projektiert —, so daß Alvalade insgesamt als eine gelungene Urbanisierung angesehen werden kann, die in deutlichem Kontrast zu den monofunktionalen ›Schlafstädten‹ steht.

Eine für den Siedlungsausbau der Stadt entscheidende verkehrstechnische Veränderung ergab sich durch die Einführung des Busverkehrs im öffentlichen Personennahverkehr ab 1946, der — ein typisches Beispiel für die Abhängigkeit von außen — deshalb erst so verspätet eingesetzt wurde, weil der Personennahverkehr (außer der Eisenbahn) seit Ende des 19. Jahrhunderts als Konzession an eine englische Gesellschaft vergeben war. Mit Hilfe des Busverkehrs konnte das Stadtgebiet flächendeckend erschlossen werden, wobei auch die teilweise schwierigen Reliefverhältnisse kaum noch gravierende Hindernisse bildeten. Als Folge konnte seit den fünfziger Jahren eine enorme, auf privater Initiative beruhende Bauentwicklung im ganzen Stadtgebiet erfolgen, die auch die peripheren Gebiete in Benfica und Luminar einschloß.

Der sich steigernde Zuzug nach Lissabon verstärkte die Notwendigkeit, weiteren Wohnraum durch die öffentliche Hand zu schaffen. Einschlägige Erhebungen der Stadtverwaltung ergaben, daß im Jahr 1960 in Lissabon 57000 Familien ohne eigene Wohnung (›sub-locação‹) und 43470 Personen in Baracken lebten.

Der erste Ansatz erfolgte in Olivais-Norte, das in den Jahren 1955—1958 für 10000 Bewohner projektiert wurde. Die Lage am nordöstlichen Stadtrand ist bezeichnend für die Bemühung, der Industriearbeiterbevölkerung dieses Raumes Wohnmöglichkeiten zu beschaffen. Seit 1942 hatte sich am Tejoufer von Xabregas über Marvila bis nach Olivais eine geschlossene Industriezone entwickelt, in der neben der Nahrungs- und Transportmittelindustrie vor allem die von Rohstofflieferungen abhängigen Industrien (z. B. Petroleumraffinerien der Sacor) ihren Standort fanden. Insgesamt entstanden bis 1970 hier etwa 25000 industrielle Arbeitsplätze (vgl. Bild 4).

In engem Bezug zu diesem größten Industriegebiet Lissabons wurde auch Olivais-Sul entwickelt, das auf einer Fläche von 187 ha 35000 Bewohner aufnehmen soll: Das Urbanisationsschema wurde bewußt gegenüber dem schematischen Häuserzeilenprinzip in Olivais-Norte abgewandelt zu einer aufgelockerten, in kleinere Wohngebiete gegliederten Mehrkernestruktur, die an englische New Towns erinnert. Allerdings weisen beide Vorstädte den gravierenden Nachteil fehlender Versorgungs- und Dienstleistungseinrichtungen auf.

Das jüngste und wohl auch bedeutendste Urbanisationsvorhaben stellt das Projekt *Chelas* im östlichen Stadtgebiet zwischen Olivais im Norden und dem geschlossenen Stadtgebiet im Süden dar. Die Planungen gehen in die frühen sechziger Jahre zurück, ohne bisher zum Abschluß gebracht worden zu sein. Ein

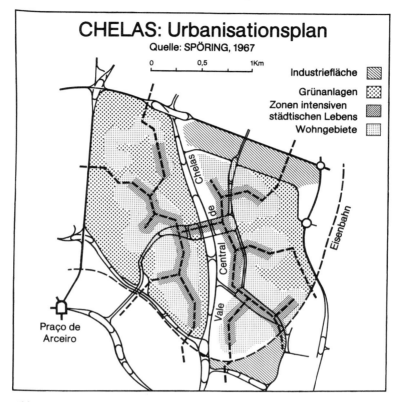

CHELAS: Urbanisationsplan
Quelle: SPÖRING, 1967

0   0,5   1Km

Industriefläche
Grünanlagen
Zonen intensiven
städtischen Lebens
Wohngebiete

Chelas
de
Central
Vale
Eisenbahn

Praço de
Arceiro

Abb. 47.

nord-südlich verlaufendes Tal gliedert zwei langgestreckte und in Anpassung an
die schwierigen Reliefverhältnisse gegliederte Wohnzonen aus. Die topographi-
sche Situation (48 % der Fläche weisen Hangneigungen über 10 % auf) läßt nur
eine geringe Wohndichte der auf 55 000 Einwohner berechneten Vorstadt zu.

Im Gegensatz zu den nördlichen Vorstädten von Olivais wurde hier in einem
sehr aufwendigen Planungsprozeß versucht, ein eigengewichtiges städtisches Zentrum aufzubauen, in dem lineare Zonen intensiven städtischen Lebens die kom-
pakten Wohnzonen durchziehen und in dem eine quergestellte Geschäfts- und
Verwaltungszone die beiden Teilbereiche zu einem gemeinsamen Zentrum verknüpft. Die außerordentlich großzügig angelegten Grünflächen und die im Norden und Süden eingeplanten Industrieflächen runden das Urbanisationsprojekt ab
(vgl. Abb. 47).

Die angestrebte soziale Gliederung wird allerdings auch in Chelas nicht das
Hauptproblem Lissabons, die Wohnungsnot der Barackensiedler, die innerhalb

der Stadtgrenzen 1972 die Zahl von 60702 erreichten, lösen können. GASPAR (1979, S. 103) führt aus, daß die zahllosen Barackenbewohner, die im Planungsbereich Chelas lebten, im Zuge der Wiederansiedlungsmaßnahmen nicht berücksichtigt wurden.

3.2.3.1.4. Stadtregion Lissabon

Die administrative Stadtgrenze ist zur Kennzeichnung der siedlungsgeographischen Einheit Lissabons ungeeignet. Über die Stadtgrenze hinaus ziehen strahlenförmig entlang der Bahnlinien und Ausfallstraßen Vorstädte nach Norden und Westen, die sich physiognomisch und funktional kaum von den innerstädtischen Randbereichen unterscheiden: entlang der Eisenbahnen setzen sie sich im Westen bis an die Endpunkte der Bahnlinien, Cascais und Sintra als die Wohngebiete der tertiären Erwerbsbevölkerung, fort, während sich am Tejoufer parallel zur Nordbahn das Industriegebiet von Xabregas bis nach Vila Franca de Xira hinzieht.

Am eindrucksvollsten greift die Stadtregion jedoch nach Süden über den Tejo hinaus. Am südlichen Ufer des Strohmeers hat sich auf der Gegenküste (›Outra Banda‹) eine Industrielandschaft gebildet, die sich in den letzten Jahrzehnten sprunghaft entwickelt hat. Die Suburbanisierung des Südufers setzte nach dem 2. Weltkrieg ein und erreichte in den sechziger Jahren ihren Höhepunkt.

Almada, direkt gegenüber dem traditionellen Zentrum von Lissabon gelegen und mit der Fähre in 15 Minuten erreichbar, nimmt eine Sonderstellung innerhalb der ›Outra Banda‹ ein (vgl. Bild 6): denn neben seiner Bedeutung als Standort der großen Werft ›Lisnave‹ ist Almada als kommerzielles Zentrum und vor allem als Wohnstandort für Dienstleistungsbeschäftigte Lissabons wichtig. Barreiro hat sich in weitgehender Abhängigkeit vom größten portugiesischen Industrieunternehmen CUF (Companhia União Fabril) entwickelt und steigerte seine Einwohnerzahl von 30077 (1960) auf 62057 im Jahr 1975. Für Seixal wurde das bedeutende Eisenhüttenwerk, die Siderurgia Nacional, strukturbestimmend.

Die enge funktionale Verknüpfung des Südufers mit Lissabon wird am deutlichsten aus den Pendlerzahlen, die werktäglich mit der Fähre ins Zentrum kommen: 1965 wurden 28 Mio. Passagiere, 1975 sogar 42 Mio. Passagiere gezählt. Bezogen auf die Arbeitstage ergeben sich Pendlermobilitätszahlen, die weit über den von PEIREIRA (1966, S. 41) gegebenen Pendlerzahlen liegen, die mit der Bahnlinie aus Cascais zur Innenstadt kommen (1965 = 19246 Tagespendler). Die Veränderungen in den Erwerbsstrukturen der Wohnbevölkerung der 18 zur ›Area Metropolitana‹ zählenden Kreise können für das Jahrzehnt von 1960—1970 aus der Abb. 48 im Überblick ersehen werden.

Im Strukturdreieck heben sich deutlich zwei Gruppen voneinander ab: Die eine umfaßt die peripheren Kreise, die nach wie vor am stärksten durch die landwirtschaftliche Erwerbsstruktur geprägt werden; ihre gleichsinnige Veränderungstendenz zeigt einen Wandlungsprozeß an, der etwa gleichgewichtig

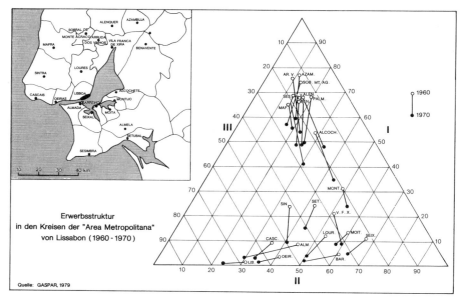

Abb. 48.

die sekundären und tertiären Aktivitäten ausweitet. Die zweite Gruppe schließt die Kreise im direkten Einflußbereich von Lissabon zusammen: die 1960 noch stärker agrarisch geprägten Kreise (Sintra, Montijo, Setúbal) entwickelten sich stärker in Richtung des sekundären Sektors, während die 1960 bereits industriell geprägten Kreise sich verstärkt zum tertiären Berufssektor hin orientierten.

Ein entscheidendes Problem des suburbanen Verstädterungsraumes stellt die Versorgung mit Unterkünften dar; der enorme Bevölkerungszuwachs in den letzten zwanzig Jahren hat nicht entfernt durch einen geordneten Siedlungsausbau aufgefangen werden können. Die eine Konsequenz dieser Zuwanderungen ist der Ausbau von marginalen Barackensiedlungen, die in der Stadt Lissabon selbst das Ausmaß der Wohnungsnot anzeigen, die aber ebenso jenseits der Stadtgrenze vor allem auf dem Nordufer und auch südlich des Tejo im Kreis Almada und insbesondere im Randbereich von Setúbal verbreitet sind. Als weitere Folge der Wohnungsnot, die auf den ersten Blick weniger ins Auge fällt, ist der Bau von illegalen Siedlungen, den ›bairros clandestinos‹. Diese ›heimlichen Wohnviertel‹ sind auf Flächen entstanden, die zwar im Besitz der Bauenden sind, aber weder in ihrem Grundrißzuschnitt noch in ihrem Aufrißplan behördlich genehmigt sind; und sie sind stets ohne infrastrukturelle Ver- und Entsorgungseinrichtungen.

In der Abb. 49 sind die illegalen Wohnungen und ihre Verteilung im Raum Lissabon dargestellt: in den nördlichen Kreisen Cascais, Oeiras, Loures, Vila Franca

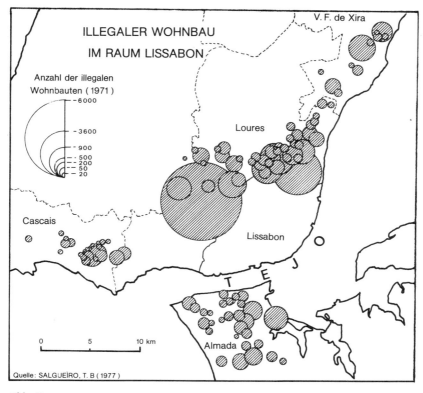

ILLEGALER WOHNBAU
IM RAUM LISSABON

Anzahl der illegalen
Wohnbauten (1971)

V. F. de Xira

Loures

Cascais

Lissabon

Almada

0   5   10 km

Quelle: SALGUEIRO, T. B (1977)

Abb. 49.

de Xira und in den südlichen Kreisen Almada und Seixal konnten 1970/71 von
SALGUEIRO (1977) etwa 22 000 illegale Wohnungen in 111 Quartieren gezählt werden. Es muß aber ergänzt werden, daß diese Zahlen längst überholt sind, weil nach
1974 der ›heimliche‹ Wohnungsbau einen bislang nicht erreichten Aufschwung
genommen hat.

Ein auffallender Standortfaktor der illegalen Bauviertel ist die Nähe admini-
strativer Grenzen, weil hier die Kontrolle der Baubehörden offenbar geringer ist
als in den zentralen und besser bekannten Räumen. Der Bodenpreis wird durch (illegale) Makler gesteuert, die den Markt beherrschen, häufig über große Flächenreser-
ven verfügen und entsprechend der Nachfrage das Angebot regeln. Stark geneigte
Flächen in schwieriger Hangexposition mit ungünstiger Einsicht erweisen sich als
besonders bevorzugt. Aufgrund dieser standörtlichen Voraussetzungen sind diese
Quartiere meist durch eine schlechte Erreichbarkeit gekennzeichnet. Gerade deshalb
wird die Möglichkeit zur Benutzung der öffentlichen Verkehrmittel angestrebt.

Die Bildung der illegalen Wohnbauten entwickelt sich in Etappen. Zunächst wird das Gelände in meist rechtwinklige Parzellen aufgeteilt, und diese werden einzeln verkauft. Die Bebauung erfolgt an Wochenenden und bleibt zunächst klein und von einfachster Art. Der sukzessive Ausbau, der sich meist über längere Zeiträume erstreckt, kann entweder zu Aufstockungen führen — SALGUEIRO beschreibt sechsgeschossige illegale Bauten aus Brandoa — oder aber zu Aneinanderbauten, die um einen Gang oder einen Hof gruppiert sind.

Obgleich die einschlägigen Gesetze den Abriß der illegalen Bauten vorschreiben, sind bisher kaum Fälle bekanntgeworden, bei denen fertiggestellte Wohnungen eingerissen wurden. Die lokalen Verwaltungen haben sich um so toleranter erwiesen, je weiter fortgeschritten die Bauten waren und je stärker sich der soziale Druck und das allgemeine Bewußtsein vom Unvermögen des Staates, auf legale Weise Wohnungsbedarf zu befriedigen, geworden sind. Teilweise sind die illegal entstandenen Viertel nachträglich legalisiert worden — wie beispielsweise im Kreis Loures das große ›bairro clandestino‹ in Moscavide —, indem die wichtigsten Infrastrukturen ausgebaut wurden.

Ein Eingreifen der Verwaltungsstellen ist allerdings objektiv schwierig, weil in den peripheren Gemeinden der Stadtregion fast keine Flächennutzungspläne existieren. Auf der Grundlage eines 1963 erlassenen Landesentwicklungsplans (Plano Regional) sollten lokale Nutzungspläne entwickelt werden, die jedoch nur in einigen Fällen erstellt werden konnten.

Insgesamt weist damit die Stadtregion Lissabon eine außerordentlich disparitäre Siedlungsstruktur auf. Die scharfen Kontraste im Zentrum setzen sich verstärkt zum Stadtrand hin fort. Das Ausweichen der (illegalen) Wohnstandorte auf Randbereiche bedeutet einerseits die fast vollständige Unterversorgung eines Teils der Wohnbevölkerung; es führt aber zugleich zu einer unübersehbaren Entwertung der städtischen Umwelt, die auf alle zurückwirkt, indem die Entsorgungssysteme nicht funktionieren und indem die Freiräume des innerstädtischen Wohnumfeldes sehr nachteilig eingeschränkt werden.

3.2.3.2. Porto

Als dominierendes Oberzentrum des portugiesischen Nordens hat sich Porto im Zeitraum von 1960—1975 in seinem Bevölkerungswachstum parallel zum gesamten nordwestportugiesischen Raum entwickelt. Nach der 1976 (vom Ministério da Administração Interna) vorgelegten Gliederung der Planungsregionen umfaßt die Agglomeration Porto (›Area Metropolitana‹) die Kreise Espinho, Gondomar, Maia, Matozinhos, Porto, Póvoa de Varzim, Valongo, Vila do Conde und Vila Nova de Gaia. Die Gesamtbevölkerung dieser ›Área Metropolitana‹ hat sich von 835 875 (1960) auf 992 874 (1975) Einwohner erhöht, was einem jährlichen Wachstum von 1,2 % entspricht. Die eigentliche städtische Bevölkerung (›Centros

Urbanos‹), wozu die Orte Porto, Gondomar, Matozinhos, Valongo, Gaia und Póvoa de Varzim gezählt werden, stieg von 422 256 auf 513 769 Einwohner an, und die Stadt Porto selber nahm von 305 445 (1960) auf etwa 343 000 (1975) Einwohner zu. Damit ist schon angedeutet, daß die Verstädterungsprobleme in Porto bei weitem nicht die Schärfe und die Dynamik erreichen, die in Lissabon wirksam sind.

Der Entwicklungsgang der Stadt war von Anfang an von der natürlichen Standortlage an der Douromündung geprägt. Wenige Kilometer oberhalb der Mündung waren die beiden Möglichkeiten der Flußüberquerung und der Hafenanlage die Ansatzpunkte für eine frühe Siedlung Cale, die schon im ersten vorchristlichen Jahrhundert als ›Portus Cale‹ erwähnt wird und die auf die Hafen- und Fährfunktion verweist, die dem Ort an der Straße von Lissabon nach Braga und weiter nach Tuq zukam. Der Ortsnamen Cale deutet jedoch schon eine vorrömische, vielleicht iberische Altersstellung an. Schon in der Suebenzeit, seit ca. 560 n. Chr. war Portucale Bischofssitz, und nach der endgültigen Rückeroberung der Stadt in der ersten Hälfte des 11. Jahrhunderts von den Mauren wurde Porto eines der Zentren der jungen Monarchie und konnte seine wirtschaftliche Bedeutung schnell ausbauen. Der Mauerring des 14. Jahrhunderts (Cerca fernandina) umschloß eine Fläche von 54 ha und erwies sich damit als so weiträumig, daß bis 1789 die Bebauung nur unwesentlich über sie hinausgriff, obgleich gerade auch im 18. Jahrhundert eine rege Bauentwicklung in Porto nachgewiesen werden kann. Die für das Land so nachteiligen Handelsabkommen mit England (Methuenvertrag, 1703) sicherten Porto als Zentrum des Portweinhandels paradoxerweise eine wirtschaftliche Blütezeit, von der noch heute die zahlreichen Barockkirchen Kunde geben.

Die *Altstadt* (vgl. Abb. 50) läßt sich durch ein Gewirr von engen Gassen und Treppenstiegen, schmalen, 3- bis 4stöckigen Granithäusern mit den typischen Schiebefenstern und Eisengitterbalkons abgrenzen. Nur kleine Teile der nordwestlichen Altstadt haben ihre frühere wichtige Handelsfunktion erhalten können; selbst die frühere Hauptstraße (Rua dos Mercadores) läßt heute deutliche Zeichen des Verfalls erkennen. Das historische Zentrum ist heute ein Wohnbereich unterer sozialer Schichten geworden, mit einer beachtlichen Bevölkerungsdichte von gut 1100 Bewohnern/ha. Das Angebot der kleinen Geschäfte für den täglichen Bedarf und der bescheidenen Handwerksbetriebe ist ebenso wie das der kleinen Märkte — etwa am Douroufer ›Cais da Ribeira‹ — auf die hier überwiegend wohnende Arbeiterbevölkerung ausgerichtet. Die Sanierungsbemühungen der Stadt, die aus der Altstadt ein attraktiveres Touristengebiet zu machen beabsichtigt, sind bisher noch nicht sehr erfolgreich gewesen.

Die sich an die Altstadt anschließenden Stadtgebiete, die mit LAUTENSACH (1964, S. 466) als *Außenstadt* bezeichnet werden sollen, sind in der Abb. 50 durch die Besiedlungsgrenze von 1813 umrissen. Die Entwicklung der Außenstadt hat sich deutlich an den alten Überlandwegen orientiert, wie dies noch aus den radialen Wachstumsspitzen erkennbar ist. Die rechtwinkligen Grundrißstrukturen

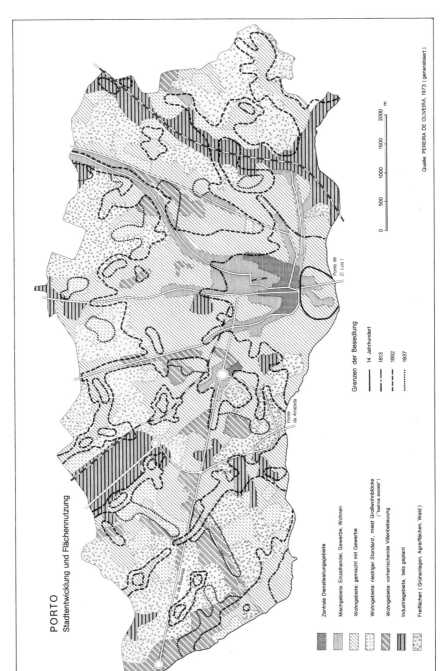

PORTO
Stadtentwicklung und Flächennutzung

Ponte de
D. Luis I

Ponte da Arrabida

Av. de Boavista

Grenzen der Besiedlung

———— 14. Jahrhundert
—·—·— 1813
– – – – 1892 ('bairros sociais')
·········· 1937

▨ Zentrale Dienstleistungsgebiete
▥ Mischgebiete: Einzelhandel, Gewerbe, Wohnen
▨ Wohngebiete: gemischt mit Gewerbe
▨ Wohngebiete: niedriger Standard, meist Großwohnblöcke ('bairros sociais')
▧ Wohngebiete: vorherrschende Villenbebauung
▥ Industriegebiete, teils geplant
▨ Freiflächen (Grünanlagen, Agrarflächen, Wald)

0   500   1000   1500   2000   m

Quelle: PEREIRA DE OLIVEIRA, 1973 (generalisiert)

Abb. 50.

zeigen den planmäßigen Ausbau im frühen 19. Jahrhundert an, der größtenteils ohne besondere Berücksichtigung des bewegten Reliefs erfolgt ist und nicht selten zu übersteilem Gefälle mit entsprechenden Verkehrsproblemen geführt hat. Zu Beginn des 20. Jahrhunderts wurden Ausbaumaßnahmen durchgeführt, die auch die repräsentativen Platzanlagen von der Praça da Liberdade bis zur Igreja da Trindade entstehen ließen. Um dieses Zentrum hat eine verstärkte Citybildung stattgefunden, die nördlich des Hauptbahnhofs (S. Vento) ansetzt, rund um die Praça da Liberdade führt und im Osten bis zur Rua de Santa Catarina reicht. Hier sind Banken und Versicherungen sowie Geschäfte mit hochdifferenzierten Angeboten konzentriert. In den oberen Etagen sind Büros, Ärzte, Rechtsanwälte und andere spezielle Dienstleistungsbetriebe untergebracht. Die Wohnfunktion spielt nur eine untergeordnete Rolle, so daß die Wohnbevölkerung seit 1960 kontinuierlich zurückgegangen ist. Auffällig ist auch hier (wie in Lissabon), daß es keine ausgesprochenen Kaufhäuser gibt.

Die Ausbauten bis zur Besiedlungsgrenze von 1892 sind fast ausschließlich in der zweiten Hälfte des 19. Jahrhunderts erfolgt. Sie umfassen einmal eine flächenhafte Weiterentwicklung der Siedlungsstandorte radial vom Zentrum nach außen, wobei es vor allem im nördlichen Sektor zur Entstehung geschlossener Wohnkomplexe gekommen ist. Nach Westen wird der großzügige Entwurf der 6,5 km langen Avenida de Boavista mit dem großen Verteilerkreis des Platzes Mousinho Albuquerque konzipiert, deren Ausbau bis zur Küste nach Matosinhos jedoch erst später fertiggestellt wurde.

Zum anderen ist für die bauliche Weiterentwicklung der Stadt im 19. Jahrhundert — teilweise isoliertes — Linienwachstum charakteristisch, das langsam auf die umgebenen Rumpfflächen ausgreift, wobei die alten Überlandwege wiederum die Ansatzpunkte bildeten. Ferner wird in der Mündungszone des Douro, in Matosinhos, eine eigenständige Bauentwicklung erkennbar. Der Bau der nach Plänen von Eiffel gebauten doppelstöckigen Straßenbrücke über den Douro, die Ponte de Dom Luis I., hat sich baulich weniger auf Porto als auf Vila Nova de Gaia ausgewirkt.

Der bauliche Zuwachs bis zum Jahr 1937 ist verhältnismäßig bescheiden; er beschränkt sich auf inselhafte Erweiterungen, die im wesentlichen durch soziale Wohnbauviertel, die Bairros Sociais, in der Zwischenkriegszeit entstanden. Die einheitliche Physiognomie ist in der planmäßigen Anlage dieser Bairros begründet, die — ähnlich wie die zeitgleich in Lissabon errichteten sozialen Wohnbauviertel — ornamentartige Grundrißgestaltung aufweisen. Von dem Bahnanschluß mit dem Bau der Eisenbahnbrücke gingen hinsichtlich der baulichen Entwicklung Portos wenig Impulse aus.

Nach dem 2. Weltkrieg hat eine flächenhafte Aufsiedlung innerhalb der die Stadtgrenze bildenden Umgehungsstraße (›Circumvalatione‹) stattgefunden mit folgenden Entwicklungselementen:
1. Die Ansätze des sozialen Wohnungsbaus aus den dreißiger Jahren wurden

fortgesetzt, so daß sich (vgl. Abb. 50) deutlich ein peripherer Ring von isolierten Bairros Sociais ergeben hat.

2. Unregelmäßig und relativ unbedeutend sind Großwohnblöcke — teils mit tertiären Infrastrukturen versehen —, die sich einerseits im westlichen Stadtgebiet
   finden, teilweise auch im Innenstadtbereich auftreten.
3. Bemerkenswert ist eine deutliche räumliche Absonderung der Wohnquartiere
   der höheren sozialen Schichten; sie können weitestgehend mit den in Abb. 50
   dargestellten Gebieten mit Villenbebauung identifiziert werden und liegen vor
   allem im westlichen Stadtbereich (Guerra Junqueiro, Matosinhos) und an der
   zum Meer führenden Prachtstraße Avenida de Boavista. Im Norden der Stadt
   ist ein Schwerpunkt im Bereich der Avenida Comb. Grande Guerra ausgebildet.
4. Ausgesprochene Slumgebiete hatten sich flächenhaft bis 1960 (vgl. Pereira,
   1972) nur im Altstadtbereich in Douronähe entwickelt; vereinzelt treten sie
   aber im gesamten zentralen Stadtbereich in den Grenzen von 1900 auf mit
   einem Schwerpunkt in der Nähe des östlichen Campanhabahnhofs.
5. Die Industrie ist auf zwei städtische Gebiete konzentriert. Zum einen ist entlang der östlichen Eisenbahntrasse eine Häufung von industriellen Standorten
   vor allem der metallurgischen Industrie ausgebildet; in Verbindung mit den
   vom Stadtentwicklungsplan 1960 ausgewiesenen Ergänzungsflächen ergibt
   sich hier ein geschlossenes Industrieland. Ferner verdichtet sich entlang der
   N 107 nach Nordwesten in Richtung auf den Flugplatz ein modernes Industrieviertel, wo sich viele ausländische Unternehmen (AEG, Siemens u. v. a.)
   angesiedelt haben. Die traditionellen Industriebranchen (Baumwollverarbeitung, Metall-, Holz- und Bauindustrie) sind breit über das ganze Stadtgebiet
   verstreut. Die typische Konservenindustrie (Fisch und Obst) ist auf den Standort Matosinhos konzentriert.
6. Innerhalb der Ringstraße sind trotz fortschreitender Urbanisierung noch beachtliche Freiflächen erhalten geblieben, die etwa zu einem Fünftel aus ›matas‹,
   kleinen Waldstücken, bestehen und zu zwei Dritteln noch in landwirtschaftlicher Nutzung verblieben sind.

3.3. Politisch-geographische Strukturen

　　Die Analyse politisch-geographischer Sachverhalte im Sinne von raumwirk-
samen Tätigkeiten des Staates ist in ihren historischen und zukunftsbezogenen
Aspekten schon bei der Behandlung wirtschafts- und sozialräumlicher Elemente
eingebracht worden.

　　Im folgenden soll das Wahlverhalten der Portugiesen einer näheren Betrachtung unterzogen werden, wobei unter Auswertung der umfassenden Wahlanalyse
von Gaspar/Vitorino (1976) ausschließlich die Wahlen zur Verfassunggebenden

Versammlung vom 25. April 1975 berücksichtigt werden. Dieser Wahlgang hatte für die Portugiesen nach der über vierzigjährigen politischen Abstinenz seit dem Beginn des ›Estado Novo‹ nicht — oder doch nur sehr bedingt — die Funktion, über die Leistungen von Parteien in Staat, Wirtschaft und Gesellschaft abzustimmen. Keine der Parteien war einem direkten Legitimationszwang ausgesetzt. Vielmehr konnten unterschiedliche politische Richtungen in einem demokratischen Neubeginn als Alternativen politischen Handelns vorgestellt werden, und alle Personen über 18 Jahre konnten derjenigen politischen Gruppierung ihre Stimme geben, von der sie annehmen konnten, daß diese ihre Eigen- und Gruppeninteressen am besten vertreten würde.

Damit kam diesem Wahlgang 1975 — in viel stärkerem Maße, als das bei regelmäßig wiederkehrenden Wahlen der Fall ist — die Bedeutung zu, daß Grundsatzentscheidungen zu treffen waren, denn neben der individuellen materiellen Interessenorientierung der Gegenwart galt es auch, längerfristig die Weichen für ein neues Portugal zu stellen.

3.3.1. Räumliche Verteilungsmuster des Wahlverhaltens (1975)

Von den zwölf Parteien, die am 25. 4. 1975 zur Wahl standen, sollen hier die fünf stärksten analysiert werden: Sozialistische Partei — PS — (37,86 %); Demokratische Volkspartei — PPD — (26,38 %); Kommunistische Partei Portugals — PCP — (12,53 %); Demokratisch-soziales Zentrum — CDS — (7,65 %); Portugiesisch-demokratische Bewegung — MDP — (4,12 %).

Die Wahlergebnisse sind nicht zuletzt auch deshalb eine wichtige Informationsquelle, weil eine sehr hohe Wahlbeteiligung erreicht wurde: 91,9 % der Wahlberechtigten beteiligten sich 1975 am Wahlgang, so daß mit der Entscheidung über Alternativen einer neuen gesellschaftlichen, politischen und ökonomischen Ordnung eine solch breite Abstimmung erfolgt ist, wie sie durch keine andere ›Befragung‹ zu erzielen wäre.

In der Abb. 51a ist auf der Basis der Concelhos der Anteil der Enthaltungen dargestellt. Die Abweichungen vom Mittelwert (8,1 %) sind nicht sehr hoch, dennoch werfen sie einige bedeutsame Fragen auf. Denn wenn sich auch auf einen ersten Blick keine in die bisher behandelten räumlichen Gliederungskonzepte passende Verteilung ergibt, so zeigen sich doch folgende Besonderheiten: Im Norden war die Zahl der abstinenten Wahlberechtigten überdurchschnittlich hoch; 18 von 23 Concelhos, in denen mit über 12,1 % Enthaltungen um mehr als 50 % über dem Durchschnitt liegende Enthaltungsraten erreicht wurden, liegen im Norden. Der Süden Portugals ist durch eine deutliche Zweiteilung gekennzeichnet; in der Südhälfte des Niederalentejo und in der Algarve wurden Enthaltungsraten gezählt, die dem nördlichen Landesteilen entsprechen, während im übrigen Alentejo und im Ribatejo geschlossene Bereiche mit niedrigsten Abstinenzen auftraten. Andererseits fällt auf, daß in den beiden Agglomerationsräumen Lissabon und besonders Porto die Enthaltungen unterdurchschnittlich hoch waren. GASPAR/VITORINO haben zur Erklärung dieses Verteilungsmusters den Zusammenhang mit den Wahlergebnissen hergestellt. In der Tat korrelieren erstens die hohen Enthaltungsraten deutlich mit hohem Stimmengewinn der Demokratischen Volkspartei PPD (r = + 0,56), und zweitens fallen die Kreise mit unterdurchschnittlicher Wahlbeteiligung auffallend häufig (r = − 0,54) mit niedrigem Wahlerfolg der Kommunistischen Partei Portugals (PCP) zusammen. Die breitere Basisarbeit der Kommunistischen Partei hätte demnach in den Gebieten ihres verstärkten Einflusses eine höhere Bereitschaft zur Wahl erzeugt. Andererseits könnte die starke politische Beeinflussung in den Verdichtungsräumen eine höhere Sensibilität für die Wahlen geschaffen haben.

Der Vergleich des räumlichen Verteilungsmusters der Wahlenthaltungen mit den in Abb. 37 vorgestellten Emigrationsraten verweist auf einen anderen wahlanalytisch relevanten Zusammenhang: Schon optisch lassen sich erstaunlich enge Entsprechungen zwischen den hohen Abwanderungsraten des Nordens und des südlichsten Portugal und den überdurchschnittlich hohen Wahlenthaltungen in eben diesen Gebieten erkennen; umgekehrt entsprechen den geringen Abwanderungsanteilen im Alentejo und Ribatejo die schwachen Wahlenthaltungen. Lediglich in Mittelküstenportugal laufen die beiden Merkmale nicht konform. Die wirtschaftliche Ausweglosigkeit, die zu hoher Abwanderung Anlaß gegeben hat, scheint zu einer allgemeinen sozialen Desintegration zu führen, die auch das Interesse an politischen Willenskundgebungen reduziert.

Die raumbezogene Gegensätzlichkeit der politischen Grundauffassungen kommt am klarsten in der Gegenüberstellung von ›rechten‹ und ›linken‹ Dominanzen im portugiesischen Parteienspektrum zum Ausdruck. In der Abb. 51 b sind diejenigen Gebietseinheiten, in denen die Parteien rechts der Sozialistischen Partei (PS) — außer unbedeutenden Splittergruppierungen handelte es sich um die Demokratische Volkspartei (PPD) und das Demokratisch-soziale Zentrum (CDS) — die Mehrheit errungen haben, durch ein Punktraster hervorgehoben. Die Parteien links der PS — dazu zählten neben der Kommunistischen Partei Portugals (PCP) die Portugiesisch-demokratische Bewegung (MDP) mit 4,12 % der Stimmen und eine Reihe kleiner Splitterparteien — dominierten in den übrigen Gebietseinheiten.

In geschlossener räumlicher Segregation standen sich die politischen Extreme gegenüber. Innerhalb des ›rechten‹ Wählergebiets traten nur drei ›linke‹ Concelhos im mittleren Küstenbereich auf, und nur vier ›rechte‹ Gebietseinheiten fanden sich im kontinuierlichen ›linken‹ Südportugal. Da es sich bei diesen Ausnahmen zudem nur um hauchdünne Mehrheiten handelte, bleibt der Kontrastcharakter zwischen einem konservativen ›rechten‹ Norden und einem ›linken‹ Süden praktisch voll erhalten.

Die *Sozialistische Partei* hat ganz offensichtlich die Funktion eines Scharniers

Räumliche Verteilung des Wahlverhaltens

(Wahl zur verfassungsgebenden Versammlung 1975)

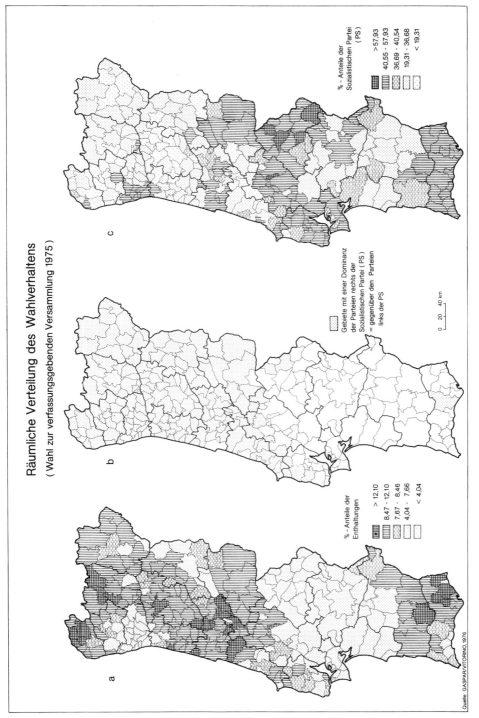

% - Anteile der Enthaltungen

- ▦ > 12,10
- ▦ 8,47 - 12,10
- ▦ 7,67 - 8,46
- ▦ 4,04 - 7,66
- ▢ < 4,04

Gebiete mit einer Dominanz der Parteien rechts der Sozialistischen Partei (PS)

= gegenüber den Parteien links der PS

0   20   40 km

% - Anteile der Sozialistischen Partei (PS)

- ▦ >57,93
- ▦ 40,55 - 57,93
- ▦ 36,69 - 40,54
- ▦ 19,31 - 36,68
- ▢ < 19,31

Quelle: GASPAR/VITORINO, 1976

Abb. 51.

übernommen. Wie aus der Abb. 51 c entnommen werden kann, gilt dies bedingt auch im räumlichen Sinn. In den mittleren Landesteilen in der Höhe des Tejo mit den Schwerpunkten in den Distrikten Lissabon, Santarém und Portalegre konnte die PS weit überdurchschnittliche Erfolge verbuchen, die in dieser Zone durchweg bei 50% aller Wählerstimmen ausmachten. Ferner erreichte die PS 1975 in den urbanisierten Räumen um Porto und Coimbra und in der Algarve besonders gute Ergebnisse.

Das Verteilungsmuster der *Demokratischen Volkspartei* ist sehr eindeutig durch eine Konzentration auf den Norden des Landes charakterisiert (vgl. Abb. 52 a). In geschlossenen Flächen wurden hier überdurchschnittliche Stimmengewinne erzielt, die nur von kleineren Gebietseinheiten (Porto und Coimbra), in denen die PS besonders stark vertreten war, unterbrochen wurden. Im ganzen Süden spielte die PPD dagegen nur eine sehr untergeordnete Rolle.

Fast das genaue Negativbild zur PPD stellt das in Abb. 52 b wiedergegebene Wahlergebnis der *Kommunistischen Partei Portugals* dar. Im ganzen Norden, einschließlich der Industriegebiete um Porto, konnte die PCP nur sehr geringe Stimmenzahlen erreichen, während südlich des Tejo bis zur Algarve in einem zusammenhängenden Bereich der mittlere Stimmenanteil von 12,5% um 50% bis 100% überschritten wurde. Im westlichen Teil der Algarve setzte sich ebenfalls die PCP durch; GASPAR und VITORINO (1976, S. 44) vermuten, daß diese Ausweitung in Verbindung mit der früher hier stark verbreiteten Korkindustrie gesehen werden könne.

Schließlich weist die Abb. 52 c noch einmal aus, daß das *Demokratisch-soziale Zentrum* (CDS) wieder eindeutig auf das nördliche Portugal konzentriert ist. Die deutlich über dem Durchschnitt liegenden Stimmengewinne wurden vor allem in den Distrikten Braga, Viseu, Guarda und Bragança erreicht.

Die Analyse der regionalen Verteilung der Wählerstimmen läßt erkennen, daß ein deutlicher Nord-Süd-Gegensatz vorherrscht.

3.3.2. Sozioökonomische Indikatoren des Wahlverhaltens

Die Analyse der regionalen Verteilung der Wählerstimmen der vier größten Parteien, die 1975 aus den Wahlen zur Verfassunggebenden Versammlung hervorgegangen sind, läßt erkennen, daß ein klares nord-südliches Gliederungsprinzip dominiert. Zur Deutung dieses Sachverhaltens sollen einige sozioökonomische Indikatoren herangezogen werden (vgl. Tab. 94).

1. Beim rein optischen Vergleich der Abb. 37 und 51 a war bereits deutlich geworden, daß ein Zusammenhang zwischen dem Wahlverhalten und der *Emigration* angenommen werden kann. Um diese Beziehung quantitativ zu überprüfen, haben GASPAR und VITORINO (1976, S. 104 ff.) den Prozentteil der Abwanderung zwischen 1960 und 1974 bezogen auf die Wohnbevölkerung 1960 mit den

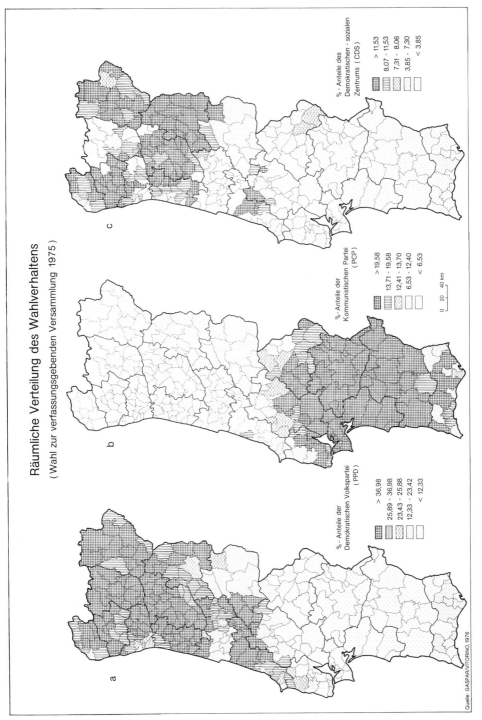

Räumliche Verteilung des Wahlverhaltens
(Wahl zur verfassungsgebenden Versammlung 1975)

a

% - Anteile der
Demokratischen Volkspartei
(PPD)

> 36,98
25,89 - 36,98
23,43 - 25,88
12,33 - 23,42
< 12,33

b

% - Anteile der
Kommunistischen Partei
(PCP)

> 19,58
13,71 - 19,58
12,41 - 13,70
6,53 - 12,40
< 6,53

0   20   40 km

c

% - Anteile des
Demokratischen - sozialen
Zentrums (CDS)

> 11,53
8,07 - 11,53
7,31 - 8,06
3,85 - 7,30
< 3,85

Quelle: GASPAR/VITORINO, 1976

Abb. 52.

Tab. 94: Korrelationskoeffizienten zwischen dem Wahlverhalten (1975)
und einigen sozioökonomischen Merkmalen in den Distrikten

	PS	PPD	PCP	CDS	MDP
Emigration 1960—74					
Ew. 1960	− 0,66	+ 0,74	− 0,72	+ 0,67	− 0,26
Besitzgrößen landwirtschaftlicher Betriebe (1970)	+ 0,26	− 0,77	+ 0,93	− 0,56	+ 0,41
Fernsehgeräte je 1000 Wähler (1973)	+ 0,69	− 0,50	+ 0,37	− 0,49	+ 0,07
Radios je 1000 Wähler (1973)	+ 0,79	− 0,60	+ 0,42	− 0,54	+ 0,18
Industrielle Produktivität je Ew. (1973)	+ 0,50	+ 0,25	− 0,11	− 0,26	− 0,10

Quelle: GASPAR/VITORINO, 1976.

Stimmenanteilen der Parteien auf der Basis der Distrikte korreliert. Dabei wurden jedoch nur die legalen Emigrationsfälle berücksichtigt; allerdings wären angesichts der starken Überrepräsentation der nördlichen Regionen bei der illegalen Emigration die Beziehungen noch markanter hervorgetreten.

Wie aus der Tab. 94 ersehen werden kann, sind die Bezüge zwischen Wahlverhalten und Auswanderung erstaunlich eng. Deutlich positiv korrelieren die ausgesprochenen Rechtsparteien PPD (r = + 0,74) und CDS (r = + 0,67); in denjenigen Distrikten, in denen die Auswanderung überdurchschnittlich hohe relative Werte erreichte, waren die Gewinne dieser beiden Parteien ebenfalls überdurchschnittlich. Das galt insbesondere für die nördlichen Distrikte Viana do Castelo, Guarda, Bragança und Castelo Branco. Aber auch im Mittelküstendistrikt Leiria, wo die legale Emigration in den Jahren von 1960—1974 etwa 18 % der Wohnbevölkerung erreicht hatte, gewannen die Rechtsparteien über dem Mittel liegende Stimmenanteile.

Auf der anderen Seite hat sich für die Sozialistische Partei (PS) und die Kommunistische Partei (PCP) eine zwar ebenso enge, aber negative Beziehung zur Emigration ergeben. Gerade in den Distrikten, in denen diese beiden Parteien besonders starke Gewinne erzielen konnten, war die Emigration in den 15 Jahren bis 1974 nur sehr geringfügig ausgeprägt. Das gilt besonders für die PCP: in den Distrikten Setúbal, Évora und Beja, in denen diese Partei fast 40 % der Stimmen auf sich ziehen konnte, lag die Emigrationsrate ›nur‹ bei 5 %.

2. Auch die Überprüfung des Zusammenhangs zwischen den landwirtschaftlichen Besitzgrößen und dem Wahlverhalten erbringt klare Hinweise auf enge Beziehungen. In auffallend hohem Maße konnte dies für die Kommunistische Partei

festgestellt werden; je größer der landwirtschaftliche Besitz ist, um so positiver war das Abschneiden der PCP (r = + 0,93). Diese Partei konnte sich hauptsächlich auf das Landarbeiterproletariat stützen, das in den Distrikten des Alentejo mit den vorherrschenden Latifundien verbreitet ist, während die PCP in den nördlichen Regionen des dominierenden Kleinstbesitzes nur ganz unbedeutende Stimmenanteile erringen konnte. Tendenziell haben auch die Demokratische Bewegung (MDP; r = + 0,41) und die Sozialistische Partei (r = + 0,26) in den Gebieten mit größerem Landbesitz und entsprechend größeren Anteilen von lohnabhängigen Landarbeitern stärkere Gewinne erreichen können. Damit wird zugleich deutlich, daß die Sozialistische Partei trotz ihrer Übergangsstellung innerhalb des frühen nachrevolutionären portugiesischen Parteienspektrums eben doch zur Gruppe der Linksparteien gezählt werden muß.

Auf der anderen Seite hatten 1975 die konservativen Parteien gerade dort ihre Hochburgen, wo der agrarische Kleinbesitz am stärksten verbreitet ist (PPD r = − 0,77; CDS r = − 0,56). Wenn man die schwierigen Existenzbedingungen des nördlichen landwirtschaftlichen Klein- und Kleinstbesitzes bedenkt, mag die enge Beziehung zu den Rechtsparteien erstaunen. GASPAR und VITORINO (1976, S. 98) stellen fest, daß ›in der Realität mit den Besitzgrößen ein ganzer Komplex von sozialen, kulturellen, ökonomischen, religiösen und politischen Faktoren verknüpft ist, der — insbesondere im ideologischen Bereich — bei der Bevölkerung des Südens (ebenso wie in den urbanen Zentren) eine größere Offenheit für die Übernahme von Innovationen erzeugt hat, welche nach Norden zu immer stärker zurückgeht‹.

3. Eben diese Gegensätze zwischen einer konservativen Grundhaltung im ländlichen Bereich des Nordens und einer eher progressiven Tendenz bei den Landarbeitern des Südens und bei der urbanen Bevölkerung konnten 1975 auch aus der Verbreitung von Radio- und Fernsehgeräten analysiert werden. Die Korrelation zwischen der Verbreitung dieser Massenmedien und den Parteien des linken Flügels waren positiv; sie konnten also dort, wo ein relativ hoher Anteil der Bevölkerung über Radio und Fernsehen verfügte, die besten Ergebnisse erzielen. Auf der anderen Seite blieben die Rechtsparteien (PPD und CDS) gerade dort erfolgreich, wo die modernen Massenmedien erst unterdurchschnittlich verbreitet waren, das heißt vor allem in den nördlichen Binnendistrikten.

4. Diejenigen Merkmale, deren regionale Gliederungsstrukturen nicht einem nordsüdlichen Ordnungsprinzip folgen, finden in den Wahlergebnissen der Parteien keine Entsprechungen. Als Beispiel kann die in der Tab. 94 angeführte Variable der industriellen Produktivität je 1000 Wahlberechtigte herangezogen werden; die auf der Basis der Distrikte errechneten Korrelationskoeffizienten lassen keine engeren Zusammenhänge zwischen den politischen Parteien und der industriellen Produktivität erkennen. Wie durch zahlreiche zuvor behandelte industrielle Phänomene nachgewiesen werden konnte, waren alle einschlägigen Faktoren der Industrieproduktion durch einen küstenzentralen-binnenräumlichen Intensitäts-

gradienten gekennzeichnet. Konsequenterweise konnte daher allenfalls die Sozialistische Partei, deren Schwerpunkt teilweise in den entwickelteren Agglomerationsräumen lag, eine mittelenge positive Beziehung (r = + 0,50) zur industriellen Produktivität erreichen. Der schwach positive Zusammenhang (r = + 0,25) der Demokratischen Volkspartei war dagegen ebensowenig aussagekräftig wie die schwach negativen Korrelationen der übrigen Parteien.

Obgleich aus der Interpretation dieser in der Tab. 94 zusammengestellten Korrelationskoeffizienten, die zudem auf einem relativ groben regionalen Raster berechnet sind, nur mit Vorsicht verallgemeinernde Schlüsse zu ziehen sind, so lassen sich daraus doch wichtige Bestätigungen für einige weiter oben festgestellte raumstrukturelle Beobachtungen ableiten.

Die Wahlergebnisse von 1975 bestätigen sehr eindringlich, daß ein politisch-gesellschaftlicher Gegensatz in Portugal besteht, der — vergröbert — als ein Nord-Süd-Kontrast bezeichnet werden kann. Der Norden erweist sich in seinen politischen Präferenzen als ungleich traditionalistischer als der Süden. Ausschließlich im Norden liegen die Hochburgen der Rechtsparteien, PPD und CDS, deren konservativ-traditionalistische Struktur GASPAR und VITORINO durch eine Analyse ihrer Wahlkampfterminologie nachgewiesen haben (1976, S. 204 ff.).

Die beiden Agglomerationsräume lassen sich zwar nur bedingt in das Schema des Nord-Süd-Gegensatzes einpassen, dennoch ist der Agglomerationsraum Lissabon viel stärker durch die Linksparteien geprägt als der Agglomerationsraum Porto.

Daß sich dieser Nord-Süd-Kontrast des Wahlverhaltens entgegen der starken und in allen ökonomischen Wirkungsbereichen erkennbaren Gliederung, die die aktiven Küstenräume den rückständigen Binnenräumen gegenüberstellt, durchzusetzen vermochte, bleibt schwer zu erklären. Die auch in anderen sozialen Lebensbereichen — etwa der Demographie und des Bildungsverhaltens — ähnlichen nordsüdlich orientierten Verhaltensmuster sind offensichtlich in einem so starken Maße verinnerlicht, daß ein immerhin schon seit Jahrzehnten ablaufender ökonomischer Prozeß verhältnismäßig wirkungslos bleiben konnte.

Als ein Schlüssel zum Verständnis der Erhaltung des reformfernen Traditionalismus im Norden Portugals wird häufig die Rolle der katholischen Kirche angegeben: Da die katholische Kirche seit der Gründung des Estado Novo unter Salazar sich bereitwillig in den Dienst staatlicher Ideologien zur Aufrechterhaltung der gewachsenen Ordnung gestellt hatte, war die Distanz zur modernen Arbeitswelt zunehmend spürbarer und vor allem im städtischen Arbeiterproletariat sowie bei den besitzlosen Landarbeitern manifest geworden. Allein die Tatsache, daß in eben diesen Bevölkerungsschichten der größte Teil der Ehen ohne den kirchlichen Segen geschlossen wurden und werden, weist auf die partielle Absonderung von der Kirche hin. In den nördlichen Landesteilen ist dagegen der kirchliche Einfluß bemerkbarer geblieben, so daß sich hier die sozial und politisch konservative Mentalität des Klerus verstärkend auswirken konnte.

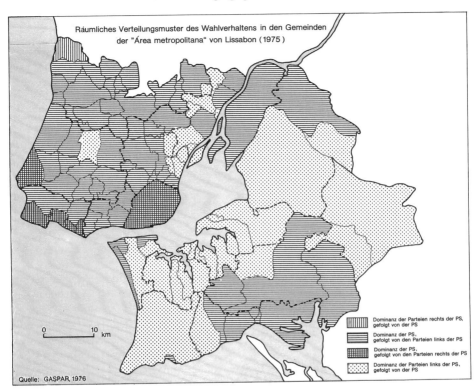

Räumliches Verteilungsmuster des Wahlverhaltens in den Gemeinden
der "Área metropolitana" von Lissabon (1975)

0 — 10 km

Quelle: GASPAR, 1976

Dominanz der Parteien rechts der PS,
gefolgt von der PS

Dominanz der PS,
gefolgt von den Parteien links der PS

Dominanz der PS,
gefolgt von den Parteien rechts der PS

Dominanz der Parteien links der PS,
gefolgt von der PS

Abb. 53.

3.3.3. Politische Strukturen im Großraum Lissabon

Eine wahlgeographische Analyse des Großraums Lissabon erfordert zunächst eine räumliche Abgrenzung, da es bisher eine offizielle Definition einer ›Área Metropolitana‹ nicht gibt. In Anlehnung an die Festlegung von GASPAR und VITORINO (1976, S. 147 ff.) umfaßt die ›Área Metropolitana‹ von Lissabon 18 Concelhos, davon acht nördlich und zehn südlich des Tejo, wobei im Nordwesten der Kreis Mafra und im Süden der Kreis Setúbal eingeschlossen ist.

Innerhalb dieses Gebietes lebten 1975 mit 1 085 554 Personen über 18 Jahren 18,43 % aller Wahlberechtigten Portugals.

Analog zu den unterschiedlichen sozioökonomischen Verhältnissen im Großraum Lissabon (vgl. Kap. 3.2.3.1.4.) spiegeln die Wahlergebnisse von 1975 sehr gegensätzliche Strukturen wider.

In der Abb. 53 ist versucht worden, eine Typologie des Wahlverhaltens nach der Dominanz der Parteien in ihrer relativen Stellung zur Sozialistischen Partei zu erstellen. Die Sozialistische Partei konnte in der ›Área Metropolitana‹ von Lissabon überdurchschnittlich positive Ergebnisse erzielen (44,7 %), wobei in den Gemeinden des ›Nordufers‹ die stärksten Gewinne erreicht wurden. Insgesamt läßt sich feststellen, daß die PS dort am erfolgreichsten war, wo der tertiäre Wirtschaftssektor in der Erwerbsbevölkerung dominiert.

Auf der Linie von Lissabon nach Westen in Richtung Cascais schließen sich Gemeinden aneinander, in denen der PS-Anteil auf 42,5 % bis 46,9 % zurückging und die rechts von den Sozialisten stehenden Parteien stärkere Gewinne verbuchen konnten.

Die niedrigsten Stimmanteile ergaben sich für die PS einmal in den dominierend industriell geprägten Gebieten des ›Südufers‹ sowie im Bereich der Industriegasse von Lissabon nach Vila Franca de Xira, zum andern in den am stärksten ländlich geprägten Gemeinden des Kreises Mafra im äußersten Nordwesten der ›Área Metropolitana‹.

Die Parteien links von den Sozialisten konnten insgesamt 32,8 % der Stimmen im Großraum Lissabon auf sich vereinen. Wie aus Abb. 53 ersichtlich ist, erreichten sie eine dominierende Position in den schon angesprochenen Industriegemeinden vor allen des ›Südufers‹ und in den stark industriell überformten Gemeinden der Concelhos Loures und Vila Franca de Xira. GASPAR und VITORINO (1976, S. 158) weisen darauf hin, daß innerhalb der Industrieräume gerade jene Gemeinden am deutlichsten links gewählt haben, in denen die Lebensbedingungen besonders ungünstig waren. Gerade im suburbanen Umland der Industriestadt Barreira konnte die extreme Linke gut zwei Drittel aller Stimmen auf sich ziehen. Aber auch in einigen Gemeinden des Kreises Sintra (Belas, Montelavar), die traditionelle Standorte der extraktiven Industrie (Marmor) darstellen, erzielten die Linksparteien stark überdurchschnittliche Erfolge.

Die rechts der Sozialisten stehenden Parteien spielten 1975 wie allgemein im südlichen Portugal auch in der Region Lissabon nur eine untergeordnete Rolle; sie kamen hier insgesamt nur auf 17,2 % der Stimmen. Überdurchschnittliche Gewinne blieben fast ganz auf das ›Nordufer‹ beschränkt, wobei die Gemeinden entlang der Küste von Lissabon nach Westen über Cascais bis nach Mafra im Norden die besten Ergebnisse für die Rechtsparteien erbrachten. Aber lediglich im Kreis Mafra kam es in zwei Gemeinden zu einer Dominanz der Parteien rechts der Sozialisten. Südlich des Tejo traten nur in zwei Gemeinden der Stadt Setúbal, die durch eine überalterte Bevölkerung zu charakterisieren ist, leicht überdurchschnittliche Gewinne der Rechtsparteien auf.

4. PORTUGAL —
MÖGLICHKEITEN UND GRENZEN DER ENTWICKLUNG

4.1. Probleme der Integration mit Europa

Die ökonomische Öffnung Portugals nach außen, wie sie seit Beginn der sechziger Jahre stattgefunden hatte, kann nur als eine Folge militärisch-politischer Ereignisse verstanden werden, in die Portugal durch seine afrikanischen Kolonien verstrickt worden war. Die Kosten der kolonialen Kriege überstiegen den finanziellen Rahmen, der mit den konventionellen wirtschaftspolitischen Mitteln des Salazarismus erreichbar war. Die politische Entscheidung, das portugiesische Kolonialreich mit allen Mitteln zu verteidigen, bedeutete den Zwang zur Aufgabe der Politik des ›ökonomischen Nationalismus‹ und damit zugleich die umfassende Heranziehung ausländischen Kapitals.

Die ›europäische Orientierung‹ Portugals, die mit dem Beitritt zur Europäischen Freihandelszone (EFTA) definitiv vollzogen wurde, blieb keineswegs unumstritten. Die Gefahr einer ›ökonomischen Kolonisation‹ wurde auch dann noch beschworen, als die Eingliederung in den westeuropäischen Wirtschaftsraum durch ein formal ›großzügiges‹ Eingehen auf die besondere Situation Portugals immer neue Maßnahmen der Sonderbehandlung in der EFTA ermöglichte, nachdem die im Anhang 6 des Stockholmer Abkommens von 1960 gewährten Abbaupläne mit langen Schutzfristen gegenüber der ausländischen Konkurrenz nicht eingehalten werden konnten.

Wenngleich schon seit 1972 ein durch Zusatzprotokoll von 1976 ergänztes Freihandelsabkommen mit der Europäischen Gemeinschaft besteht, so haben doch die jüngsten Bemühungen um eine Vollmitgliedschaft Portugals in der EG im Land selbst die Frage nach den Folgen einer verstärkten wirtschaftlichen Integration mit Westeuropa neu gestellt.

Die Tab. 95 macht allerdings deutlich, daß die Handelsverflechtungen Portugals mit der Europäischen Gemeinschaft längst fest geknüpft sind. Nachdem die sehr unterschiedlichen Zollbelastungen gegenüber den EFTA-Partnerstaaten und den EG-Ländern abgebaut worden waren, konnten auch portugiesische Exporte in die EG sehr stark von durchschnittlich 20 % (1960—1970) auf 50,2 % (1975) ansteigen. Umgekehrt gingen die Exporte in die EFTA-Staaten von 35,4 % (1970) auf 15,3 % (1975) zurück.

Tab. 95: Portugiesische Importe und Exporte, nach Ländern und Ländergruppen 1960/1970/1975 (in %)

	1960 Importe	1960 Exporte	1970 Importe	1970 Exporte	1975 Importe	1975 Exporte
Kolonien	14,4	25,5	14,8	24,5	4,9	8,3
EG	38,2	21,6	33,1	18,3	40,2	50,2
Bundesrepublik Deutschland	17,2	9,1	15,5	6,3	11,4	10,2
Frankreich	8,3	3,3	7,0	4,6	7,6	6,1
Italien	3,6	3,6	5,4	3,1	5,0	3,3
Großbritannien	11,9	13,6	14,0	20,4	8,7	21,2
EFTA	20,6	20,9	24,2	35,4	9,0	15,3
Österreich	0,6	0,4	1,6	1,4	1,1	1,5
Schweden	2,3	2,8	2,6	5,3	2,5	6,8
Schweiz	3,9	1,2	3,5	2,1	3,1	3,1
COMECON	1,1	1,9	0,6	0,8	4,0	2,3
USA	7,3	11,1	7,1	8,7	12,5	7,2
Spanien	0,9	1,0	4,4	1,6	4,8	3,0
OECD	—	—	—	—	70,5	79,7

Quelle: RIBEIRO DE CARVALHO, 1976, S. 24.

4.1.1. Portugals Agrarwirtschaft und die EG

Die Schwierigkeiten des portugiesischen Agrarsektors konnten vor allem in seiner durch strukturelle Mängel verursachten Produktivitätschwäche erkannt werden. Seit den sechziger Jahren hat sich die Unfähigkeit der portugiesischen Landwirtschaft, die Grundbedürfnisse der Ernährung sicherzustellen, immer deutlicher herausgestellt, obgleich 1970 noch fast ein Drittel aller Erwerbspersonen in der Landwirtschaft tätig war.

Die schwache Entwicklung des Agrarsektor läßt sich aus der Tab. 96 entnehmen, in der die Entwicklung der Abhängigkeit des Agrarmarktes von Auslandsimporten für einige wichtige Nahrungsmittel aufgeführt ist. Hinsichtlich der Versorgung mit Getreide hat sich die Situation bis 1972/1974 gravierend verschlechtert: Konnte die portugiesische Landwirtschaft 1960 noch vier Fünftel des Getreidekonsums im Lande produzieren, so mußten 1972/1974 bereits 43,8 % eingeführt werden. Während aber die Selbstversorgung beim Weizen auf 73,3 % ausgebaut werden konnte, mußten 1972/74 fast zwei Drittel des Maisverbrauchs auf ausländischen Märkten gekauft werden. Ebenso zeichnete sich von 1960—1972/74 eine deutliche Verschlechterung in der Eigenversorgung der Bevölkerung mit Fleisch, Milch, Käse und Fetten ab.

Tab. 96: *Importabhängigkeit des portugiesischen Agrarmarktes*
1960 und 1972/74
(%-Anteil der Nahrungsmittelimporte)

Produkte	1960	1972/74
Getreide	20,1	43,8
Weizen	33,7	26,7
Mais	7,1	63,0
Gerste	7,2	40,0
Roggen	12,3	18,7
Reis	10,9	12,1
Fleisch	8,0	12,6
Rinder	19,8	29,1
Schweine	a)	12,7
Schafe/Ziegen	—	0,9
Milch	a)	7,8
Käse	a)	10,9
Fette	a)	37,8
Olivenöl	a)	17,7
Speisefette	17,8	81,6
Butter	40,5	40,6
Tierisches Kraftfutter	—	93,4
Frischobst	1,4	0,1
Kartoffeln	5,9	4,0
Zucker	100,0	98,0

a) Exportüberschüsse.

Quelle: ROQUE AMARO, 1978, S. 283.

Diese Entwicklung kann teilweise auf die einseitige Bevorzugung einer exportorientierten Agrarproduktion gegenüber einer bedürfnisorientierten Versorgungsproduktion zurückgeführt werden. Am Beispiel der Tomatenkonzentrate weist ROQUE AMARO (1978, S. 286 f.) nach, daß sich der Tomatenanbau vor allem auf Kosten des Maisanbaus ausgebreitet hat. Die Exporte an Tomatenkonzentraten erreichten 1973 11 000 t und konnten damit 4 % der Gesamtausfuhr und 10 % aller Agrarexporte stellen, was einer fünffachen Steigerung seit 1960 entsprach. Dieses Wachstum bedeutete aber zugleich einen deutlichen Rückgang der Maisanbauareale: im Wirtschaftsjahr 1970/71 lag die Anbaufläche mit 393 471 ha um 71 297 ha niedriger als im Durchschnitt des Zeitraums von 1960—1970; als Folge zeigte sich die Notwendigkeit der erhöhten Einfuhren an Getreide aus dem Ausland.

Ein ähnlicher Prozeß läßt sich auch im Exportgeschäft von Papier und Papierpasten erkennen. Die portugiesischen Ausfuhren an Pasten nahmen durchschnittlich im Jahrzehnt von 1960—1970 um jährlich 60 % zu; ihr Anteil an den Gesamtexporten stieg von 1 % (1960) auf 9,1 % (1976) an.

Diese Entwicklung hatte zu forcierten staatlichen Aufforstungsprogrammen geführt, die der Landwirtschaft im weiteren Sinn in einem Jahrzehnt etwa 2 Mio. ha Nutzungsfläche entzogen.

Gerade am Beispiel der Versorgung des europäischen Marktes mit Papier und Zellulose lassen sich die modernen Probleme der Abhängigkeit Portugals von außen innerhalb des Gemeinsamen Marktes nachvollziehen.

Die Situation auf dem Papier- und Zellulosemarkt war und ist gekennzeichnet durch eine monopolartige Konzentration, wobei die nordischen Länder eine beherrschende Rolle spielten. Portugal konnte auf diesem Markt erst in Erscheinung treten, als zu Beginn der sechziger Jahre die Produktionskosten in den nordischen Ländern ungewöhnlich schnell stiegen und zugleich dort eine ›ökologische‹ Problematik spürbar wurde. Die Einbeziehung Portugals in den Papier- und Zellulosemarkt wurde von außen gesteuert, wobei ›günstige‹ Produktionsbedingungen diesen Prozeß sehr unterstützten. Die Lohnkostenvorteile waren nur von untergeordneter Bedeutung, da in der Papierpastenproduktion die Löhne nur etwa 10 % der Gesamtkosten ausmachen; entscheidender war die Möglichkeit der Nutzung der natürlichen Ressourcen, da dank der frühen Aufforstungsprogramme in den dreißiger Jahren reichlich Holz vorhanden war und darüber hinaus eine relativ günstige Lage zu den europäischen Verbrauchermärkten gegeben war.

Die Entscheidungs- und Koordinationskapazitäten kamen bezeichnenderweise aus den entwickelten europäischen Industrieländern: über die schwedische Gesellschaft Bilerud wurde das größte Zelluloseunternehmen in Portugal organisiert, die CELBI (Celulose Beira Industrial), mit einer schwedischen Kapitalbeteiligung von 75 %, die sich mit der portugiesischen Unternehmensgruppe C.U.F. zusammengeschlossen hatte und (1973) an der 12. Stelle aller portugiesischen Industrieunternehmen rangierte. Gemeinsam mit dem Unternehmen ›Companhia de Celulose de Caima‹, das zu 100 % von britischem Kapital abhängig war, exportierte die CELBI (1973) die Hälfte aller portugiesischen Pasten.

Hinsichtlich der Agrarexporte ergaben sich für Portugal aus dem Freihandelsabkommen von 1972 mit der EG nur bedingt Vorteile: Für Tomatenextrakte wurden Einfuhrzollermäßigungen in Höhe von 30 % festgelegt, wobei allerdings Mindestpreisfestsetzungen galten; Fischkonserven erhielten Ausfuhrvergünstigungen, falls Mindestpreise eingehalten wurden, und auch für gehobene Qualitätsweine wurden Zollsenkungen vereinbart, sofern festgelegte Kontingente nicht überschritten wurden.

Umgekehrt wurde Portugal verpflichtet, gegenüber den Einfuhren von Agrarprodukten aus dem Gemeinsamen Markt keine Maßnahmen zu ergreifen, die die Konkurrenz verfälschen konnten; bis 1980 sollten diejenigen Einfuhrzölle, die sich auf das industrielle Element der Waren bezogen, abgeschafft werden. Es zeigte sich sehr bald, daß viele landwirtschaftliche Erzeugnisse Portugals wegen der niedrigen Produktivität und teilweise auch aus Qualitätsgründen dem Druck der EG-Produkte nicht standhalten konnten und daß die Einfuhrkontingente an einigen Grundnahrungsmitteln stetig stiegen.

Diese Tendenz der Abhängigkeit von der Außenversorgung dürfte sich bei einer vollständigen Integration in den Gemeinsamen Markt differenziert weiter entwickeln: Portugal wird für die Versorgung mit Getreide und Zucker langfristig verstärkt importieren müssen; die Versorgung mit Fleisch, Milch und Fetten wird sich günstiger gestalten lassen, sofern strukturverändernde Maßnahmen ergriffen werden, die dann jedoch voll zu Lasten der vielen kleinen Agrarbetriebe gehen werden. Erhebliche Konkurrenzschwierigkeiten werden ebenfalls auf dem Markt der billigen Konsumweine und der Frischobstversorgung — mit Ausnahme der Zitrusfrüchte — auftreten. Daraus folgt, daß der Beitritt Portugals zur EG keineswegs eine einfache Lösung der Agrarprobleme darstellt; zwar werden die Agrarprodukte günstiger eingeführt werden können, aber die Möglichkeiten der Eigenversorgung werden sich längerfristig nicht verbessern. Durch einen EG-Beitritt wird die Agrarproduktivität durch Modernisierung relativ schnell gesteigert, jedoch wird dies nicht ohne schwerwiegende Konsequenzen für die mittleren und kleinen Landwirte des Nordens und für die Landarbeiter des Südens erreicht werden können.

Zugleich aber wird die Integration in den Gemeinsamen Markt eine entscheidende räumliche Konsequenz haben; denn dann wird auch der Agrarsektor voll von Gesetzen des Marktes und der Konkurrenz betroffen; die Auseinanderentwicklung von Agrarräumen entsprechend den vom europäischen Markt gesteuerten Standortvorteilen wird auch im ländlichen Raum zunehmende Asymmetrien und Polarisierungen auftreten lassen und damit regionale Disparitäten zum Prinzip der räumlichen Ordnung werden lassen.

4.1.2. Portugals Industrie und die EG

Auch der industrielle Bereich Portugals ist weit davon entfernt, problemlos in die Wirtschaftsgemeinschaft des Gemeinsamen Marktes integriert werden zu können. Das gilt vor allem dann, wenn auf dem Feld der internationalen Arbeitsteilung eine gleichberechtigte Position aller Partner angestrebt ist, zumal wenn ein nur teilindustrialisiertes Land wie Portugal in seiner relativen Unterentwicklung nicht noch weiter zurückfallen soll. Der Freizügigkeit von Kapital, Waren und Arbeit in einem gemeinsamen Markt ist die Tendenz eigen, unterentwickelte Wirtschaften zu benachteiligen, und es bedarf umfassender politischer Steuerungsmechanismen, um die herrschende Wettbewerbswirtschaft außer Kraft zu setzen.

Die im Zusammenhang mit dem ›Nord-Süd-Gegensatz‹ allgemein erkennbaren Entwicklungstendenzen lassen folgende Faktoren in den industriell schwach entwickelten Ländern immer von neuem erkennbar werden:

1. Ihre ökonomische Entwicklung wird über transnationale Konzerne gesteuert, so daß die Abhängigkeit von fremden Entscheidungskapazitäten zum Kennzeichen ihres Wirtschaftsprozesses wird. Im Jahr 1973 waren 270 Wirtschaftsunternehmen in Portugal von transnationalen Gesellschaften kontrolliert, wobei die Branchen der synthetischen Faserherstellung, der Gasproduktion, Chemie, Pharmazeutik und Automontage weitestgehend von ausländischen Unternehmen beherrscht wurden (vgl. RAMOS DOS SANTOS, 1977, S. 73 f.).

2. Ein Technologiemonopol sichert den entwickelten Industrieländern positive Kopplungseffekte und überläßt den relativ ärmeren Regionen die Spezialisierung auf ›declining industries‹, d. h. unterdurchschnittlich produktive Industrien, von denen kaum Entwicklungseffekte ausgehen können. ROLO (1976, S. 548 ff.) konnte bei der Analyse von 326 Firmenverträgen feststellen, daß — wenn es zu Technologieimporten nach Portugal kam — enge Nutzungsbedingungen damit verknüpft waren: in 97 % aller Fälle waren mit Technologieeinfuhren Auflagen bezüglich Art und Bestimmung der Produkte gekoppelt; in 56 % aller Fälle wurden Geheimhaltungsverpflichtungen vereinbart. Die Technologieimporte bis 1973 kamen zu 63 % aus den Ländern der Europäischen Wirtschaftsgemeinschaft, 21 % aus EFTA-Ländern und zu 10 % aus den USA.

3. Den unterentwickelten Regionen gehen die Nutzungen aus ›external economies‹ ab: der schwache Ausbau aller Infrastrukturen, die fehlenden Kapazitäten an Kapital und qualifizierten Arbeitskräften kumulieren Nachteile für die Ansiedlung neuer Industrien.

4. Die historisch gewachsenen Produktionsverhältnisse, die einseitige Monostrukturen, parasitäre Eliten, koloniale Eigenmärkte umfassen, erschweren den ärmeren Regionen den Übergang in eine moderne Wirtschaftsstruktur.

Unter diesen Voraussetzungen kann es nicht verwundern, daß von verschiedenen Seiten die Integration von Ländern wie Portugal in den gemeinsamen Markt mit großen Zweifeln betrachtet wird, da offenkundig ist, daß sich in diesen Ländern durch den Beitritt auf längere Sicht keine durchgreifenden positiven Veränderungen einstellen werden. HEIMPEL (1977, S. 28) stellt für Portugal, Spanien und Griechenland gleichermaßen fest: ›Die Folgen des Beitritts sind für die Industrie der drei Länder also, wenigstens mittelfristig und komperativ-statisch betrachtet, eher negativ.‹

Auch ESSER u. a. (1977, S. 228 f.) kommen zu der Überzeugung, daß sich die Integrationsbemühungen Portugals ohne eine deutliche Strukturpolitik der Gemeinschaft mit dem Ziel der Reduzierung des internationalen und interregionalen Entwicklungsabstands in der EG nicht erfolgreich realisieren lassen und weisen auf folgende Fakten hin:

1. Das Unternehmerverhalten in Portugal hat sich als zu unzureichend qualifiziert erwiesen, um die Möglichkeiten, wie sie durch die Integration in der

EFTA und durch die Assoziierung mit der Europäischen Gemeinschaft gegeben waren, voll zu nutzen.

2. Bei Aufhebung der Schutzklausel von 1972, nach der bedrohte heimische Industrien durch Importbeschränkungen protegiert werden können, wird der Importdruck aus der EG die traditionellen Industrien Portugals vor unüberwindbare Schwierigkeiten stellen.

3. Die sogenannten zollinduzierten Exportmöglichkeiten Portugals in der Wirtschaftsgemeinschaft sind außerordentlich gering.

4. Die Möglichkeiten, mit Hilfe zukünftiger Direktinvestitionen ausländischer Unternehmen stärkere Wachstumsimpulse zu erreichen, werden zunehmend ungünstiger.

Traditionelle Instrumentarien zum Ausgleich von Entwicklungsunterschieden innerhalb der Gemeinschaft, wie etwa Kompensationsfinanzierungen, sind allerdings nicht geeignet, die strukturellen Probleme zwischen den entwickelten Industrieländern und teilindustrialisierten Entwicklungsländern wie Portugal zu lösen.

Da die weitere Liberalisierung der Wirtschaft den Industrieländern deutlich größere Vorteile bringt als den Entwicklungsländern, ist eine langfristige Überwindungsstrategie von Unterentwicklung in einer politisch begründeten partiellen Aufhebung der Wettbewerbswirtschaft zu sehen. Schutzmaßnahmen hätten vor allem jene Industrien zu fördern, die neue exportorientierte Endprodukte herstellen und aus denen sich ein internationaler Wettbewerbsvorteil ergeben könnte. Ferner wären großzügige Modalitäten hinsichtlich staatlicher Förderungspolitik denkbar, um den Ausbau vorgelagerter Industriebereiche längerfristig planen und entwickeln zu können.

Derartige Überlegungen, die immer wesentliche Elemente marktwirtschaftlichen Verhaltens in Frage stellen, machen deutlich, vor welchen Entwicklungsschwierigkeiten Portugal steht — innerhalb wie außerhalb der Europäischen Gemeinschaft.

Unabhängig von den Sonderregelungen, die möglicherweise bei einer Integration Portugals in die EG ausgehandelt werden, wird sich als räumliche Konsequenz aller Bemühungen um eine Stabilisierung und Verringerung des Entwicklungsgefälles zwischen den entwickelten Industrieländern und Portugal die Notwendigkeit ergeben, die ›externen‹ Vorteile der relativ entwickelten Küstenregionen mit ihrer doppelten Lagegunst nach innen und außen uneingeschränkt zu nutzen. Je größer die Präferenzen sein werden, die Portugal beim Beitritt zur EG gewährt werden, um so geringer wird der ›Spielraum‹ Portugals in seinen regional-politischen Entscheidungen sein.

4.2. Portugals Abhängigkeit: ›Dekadenz‹ oder ›Unterentwicklung‹?

Die Analyse der wirtschaftlichen Entwicklungsmöglichkeiten Portugals hat nicht erst in der Gegenwart die Frage nach den Bedingungsfaktoren der Unterentwicklung gestellt. Die historischen Rückblenden haben mehrfach und zu verschiedenen Zeitfolgen deutlich gemacht, daß die Abhängigkeit von außen immer auch wesentlich von den autochthonen Verhältnissen in Portugal selbst mitgetragen wurde.

Das Bewußtsein einer ›Eigenbeteiligung‹ am Prozeß von Unterentwicklung und Peripherisierung findet in der portugiesischen Geistesgeschichte auf höchst eigenartige Weise seinen Ausdruck: Das Besondere der portugiesischen Wirtschafts- und Gesellschaftsentwicklung hatte in ihrem historischen Unvermögen gelegen, ihren bis zur frühen Neuzeit erreichten Entwicklungsvorsprung gegenüber den konkurrierenden Interessen der Länder Westeuropas zu sichern und auszubauen. Der seit dem 16. Jahrhundert einsetzende Prozeß einer relativen Rückentwicklung hat in seiner jahrhundertelangen Geschichte einerseits zu einer breiten Bewegung der Verinnerlichung der Ausweglosigkeit geführt, die etwa in dem so typischen und kaum übersetzbaren portugiesischen Wort der Wehmut ›Saudade‹ mitschwingt.

Zum anderen hat aber auch eine unter den portugiesischen Historiographen verbreitete Strömung der ›cultura oitocentista‹ das Thema vom Aufstieg und Fall des portugiesischen Imperiums (vgl. SALENTINY, 1977) zur beherrschenden Frage gemacht und versucht, die ›nationale Dekadenz‹ als Erklärung heranzuziehen. In einer deterministisch geprägten Argumentation wurde immer neu festgestellt, daß die kleine Nation Portugal ihre kurze weltpolitische Größe mit einem unvermeidlichen Rückfall in die Bedeutungslosigkeit habe begleichen müssen. Ein bisweilen selbstgefälliger ›Sebastianismus‹ hat seitdem den Blick vorzugsweise in die glorreiche nationale Vergangenheit gelenkt und den Aufbruch in eine neue aktive und dynamische Entwicklung verhindert.

Allerdings haben sich auch immer wieder Portugiesen gefunden, die gegen die nationale Dekadenzthese angegangen sind. So ist der Historiker OLIVEIRA MARQUES (1972, I, S. 263 ff.) scharf gegen die ›historischen Moralisten‹ zu Felde gezogen, die den Niedergang Portugals vor allem mit dem moralischen Verfall des Volkes und der Unfähigkeit seiner Verwaltungsbeamten erklären wollten. Als Erklärungsansatz scheint ihm der Einfluß der westeuropäischen Großmächte wichtiger zu sein.

Sehr ausführlich hat sich jüngst noch einmal HALPERN PEREIRA (1978) mit der portugiesischen Frage ›Dekadenz oder Unterentwicklung‹ auseinandergesetzt. Der Erklärungsansatz einer selbstverschuldeten ›Rückständigkeit‹ erscheint ihr nicht angemessen zu sein für die Erfassung der ökonomischen Abhängigkeit von ausländischem Kapital. Sie erkennt im Verhältnis Portugals zu den westeuropäischen Ländern, vor allem gegenüber Großbritannien, einerseits eine allgemeine

Abhängigkeit, die dem politisch und ökonomisch schwächeren Portugal im Rahmen einer internationalen Arbeitsteilung im historischen Prozeß die Rolle des unterentwickelten Landes zugewiesen habe. Diese Abhängigkeit habe aber andererseits eine wesentliche interne Bedingung zur Voraussetzung, die auf gesellschaftlichen und ökonomischen Entwicklungen in Portugal selbst beruhten. Erst als im 19. Jahrhundert die bürgerlichen Kräfte auseinandergefallen seien, indem die agrare Bourgeoisie mit dem Landadel gemeinsam einen vollständigen Freihandel durchgesetzt habe, sei der bis dahin durchaus bemerkenswerte industrielle Sektor Portugals unter dem Druck Großbritanniens zusammengebrochen und habe damit erst eine totale Abhängigkeit von außen möglich werden lassen und zu einer weitestgehenden ökonomischen Deformation Portugals geführt. Dagegen sei der merkantilistische Imperialismus Großbritanniens, wie er im 17. und 18. Jahrhundert ausgebildet gewesen war, nur sehr partiell wirksam geworden und habe in seinen räumlichen Konsequenzen eigentlich nur die Portweinregion erfaßt.

Hier deutet sich ein mindestens partieller Gegensatz zu anderen Erklärungen an, wie sie in jüngerer Zeit von SIDERI (1970), FISHER (1971) und MÜHLL (1978) eingebracht worden sind, die alle schon für das 17. und 18. Jahrhundert bereits eine ausdifferenzierte Abhängigkeit Portugals von außen annehmen und dafür gewichtiges Datenmaterial beibringen können. Die von HALPERN PEREIRA (1978, S. 10 f.) vorgebrachten Belege vermögen dagegen kaum zu überzeugen: Weder die Feststellung, daß die Erwerbsbevölkerung Lissabons im 17. Jahrhundert zu 35 % zum gewerblich-industriellen Sektor und nur zu 10 % zum Handelssektor zählte, kann widerlegen, daß die portugiesische Wirtschaft schon damals nur noch als Ergänzung der englischen Ökonomie fungierte, noch vermag der Hinweis auf die durchaus positive industriell-gewerbliche Entwicklung in der zweiten Hälfte des 18. Jahrhunderts die gesicherte autonome Stellung der portugiesischen Wirtschaft zu beweisen. Denn unmittelbar nach Ausbleiben der staatlichen Förderung durch Pombal wurde der Abhängigkeitsstatus Portugals um so deutlicher.

Die Frage nach der Verursachung der abhängigen ökonomischen Entwicklung Portugals kann sicher nicht mit der Alternative ›Dekadenz oder Unterentwicklung‹ beantwortet werden. Aber in diesem Begriffspaar lassen sich die beiden Wirkungsfaktoren erkennen, die, miteinander verbunden, den portugiesischen Status einer ›politisch unabhängigen Halbkolonie‹ entstehen lassen konnten: die zunehmende Ohnmacht eines zunächst progressiven und dynamischen einheimischen Handelsbürgertums gegenüber einer mit der englischen Handelsmacht kooperierenden Agrararistokratie einerseits und die im Rahmen der arbeitsteiligen Weltwirtschaft Portugal aufgezwungene Rolle als Rohstoff- und Agrarlieferant und als Abnehmer von Industrieprodukten andererseits.

Den gesellschaftlichen und ökonomischen Kontrasten, die sich mit diesem Prozeß der Entwicklung von Abhängigkeit gebildet haben, entsprechen räumliche Gegensätze, die zu erfassen und zu erklären Ziel dieser regionalen Geographie Portugals war.

LITERATUR

ALARCÃO, A. DE: Mobilidade Geográfica da População de Portugal (Continente e Ilhas Adjacentes), Migrações Internas 1921—1960; Lissabon 1969

ALARCÃO, J. DE: Portugal Romano; Lissabon 1973

ALLEMANN, F. R.: 8mal Portugal; München 1971

ALMEIDA, C. DE, und BARRETO, A.: Capitalismo e Emigração em Portugal; Lissabon 1967

ALVES MORGADO, N.: Portugal; in: Lee, W. R.: European demography and economic growth; London 1979, S. 319—339

AMORIM, J. LOPES: Influência da Política. A Duaneira da Grã-Bretanha sobre o Comércio de Vinhos neste Pais; Porto 1942

ANÁLISE SOCIAL: Alguns Dados Referentes à Reform Agrária no Distrito de Évora; in: Análise Social (Lissabon) 1977, S. 479—500

ANDRÉ, R.: Èvolution récente de la population du Portugal; in: Revue Belge de Géographie 1974, 96/2, S. 33—74

A POPULAÇÃO DE PORTUGAL: Lissabon 1976, Centro de Estudos Demográficos, Instituto Nacional de Estatística, 2

AZEVEDO, A. L.: O Clima de Portugal (com Contribuição para o Estudo de Alguns Factores Climáticos nas suas Relações com a Agricultura; in: Agros (Lissabon) 1953, S. 115—138, 157—201

AZEVEDO, J. L. DE: Épocas de Portugal Económico. Esboços de História; Lissabon 1973 (3. Aufl.)

BARRATA SALGUEIRO, T.: Bairros Clandestinos na Peripheria de Lisboa; in: Finisterra (Lissabon) 1977, S. 28—53

BECKEN, U.: Die Entwicklung des Stadtbildes von Lissabon; Hamburg (Diss.) 1937

BIROT, P.: Le Portugal; Paris 1950

BOLETIM: Boletim Anual; Lissabon 1974 (Ministério do Trabalho, Secretaria de Estado da Emigração)

BORDALO LEMA, P.: As Feiras no Norte de Portugal. Contribuições para o seu Estudo Geográfico; Lissabon 1973 (Centro de Estudos Geográficos, Projecto de Estudos de Geográfia Humana e Regional, 3)

CALDAS, E. DE CASTRO: Aspectos da Resistência ao Desenvolvimento da Agricultura; in: Análise Social (Lissabon) 1964, S. 463—471

CALDAS, E. DE CASTRO, und LOUREIRA, M. DE SANTOS: Niveis de Desenvolvimento Agrícola no Continente Português. Lissabon 1963

CARAMONA, M. H., LOBO DA CONCEIÇÃO, M. M., TAVARES, F.: Repartição Regional do Produto Bruto Agrícola em 1973; Lissabon 1975 (Instituto Nacional de Estatística)

CARDOSO, J. C.: A Agricultura Portuguesa; Lissabon 1973

CASTRO, A.: Estudos de História Socio-económica de Portugal; Porto 1972 (Colecção Civilisação Portuguesa, 15)

CAVACO, C.: Importância dos Transportes Marítimos no Comercio Externo. Os Portos de Lisboa e de Leixoes; in: Finisterra (Lissabon) 1972, S. 163—166

CORREIA, F. A.: História Económica de Portugal (2 Bde.); Lissabon 1929/31

CRUZ, M. A.: A Propósito da Dinâmica Demográfica em Portugal; in: Finisterra (Lissabon) 1971, S. 282—294

CRUZEIRO, M. E., und MIRINHO ANTUNES, M. L.: Uma Aprocimação à Análise do Sistema do Ensino Secundário em Portugal; in: Análise Social (Lissabon) 1976, S. 1001—1046, 1977, S. 147—210

CUTILEIRO, J.: A Portuguese Rural Society; Oxford 1971

EPRU: Portugal em Mapas e em Numeros; Lissabon 1977 (Estudos para o Planeamento Regional e Urbano, 4)

ESSER, K., ASHOFF, G., BECKER-FAHR, T., GASCHÜTZ, C.: Portugal. Industrie und Industriepolitik vor dem Beitritt zur Europäischen Gemeinschaft; Berlin 1977 (Schriften des Deutschen Instituts für Entwicklungspolitik, 47)

ESTÁCIO, F., CORTEZ DE LOBÃO, A., BARROCAS, J. M.: Um Modelo de Análise do Desenvolvimento do Sector Agrícola em Portugal; Oeiras 1976 (Instituto Gulbenkian de Ciência, Centro de Estudos de Economia Agrária)

EVANGELISTA, J.: A-dos-Negros, uma Aldeia da Estremadura; Lissabon 1962

EVANGELISTA, J.: Um Século de População Portuguesa (1864—1960); Lissabon 1971 (Publicações do Centro de Estudos Demográficos)

FEIO, M.: A Evolução do Relevo do Baixo Alentejo e Algarve. Estudo de Geomorphologia; Lissabon 1952

FEIO, M., und SAMPAIO, J. A.: Possibilidades da Agricultura de Sequeiro no Alentejo; Lissabon 1961 (Federação dos Grémios da Lavoura do Baixo Alentejo)

FERNANDES, B. H.: Problemas Agrários Portugueses; Lissabon 1975

FERRAZ, J. M.: O Desenvolvimento Socieconómico Durante a Primeira República (1910—1926); in: Análise Social (Lissabon) 1975, S. 454—471

FISHER, H. F. S.: The Portugal's Trade; London 1971

FREUND, B.: Siedlungs- und agrargeographische Studien in der Terra de Barroso/Nordportugal; Frankfurt 1970 (Frankfurter Geographische Hefte, 48)

FREUND, B.: Zur Agrarlandschaftsentwicklung im Transguadianaland (Portugal); in: Erdkunde 1972, S. 252—266

FREUND, B.: Struktur und räumliche Ordnung der portugiesischen Landwirtschaft; in: Die Erde 1974, S. 151—178

FREUND, B.: Bevölkerungs- und sozialgeographische Entwicklung in Festlandportugal von 1960 bis 1975; Düsseldorf 1977 (Düsseldorfer Geographische Schriften, 7, S. 39 bis 47)

FREUND, B.: Agrarprobleme Portugals und die Agrarreform in den Südprovinzen; in: C. Schott (Hrsg.): Beiträge zur Kulturgeographie der Mittelmeerländer (III), Marburger Geographische Schriften, 73, Marburg 1977, S. 209—236

FREUND, B.: Die städtische Entwicklung Portugals und der Großraum Lissabon; in: Frankfurter Wirtschafts- und Sozialgeographische Schriften, 1977, 26, S. 71—95

GASPAR, J.: A Morphologia Urbana de Padrão Geométrico na Idade Media; in: Finisterra (Lissabon) 1969, S. 198—215

GASPAR, J.: A Area de Influência de Évora. Sistema de Funções e Lugares Centrais; Lissabon 1972

GASPAR, J.: Estudo Geográfico das Aglomerações Urbanas em Portugal Continental; in: Finisterra (Lissabon) 1975, S. 107—152

GASPAR, J.: Les élections portugaises 1975/1976: Journées Internationales d'Etudes Comparatives, 7/8 Janvier 1977. Département (UER) de Sciences Politiques de Paris, 2

GASPAR, J.: A Localização das Sedes das Principais Sociedades em Portugal; in: Finisterra (Lissabon) 1977, S. 160—168

GASPAR, J.: Zentrum und Peripherie im Ballungsraum Lissabon; Kassel 1979 (Urbs et Regio, 12)

GASPAR, J., und VITORINO, N.: As Eleições de 25 de Abril. Geografia e Imagem dos Partidos; Lissabon 1976

GASPAR, J., und MARIN, A.: A Percepção do Espaço; in: Finisterra (Lissabon) 1975, S. 317—322

GASPAR, J., RESENDE, A. I., FERRÃO, J.: Padrões Espaciais do Comportamento da População de Lisboa na Aquisição de Bems e Serviços; Lissabon 1977 (Centro de Estudos Geográficos, Estudos de Geográfia Urbana, 9)

GIRÃO, A. DE AMORIM: População Rural e População Urbana em Portugal. Ensaio de Classificação; in: Boletim do Centro de Estudos Geográficos de Coimbra, 1956, S. 67—76

GIRÃO, A. DE AMORIM: Atlas de Portugal; Coimbra 1958

GIRÃO, A. DE AMORIM: Geografia de Portugal; Lissabon 1960

GODINHO, V. MAGELHÃES: Estrutura da Antiga Sociedade Portuguesa; Lissabon 1975

HEIMPEL, C., u. a.: Studie zur Erweiterung der Europäischen Gemeinschaft um Griechenland, Spanien und Portugal; Berlin 1977 (Deutsches Institut für Entwicklungspolitik)

HERMES, K.: Portugal; in: Geographisches Taschenbuch 1960/1961, S. 326—339

HERMES, K.: Viseu. Geographische Skizze einer portugiesischen Mittelstadt; in: Geographische Zeitschrift 1965, S. 117—139

HERMES, K.: Rio de Onor (Trás-os-Montes). Dörfliche Tradition im Umbruch; in: Frankfurter Wirtschafts- und Sozialgeographische Schriften, 1977, 26, S. 141—151

INE: 11. Recenseamento da População 1970. Estimativa à 20%; 2 Bde., Lissabon 1973

INE: Inquérito às Explorações Agrícolas do Continente 1968; 8 Bde., Lissabon 1971—1973

INE: Estatísticas para o Planeamento 1960—1970: Lissabon 1972

INE: Estatísticas Industriais; Lissabon 1974

JACOB, E. G.: Grundzüge der Geschichte Portugals und seiner Übersee-Provinzen, Darmstadt 1969

KAYSER, B.: Migração de Mão-de-obra e Mercados de Trabalho (Portugal); in: A Emigração Portuguesa e o seu Contexto Internacional, Lissabon, o. J. (Centro de Estudos da Dependência, 4, S. 93—111)

KAYSER, B.: L'échange inégal des ressources humaines: Migrations, croissance et crise en Europe; in: Revue Tiers-Monde (Paris) 1977, S. 7—20

LAUTENSACH, H.: Die länderkundliche Gliederung Portugals; Geographische Zeitschrift 1932, S. 193—205, S. 271—284

LAUTENSACH, H.: Zur Geographie der künstlichen Bewässerung auf der Iberischen Halbinsel; in: Geographischer Anzeiger 1932, S. 345—359, S. 419—424

LAUTENSACH, H.: Portugal I: Das Land als Ganzes; in: Petermanns Mitteilungen, Erg. H. 213, Gotha 1932

LAUTENSACH, H.: Portugal II: Die portugiesischen Landschaften; in: Petermanns Mitteilungen, Erg. H. 230, Gotha 1937

LAUTENSACH, H.: Maurische Züge im geographischen Bild der Iberischen Halbinsel; Bonn 1960 (Bonner Geographische Abhandlungen, 28)

LAUTENSACH, H.: Iberische Halbinsel; München 1964

LAUTENSACH, H., und MAYER, E.: Humidität und Aridität, insbesondere auf der Iberischen Halbinsel; in: Petermanns Mitteilungen, 1960, S.249—270

LEGGEWIE, C., und NIKOLINAKOS, M.: Europäische Peripherie. Zur Frage der Abhängigkeit des Mittelmeerraumes von Westeuropa. Tendenzen und Entwicklungsperspektiven; Meisenheim a. Gl. 1975 (Die Dritte Welt, Sonderheft)

LELOUP, Y.: L'émigration portugaise dans le monde et ses conséquences pour le Portugal; in: Revue de Géographie de Lyon 1972, S.59—76

LERAT, S.: La population portugaise; in: Revue Géographique des Pyrénées et du Sud-Ouest 1966, S.44—57

LOPES FERREIRA, M. J., und FERREIRA DE ALMEIDA, M. V.: Areas Sociais da Cidade de Setúbal; Lissabon 1976 (Estudos para o Planeamento Regional e Urbano, 2)

MACEDO, J. BORGES DE: Problemas da História da Indústria Portuguesa no Seculo XVIII; Lissabon 1963

MAKLER, H. M.: The Portuguese Industrial Elite and its Corporative Relations; A Study of Compartmentalization in an Authoritarian Regime; in: Economic Development and Cultural Change (Chicago) 1976, S.495—526

MANIQUE E ALBUQUERQUE, J. DE PINA: Carta Ecológica de Portugal; Serviço Editorial da Repartição de Estudos, Informação e Propaganda da Direcção-Geral dos Serviços Agrícolas; Lissabon 1945

MARIN, A.: As Actividades Secundárias no Centro Traditional de Lisboa; Lissabon 1975 (Centro de Estudos Geográficos, Estudos de Geografia Urbana, 8)

MARINHO ANTUNES, M. L.: Vinte Anos de Emigração Portuguesa: Alguns Dados e Comentários; in: Análise Social (Lissabon) 1970, S.299—343

MARTINS, O.: História de Portugal; Lissabon 1879

MATOS, M. DE: Das Bild Portugals in der öffentlichen Meinung der Bundesrepublik Deutschland 1961—1975 (untersucht am Beispiel der Presse); Bonn (Diss.) 1977

MATZNETTER, J.: Das Algarve — die südlichste Landschaft Portugals; in: Geographische Rundschau 1966, S.85—94

MEDEIROS, F. DA C.: Capitalismo e Pré-capitalismo nos Campos em Portugal, no Periodo entre as Duas Guerras Mundiais; in: Análise Social 1976, S.288—314

MONICA, M. F.: Deve-se Ensinar o Povo a Ler?: a Questão do Analfabetismo (1926—1939); in: Análise Social (Lissabon) 1977, S.321—353

MOORE, K. M.: Milk and Small Farmer Development: A Portuguese Case Study; Den Haag 1978 (Institute of Social Studies)

MÜHLL, U. VON DER: Die Unterentwicklung Portugals: von der Weltmacht zur Halbkolonie Englands; Frankfurt/New York 1978

MURTEIRA, M.: Desenvolvimento e Transição. Orientações do Pensamento Económico perante a Problemática do Desenvolvimento a Longo Prazo; in: Análise Social (Lissabon) 1977, S.55—68

NAZARETH, J. M.: O Efeito da Emigração na Estrutura de Idades da População Portuguesa; in: Análise Social (Lissabon) 1976, S.315—362

NAZARETH, J. M.: Análise Regional do Declínio da Fecundidade da População Portuguesa (1930—1970); in: Análise Social (Lissabon) 1977, S.901—986

NAZARETH, J. M.: A Dinâmica da População Portuguesa no Período 1930—1970; in: Análise Social (Lissabon) 1978, S. 729—800

NEVES, J. A. DE: Memória sobre os Meios de Melhorar a Indústria Portuguesa nos seus Differentes Ramos; Lissabon 1820

NIGG, W.: Porto; in: Geographica Helvetica 1965, 20, S. 192—197

OECD: Agricultural Policy in Portugal; Paris 1975

OECD: Economic Surveys: Portugal; Paris 1977

OLIVEIRA MARQUES, A. DE: History of Portugal. (2 Bde.); New York, London 1972

PAIS, J. M., u. a.: Elementos para a História do Facismo Português nos Campos. A ›Campanha do Trigo‹ 1928—1938; in: Análise Social (Lissabon) 1976, S. 400—474

PEREIRA, M.: Alguns Elementos para a Caracterização da Assimetria Regional Agrária Portuguesa; Oeiras 1974 (Instituto Gulbenkian de Ciência. Centro de Estudos de Economia Agrária)

PEREIRA, M. H.: ›Decadência‹ ou Subdesenvolvimento: uma Reinterpretação das suas Origems no Caso Português; in: Análise Social (Lissabon) 1978, S. 7—20

PERREIRA, R. DA SILVA: Habitação e Urbanismo em Portugal; Lissabon 1966

PEREIRA, F. DE MOURA: Por onde Vai a Economia Portuguesa?; Lissabon 1974

PEREIRA, J. M. DE OLIVEIRA: O Espaço Urbano do Porto. Condições Naturais e Desenvolvimento; Coimbra 1973

PEREIRA, M., und ESTÁCIO, F.: Produtividades de Trabalho e da Terra no Continente; Lissabon 1968

PMP: Plano de Médio Prazo; Plano 77—80; Lissabon 1977 (Ministério de Plano e Coordenação Económica)

Bd. 1: Emprego — Repartição do Rendimento

Bd. 2: Política Regional

Bd. 3: Estruturas Produtivas — Necessidades Sociais

Bd. 4: Circuitos de Distribuição

Bd. 5: Proposta de Lei do Plano; Grandes Opções de Política Económica e Social; Fundamentação Técnica das Grandes Opções

POINARD, M., und ROUX, M.: L'émigration contre le dévelopement. Les cas portugais et yogoslave; in: Revue Tiers-Monde (Paris) 1977, S. 21—54

QUEIROZ ROSEIRA, M. J.: Movimentos Migratórios dos Trabalhadores Rurais da Região de Portalegre; in: Finisterra (Lissabon) 1977, S. 77—84

QUEIROZ ROSEIRA, M. J.: A Região do Vinho do Porto; in: Finisterra (Lissabon) 1972, S. 116—129

RAMOS, A. DOS SANTOS: Desenvolvimento Monopolista em Portugal (Fase: 1968—73): Estruturas Fundamentais; in: Análise Social (Lissabon) 1977, S. 69—95

RAMOS, A. DOS SANTOS: Emprego e Migrações na Europa: Perspectivas para os Anos 80; in: Análise Social (Lissabon) 1978, S. 801—816

RIBEIRO, O.: Portugal; in: Teran, M. de: Geograf´

RIBEIRO, O.: A Geografia e a Divisão Regional do Pais. Problemas de Administração Local; Lissabon 1957 (Centro de Estudos Político-Sociais)

RIBEIRO, O.: Portugal. O Mediterrâneo e o Atlántico; Lissabon 1963

RIBEIRO, O.: A Rua Direita de Viseu; in: Geographica (Lissabon) 1968, S. 49—63

RIBEIRO, O.: Região e Rede Urbana: Formas Tradicionais e Estruturas Novas; in: Finisterra (Lissabon) 1968, S. 5—18

RIBEIRO, O.: Proémio Metodológico ao Estudo das Pequenas Cidades Portuguesas; in: Finisterra (Lissabon) 1969, S. 64—75

RIBEIRO, O.: A Evolução Agrária no Portugal Mediterrâneo; Lissabon 1970

RIBEIRO, R. DE CARVALHO: Problemas do Comércio Externo em Portugal; in: Economia (Lissabon) 1976, S. 20—33

ROCHA, E.: Portugal, Anos 60: Crescimento Económico Acelerado e Papel das Relações com as Colónias; in: Análise Social (Lissabon) 1977, S. 593—617

ROCHA TRINDADE, M. B.: Observation psycho-sociologique d'un groupe de Portugais dans la banlieue parisienne (Orsay). Paris 1970 (Doctorat d'Université, Faculté de Lettres et de Sciences Humaines de Paris, Sorbonne)

ROLO, J. M.: Modalidades de Tecnologia Importada em Portugal; in: Análise Social (Lissabon) 1976, S. 541—561

ROQUE AMARO, R.: A Agricultura Portuguesa e a Integração Europeia: a Experiência do Passado (EFTA) e a Perspectiva do Futuro (CEE); in: Análise Social (Lissabon) 1978, S. 279—310

SALENTINY, F.: Aufstieg und Fall des portugiesischen Imperiums; Wien, Köln, Graz 1977

SAMPAIO, V. A.: As ›Vilas‹ do Norte de Portugal. Estudos sobre as Origems e o Estabilicimento da Propriedade (Portugalia I, 1903); in: Estudos Históricos e Económicos, I, 1923, S. 3—255

SCHACHT, S.: Drei ausgewählte Reisbaulandschaften im westlichen Mittelmeergebiet. Küstenhof von Valencia–Sadobecken–Camargue; Wiesbaden 1971 (Kölner Geographische Arbeiten, 25)

SCHACHT, S.: Der Fremdenverkehr im Minho (Portugal) am Beispiel des Seebades Vila Praia de Ancora; in: Aachener Geographische Arbeiten, 1973, 6, S. 113—134

SEDAS NUNES, A.: A Universidade no Sistema Social Português; in: Análise Social (Lissabon) 1970, S. 646—707

SEDAS NUNES, A.: Portugal, Sociedade Dualista em Evolução; in: Análise Social (Lissabon) 1964, S. 407—462

SERRÃO, J.: A Indústria Portuguesa em 1830; Lissabon 1953 (Bulletin d'Études Historiques)

SERRÃO, J.: Conspecto Histórico da Emigração Portuguesa; in: Análise Social (Lissabon) 1970, S. 597—617

SIDERI, S. A. R.: Trade and Power. Informal Colonialism in Anglo-Portuguese Relations; Rotterdam 1970

SILBERT, A.: Les progrès agricole dans les plaines méditerranéennes: une exploitation modernisée de l'Alentejo; in: Revue Géographique des Pyrenées et du Sud-Ouest 1958, S. 5—20

SILBERT, A.: Le Portugal méditerranéen; (2 Bde.) Paris 1966

SODRÉ, N.: O Tratado de Methuen; Rio de Janeiro 1957

STANISLAWSKI, D.: The Individuality of Portugal. A Study in Historical-Political Geography; Austin 1959

STANISLAWSKI, D.: Portugal's other Kingdom: The Algarve; Austin 1963

TRIGO, A. DE ABREU: O Crescimento Regional em Portugal. Análise da sua Distribuição; Lissabon 1969

VALE ESTRELA, A. DE: A Reforma Agrária Portuguesa e os Movimentos Camponeses. Uma Revisão Crítica; in: Análise Social (Lissabon) 1978, S. 219—263

WEBER, P.: Alentejo. Bedingungen und Entwicklungsmöglichkeiten der Landwirtschaft im südlichen Portugal; in: Geographische Rundschau 1969, S. 389—400

WEBER, P.: Der Fremdenverkehr im Küstenbereich des Algarve (Portugal); in: C. Schott (Hrsg.): Beiträge zur Kulturgeographie der Mittelmeerländer, Marburger Geographische Schriften, 40, Marburg 1970, S. 7—32

WEBER, P.: Zur Industrialisierungsproblematik mediterraner Räume. Das Beispiel der Industriezone Sines/Süd-Portugal; in: K. Rother (Hrsg): Aktiv- und Passivräume im mediterranen Südeuropa, Düsseldorfer Geographische Schriften, 7, Düsseldorf 1977, S. 207—214.

WEBER, P.: Emigration als bevölkerungsgeographisches Problem. Zur Erfassung von Wanderungsmotiven bei portugiesischen Arbeitsemigranten des Kreises Santo-Tirso (Nordportugal); in: C. Schott (Hrsg.): Beiträge zur Kulturgeographie der Mittelmeerländer (II), Marburger Geographische Schriften, 59, Marburg 1973, S. 63—72

WEBER, P.: Industrieparks in Portugal. Alternative Entwicklungskonzepte für periphere Räume unter veränderten politischen Systemen; in: Geographische Zeitschrift 1977, S. 124—135

WUERPEL, C. E.: The Algarve. Province of Portugal. Europe's South-West-Corner; London 1974

REGISTER

BILDTAFELN

Bild 1: Dourotal (Alto Douro) — Portwein-Anbaugebiet.

Bild 2: Gafanha. Südarm der Ria de Aveiro — Straßensiedlung mit planmäßig aufgeforsteten Dünen.

Bild 3: Serra da Estrela — Unbewaldetes Granitgebirge.

Bild 4: Lissabon — Industriegasse am Tejo und moderne Wohnsiedlungen von Olivais.

Bild 5: Lissabon — Altstadt und Avenidas Novas.

Bild 6: Almada — Südufer: Tejobrücke nach Lissabon und Fährhafen.